绿杜文库

见珍于世

BAREND J. TER HAAR

关羽

GUAN YU

由凡入神的历史与想象

THE RELIGIOUS AFTERLIFE OF A FAILED HERO

[荷] 田海 —— 著

王健
尹薇
闫爱萍
屈啸宇 —— 译

王健 —— 校

新星出版社 NEW STAR PRESS

中文版序言

以西方读者为对象的写作和以中国读者为对象的写作相当不同。绝大部分的西方读者，很少有耐心去了解与文献史料相关的琐细分析，专家也不例外，那些可以和你在某个极其具体的话题上作有意义交流的学者非常少。即使是像关公崇拜这样重大的问题，仍然是一个高度专门化的领域，只有很少的西方学者真正熟悉那些原始史料。因此，当我们尝试为更多的西方读者写作时，就不得不省略大量的细节，或者将其移入注释。这对于以文献为基础的研究而言确实是一个遗憾，对此我们深感无奈。从另一个方面来说，由于我们的中国同行并非一定需要阅读这些英文著作，所以我们也没有花太多的精力去和他们对话，当然，在这个细分化的研究课题上，我们也确实努力尝试向那些最重要的中文和日文著述看齐。因此，当我们从相当不同的路径出发去研究中国的宗教文化时，就会形成不同的学术话语体系，而且，除了语言的不同，我们也会提出不同的问题，有不同的兴趣点。这些都很正常，然而它确实意味着当一部书被从英文译成中文，或者从中文译成英文时，就是在两个明显不同的学术进路中进行切换。

不同的学术体系也有各自的学术敏感点，在这方面，西方学者可能还有一些优势，因为在解构历史上的宗教实践或者像关公这样著名的宗教人物方面，我们的思维定势或许更少一些。当你在两种不同的学术话语体系间游走，比如你用诸如英语（碰巧英语也不是我的母语）这样的西方语言所撰写的著述被完全翻译成另一种语言（比如中文），它的受众也随之发生了改变。通常而言，我总是尝试用英语去翻译和解释中国的史料，但是这次很荣幸，我的中国同行把我的阐释和翻译又译回了中文。当然，正如我在将中文译成英文时一些信息（有时候是很多信息）会丢失一样，当我的英文著述被译成中文时，也会有类似的问题，对此我感到很遗憾。但与此同时，我也非常高兴，因为这样我就可以和中文世界的人们分享自己的研究，也可以从他们那里学到更多。毕竟，正如我阅读英文会更容易也更快那样，中国读者阅读我的中文版著作也会更容易更快，只要他们能记住我们身处不同的学术话语体系中。由于我在用中文自如表达方面还存在不少困难（那些在过去的十来年中曾经听过我在中国的公开演讲的人可能会理解这一点），所以如果我一开始就是用中文来写这本书的话，一定会花费更多的时间，另外，如果用中文写作，那么在一些特定的主题上，我必然还会作更为细致的文本分析。

更重要的是，中国读者可能会认为我对大英雄关羽缺乏尊重，并对此强烈不满。现今，人们首先是从《三国演义》中获悉关羽这一人物的，但是在我看来，传统时代，对绝大部分人来说，关羽是一个被崇奉于地方坛庙中的神祇，是一个傩戏和各类地方戏剧中的人物，事实上，他还是晚清到民国时期末世论的源头之一。无论人们怎样看待他，从根本上来说，大家都认为他是一个好伙计，尽管也会存在一些（道德或行为上的）瑕疵。数百年来，受过教育的精英分子都是从这一后起的、正面的形象出发，来阐释那些与"真实的"关羽相关的文献史料。但是西方人探究这些文献时，不会受到那些后起的宗教或者文学观念的影响，在他们的眼中，关羽就是另一个叛乱者。和包括曹操（家族）与孙权（家族）

在内的那些觊觎皇权的人比起来，他并没有好多少。就其宗教形象而言，同样如此。关羽的宗教形象在历史上几经变迁，最终在清末时成为道德的化身。

如果有读者耐着性子读到最后几章的话，你将发现，与文字传统相比，我把口头文化传统置于更为优先的地位。尽管本书实际上写作于21世纪头一个十年中期，然而我从20世纪80年代早期就开始构思这一课题了，当时我还是一名留学日本的研究生。我的基本观点之一在那时已经形成，即促成（关公）神祇传播的并非相当晚起的与三国相关的文学传统，而是地方性的口头文化传统。为此，我通过搜集资料，初步形成了与庙宇兴建和修复相关的统计表格，如今这些内容构成了本书第五章的主干。事实上，我完全相信那些精英（这是一群可以阅读文献的人，相对而言，规模很小，尽管在绝对数上也是成千上万）之所以对（和关羽相关的）文学传统如此感兴趣，恰恰是因为关公崇拜是如此的引人注目，而不是别的什么原因。无论定本《三国演义》的作者是谁（我认为肯定是毛宗岗），他都在努力尝试把故事的宗教面相写出来，但仍然留有缺憾。从口述传统的角度研究中国文化之所以存在不少困难，有两个原因。首先，很明显，口头文化从来不会以它最原始的形式被保存下来（即使是现代的录音也是经过转换的，而这种转换是在书面规范的指引下完成的，因此很难说是真正的口头文化）。这第一点显然相当重要。但是第二点也非常重要，那就是像我这样的人，以及本书的绝大部分读者，都是来自高校和科研机构的学者，我们习惯于通过文本资料去寻绎任何事情的源头。因此，我研究关公崇拜就并不仅仅是因为这一宗教传统的重要性，同时也是因为其中有着从口头文化转化为文本资料的大量证据，这就使我可以去证明在中国悠久历史中口头文化传统的重要性——而且恕我直言，这种重要性直到今天也丝毫没有减弱。

如今，关公的形象已经变得相当单一，我在欧洲的大学中遇到了很多来自中国城市的年轻人，至少对他们而言是如此。他们中的绝大多数都认为，关公仅仅是一个财神——碰巧对于这个话题我也提出了与学术界既有研究不同的观点。有一次一名学生来到我的办公室，瞧见桌上有两尊关公的塑像，看上去就像我过去十多年所研究的神坛的一部分，他感到非常震惊，因为在他看来，一个主要被崇奉于中国餐馆中的财神并不是一个合适的研究对象。幸运的是，关公崇拜仍然存在于中国的山西、台湾以及其他地方，同样也存在于那些深受中国宗教文化影响的世界各地，比如越南等，并且充满了生机。当我带着儿子们前往晋南的解州以及晋北的五台山等地时，随处都可以见到关公崇拜。最终，他们当中的一位受到了影响，在莱顿学习中文，现在还在海德堡继续研究生阶段的学习，而另一个也从来没有忘记关公的雄伟英姿。令人感到惊讶的是，后者在一个有着印尼华人血统的荷兰好朋友家中发现了一尊关公的塑像，而这位朋友甚至不知道这是骑在赤兔马上挥舞大刀的关公！因此，研究关公崇拜不仅是我在日本留学时的发现之旅，也是我两个儿子的发现之旅。

2020年12月

目　录

前　言 ……………………………………………… i

第一章　神人之间
历史上的关羽 …………………………………… 3
圣迹传和历史编纂 ……………………………… 8
来自地方社会的体验 …………………………… 17

第二章　护法恶魔
当阳崇拜 ………………………………………… 30
与佛教的关系 …………………………………… 49
小　结 …………………………………………… 57

第三章　解州驱邪
解州盐池 ………………………………………… 61
处决蛟龙 ………………………………………… 64
击毁蚩尤 ………………………………………… 83
小　结 …………………………………………… 89

第四章 征服中国

  叙事传统的角色 ·················· 94
  关公信仰的地理分布 ··············· 97
  几个世纪中关公信仰的传播 ··········· 99
  小　结 ······················ 130
  附　表　早期兴建的关帝庙 ··········· 134

第五章 神如在

  与神灵相遇 ···················· 143
  扮演神祇 ····················· 158
  民间故事中的关羽 ················ 174
  小　结 ······················ 186

第六章 布雨护民

  雨　神 ······················ 190
  驱魔止暴 ····················· 202
  财　神 ······················ 229
  小　结 ······················ 233

第七章 斯文之神

  士人的保护神 ··················· 236
  文士之神 ····················· 244
  圣凡笔谈 ····················· 254
  小　结 ······················ 266

第八章　武卫伦常

　　天降神罚 ················· 270
　　善书作者 ················· 275
　　救劫者 ··················· 289
　　小　结 ··················· 301

第九章　总结与前瞻

　　建构故事 ················· 303
　　将社会价值观念合法化 ····· 307
　　解释神灵崇拜的模型 ······· 310

参考文献 ················· 316
译后记 ··················· 346

前 言

本研究最初开始于 1982—1984 年我在日本求学时。出于对我的信任，日本文部省给了我为期两年的奖学金，我必须再次表示感谢。作为更大范围的地方神灵研究的一部分，当年我搜集了部分材料，但不久，我的工作重心就转向了学位论文和其他项目，只是偶尔还会关注这个课题。1993 年，我在苏黎世作了与关帝有关的第一次演讲，当年那些参加欧洲学者中国人类学研究网络（European China Anthropology Network，现已解散）的成员或许还记得。从那以后，出现了大量的相关研究成果和资料汇编，其中大部分是中文文献，也有一些日文的，很多我当年费了很大力气搜集到的古文献，以及当时还未见过的文献，都变得唾手可得。在 1999 年，随后是 2006 年的夏天，我试图重返这一课题，但由于该计划过于庞大，最终不得不放弃。与此同时，令人有些沮丧的是，许多我曾经发现的独家资料，也已被其他学者所注意到。在我的中国同行中，胡小伟（2014 年初已去世）、王见川、游子安等，都在这一领域做了细致的研究，值得特别关注。2007 年，当我和儿子梅里恩（Merijn）在中国作短期访问时，胡小伟非常大方地介绍我前往解县的一个宗祠和北京的宝林寺。20 世纪 80 年代初我刚开始构思本书时，无从参考他们的研究成果，而当我在2012—2015年重返并完成这一课题时，却已经能够充分参考这些杰出中国学者的论著了。所有人都大大受惠于那些自1308年以来持续编纂的与关羽圣迹相关的文献资料。因为某些实际的原因，我无法说明每条文献是如何被发现的，但是我会在导论中提及这些早期学术成果对我研究的总体性影响。每当我有意识地从其他学者那里得到一些关键性的启发时，我同样也会注意到那些完全不同的观点。

多年来我从莱顿大学图书馆获益甚多，陈青云（Chen Qingyun）、汉诺·莱彻（Hanno Lecher）、奥雷娅·西森（Aurea Sison）、纳迪亚·克雷夫特（Nadia Kreeft）、艾利斯·德扬（Alice de Jong）、库斯·凯珀（Koos Kuiper），以及他们那些经常出差的同事总是愿意帮助我寻得一些珍贵文献及复印件。当我于2013年1月至牛津大学任职后，我在受惠于该校文献资源的同时，也得到了戴维·赫拉韦尔（David Helliwell）、杰舒亚·索伊弗特（Joshua Seufert）、明·钟（Minh Chung）以及其他图书馆职员同样慷慨的协助。

在我所接触的学者中，以下学者对于本书的完成尤为重要：我的老师伊维德（Wilt Idema，曾任教于莱顿大学和哈佛大学，现居于莱顿），他曾经教我们传统戏曲和白话文学；我曾经的学生，现在则是科研人员的伊夫·门海尔（Yves Menheere，莱顿—台北）和马克·梅伦贝尔（Mark Meulenbeld，莱顿—普林斯顿—麦迪逊），他们研究地方宗教文化；我的同僚戈兰·艾杰默（Goran Aijmer，哥德堡），在他的启发下我第一次仔细思考了暴力的文化结构这一问题。我还应该感谢牛津大学出版社（实际则是编辑委员会）的两位匿名审稿人对这一课题的支持，同时，他们也让我仔细思考了原始文献中很多有问题的地方。

最后，我也应该感谢活跃在互联网中的每一个人。互联网已经形塑了国际学术交流网络，同时也让我们可以以之前不可能的速度进行大规模的文献搜索。最近，互联网还使我能够了解到中国过去很多关羽崇拜非常流行的地方，由于缺乏时间和经费，我本来是不可能前往这些地方参访的。我要感激电子邮件，让我得以自 1994 年以来一直与全世界的同事和朋友们保持联系，尽管我有时的确会留恋那个邮件往来没那么频繁，但信件内容却更富情感的"蜗牛邮件"时代，在信箱中触摸到一封信件时的快感远非在电子邮箱中不时收到一些数据所能替代。

牛津/Voorhout

2016 年 9 月

第一章　神人之间

关公（Lord Guan）或关帝（Emperor Guan），是中国最受欢迎和影响最大的诸多神灵之一，正如佛教的观音菩萨一样。[1] 关公信仰肇始于唐代后期并一直持续到现在。本书不仅是对关公信仰本身的研究，同时也是对口头文化在一个文字变得越来越重要的世界中如何保持其巨大影响力的研究。我们将逐一讨论关公信仰兴起的各个阶段：刚开始，他以饿鬼的形象出现，之后在唐代（618—907）被一位著名的佛教高僧所点化，皈依佛门，成为佛教伽蓝神，到了宋代（960—1276）又被道教张天师招募成为驱魔将军。紧接着，我们将继续讨论关公作为雨神，作为对抗恶魔、野蛮人的保护神，并最终成为道德典范和万能救世主的过程。在关公成神的历程中，关公自身的威力，尤其是关公利用暴力（violent action）去行善事，在其形象演变中始终是一个非常重要的维度。

当我们关注某一神灵崇拜的时候，就会研究人们对于自己和他人生活中（与神灵相关的）重要时刻的记忆。在本研究涉及的那些记忆中，关公及其相关活动总会在个体或群体的生活中占据重要位置。在那些故事里，人们常常会记着神灵如何支持和保护了他们，甚至如何惩罚了坏人。当然，他们的记忆也经常提供一些信息，包括自己的亲身经历，而

---

[1] Yu, chun-fang 的 *Kuan-yin*：*The Chinese Transformation of Avalokitesvara*（中译本见于君方：《观音：菩萨中国化的演变》，商务印书馆 2012 年版）一书是关于观音崇拜的代表性著作。

不仅仅是作为叙述者讲述各类事实和故事。那些对这些故事的形成做出积极贡献的人自然也就决定了这些所谓"记忆"将以什么样的形式呈现给后人。除了研究那些作为文本保留下来的记忆，我还会通过这些记忆去分析各种不同的行动，尽管相关的内容并不完美也并不完整。这些行动包括不时发生的、花费高昂的修建和重建活动，年度的祭祀和巡游，集体仪式和个体性的崇拜等，在这些活动中为了表达对神灵的尊崇，或者为了便于在仪式活动中列出神灵具体的护佑内容，会产生大量的口头和文字叙述、戏剧表演和宗教经文等。尽管我无法保证可以顾及关羽崇拜的所有方面，但我还是会努力描绘出几个世纪以来这一信仰合乎情理并具有典型意义的变迁图景。

在本书中我们遇到的一些事件是非常个体化的，甚至有些是个人生命中非常私密的时刻。这种私密性的维度通常隐藏在口头用语或者奇闻逸事中，这些奇闻逸事的重点往往在于突出故事情节的戏剧性，而非揭示隐藏在故事后面的人的情绪变化。此外，还有一些事件则不仅关乎个体，更关乎不同的群体。从乡村到城镇，到整个区域，乃至整个国家，这些事件都是更大范围内的历史的重要组成部分。在这些故事中，关公和其他神灵都扮演了重要的角色，当这些故事化为人们记忆的一部分，它们自身就凝成了历史。历史学家的首要任务就是去恢复这些故事，以便进一步理解在共同历史背景中被建构的地方认同。

因此，通过研究关公成神的过程，我们将会触及帝制时期中国的政治、社会乃至经济等各个层面，揭示出地方社会的焦虑，精英和普通人的关切，有时甚至会讨论到居住于深宫中的帝王们的忧虑。我们的材料主要来源于占社会主导地位的男性作者所撰写的非常有影响的各类文本，尽管我们往往不是很清楚这些作者确切的社会背景。由于这些作者具有文字书写的能力，所以我们可以肯定他们接受过良好教育，但我们无法判断他们属于上层还是下层士绅，是商人还是店主，或者仅仅是地方书吏或是衙役。当然，如果我掌握了更多的信息，就会试图给出更为明确的称谓。

本书主要针对研究宗教文化的历史学家,但更面向具有各种不同背景的中国历史学家,希望他们不要把宗教文化的研究仅仅留给一些(宗教研究的)专家。事实上,如果说我还希望一般的历史学家能够从本书中获得什么的话,那就是我们应该把宗教文化视为历史上人们从事各种社会、经济、文化和政治等诸多活动中非常重要的动力之一,更关键的是,还应该把宗教文化视为社会和教育背景不同的人们所构筑的关于过去共同记忆的有机组成部分。这无疑是一项关于传统中国最为重要的庙宇崇拜的个案研究,但也涵盖了很多其他更为广泛的议题。我们关注的中心始终是与神祇相关的人们的亲身经历,他们的故事,他们的实践和他们形塑自身信仰的具体方式。与此同时,我试图表明在那个我们通常认为文字已经占据压倒性优势的时代,口头文化以及通过口头方式进行文化传播仍然是引人注目的。在这个意义上,本书可以看作对口头文化的知识考古,也就是去发掘那些隐藏在文本与实物背后的口头文化。

历史上的关羽

当我们审视那些与作为历史人物的关羽相关的极其有限的历史证据时,很快就会发现,通过对现有证据进行更为严格的检讨而重构出的历史,与(关羽的)宗教形象之间的差别是如此巨大。在本研究中,当重点讨论作为历史人物的关羽时我会用他的本名,但当提到作为神灵的关羽时,我则会使用"关公"这一尊称或者其他神圣的头衔来称呼他。在传统中国,甚至今天,直呼人的名字会被认为是一种冒犯,在皇家更是被视为大不敬,对神灵也是如此。这类禁忌适用于任何有等级关系的人们,诸如君臣、父子和师生。[2] 在这方面,神灵也不例外,因为它们在

---

2 Adamek, *A Good Son Is Sad if He Hears the Name of His Father: The Tabooing of Names in China as a Way of Implementing Social Values* (Leeds: Maney Publishing, 2015).

很多方面都被等同于拥有很高社会地位的人。因此，在当代社会，为了避免直呼其名，冒犯神灵，关公是最为普遍的称呼之一。

关羽生活在东汉末年，卒于220年汉献帝逊位、曹丕称帝建立魏国之前。事实上，由于184年在黄河流域爆发的黄巾军起义，以及发源于四川、后来影响及于汉中地区的天师道（五斗米道）的打击，东汉朝廷很早就已经失去了对其领土的控制。关于关羽及其一生的最重要的史料是陈寿（233—297）的《三国志》。陈寿曾经和关羽在刘备建立的蜀汉朝廷中同朝为官，后蜀降晋后，陈寿随之进入晋朝为官。[3]可以想见经历朝代更迭的陈寿应该对那段历史相当熟悉。但即便如此，在事件发生数十年之后，陈寿也不得不依托以口述传播为基础的资料来记录那段历史，因为构成叙事主体的绝大多数人都生活在官僚体系之外，所以很难留下相应的文字资料。且在持续进行的战争中，大部分记载可能都已经遗失了。事实上，《三国志》中的《关羽传》具有强烈的逸事色彩，暴露出其最初的史料来源是口头文献的特点。关羽作为"历史"人物角色的一些关键方面，在《三国志》中甚至没有提及，之后裴松之（372—451）的《三国志注》才弥补了这一缺憾，这可能反映出了之后口头传播的情形。

根据陈寿的记载，关羽是河东郡解州（或解县，今山西南部）人。由于一些不明原因，他"亡命"涿州。[4]当时刘备正在召集人马，关羽

---

3 关于陈寿，可参考 Crespigny 所著 *Imperial Warlord: A Biography of Cao Cao 155-220 AD*（中译本参见张磊夫：《国之枭雄：曹操传》，江苏人民出版社 2018 年版）第 29—30、464—466 页，以及他的另一部更早一些的著作 *The Records of the Three Kingdoms: A Study in the Historiography of Sankuo Chih*.

4 在此我们遇到了对后世关公传记撰写至关重要的第一个概念。陈寿用了"亡命"一词，后人据此认为关羽（关公）是因为伸张正义而杀了人。但在当时，这一词语的原意指的是因某人离开原籍地，当地的户籍被注销。"亡命"最有可能是为了逃避赋税和劳役，而不是因为犯罪。相关讨论见罗竹风主编：《汉语大词典简编》卷二，第 295—296 页，以及 Barbieri-Low and Yates, *Law, State, and Society in Early Imperial China: A Study with Critical Edition and Translation of the Legal Texts from Zhangjiashan Tomb no. 247*, 第 216—217、229—230 页。

和张飞属于他早期的追随者。他们二人与刘备生死相随，荣辱与共。[5]尽管刘备、关羽和张飞三人关系很亲近，但是历史记载中并没有提及兄弟结拜之事。刘备带领他的队伍投奔于其他军事集团，联合镇压了184年爆发的黄巾军起义，平叛成功后，他获得（更可能是他为自己设置）了一个地方低级官吏的职位。此后，朝廷开始重整中央权力，并且派人前往地方接收那些本来由不同的军事领袖所占据的地方职位，刘备却将前来接收者痛打一顿，直到后者求饶为止，这非常清楚地表明他根本无意承认朝廷的权力。在随后数年间，刘备和他的队伍支持不同的军事集团，并最终加入了曹操的阵营。曹操是当时主要的诸侯之一，并且名义上与朝廷保持着联系。[6]然而，从天命观的角度来说，刘备和他的队伍并非汉室政权的忠实拥护者，而仅仅是中国北方诸多割据力量中的一员，希望能够建功立业并且经常改换门庭。总之，他们就是一支叛军。

200年，曹操发动的一场战役使得刘备逃亡到袁绍集团。与此同时，关羽却被曹操所擒，但受到了非常好的礼遇，因为曹操希望将他收于麾下。当曹操军队和袁绍集团相遇时，归顺于曹操的关羽英勇杀敌，将敌军首领颜良刺于马下，并割下了首级。作为奖赏，关羽受封为汉寿亭侯。[7]在此之前，关羽曾告诉曹操他很感激对方的厚爱，并将在战场上回报于曹操。但是他"已受刘将军厚恩，誓以共死，不可背之"。当曹操的军队行进至袁绍大营附近时，关羽知道了刘备的下落，决定回到他的身边，

5　陈寿：《三国志》卷三十六，第939—942页。在《三国志》中，关羽、张飞及其他三个著名的人物被列入同一卷中。《三国志》仅仅告诉了我们关羽的卒年，而且还没有给出具体的月份。
6　Crespigny, *Imperial Warlord*, 98-103、110、199-200、496页中有不同的说法。
7　"汉寿亭"这个封号一直困扰着学者们。有人认为它指的是汉代后期一个位于今湖南境内的称为汉寿县的地方，但却无法解释"亭"这个字，所以这一说法不能成立。而且当时该地区也不在曹操控制之下，无法将其分封给关羽。另一方面，曹操也有可能创造了这个虚构的贵族头衔，因为他不用付出任何代价。"亭侯"这个封号可以在文献中找到，但却没有一个和叫"汉寿"的地方产生关联。刘斐、张虹倩：《汉寿亭侯考辨》(《兰州教育学院学报》，2011年第1期)一文中考察了迄今所知和"亭侯"有关的各种不同的地理标识，结果并没有发现"汉寿"所在何处。考虑到陈寿是以口述资料为基础来撰写这段历史的，所以关羽原来的封号很可能已经失传，而"汉寿亭侯"则是一个以讹传讹的版本。

当时他可能还带着一同被抓的刘备的两个妻子。[8] 出于对关羽这种忠诚的钦佩，曹操下令手下士兵不得阻拦关羽。关羽斩颜良、逃离曹营的故事成为后世关羽题材作品的创作母题。同样的，他含糊提到的效忠誓言后来也成为刘、关、张结义故事之张本。在历史材料中存在这样一个有趣的细节，即关羽是通过刺的方式杀死颜良，这表明当时用的是剑，而不可能是戟，后者经常出现在他的宗教和文学形象中。

关羽回来之后不久，刘备又投奔了另一位刘姓军阀，并且在后者去世后开始建立自己的政权。关羽在此后的岁月中一直辅佐刘备，后来镇守荆州（今湖北省南部）。当时有一位著名的将领要归降刘备，使得关羽开始怀疑能否确保自己的地位，因此他向刘备著名的军师诸葛亮写信询问此事。诸葛亮回信说（他）与"美髯公"没有办法相比。诸葛亮用关羽引以为傲的"美髯"来指称他，关羽对此非常高兴。作为汉朝的缔造者，刘邦也因自己的胡须而出名。之后"须髯"这个词经常被用来形容关羽的胡须（主要指长在脸颊和下巴处的胡子）。[9] 因此，关羽的三绺长髯已经成为关公神灵肖像中必不可少的要素。而关羽写给诸葛亮的信，则是唯一提及关羽具有书写能力的比较可靠的历史材料。

219 年，关羽到达了权力的顶峰。他受命去攻打荆州北部的樊城。因为秋雨导致汉水暴涨，曹操派出的七支军队组成的援军均被洪水所淹。尽管关羽的贡献实则很有限，但这次胜利却成了后世此类文学故事的重要题材来源。接着他继续攻打樊城，终因实力不济而未能取得决定性的胜利。此时，曹操手下谋士建议他与当时割据长江下游的孙权联手。关羽之前拒绝了孙权之子向自己女儿的求婚，招致孙权的怨恨。除此之外，曹操的谋士策反了刘备手下的两位将军，这二人因在之前的战役中没有全力支持关羽，害怕关羽怨恨他们。最终，孙权逼退关羽，攻下了荆

---

8 关于刘备妻子被俘一事也仅仅是在刘备的相关传记中被提及，参见陈寿《三国志》卷三十二，第875页。尽管这一情节具有一定的合理性，但所有的史料中都没有明确提到她们和关羽一起出亡之事。参见陈寿《三国志》卷三十二，第875页以及卷三十六，第940页。
9 参见班固《汉书》卷一，第2页。

州城。他还处决了荆州城内关羽所有属下的妻儿，极大地打击了蜀军士气。在第二次进攻中，孙权擒获了关羽及其子关平。在公元219年末或220年初，关羽和关平父子二人最终在临沮被害。据说现在沮河旁边还有二人的坟墓。从汉朝起，这个地区被称为当阳县或荆门县，属于长江沿岸的荆州管辖。

260年，关羽被追封为"壮缪侯"[10]。此外，大约在200年时，曹操封关羽为"汉寿亭侯"，这两个封号经常被用来称呼作为神灵的关羽。除了关平，关羽的另一个儿子关兴在军需供应部门任职时也英年早逝。他的第三个儿子关统亦是早夭，并且没有子嗣，最终由关兴养子继承了关羽的爵位。裴松之在《三国志注》中引用了成书于4世纪、如今已经失传的《蜀记》中的很多材料，并增加了关键性的评述：265年蜀国最终被征服后，一位魏国将军由于先人败于关羽，并为其所杀，"尽灭关氏家"[11]。也就是说，不管是亲生的还是收养的，关羽的后裔均被杀害，所以关羽信仰并非源于祖先崇拜，而是由和他没有亲属关系的地方人士构造出来的。在此后的几个世纪中，没有关姓族人声称自己是关羽的后裔，直到晚明时期才有一部分群体开始将关羽作为祖先崇拜[12]。鉴于他们的行为并没有实质性地影响到整体的关公信仰，因此在我的研究中将不予考虑。

综上所述，我紧紧围绕陈寿《三国志》向我们提供的信息，指出这些表述与后来的关公信仰之间存在的显著异同之处，其中也包括对他肖像的描述。但这些历史上存在的表述和说法是否完全准确，并不是我要讨论的重点，因为很难有确凿无疑的证据去支撑这些说法。陈寿的说法被后世诸多学者采纳为信史。陈寿《三国志》中与关羽相关的核心要素

---

10 "缪"通常更多地读作"miu"，意思是"错误"，似乎不太可能出现在谥号中。而当其读作"mu"时，与之对应的字是"穆"，意思是"虔诚""慷慨""乐于助人"。
11 陈寿：《三国志》卷三十六，第942页，如今已经失传的《蜀记》的作者生活在4世纪初。
12 中国学者对此经常信以为真。参见杨筝《关公神格的地方性阐释》，《河南科技大学学报》2005年第2期。周广业、崔应榴编辑《关圣帝君事迹征信编》卷五，第6b—9b（182—188）页提到了清代对洛阳、解州以及荆州所有声称是关羽后代的关姓家族进行了加封。

有二：一是极其忠诚，比如他对刘备忠心耿耿；二是非常守信，比如他通过斩杀颜良来表达对曹操宽宏大量的感激之情。作为蜀国旧臣，陈寿并没有明确指出刘备、关羽和张飞实质上是一个机会主义帮派。因此，对于蜀汉及其统治者的虚构化实则始于《三国志》。[13]

圣迹传和历史编纂

按理说，对于关公崇拜历史编纂学的调查，应始于对其整个神化过程中各个时期史料集的收集和整理。[14]后世诸代的关公崇拜者和现代学者都很倚重这些材料，以至于在现代学术研究中存在着对假想中关公所具有的"忠诚"和"正义"品质进行颂扬的倾向，这很大程度上是因为受到了关羽相关的宗教和文学作品的影响。

表 1.1 中所收录的与关羽相关的圣迹传绝非完整，但毫无疑问这些传记是最有价值和影响力的。与关公崇拜相关的"圣地"（比如玉泉寺或者传说中位于洛阳的关羽的坟寺）的方志没被列入该表，同样我也没有列出这些资料再版重印的情况。2008 年出版的大型资料集《关帝文化集成》中包括了很多重印的关羽圣迹传，这些书被编成 43 册，封皮用黄布包裹，每张纸的边缘刷成金色，但却没有任何学术机构的参与。从很多方面看，该书都可以被视为一部新的关羽圣迹传。这些材料中包括相当多的重复、删削、概述和晦暗不明的阐释。

---

13 Simon Shen, 'Inventing the Romantic Kingdom: the Resurrection and Legitimization of the Shu Han Kingdom Before the Romance of the Three Kingdoms'. *East Asian History* 25/26 (2003): 25–42.

14 另可参见 Diesinger, *Vom General zum Gott*, Diesinger, Gunter. *Vom General zum Gott: Kuan Yü (gest. 220 n. Chr.) und seine 'posthume Karriere'* (Frankfurt am Main: Haag und Herchen, 1984), 13–18.

表1.1 部分关公圣迹文集

书名	编撰者	编撰者籍贯	时间
关王事迹（已佚）	胡琦	巴郡（今重庆）	1308
义勇武安王集（已佚）	吕柟	高陵（今山西）	1525[a]
义勇武安王集	顾问		1564[b]
汉前将军关公祠志	赵钦汤编，焦竑校	解州（今山西）	1603[c]
关圣帝君圣迹图志全集	卢湛	淮阴（今江苏）	1692[d]
关圣帝君事迹征信编	周广业、崔应榴		1824[e]
关帝全书	黄启曙	湘潭（今湖南）	1858[f]

a 胡琦和吕柟版本中的很多内容在顾问和赵钦汤编辑的版本中得以保存下来（参见下文）。
b《关帝文化集成》卷十二，第1—164页。
c《关帝文化集成》卷十五，第45—492页。该版本保存完好。
d《关帝文化集成》卷二至卷三。1802年的版本可参见以下网址：http://repository.lib.cuhk.edu.hk/en/item/cuhk-700542。
e《关帝文化集成》卷五至卷六。
f《关帝文化集成》卷七至卷十一。

圣迹传的编撰是出于宗教的原因，出于对神灵的敬仰和奉献，而非基于中立的立场去传播神灵最完整和客观的形象。编撰者的关切通常会在他们的序言和收集的材料中清楚地体现出来。1306—1308年在当阳生活的胡琦，十分崇拜作为历史人物的关羽和作为神灵的关公，他对于民间口头文化非常反感，在为《关王事迹》所作的序言中他写道："世俗所传，道听途说，鄙俚怪诞，予窃笑之。"通过编撰圣迹传，他试图将"真实"的历史与更为多样的叙事主体的论述区分开来，后者中的大部分如今已经湮没无闻。胡琦的行为当时得到了一位来自北方的地方官员的鼓励，后者希望了解更多和关羽相关的信息。[15] 焦竑是《汉前将军关公祠志》的作者之一，也是非常著名的《汉前将军关侯正阳门庙碑》碑文的撰写者，据说他1589年和1591年的科考获得成功是因为得到了

---

15 赵钦汤编，焦竑校：《汉前将军关公祠志》卷二，第6a—7a（119—121）页，卷七，第1b—2a、4a（184—185、189）页。

关公的帮助。[16] 17世纪晚期，卢湛在与前解州知州的一次偶遇中获得灵感，该官员曾经撰写过非常详细的碑记，其中包含了丰富的与关公神祇相关的新资料，并且首次提及关羽出生和死亡的确切日期。[17] 另外，黄启曙则注意到19世纪大规模叛乱期间，关帝支持清朝（1644—1911）的不同案例。[18] 在这场糟糕的军事与政治危机中，黄启曙撰写了《关帝全书》的序言，对神灵援助的希冀显然是他编纂该书的一个重要动机。他进一步的灵感似乎来自湘潭当地的关公崇拜。他没有明确提到这一点，但他在收集的大量材料的结尾处，提供了一份独特的记录，其中包括在太平天国叛乱前夕发生的一百多件关羽显圣的事迹，所有这些事件都发生在关羽故乡的西部。[19]

通过资料的选取和编排，圣迹传的编撰者们希望借此表达对关帝的崇敬。尽管他们对要提供"准确"的历史信息非常在意，但仍无法避免持续地呈现与宗教相关的信息，以及能够证明神力的相关证据。对他们而言，作为历史人物的关羽和作为宗教人物的关帝最终是合二为一的。在每一部新纂成的关羽圣迹传中都会增加一些新的资料，但它们当然不可能提供在特定历史时期围绕关公传说和关公崇拜而形成的全部资料，甚至也无法被视作具有代表性的样本。从现代学术的角度来看，这些书籍在如实征引文献和他人研究成果等方面往往显得比较草率。由于现代研究者对这些材料的依赖度很高，所以关公圣迹传编撰者的做法在很多方面限制了我们的研究。研究人员倾向于从这些汇编中直接引用史料，而不去考虑这些史料最初的来源，有些史料实则与原文有很大出入。有

16　Naquin, Peking: *Temples and City Life, 1400—1900* (Berkeley, CA: University of California Press, 2000), 194—195.（中译本参见韩书瑞：《北京：公共空间和城市生活（1400—1900）》，中国人民大学出版社 2019 年版）

17　第七章中将具体论述这点。

18　黄启曙：《关帝全书》卷一，第 3a—5b（41—46）页。

19　黄启曙：《关帝全书》卷四十，第 1a—51a（403-505）页。参见 ter Haar, 'Divine Violence to Uphold Moral Values: The Casebook of an Emperor Guan Temple in Hunan Province in 1851—1852'. In *Law and Empire*, edited by J. Duindam, J. Harries, C. Humfress, and N. Hurvitz (Leiden: Brill, 2013), 314-338。

些学者完全依赖于这些汇编，而没有试图独立收集材料来进行补充。幸运的是，过去几十年的研究积累和数据库的使用愈加便利，再加上一些十分扎实的传统研究成果，使得通过更多的材料来纠正各种关公圣迹传中存在的偏见成为可能。尽管像我的同事一样，通过这些圣迹传我找到了资料，但我还是尽可能地从原始文本中去引用，除非有些圣迹传本身就是原始材料。

对于关公信仰的系统学术研究始于20世纪的日本。1941年井上以智为写了第一篇关公信仰的研究论文，影响很大，被视为关公研究的里程碑。他认为佛教是关公信仰兴起和传播的一个重要因素，尽管不是关键性因素。[20] 紧接着，早期研究者如黄芝冈、原田正巳等指出了道教和关公信仰之间存在的关系。[21] 另一位日本学者大塚秀高也开展了非常重要的研究，广泛考察了关羽和关公在各种不同类型叙事传统中的形象。[22] 虽然大塚秀高的最终关注点是文学传统，而不是宗教崇拜，但他对这些史料的各个方面都非常敏感，包括史料的宗教背景和流传于地方社会的大量的关公故事（通常称为民间传说，之后我们将进一步讨论）。

西方学术界对于关公信仰的研究成果仍然非常稀少。德国学者京特·迪辛格（Günter Diesinger）于1984年出版了他的博士论文，在该论文中，他主要依赖于井上以智为的解释和上述若干种关公圣迹传展开开拓性研究。[23] 他的研究更多地可以被视为是概述性的，致力于对那些截然不同的材料的搜集，而非进行连贯性的历史分析。杜赞奇在1988年撰写的那篇影响巨大的论文则恰恰相反。他的目的并非在于提

---

20 井上以智为：《關羽祠廟の由来并びに変遷》，《史林》，1941年第26卷第1号，第41—51、242—275页。
21 原田正巳：《關羽信仰の二三の要素について》，《东方宗教》，1955年第8卷、第9卷，第29—40页。
22 大塚秀高：《關羽の物語について》，《埼玉大学纪要教养学部》，1994年第30卷，第69—103页；《斬首龍の物語》，《埼玉大学纪要教养学部》，1995年第31卷，第41—75页；以及《関羽と劉淵：関羽像の成立過程》，1997年第134卷，第1—17页。非常感谢作者将这些很难获得的论文单行本赠予我。
23 Diesinger, *Vom General zum Gott*.

供新史料,而是希望从一个新的视角去审视(历史上)关公灵力的扩大和围绕关公形成的不同类型宗教叙事的层累问题,他将其称为"复刻"(superscription)。他这一研究视角非常具有阐释力,在学术界也颇有影响。[24] 从根本上说,迪辛格和杜赞奇的研究都非常依赖于井上以智为和黄华节的著述(关于黄华节的研究参见下文)。在诸多研究中仍然存在这样的关键性假设,即关公崇拜起源于佛教,而在其传播和普及的过程中书面叙述传统发挥了重要作用。2003 年,奥利弗·摩尔(Oliver Moore)发表了一篇有趣的文章,分析了明代中期一幅著名的关羽擒获敌军将领的绘画作品。[25] 法国学者黄锦熙(Édith Wong Hee Kam)的灵感来源于她家乡留尼汪岛(马达加斯加东部)普遍存在的关公信仰,2008 年她出版了一部关公信仰研究的专著。在书中她依然假设该崇拜的源头是《三国演义》以及更早的书面叙事传统。[26] 然而,总的来说,除了迪辛格和黄锦熙有点类似于列举式的研究外,西方学者并没有对这个重要的崇拜给予持续关注。

俄罗斯的中国民间传说研究者、白话文学家李福清的研究有他自己的特点。[27] 他对关公/关羽民间故事和年画的研究都非常有价值。虽然我不能阅读他的俄语原著,但似乎他那些最主要的关公崇拜研究成果都已经被译成了中文。[28] 然而,李福清的研究兴趣主要在于作为叙事传统存在的民间传说本身,而我自己的兴趣主要在于宗教崇拜,因此我对他

---

24 Duara, 'Superscribing Symbols: The Myth of Guandi, Chinese God of War'. *Journal of Asian Studies* 47.4 (1988): 778—795. 该论文经压缩后收入 Duara, *Culture, Power, and the State: Rural North China, 1900—1942* (Stanford, CA: Stanford University Press, 1988), 139—148.(中译本参见杜赞奇:《文化、权力与国家:1900—1942 年的华北农村》,江苏人民出版社 2003 年版)

25 Moore, 'Violence Un—scrolled: Cultic and Ritual Emphases in Painting Guan Yu'. *Arts asiatiques* 58 (2003): 86—97.

26 Kam, Édith Wong Hee, *Guan Yu-Guan Di: Heros regional, culte imperial et populaire*, Sainte Marie: Azalées Éditions, 2008.

27 Johnston Laing, Ellen. 'Boris Riftin and Chinese Popular Woodblock Prints as Sources on Traditional Chinese Theater'. *Chinoperl Papers* 29 (2010): 183—208.

28 李福清:《关公传说与三国演义》,台北:云龙出版社,1999 年。

研究成果的利用主要局限于这个层面。

近年来，这一领域最重要的研究成果都出自中国学者之手。我尝试利用那些我觉得有所创见的研究成果，这些研究或是提供了新的经验性的数据（文本的或定量的），或是提出了分析性的创见。我会选择性地利用现有的中文研究文献。因为首先，我无法穷尽所有与关公信仰相关的研究成果。[29] 此外，从学术角度看，许多研究存在缺陷，从注释的不完整（甚至缺失）到引用的不严谨等，所在多有。一些研究更多的是在表达对于关公和作为历史人物的关羽的崇拜。很多现有的研究经常不会充分考虑前人的成果，从而导致了相关研究数量不断增多，但内容却多有重复。我未能参考所有现存研究的另一原因是，我并不认同很多中文学术成果的一些先验性假设，比如优先考虑文字传统以及将历史文献置于宗教证据之上等。当一位文化素养深厚的碑记作者深入讨论与关羽和三国相关的历史文献时，我并不认为这反映了人们对关公的普遍信仰，尽管这可以被看作和关公信仰相关的潜在证据，并且反映了一小部分文人对于关公崇拜的文饰，而现存的绝大部分关公信仰文献就出自这一群体之手。

中文学界一项重要的早期研究成果是1967年出版的台湾学者黄华节的专著。[30] 尽管这本质上是一部普及性质的著作，它将在中文二次文献中反复出现的不同的主题捏合在一起，包括对作为神祇的关公和作为历史人物的关羽的持续神化倾向。我没太多引用这项研究，因为相关学者的后续研究已经完全涵盖了该书所涉及的主题。

从20世纪80年代开始，中国社会科学院研究员、中国古典文学研究专家胡小伟发表了一系列与关公信仰相关的文章，这些文章结集成册，

---

29 关于关帝研究，我于2015年9月19日在中国学术期刊全文数据库中以"关帝"为关键词加以搜索，可以获得1341篇文章，以"关公"为关键词则有1559篇。李福清《关公传说与三国演义》一书列出了1995年以前的相关书目。

30 黄华节：《关公的人格与神格》，台北：台湾商务印书馆，1967年。

于 2005 年在香港出版,成为《关公信仰研究系列》丛书。[31] 这套丛书很难被视为历史分析,因为作者把不同时期和不同类型的材料混为一谈。更重要的是,他对关公信仰的主要研究兴趣在于所谓民族主义,甚至可以说就是汉民族主义。他将汉族、满族这类现代民族分类投射到历史情境中,缺乏批判性反思,导致他的很多结论不是非常客观。[32] 他的另一个主张是他相信碑刻资料有助于从新儒家的角度重构关公信仰。即使这是可能的,我也并不认为这样的重构有助于还原人们对于关公神祇实际的观感和信仰状况,当然也包括这些碑记作者的信仰情形。它能告诉我们的或许只是一些与意识形态正当性相关的东西,而与宗教信仰无关。因此,我把这个话题留给比我更加适合的研究者们。

与胡小伟的研究相类似,台湾学者洪淑苓的博士论文主要探讨关羽的文学形象,该论文出版于 1994 年,是另一项非常具有包容性的研究。为了获得单一"民间造型"的实证,她通过各种不同类型的材料展开研究,比如戏曲资料和文学刻本,并且将民间传说和神迹故事结合在一起考察。[33] 由于该书的逻辑性很强,与胡小伟的著作虽然材料丰富,但组织欠妥的情况相比,洪淑苓的著作使用起来就容易很多。它将关公 / 关羽的研究向前推进了一大步。

诸如胡小伟和洪淑苓等学者采用包容性的研究方法本身就是合乎情理的选择,因为传统文献在体裁方面的划分并没有当代学者认为的那样泾渭分明。传统的中国作家经常嘲笑街谈巷议,但在本研究中我们将发现,这类口头文化在真实的关公信仰塑造过程中仍然扮演了重要角色。身为精英的圣迹传作者们尽管对口头文化持有偏见,但仍然参与到了这

31　胡小伟:《关公信仰研究系列》丛书,香港:科华图书出版公司,2005 年。

32　参见 Elliott, Mark. 'Hushuo 胡说: The Northern Other and the Naming of the Han Chinese'. In *Critical Han Studies: New Perspectives on Chinese Culture and Society*, edited by Thomas Mullaney, James Patrick Leibold, Stéphane Gros, and Eric Armand Vanden Bussche (Berkeley, CA: University of California Press, 2012), 173—190。

33　洪淑苓:《关公"民间造型"之研究:以关公传说为重心的考察》,台北:"国立"台湾大学出版委员会,1995 年。

一神灵的塑造过程中。关公崇拜的相关史料总是体现了男性视角，从现存的书面材料中很难看到女性的观点，更不用说儿童的。只有通过现代田野调查才能从某种程度上破除这种偏见，因此这种方式非常重要，特别是由女性开展调查时，她们可以利用自身性别优势获得同性的信任，而这是男性研究者无法做到的。在第五章中，我提到了这样一种可能性，即起初这位特殊的神灵对女性而言并不特别具有吸引力，因为在相关叙事中，关公被描绘成一个厌恶女性的男人。

另一位台湾学者王见川则另辟蹊径。除了积极协助来自台湾地区虔诚的关公信徒组织学术会议外，他还分析了晚清时期关帝向新的玉皇大帝转变的问题，包括这一重要发展在文本上的进一步呈现。他主要关注的是追溯起源，尤其是在文本方面，而不是从更广泛的意义上去追踪习俗的社会影响。[34] 从这点上来说，他的工作对我目前的研究非常有参考价值，尽管我有时可能会偏离他的结论。

所有的这些研究都认为和关羽/关公相关的传统历史文献、白话文学传统以及更为专门的宗教文献汇编，构成了一个无差别的整体。换句话说，他们相信对关羽在历史上的接受过程以及白话文学传统中对历史记载的再加工的研究，都有助于我们进一步了解关公崇拜。在他们看来，对关公的崇拜是其历史地位自然延伸的结果。此外，有一种强烈的倾向认为，是白话文学的流行导致了宗教崇拜的流行，这又反映出了两个基本假设：第一，关公崇拜是随着白话文学传统的兴起而发展起来的；第二，普通民众（通过阅读或其他方式）了解这些白话文学并且受到启发。

在我看来，传统中国的实际情况完全不同。并不是所有的中国人都

---

34 王见川：《台湾"关帝当玉皇"传说的由来》，收入高致华主编《探寻民间诸神与信仰文化》，合肥：黄山书社，2006年，第261—281页。关于该主题，最近王见川又发表了《从"关帝"到"玉皇"探索》一文，收入王见川、苏庆华、刘文星主编的《近代的关帝信仰与经典：兼谈其在新、马的发展》，台北：博扬文化事业有限公司，2010年，第107—121页。他的其他一些重要的相关研究包括《清代皇帝与关帝信仰的儒家化》和《台湾"关帝当玉皇"传说的由来》，这两篇文章收录在他的论文集《汉人宗教民间信仰预言书的探索》中，第55—76页和第411—430页。同时《清朝中晚期关帝信仰的探索：从"武庙"谈起》一文也收录在此书的第71—106页。

能够获得或者读懂这些传统的白话,即使在关公信仰非常流行的北方地区也是如此,相对而言,在那里,各地的方言与所谓白话之间的差异并不大。

传统中国社会中的绝大多数人并不读书,即使阅读,也是局限于商业领域中用正式的书面语言("古文")所书写的实用性很强的资料,以及参加科举考试所需要的意识形态类典籍。因此我们不能预设历史与文学传统之间的相关性,而必须从"接受史"的角度加以分析。在第四和第五章中,我将回到这个问题,我会讨论宗教崇拜对文学传统的影响,并且还将深入分析一些文学传统(尤其是戏剧)是如何在关公崇拜的相关叙事和神话框架中发挥作用的。在稍后的第七章,我会举出一个颠覆性的个案来讨论所谓白话传统对宗教崇拜的影响问题,尤其涉及关公能够熟读《春秋》的传统说法。因此,这不是对三国叙事传统的研究,更不是关于《三国演义》起源、影响及其众多版本的研究——关于这个重要主题存在大量的文献,需要多年的阅读、整理和分析。[35] 不过,我确实参考了这方面的重要成果,用以帮助我分析口头叙事传统对书面文本的影响,特别是大塚秀高的研究给了我很多启发。如果说本书能够对这个特定领域的研究做出一些小小的贡献的话,那就是我假设宗教文化有其独立存在意义的部分。

在本研究中,我对另一个主题——即作为战神的关公——的看法也与前人有本质上的差异。至少从 19 世纪开始,"战神"这一西方式的标签被用到了关公的身上,直到今天仍然如此。[36] 它可以与汉字中的"武"相对应,反映了以积极的方式使用暴力的能力,英语中的"martial"(尚武)可以更好地表达这层意思。"武"的消极面便是"暴",或者说是为

---

35 关四平:《三国演义源流研究》(第三版),哈尔滨:黑龙江教育出版社,2001 年。
36 例如 Doolittle, Justus. *Social Life of the Chinese* (New York: Harper and Brothers, 1865), 1: 284—285, 296—297;(中译本参见卢公明:《中国人的社会生活:一个美国教士的晚清福州见闻录》,福建人民出版社 2009 年版) de Groot, J. J. M. *Les fêtes annuellement célébrées à Émoui (Amoy): étude concernant la religion populaire des Chinois*(Paris: Leroux, 1886), 146—187。

了错误的目的而使用暴力，经常被理解为随意或过度使用武力。重要的是，我们必须意识到我们完全是从主观的角度去评判何谓暴力的，否则我们便无法理解为什么某些人或群体的经常性行为对其他人而言可能就是一种暴力。在中文的语境中，如果换个角度看，只要是暴力，无论是被贴上"武"还是"暴"的标签，都是很残忍的。[37] 在西方话语中，"战争"这个词也一样，它通常是积极的，当然在主导我们领域的美国话语体系中（以及其他很多方面）除外。当涉及我们不赞同的各类武装行动时，我们使用诸如"侵略""恐怖主义""叛乱""游击"，甚至"暴力"这些替代性词语，而当我们赞同其目的时，我们就会使用"战争"或"抵抗"这样的词语。"尚武"（武）这个标签传统上被视为关羽的标志性特征，在我的分析中，认为其核心内容主要指他使用暴力与邪恶势力展开对抗。这些邪恶势力包括野蛮人、叛军、盗匪和真正的恶魔。按照当代说法，"战争"这个术语通常不会将所谓"敌人"的范畴定义得如此宽泛，尽管高延（J. J. M. de Groot）曾经意有所指地将细致描述中国驱魔行为那一章节命名为"反对战争的幽灵"。[38] 按照我们对"战争"这个术语极其有限的了解，我倾向于不要继续再把关公称为"战神"。

来自地方社会的体验

本书关于史料的分析会从两个层面展开。一方面，我对传统的历史进程感兴趣，诸如神祇崇拜的起源、传播及其追随者。与此同时，我也愿意关注人们是如何形塑了自身对神祇的信仰和相关实践方式，他们又是怎样想象神祇形象及其在日常生活中的降凡显灵现象的。这就意味着

---

37 另可参见 ter Haar, 'Rethinking "Violence" in Chinese Culture'. In *Meanings of Violence: A Cross Cultural Perspective*, edited by Göran Aijmer and Jos Abbink (Oxford: Berg, 2000), 123—140。
38 De Groot, *The Religious System of China*, VI (Leiden: E. J. Brill, 1892—1910): 929—1185.（中译本参见高延：《中国的宗教系统及其古代形式、变迁、历史及现状》，花城出版社 2018 年版）

我需要按照不同的方式来处理史料，以期阐明这些不同维度的问题。重构历史事件需要对史料做出相对明确的评判，还要构建一个资料库，以便于求证这些传统的历史问题。为了理解人们的宗教关切，就需要将奇闻逸事类的资料同样视为史料。这些资料或许并不总能告诉我们真正发生了什么，但是它们确实同样会给我们提供重要而有趣的信息，以便我们了解人们相信发生了什么。

自始至终，我都努力从各类史料中择用那些在时间和空间上和人们所描述的事件最为接近的资料。在任何时候，当我们判断某条史料所涉及的人和事时，必须要考虑史料的年代。我的史料不仅仅来源于奇闻逸事，同样也来源于各类文献的序文和跋语，这些文献包括地方志、日记、善书，等等。我尽可能去追溯这些史料的最初来源，而不是依赖于后出的那些圣迹传，因为被收录于圣迹传中的资料通常会隐没其来源，而且作者对相关资料的取舍也会有所选择。传统中国的书面文献在本质上反映了男性文化精英的观点。对于本研究而言同样如此，尽管我也会尽可能地注意到非精英群体的观点。我不仅会细读相关个体的叙述，其中特别会注意到神迹及其社会背景，而且还会对隐藏其中的宗教体验做出阐释。在相关注释中，我会额外提供一些个案，但对于这些个案，限于篇幅，我们无法展开充分的讨论。与真正的民族志田野工作者不同，社会历史学家无法回到田野去提问，但在某种程度上，现存史料中丰富的口述文献可以弥补这一缺憾，当然这仅仅是就关公崇拜这一个案而言。

尽管我们永远无法获知个体对神灵最直接的体验是怎样的，因为这些体验都来自口头描述，部分甚至无法描述，但那些传闻确实有助于我们从某些方面，在不同的层次上重构或者理解这些经验。第一个层次是这些事件的主角和目击者。呈现于我们面前的是关于这些事件经过的最终版本，在此之前，那些主角和目击者由于受到多方面因素的影响，已经对最初的事件内容进行了改编，这些因素包括他们此前（或此后）的经历、其他人对他们经历的反应以及那些流传更广的和神祇相关的故事。

特别是到了16世纪晚期，我们会有相当多的由当事人自己记录下来的内容翔实的描述。只要我们充分认识到那些作者在呈现自身形象时肯定会考虑到其他人的观感，那么这些记载便可以视为极其有用而有趣的史料。我认为此类资料与人类学家所使用的田野访谈报告并没有多大的差别。

有些史料是由那些与最初发生的事件或经历完全无关的人所编写的，他们和事件的主角身处不同的时空，有着完全不一样的社会和教育背景。在这里，和其他任何层面的重构一样，人们在观察与讲述类似事件时，会受到很多因素的影响，比如出于规范性的考虑决定哪些部分适合讲，哪些部分不适合讲，再比如经过改编的神迹故事是在怎样的情境下被讲述的，等等。

但正因为我所感兴趣的是人们的信仰，换句话说，也就是讲述者对这些事件的看法以及他们表述人神互动的方式，所以即使是那些来自不同时空的资料仍然有其价值，它们可以告诉我们什么是人们觉得可信而有意义的。无论我们的史料是来自事件的发生地附近还是遥远的他乡，它们总会被重新改编，在这一过程中，文化发挥了决定性的作用，但是我们几乎无法追溯这一重构发生的过程。很多看似非常个人化的事件都有着类似的文化表达，这本身就是它们经历了改造过程的证据。

在任何时代，现存的故事最终都是大大小小的社会群体集体记忆的呈现，它们经过了相关文献作者的编辑，恰巧流传到了我们手中。因此，在这些被改编过的故事中，我们所了解到的不仅是作者的个人观点，同时也是地方社会群体的想法，这些社会群体通过血缘、业缘、地缘等不同纽带而联系在一起。真正发生了什么并不重要，因为史料肯定会告诉我们人们是如何进行选择性的记忆，又是希望通过什么样的方式将这些故事告诉后人的。最终形成的关于真相的不同版本经过了人们的选择，从中我们可以了解到人们是如何解释突发事件的，无论是好事还是坏事，他们又是怎样为生活中的偶然事件赋予意义的。

在关于历史和记忆的大量文献中,"记忆"这个词通常被用于指称最近的历史以及人们关于这段历史的印象,或者也涉及国家、社会群体和个人积极建造纪念物以记住和纪念这段历史的不同的方式。[39]对于更久远的过去来说,它并没有太多用处,也许是因为如果太久的话,记忆就丧失了自身的口头属性,转变成了书面文字,之后就感觉不再像是记忆了。在我看来,奇闻逸事类的文献就是基于类似的久远记忆而形成的,它们从口耳相传的阶段开始就被不断地重构,但这样的重构并没有削弱其价值。在本研究中,我并非仅仅将笔记小说中记载的个人关于神助的记忆看作史料,同时也将这些记载本身作为主要的研究对象。在本书中,我们将个人的主观体验看作有效的研究对象。

除了在这些史料中反映出的所谓记忆外,人们还可以通过很多方式构建起关于地方庙宇的记忆文化(memory culture),甚至在国家层面上也可以做到这一点。国家授予关公很多头衔,以纪念一些特定的事件,尽管有趣的是,关公所拥有的一些最重要的头衔却是通过非官方的渠道获得的。尤其重要的是为了纪念一些重要的事件而立碑的传统,比如一座寺庙的创建、修复或扩建。通常,面向参观者的碑阳包括叙述性的碑文,以及相关的日期和落款,碑阴则列出了修建所涉及的各类捐助者信息。石碑可能会放置在一个底座上,碑上的文字会用线条框起来,也可能会在整篇文字的顶部加上龙纹或者其他纹饰。只要我们认识到一方石碑上的内容既包括了对神祇的描述,同时也反映了制作它的那个团体的情形,那么一块石碑的正反两面都是重要的信息来源。碑文提供了庙宇修建和复建的精确日期,对于我们追溯神祇崇拜的历史有着巨大的价值。它也许会给出对获得神灵帮助从而修建寺庙的简要性说明,或者之前庙宇破败情况的信息,但它们很少会提供关于本地信仰和地方传说

---

39 Klein, *From History to Theory* (Berkeley, CA: University of California Press, 2011), 112—137; Tumblety (ed.), *Memory and History: Understanding Memory as Source and Subject* (London: Routledge, 2013).

的可靠信息，相反，几乎总是在重复关公和他的两个结义兄弟的官方历史叙事。尽管如此，当罕见的例外确实突破了上述类型的限制时，它们可以提供关于神灵显应助力寺庙建设的绝对有用的信息。有时候，这些信息甚至通过回忆的形式出现在碑文中，例如在 1080 年的一方碑记中显示，当地士兵总结了他们前往遥远的南方抵御外来侵略者的痛苦经历，以及在他们战斗和撤退过程中神祇显灵护佑的事迹。[40] 同时，我们也要认识到，只有当地方上有人能够记起那些正在被纪念的实际发生的事情时，才能够提供有价值的碑记内容。而绝大部分的本地人刚开始或许根本不知道碑记中说的是什么。所以，碑记是可以证明庙宇重要性的第一手的实物。

逸闻笔记和碑刻文献是我使用的两个最重要的资料来源，前者在帮助我梳理人们的记忆方面更为重要，而后者在重构神祇如何为地方社区甚至特定的个人提供支持方面扮演着更为关键的角色。地方志通常会使用到这两类信息，有时会引用碑刻正文中的部分内容，同时还会添加一些口头故事或逸闻。我们会用到与关公崇拜相关的一些早期诗歌，以确认这一崇拜的某些发展动向，但这些诗歌所包含的意义经常是隐晦不明的，对历史分析而言用处并不是很大。其他类型的材料是更广泛意义上的崇拜行为的产物，比如把关羽当作驱邪将军以对抗恶魔军队的仪式，以及讲述在成为刘备部下之前关羽经历的民间传说，等等。这些材料不保存记忆，也不是在纪念神祇的过程中直接形成的，但是它们确实反映了人们对关公神祇的感知，以及神祇对于人们的生活所具有的潜在重要性。还有一类印刷出版的书籍，其中有神祇通过道德教化类的文字向世人发出忠告的内容。这些书籍再版时，可能会在开头提到神祇通过梦境或者扶鸾显应时所给予的建议。这类书籍既可以视为记忆的产物，同时

40　相关内容详见我在第四章中的讨论。当然，即使在这一个案以及其他相似的个案中，碑文也并非出自主人公之手，相反，他们会把自己的故事告诉代笔者，而最终文本的形成必然会因此受到影响，至于其中的原因则很难加以验证。

也可以视为对神祇及其所给予的帮助的纪念。

在关于神祇崇拜的历史编纂学中，人们常常会忽视民间故事。这些故事确实流传于"民间"（among the people），并没有确切的作者，也无法确定产生的时间。它们是地方民众共享文化的一部分，正如我们在后面章节中将会看到的那样，这里所谓地方民众当然包括精英阶层。一部分故事的源头可以追溯到17世纪早期。有的故事会告诉我们关羽的前世是一条可以兴云布雨的龙，在被处决后，又化身为一个历史人物；而有的故事则告诉我们他为什么会离开家乡，成为刘备的结义兄弟。这些故事反映了与关公相关的地方信仰传播之广泛，其中总是能够令人感受到他对地方百姓的关心，这也是这些故事的核心。通过这些不同的方式，普通民众和上层的知识精英都在讲述着无数有关关公的故事，故事的内容总是围绕着他如何帮助个人以及群体而展开。通过这些故事，我们可以间接地了解到人们的焦虑和期望，是我们理解地方社会生活的一扇窗口。除了这些故事，我们还会探讨关公崇拜如何在祭祀、仪式、演剧、节日活动以及寺庙坛宇的修建过程中被加以塑造。本书大致按照时间顺序展开论述，刚开始的两章主要探讨这一崇拜的佛教（第二章）和道教（第三章）的源头。正如我们将会看到的，这些源头都很重要，但并不是决定性的。荆州（它的一部分最终改名为当阳县）玉泉寺中带有佛教背景的唐代神龛为宋代关公崇拜的鹊起迈出了第一步，但并没有证据表明它在此后关公崇拜的传播过程中扮演了任何决定性的角色。宋代关公崇拜的道教背景更加重要，它带动了中国南方早期的一些关帝庙的创建。这两章的基本论述所利用的主要是一些纪念性或者规范性的史料，但是有时也会用到一些逸闻类的材料，这些材料同样表现了人们在与神灵接触时的一些感官性的体验。

无论如何，关公崇拜在中国北方的广为传播是多种因素造成的，但和早期这一崇拜所具有的佛教或道教背景关系甚小，与后世类似于《三国演义》这样的白话叙事传统更是没有多大关系。关于那些据说最早供奉关公的中国神坛和庙宇，我已经搜集到了非常详细的资料，在第四章中会进一步分析。这些资料使得我们可以从时间和空间两个维度对关公崇拜的兴衰做出较为精确的分析。如此一来，我们还可以对白话叙事传统推动了关公崇拜这一传统的说法进行重新考察，这一推断经常出现在一些二次文献中，但这仅仅是一个有待验证的假设，而且事实上并不成立。在此，石刻文献以及地方志中对内容的概括（摘要）才是主要的资料来源，这使我们有可能从时序和空间的角度重构信仰的流变。在绝大多数情况下，我们都不会用到戏曲方面的资料，尽管此类资料在其他类似的大型课题中经常会被考虑在内。

接下来的问题当然是当我们讨论到关公崇拜的传播时，所谓"传播"（transmit）究竟意味着什么。绝大多数情况下，我们无法确定那些讲述关公及其超能力的故事在某地开始传播的精确时间。当神祇在现存的史料中出现时，比如我们通常会在一座庙宇的创建和早期修建的史料中首次发现他的踪迹，毫无疑问，此时和关公相关的故事一定已经流传多年，他刚开始可能只是被奉祀于民宅之中，而这段历史在书面史料中了无痕迹。我们可以分析的就是人们是如何想象神灵，如何描述神灵存在的，又是如何在不同的仪式和戏剧中扮演神灵的。在第五章中，我会讨论人们是怎样感知神灵的存在的，以及他们所讲述的那些带有普遍性意义的故事，而不仅仅是谈论一个个具体的神迹故事。这些故事以及对神灵的扮演有助于人们围绕神灵展开想象，当神灵显应时，就可以（根据想象）描绘出他的样子。在此，当具有不同社会和教育背景的各个地方社会阶层中都有人曾经感受到神灵的存在，并且将其铭记于心时，人们就会觉得自己确实和神灵保持着密切的联系。幸运的是，我们掌握了一些（与神灵相关的）描述性的资料，其叙述者通常是那些故事中的主人公，所以应该更接近于（和神灵交流的）原始的体验。

在本书中，我最初的预设是关公首先是一位武夫，他会带有善意地运用武力（而非暴力）来为百姓争取利益。作为一个生前非正常死亡的饿鬼，关羽仍然拥有残存的"生气"（life energy），对于他周边的人和物而言，这本身是极具威胁性的，但是如果他获得了人们的供祀，作为回报，就会为祭祀他的人提供帮助。比如在位于今天福建南部的一座繁忙的庙宇中（见图1.1），无论何时，只要当人们需要得到关公的支持和保护时，他们就会前往拜祀，在神前焚香献祭。毫无疑问，在作为神灵的关公的"职业生涯"中，他对武力的运用仍然是一个非常重要的观察维度，但是我不可能简单地把神灵所有的基本职能都与此相联系。由于受到非常广泛的欢迎，所以当面对不同的受众和需求时，关公实践着不同的职能。他可以施雨，也可以通过文字与人们（当然主要是男性）交流，但这些行为和他使用武力打败恶魔和野蛮人，以及使用武力维护道德之间，很难相互联系起来。另一方面，关公所具有的所有这些职能集中出现于17世纪初以来的民间故事中，这表明了一种可能性，即他的不同职能之间的关联比我们从现有历史材料中看到的更多。我将在第六章中探讨这些问题和关公崇拜其他方面的内容。一般而言，神灵可以帮助所有的群体，乃至为全天下苍生抵抗恶魔、土匪或者军队，或者也可以为他们降下甘霖，缓解旱情。他为地方社区提供的这种超自然的帮助随处可见，在北方尤其如此，这一现象持续了好几个世纪，直到20世纪的后半叶，我们才不再听到这样的消息——这可能意味着类似情形不再发生，不过也可能反映了我们对当代中国的宗教生活还缺乏足够的了解。第六章的史料来源非常多样，其中包括逸闻笔记，在这些资料中人们证实自己获得了关公的帮助，并且牢记于心；还包括那些不同版本的讲述关公生前和成神后经历的叙事性文献；另外还有地方志和碑刻中所保存的相当具有描述性的记载，等等。

　　早在16世纪后期，我们就可以看到人们越来越把关公视为一个识字之人，他可以通过鸾书和文字形式的预言与人沟通。关公现在演变成受过教育的男性精英所崇拜的神灵，该形象也得以在其他受教育群体中传播开来。这一变化看上去似乎和当时人们识字能力的提高有关，但同

图 1.1　对关公的祭祀

在对神灵的祭祀中，最重要的崇拜方式一定是焚香，正如我们所看到的 21 世纪初闽南一座关帝庙中的情景。（作者摄）

样也和识字能力变得越来越重要有关。在第七章我将探讨这个问题。关公现在把自己变得足够像一个文人，这样，文人群体才会承认他，并且继续崇祀他。结果，人们就越来越关注到据说作为历史人物的关羽所具有的阅读《春秋左氏传》的能力，到了 17 世纪中叶，他拥有了一个新的头衔——关夫子（Master Guan），从而得以与孔子齐名——孔子是历史上另一位著名的精通《春秋》的专家。在这一章中，关于神灵的祭祀谈得很少，但是我们有大量的证据可以说明文人是如何重新塑造关公形象的，同时还有很多叙事性的文献，其中记载了神灵如何通过不同的形式向文人提供帮助，以及后者关于这些灵异事件的记忆。

在关公发展为文士之神的过程中，他还逐渐具有了道德监督者的角色。人们往往认定是因为崇祀者实践了正确的道德行为，关公才会给他带来奇迹般的保护和支持。到了人们通常把关公称为关圣帝君（Imperial Lord Saint Guan）的17世纪晚期，开始出现托名为关帝所著的各种各样的宗教小册子，这时我们看到关公崇拜又有了进一步的发展。我认为这一发展的趋势和人们可以越来越方便地提高自己的识字能力是有关系的，到了18、19世纪，这种联系会变得更加显而易见。重要的是，作为道德监督者的关公仍然非常崇尚武力，大量的资料都提到那些恶人是如何受到关公的武力惩戒的。长期以来，他都被视为一位为了帮助地方民众，敢于站出来挑战玉帝的神祇，但是到了19世纪晚期，进一步发展出了一种信仰——人们认为他取代了玉帝的位置，成了万神殿中的最高神。第八章的主题就是讨论作为道德之神的关公和那些用文字记录下来的宗教训谕的起源。在该章中，我们主要用到了两类文献。其中逸闻笔记告诉我们，人们往往认为是因为道德良善，才获得了神祇关公的帮助，他们是如何构建这一过程的；而各种宗教道德类的小册子则向我们表明，在人们的想象中，关公对于社会道德的提升做出了贡献，而为了获得他的帮助，人们又必须做些什么。

因为宗教文化是一切社会现象的组成部分，它可以通过不同的方式构建地方的、区域的乃至整个帝国的身份认同。通过使用关公或者其他神祇作为象征性的资源，不同的话语社群（discourse communities）形成了不同的身份认同。他们之间可以通过集体崇拜（collective worship）和互相分享有关神祇的故事来交流。在华北地区，崇拜关公可以被认为是一种地方认同的表达，因为他首先是一位北方的神祇；但是在中国的其他地区，在城市中，祭祀关公也可以被认为是在承担一种全国性的责任。地方社会中的农民、小店主、商人、仪式专家、军人以及文人在如何看待关公方面稍有不同。在某种程度上，我们可以重构这些差异，但通常对于这些信仰和故事的内容我们只能做整体上的理解，而无法把它们和特定的社会和教育群体联系起来加以考察。整体而言，本研究一方面可以被视为对一种特定宗教崇拜的考察，另一方面也可以被看作从社会史（social history）的角度去观察人们的恐惧与希望、焦虑与不安，以及他们的应对之方的著作。

在一本专著和有限篇幅内对关公崇拜只能展开有限的讨论，关于这一崇拜的不同侧面，还可以，也应该有更多的考察。此外，我的讨论中并没有涉及关公崇拜的现状，尽管我在本书的相关部分进行了一些评论。

第二章　护法恶魔

当佛教文化的踪迹在东汉时期第一次出现在都城洛阳和几个宗教中心时，我们看到了重大变革的开始。最终，佛教在制度化宗教领域拥有了统治性的地位，无论是在宗教知识的建构，还是宗教制度的完善等方面都是如此，并且一直延续至此后数百年。在此背景下，我们在湖北的一座寺庙中发现了关公崇拜的第一个证据，时间大约在800年。184年，在四川和湖北北部发生了另一场重要的宗教运动，即由张鲁领导的五斗米道的叛乱。张鲁声称他的教义可以追溯到142年，当时他的祖父张道陵受到了哲学家老子《道德经》的启示，自称第一代天师。张鲁在215年向华北的曹操投降，交出了他的神治政权，但他领导的运动在之后3—4世纪的贵族精英群体中继续蓬勃发展。后来，这一运动逐渐销声匿迹，但从9世纪后期开始，居住在江西龙虎山的仪式专家们声称他们是早期天师们的后代，这一策略取得了成功。[1] 然而，他们的（宗教）活动形式完全不同，他们专注于各类仪式，把关公视为他们的驱魔神将之一。仪式专家和关公之间的关系将在本书第三章进行论述。

一直以来，中国本土的宗教文化并未间断，包括用新鲜的肉和酒作

---

[1] 王见川：《龙虎山张天师的兴起与其在宋代的发展》，《光武通识学报》，2003年第1期，第243—283、246、257—260页。亦可参见 Skar, 'Ritual Movements, Deity Cults, and the Transformation of Daoism in Song and Yuan Times'. In Daoism Handbook, edited by Livia Kohn (Leiden: Brill, 2000), 417 and 420—421.

为祭拜神灵的供品。分享祭品（肉和酒）是建立社会纽带的基本方式。这种祭祀文化从根本上就与佛教教义相悖，佛教是不允许杀生和饮酒的，因为这些行为会使人们造"业"，并体现在生死轮回之中。在极少数情况下，道教仪式实践似乎接受了肉食和酒类，但是总体上道家也强烈反对用肉和酒作为祭品。[2] 尽管如此，当道教徒进行召唤神将的驱魔仪式时，他们还得使用肉和酒作为这些饿鬼的"牺牲"。对于精英和当地人来说，尽管这些行为同时出现在仪式活动中会显得有些互相矛盾，但最终这些不同的传统还是混合成了一种独立的宗教文化。就佛教的祭祀实践而言，不论其教派背景如何，焚香都被视为最基本的祭祀形式和所有宗教活动的开端。在不同的仪式中，为了达到不同的目的，人们往往会邀请不同的佛教和道教仪式专家参与，其依据就是他们自身所能观察到的这些专家具有的灵力和获得的效验，然而，实际上他们还是会延续自身的祭祀实践传统，很少会完全转向佛教或道教。关公信仰的兴起就发生在这种历史背景之下，随后的章节我们将重点关注这些传统。

关公崇拜始于219年末220年初长江北岸的荆州——关羽被杀害的地方。汉代在这里建立了独立的县，在行政上称为荆门或当阳（见图2.1）。

唐代，关公崇拜被当阳县附近山上日益知名的佛教寺庙玉泉寺所利用。在此期间，关公仍然被视为狂暴的恶魔，令人敬畏和恐惧，但有时候也会帮助人。我在本章中使用的大多数现存史料反映了经过长期口头传播后所结晶而成的集体记忆。这些资料有时候会包含个人信息，但绝大多数情况下，我们所获取的信息都已经经过了好几个阶段的再加工，这就导致了个人信息的大量缺失。这些传说首先要说明的是神祇崇拜的魅力和神祇的能力，关于这些传说所涉及的相关个人经历往往很少谈到。尽管这些逸事来自受教育阶层的记载，但其中描写的人物则各个阶层都有。

---

2 Stein, 'Religious Taoism and Popular Religion from the Second to Seventh Centuries'. In *Facets of Taoism: Essays in Chinese Religions*, edited by H. Welch and A. Seidel (New Haven, CT: Yale University Press, 1979), 53−81; Kleeman, 'Licentious Cults and Bloody Victuals: Sacrifice, Reciprocity and Violence in Traditional China'. *Asia Major, Third Series* 7.1 (1994): 185−211.

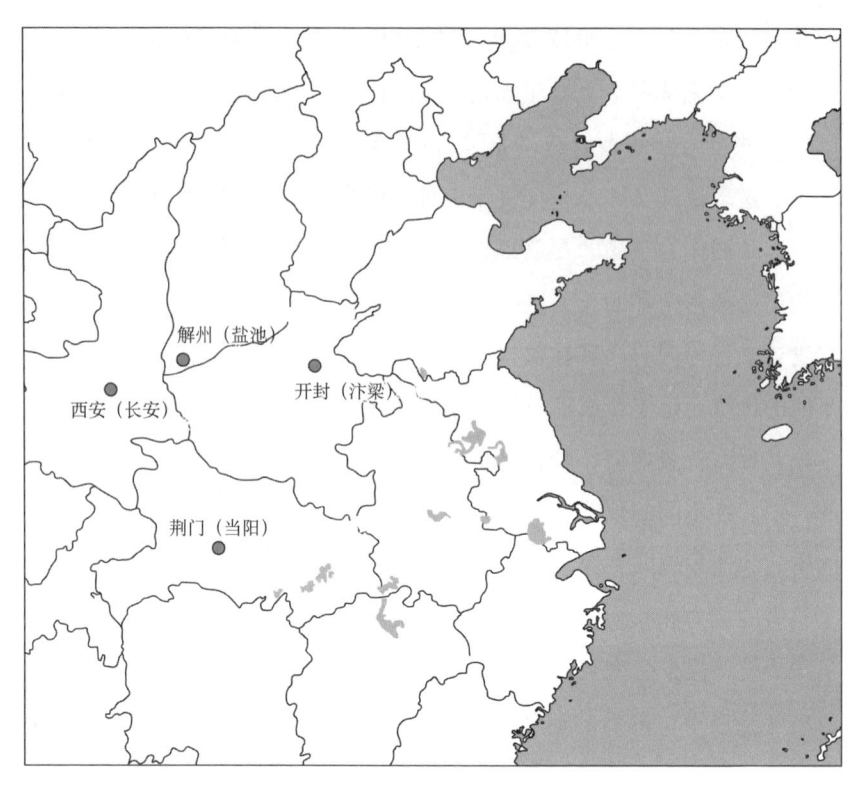

图 2.1　早期关公崇拜的重要地点

当阳崇拜

由于我们无法得知关公信仰早期确切的历史信息，因此我们的分析需要把我们所知道的与一定程度上的推理结合起来。那些遭受暴力横死的将军有的也获得了人们的崇拜，对此类崇拜早期阶段相关情形的整体把握是我们分析的基础。因此，我们的讨论并不是完全基于猜想，我将尽力指出哪些地方的论述是基于直接的证据，而哪些地方属于猜测。

河边的原始崇拜

最初的关公崇拜很可能始于他和他儿子在 219 年末 220 年初被杀害

地的附近，即当地一条河流沮河的岸边。这里埋葬着他的无头尸身，我们可以从 3 世纪晚期的一种史料——《吴历》的记载中得知，孙权将关羽的首级送给曹操，后者以诸侯礼葬其尸骸。[3] 很显然关羽的尸体依照某种仪式被安葬了，而不是任其暴露腐烂。他的坟墓很可能也有一些外在的标记，比如说一个小山丘，以便于当地人辨认并记住这个地方。

由于关羽所属的集团是汉朝最后几十年内战中的战败者之一，所以极有可能并没有进一步官方崇拜的存在。关公崇拜反映了当时一种相对新兴的崇拜类型，即人们会崇拜那些遭受暴力横死而变成饿鬼的人。这一类型的崇拜经常成为志怪小说的重要内容，在当时，志怪小说是文化精英阶层中流行的一种故事体裁。早期道教信徒的一些带有论战性质的文章中，极力抨击对这些饿鬼的崇拜，这间接地表明此类崇拜在当时极有影响力。人们相信这些饿鬼一直留在人世间，因为他们仍然充满了未耗尽的生命力（用他们道教批评者的话来说，就是他们仍然具有"古气"），所以对活着的人具有潜在的危害性。这些饿鬼需要崇拜者提供刚刚屠宰的动物作为祭品，动物的血液可以补充他们的"生命力"（生气）。这些祭品通常被称为"血食"。作为回报，祭祀者将受到保护。与老一代并非发源于人类的恶魔不同，这些新的恶魔/神灵也可能降生人世，就像在丧葬仪式中死者会附在某位年轻后代身体上的古老习俗一样。[4] 与经典的祖先崇拜是在寺院（庙）而不是露天祭坛举行相类似，这些新的崇拜也发生在有屋顶的建筑物中（经常被蔑称为"屋"或"房"），为此，"寺"（庙）这样的术语很快就被人们接受。[5] 由此可能会在恶魔

---

[3] 该史料的一部分被保存在裴松之为陈寿《三国志》所作的注释中，卷三十六，第 941 页。

[4] 参见 Stein, 'Religious Taoism and Popular Religion from the Second to Seventh Centuries'; Kleeman, Terry. 'Licentious Cults and Bloody Victuals: Sacrifice, Reciprocity and Violence in Traditional China'; Lin, Fu-Shih. 'The image and status of shamans in ancient China'. In *Early Chinese Religion Part One: Shang through Han (1250 bc—220 ad)*, edited by John Lagerwey and Marc Kalinowski (Leiden: Brill, 2009), 397—458。

[5] 类似的例子可参见 Stein, 'Religious Taoism and Popular Religion from the Second to Seventh Centuries', 58—59, 65, 67—68, 79。

与灵媒之间，继而与社区之间建立一种更为长久的关系，进而创制出一种新的关于恶魔的版本，使其看上去更像一位神祇。关羽崇拜就属于这种新的崇拜类型，并且在接下来的几个世纪里将变得越来越流行。[6]尽管当时他还不能被称为关公，我还是会在下文中使用这一称谓来指称作为宗教崇拜对象的关羽，讨论作为历史人物的关羽和早期关公崇拜之间的关系时则用本名。

860年到874年，唐王朝遇到了一系列的麻烦，随后在874年发生了黄巢起义，引发了巨大的社会恐慌和破坏。在此背景下，长安发生了一次恐慌事件，在这次事件中，关公作为恶魔的本性充分暴露了出来。当时，各地的人们都非常紧张不安，关三郎的"鬼兵"已经进城的传闻闹得沸沸扬扬。我们使用的这些事件的相关史料大约出现在一百年后，当时有人把那些流传于社会精英阶层中的逸事整理记录了下来，向我们讲述了一个贵族如何带领全家沿着骆谷路迁往陕西南部的洋源的故事。到达秦岭后，那位贵族回头看了看都城长安，说："此处我应免关三郎相随也。"他的迁徙最终被证明没有任何意义，因为他还是病倒了。[7]"鬼兵"是除了"阴兵""神兵"及"天兵"以外的另一个称谓，这些兵士组成了恶魔将军的部属，而以上四种称谓被用于不同的仪式文本中，但所指的大致都是相同的现象。很明显，关三郎被视为恶魔，但对于其身份并没有进一步的说明。早期的几种关于玉泉山关公崇拜的史料特别提到有个供奉关三郎的神龛。[8]我们已经知道，历史上，关羽确实有三个儿子，但他和大儿子被葬在一起，后者的年龄足够大，可以和他一起战场杀敌。其余两个儿子和他的埋葬地没有任何关系。进一步而言，那个神庙中崇拜的主神一直是关羽本人，神庙不可能用其中供奉的一个从

---

6 参见 ter Haar, 'The Genesis and Spread of Temple Cults in Fukien'. In *Development and Decline of Fukien Province in the 17th and 18th Centuries*, edited by E. B. Vermeer (Leiden: Brill, 1990), 349—396. 我认为从11世纪开始这一发展趋势变得越来越明显。

7 孙光宪：《北梦琐言》卷十一，第c965（90）页，上海：上海古籍出版社，1981年。

8 《云溪友议》上第21a页，明确将关羽等同于关三郎。张商英把"三郎"解释为第三个儿子。参见胡聘之：《山右石刻丛编》卷二十一，第8a—b页。

神的名字来命名,而且其他的文献中从未记载过这一从神。实际上,"关三郎"这个称呼有一个非常不同的起源。

那些帮助人们赶走恶鬼的神魔经常会获得富有朝气和活力的名称。[9]著名的四川本地神灵李冰最初被称为灌口二郎,但最终这一形象被重新定义,人们将灌口二郎视为李冰的二儿子。另外一位著名的驱魔将军是李三太子或哪吒,现在这个称呼专用来指李靖的三儿子,也是他最小的儿子。李靖是唐代的一位将军,后来被当作雨神崇拜。李三太子这一形象非常后起,而且很有可能是李靖本人形象的翻版。[10]因此,使用"关三郎"一词并非专指第三个儿子,而是指作为恶魔的关羽本身,他不仅有制造灾害的能力,也可以击退其他恶魔,避免灾难的降临。

几个世纪以后,有人声称关羽尸骸的一部分埋葬在另一个地方,因此在进一步分析荆州的(关公)崇拜之前,我们需对此进行简要的分析。他们所声称的那个地方是洛阳,那里有座宏丽的清代庙宇,表面上,人们都认为这座庙宇是为埋葬着关羽头颅的坟墓而建,互联网和游客宣传单中都在重复这样的说法。[11]正如前文已经论述的,孙权恭敬地埋葬了关羽的尸身,把关羽的头送给了洛阳的曹操。历史上并没有曹操如何处理这颗头颅的相关记载,如今却宣称它被埋葬于洛阳。1329年的一方碑记说当地有一座供奉关公的庙宇,却没有任何与墓祭相关的记载。据碑文,当时元朝皇帝派遣一位官员来到这座寺庙。因为在"内乱"发生时,关公显灵,帮助皇帝打败了敌人,平定了战乱——毫无疑

---

9 在一些文献所记载的故事中,唐玄宗也曾被称为"三郎",可以和"关三郎"的称呼做些比较,参见罗大经《鹤林玉露》卷六,第6a页。刘昌诗:《芦浦笔记》卷一,第2a—b页。王见川在《唐宋关羽信仰初探——兼谈其与佛教之因缘》一文中认为以上故事中的"关三郎"应该另有所指,因为他认为,"关三郎"的恶魔形象和作为佛寺保护神的关公形象不符。

10 黄芝冈:《中国的水神》,上海:上海文艺出版社,1988年,第34—37页;金文京:《関羽の息子と孫悟空》,《文学》,1986年第9期,第85—87页。ter Haar, *Ritual and Mythology of the Chinese Triads: Creating an Identity* (Leiden: Brill, 1998), 255—257.(中译本参见田海:《天地会的仪式与神话》,商务印书馆2018年版)

11 例如《洛阳寺志·文物志》,第166页。关于这座坟墓可参见 https://zh.wikipedia.org/wiki/,关庄村关羽墓。该网站提到在1979年后的一次发掘中曾发现一汉代头骨,但已不知去向。

问,这里的战乱指的是军事政变以及随后使蒙古国王登上皇位的战斗。结果,关公获得了额外的加封。不久,关公因洛阳一场可怕的旱灾而获得崇拜。[12] 现存寺庙的建筑时间要晚很多,从 1595 年开始,这里又出现了一座坟墓。据我们所知,当地的关公崇拜直到当代仍然在很大程度上局限于本地,并没有成为关羽崇拜传播的中心。近代一些史料描述孙权如何将关羽的头放置在木匣中送给曹操,之后曹操给关羽做了一个木身,并用诸侯之礼厚葬,这些叙述主要基于明代小说《三国演义》。[13] 这极有可能并非史实。正是这一故事相关的文学版本为洛阳地方精英构建本地与关羽的联系提供了灵感。

在唐代,关羽同样因为有战功而被供奉在武庙中。武庙崇拜的主神是齐太公——因其协助建立周朝而闻名。[14] 如今,他更多地被人们称为姜子牙,是《封神演义》中商周之战中的统帅,同时也是保护百姓房屋的驱魔神。[15] 目前没有证据表明,武庙中对战争神灵的集体崇拜影响到了之后的关公崇拜,后者应该是以一种不同寻常的方式发展起来的,起初具有非常强烈的地方色彩。

玉泉寺的创修奇迹

我们只有从那些留下文字记录的佛教僧侣和官员那里,才能够了解到早期玉泉寺和附近神灵之间、寺院和那些神灵崇拜者之间的关系。通过仔细研读这些史料,我们会发现,最初关羽和玉泉寺及其创始人天台僧智𫖮(530—598)之间毫无关联。根据隋代当地县令皇甫昆(毗)撰

---

12 《洛阳县志》(1745)卷十四,第 48b—49b(1166—1168)页,台北:成文出版社,1976 年。

13 周广业、崔应榴辑:《关圣帝君事迹征信编》卷七,第 9b—10a(224—225)和第 11a—b(227—228)页。

14 McMullen, 'The Cult of Ch'i T'ai-kung and T'ang Attitudes to the Military.' *T'ang Studies* 7 (1989): 59—104.

15 Meulenbeld 在 *Demonic Warfare: Daoism, Territorial Networks, and the History of a Ming Novel* 一书中讨论了《封神演义》这部小说及其宗教背景。1992 年 1 月至 3 月我在福建泉州田野调查期间,也发现存在用姜子牙的名字镇守自家房屋的个案。

写的碑文记载，玉泉寺是由地方施主捐建的，他们每人捐献了一块砖瓦，寺庙很快就建成了，"如有神助"[16]。这些都是在592年初智𫖮来到玉泉山后发生的，因为当时他是全国最著名的僧人之一，所以在如此短的时间内得到地方各界的支持也就不足为怪了。[17]智𫖮也是荆州某地名门望族的后裔，这一家族与南朝几代统治者都有着密切的关系。当时距离589年隋朝征服南方并不是很久，反隋的骚乱仍在持续，社会一直处于高度动荡之中。作为南方贵族文化和佛教势力的杰出代表，隋朝新的统治者极力拉拢智𫖮，但收效甚微。因此，智𫖮在592年隐退玉泉寺也就具有了强烈的政治意味，他之所以选择一个如此偏远的地方，就是为了远离朝廷的视线。智𫖮在玉泉寺停留了两年，在此期间他极其活跃，从而成功地为他的天台宗建立了一个新的据点。这座新的寺庙获得了官赐匾额，被称为"一音寺"，但人们之后仍然称其为"玉泉寺"，该名称一直沿用至今。[18]关公坟墓和关公崇拜场所与玉泉寺相邻是非常偶然的巧合，但随后名声大振的关公崇拜与唐宋时期当地佛教僧侣和世俗信徒之间的规律性交往却绝对关系密切。

灌顶（561—632）撰写的《智者大师传》为我们提供了寺庙创建的宗教背景。作为智𫖮的学生，灌顶的叙述主要来自他在玉泉寺期间的所见所闻。[19]

> 其地本来荒险，神兽蛇暴。谚云：三毒之薮，践者寒心。创寺其间，决无忧虑。是春夏旱，百姓咸谓神怒。故智者躬至泉源，灭

---

16 《玉泉寺志》（1885）卷三，第3b（468）页。
17 除了提到这件事发生在591年之后，道宣的《续高僧传·智𫖮传》中并没有给出明确的日期，第0566c07—c10页。志磐《佛祖统纪》中第0183a27页关于智𫖮的传记，则认为该事发生于开皇十二年十二月初（即593年初），不过也没有提供进一步证据。亦可参见 Chen, Jinhua. *Making and Remaking History: A Study of Tiantai Sectarian Historiography* (Tokyo: The International Institute for Buddhist Studies of the International College for Advanced Buddhist Studies, 1999)，第180页注47。
18 Chen, *Making and Remaking History*, 54—62.
19 Chen, *Making and Remaking History*, 41—46.

此邪见。口自咒愿，手又伪略。随所指处，重云叆叇笼山而来，长虹焕烂从泉而起。风雨冲溢，歌咏满路。当时龙占其境，智者于金龙池侧以建玉泉。[20]

这则史料清楚地说明，上文提及的神灵是一条龙，而不是关羽这样的拟人神。此外，整个仪式的重点就在于要摧毁当地神灵，而不是令他皈依。至少从佛教徒的角度出发，他们与当地神灵的对抗经常以摧毁对方为目的，因为在地性的实践经常会导致新旧信仰在某种程度上的融合，从而有损佛教的纯洁性。[21] 玉泉寺这一约定俗成的名称表明它和当地的一眼泉水有紧密的联系，毫无疑问，这也是寺院的水源地。

附近山民很有可能曾经崇拜"神兽和蛇"，更确切地说，应该就是寺院旁边水池里的龙神。他们可能会把新建的寺院理解成是对龙神领地的侵犯，这也就意味着智顗和他的僧众们是被迫参与到这场关于仪式权力的斗争中去的。我们从以上史料中得知，那个神祇居住在水池中，而且并没有被确认为是关羽。尽管玉泉寺仍然是天台宗传统（后来被禅宗所取代）的一个非常有影响力的中心，但长远而言，寺院也不能忽视周边的乡村社区，那些在山下劳作的农民为僧侣们承担了各种各样重要且琐碎的事务。假设当地社区确实存在对关羽的崇拜，那么与智顗相关的故事从一个摧毁地方龙神的传说，转变为一个有些历史渊源的地方神祇忠诚为其服务的故事也就不足为奇了。因此，关羽不可能一开始就出现在玉泉寺的创寺神话中，而是在后来的发展中被逐渐加入的。虽然玉泉

20　昙照：《智者大师别传注》下，第0671b页。"三毒"指导致惑（ignorance）、执（attachment）、憎（aversion）的三大根源（*kleshas*），它们让众生被困在痛苦的（*samsara*）世界里。在此进行逐字的阅读和理解是合适的。毫不令人意外的是，昙照（根据志磐的《佛祖统纪》第0246c19—0247a20页，他生活于北宋晚期和南宋早期）在其注释中引用张商英的碑文以证明这个神灵就是关羽。道宣在《续高僧传》（第0566c07—c10页）中则沿袭了灌顶的说法。关于智顗的传记，参见 Shinohara（筱原亨一），'Guanding's Biography of Zhiyi, the Fourth Patriarch of the Tiantai Tradition'，第125页。

21　Ter Haar, 'The Buddhist Option: Aspects of Religious Life in the Lower Yangzi Region from 1100—1340'. *T'oung Pao* 87 (2001), 130—132.

寺位于当阳城外的山上，但关羽坟墓和他最初的祭坛都在离城很近的地方，而且位于沿河区域的一条古老的道路上。这种将地方崇拜纳入寺院仪式活动中的做法，最终将不仅有利于僧侣——因为他们与地方社区紧密地联系在一起，也有利于地方社区——因为这种做法提高了他们所敬奉的神祇的地位。

与这一地方神祇相关的最早的史料是唐代官员郎士元756—762年所写的《关羽祠送高员外还荆州》。该诗首先称颂关羽是一位"义勇冠今昔"的将军，然后继续写道：

> 虽为感恩者，竟是思归客。流落荆巫间，裴回故乡隔。
> 离筵对祠宇，洒酒暮天碧。去去勿复言，衔悲向陈迹。[22]

这首诗将作为历史人物的关羽客死他乡与两位官员彼此在遥远的他乡告别的情形作了类比。对我们而言，关键点就是诗中提到了关羽祠，作者和他的朋友在祠中饮酒道别。最后一句提到"陈迹"，在这里，"陈"可能是指隋朝之前的南陈政权（557—589），也可能是指俗家姓氏为陈的智顗和尚，当然，后者的可能性要小一些。这两种理解方式都表明了对过往辉煌的追忆。这首诗中丝毫没有提到玉泉寺，而饮酒活动发生在"祠宇"的对面，这表明该次会面的地点是在墓祠之中，而不是在玉泉祠中，否则，所谓"祠宇"对面就应该指的是玉泉寺了。即使在今天，这座坟墓也位于通往荆州的大路上。虽然这首诗无疑反映出了作者对于荆州的温馨回忆，但是它提供的细节是非常模糊的，从中很难获得我们需要的信息。

到了802年，为关公建造的寺庙已经存在了很长时间，并且开始衰败。在寺庙修复过程中，一位监察官员撰写了碑记，在记文中明确指出该寺位于玉泉寺东北约300步（约300米）处。修复寺庙的命令由官员

---

22 《全唐诗》卷二百四十八，第2782页。

下达，他们对于供奉关羽的寺庙出现衰败的情形非常不满，这表明对关羽的崇拜已经从地方社区上升至更高的社会层级。神灵被称为关公，而且其身份被明确认定为关羽。关公与智顗会面的情形被描述如下：

> [智顗]宴坐乔木之下，夜分忽与神遇，云愿舍此地为僧坊，请师出山，以观其用。指期之夕，万壑震动，风号雷虩，前劈巨岭，下埋澄潭，良材丛朴，周匝其上，轮奂之用，则无乏焉。[23]

如今，神灵被认定为关羽，并且是玉泉寺最初修建过程中的关键性合伙人，从而取代了之前引起旱灾、必须摧毁的恶龙。尽管这则碑记是把关羽崇拜和玉泉寺联系在一起的最早的一条史料，但是在此以前，这种联系肯定已经至少存在了几十年。通过这则碑记，我们可以摆脱《智顗传》中描述的关于驱逐恶龙的直接记忆，开始接触到关于建寺历史的想象，在这一想象中，有人为寺庙的创建提供了帮助。

这个故事的要旨被稍晚些的作家范摅（9世纪后期）证实。他援引了以下说法，即人们是为了答谢建寺过程中运送木石的神鬼而建造了这座神祠。该祠所供奉的神祇被称为"三郎神"或者"关三郎"。从上下文来看，这个神灵很明确，指的就是关羽。同时，作者还增添了一些与神灵非凡能力相关的信息。比如没人敢偷别人的财物，即使这些财物随处放置，并且大门没有关上。如果有人敢在厨房偷吃，那么他的脸上就会有一个大的巴掌印，并且几周后才会消散。如果有人出言不逊，他（或她）将会被蛇和毒兽尾随。因此，住在此地者没有人敢不遵守斋戒和禁令。[24] 众所周知，玉泉寺是天台宗祖庭之一，后来又成了禅宗北宗的祖庭，信徒们在这里所立的誓言尤其庄严，而上文中的最后一句话与这样的事实是相符的。

---

23 《玉泉寺志》卷三，第12b—13a（486—487）页。
24 范摅：《云溪友议》上，第21a—b页。

关羽在修建玉泉寺时所表现出的神力，在其他地方的类似传闻中同样得到了证实。公元841年，容州的士兵奉命将100多棵树木通过水路运往州城，用来扩建当地的衙门并修复一座寺庙。一个多月后，一个长得猿猴似的人来说：关将军派他来取木材。由于当时容州的兵士已经取走了木料，所以将军要在明年把这些木材拿回来。到了842年的七月，一场可怕的洪水冲毁了新修的县衙和寺庙的大部分建筑。[25]当然，这个故事所隐喻的事实是，木料很可能被取回到了关将军所在的圣地，就是玉泉寺。蜀国（位于今天的四川，是907年终结唐朝的地方政权之一）皇帝不久后曾命人绘制了一幅《关将军起玉泉寺图》，[26]这表明关羽助力玉泉寺创建的故事在当时已经传播开来。

有关玉泉寺神奇修建的完整叙述出现于为纪念寺庙在1080至1081年间重修而撰写的碑记中，该次重修实际上由当地的一位僧人主导。当时，僧规得不到很好的遵守，导致关羽信仰陷入了低谷。在1080年时该信仰出现了复兴的迹象，有一个陈氏家族的儿子（正好与智顗同姓！）突然可以为神灵代言（即被神灵附体），他说："自今已往，祀我如初。"[27]第二年寺庙重修完毕，僧人们顺利地得到了张商英（1043—1122）撰写的一篇碑文。张商英热衷于佛教的信仰和实践，最终官居宰相高位的他时任荆州地区的税务稽查员，因此很有可能与玉泉寺的僧人有过交往。[28]他可能通过与地方僧人的深入交谈来搜集撰写碑刻所需要的素材，他在碑记中频繁使用佛教术语可以证明这一点。原始的碑文没有保存下来，但是有人将其从他的文集中抄录了下来，而这个人自己也曾在1195年为山西北部的平遥县慈相寺撰写过一篇碑记，该寺中同样

25　段成式：《酉阳杂俎》卷三，第8b—9a页。
26　黄休复：《益州名画录》，第5a—b页。
27　胡聘之：《山右石刻丛编》卷二十一，第7b页。"儿子"这个词表明该灵媒是一个年轻人，但关于涉及的仪式，史料则没有提供进一步的信息。
28　昌彼得等编：《宋人传记资料索引》第三册，第2404—2405页。Gimello, 'Chang Shang-ying on Wu-t'ai Shan'. 收入 *Pilgrims and Sacred Sites in China*, edited by Susan Naquin and Yü Chün-fang (Berkeley, CA: University of California Press, 1992), 89-149.

有供奉关公的殿宇。²⁹ 该寺院的住持曾请求作者写一篇碑文来纪念1165年至1195年的一次漫长的寺院修复工程，碑文作者看到之前张商英撰写的碑文后，当即决定全文引用该碑记的内容。³⁰

和此前的史料相比，张商英更详细地描述了智𫖮和关羽之间的遭遇，展示了自中唐以来整个故事发展的脉络。

> 此山先有大力鬼神与其眷属，怙恃凭据，以帝通力，故法行业，即现种种诸可怖畏：虎豹号踯，蛇蟒盘瞪，鬼魅嘻啸，阴兵悍怒，血唇剑齿，毛发髭须，丑妖形质，剡然千变。

这里神灵已经不再是一条龙，而是一位能控制野兽并且拥有一支魔鬼军队的强大恶魔。很显然，他不愿意佛教僧侣来这座山上居住。另一方面，这次遭遇也非常像佛陀没有彻悟之前所受到的玛拉和其他妖怪们的引诱，这表明当时的智𫖮处在与彻悟前的佛陀相同的阶段。

> 法师愍言："汝何为者，生死于幻，贪着余福，不自悲悔？"作是语已，迹音悄绝。顾然丈夫，鼓髯而出，曰："我乃关羽，生于汉末，值世纷乱，九州瓜裂。曹操不仁，孙权自保，虎臣蜀主，同复帝室，精诚激发，洞贯金石。"

这位神灵，或者说张商英以及给他提供信息的僧人在这里完全忽视了一个事实，即关羽和刘备都是造反者。

> "死有余烈，故主此山。谛观法师，具足殊胜，我从昔来，本未闻见。今我神力，变见已尽。而师安定，曾不省视，汪洋如海，

29　胡聘之：《山右石刻丛编》卷二十一，第8b—9b页和卷二十二，第14a—15a页。
30　胡聘之：《山右石刻丛编》卷二十一，第8a—b页。志磐《佛祖统纪》中的相关文字便采信了这篇碑记的内容，第0183b07—c07页。

匪我能测。大悲我师,哀愍我愚,方便摄受,愿舍此山,作师道场。我有爱子,雄鸷类我,相与发心,永护佛法。"师问所能,援以五戒。帝诚受已,复白师曰:"营造期至,幸少避之。"其夕晦冥,震霆掣电,灵鞭鬼捶,万壑浩汗,湫潭千丈,化为平址。[31]

张商英和给他提供信息的地方僧侣,将这位已经受了五戒的神灵描述成一位佛教徒,这在当时世俗信徒中是司空见惯的做法。

玉泉山附近关羽崇拜的史料大多反映了佛教对这一崇拜的看法,也体现了地方僧侣在不同阶段对关公崇拜的利用情况。显然,他们曾面对的是非常广泛的地方信仰,尽管在早期他们试图忽视这一情况,但这些信仰仍然持续存在着。由智𫖮嫡传弟子灌顶所撰写的《智𫖮传》表明,智𫖮当初在山上遇见的神灵本是一条当地的龙及其属下,而不是关羽本人,关羽的庙宇位于山谷的另一侧。很久以后,在 802 年和 1801 年记述这一故事的版本中,神灵明确地被确认为是关羽。所有的版本都表明,僧侣们竭力试图将关公崇拜纳入可以感知超自然世界的佛教框架之中。他们不仅将关羽描绘成建造寺庙的帮手,而且在范摅关于地方寺庙的记载中,这个神灵还通过在僧侣和普通人中强制推行相关戒律以表示对佛教价值观的支持。到了 1080 年,寺庙和关公崇拜同时出现了衰落,这表明当时两者已经结合为一个有机整体。因此关公庙宇的重修有助于寺院的复兴。

最初位于河边的坟墓现在只是一个纪念地,并没有成为当地宗教崇拜和社会联系的焦点。到了元代,墓祭已经彻底被玉泉寺接收了。在 1306 年,第一本关公圣迹传的编撰者胡琦做出了如下的观察:

今冢以大王为号,每岁清明,乡人相率上冢,如拜扫之礼。宋淳熙十五年,荆门守臣王铢始建祭亭,环以垣墙,树以松柏。经端

---

[31] 胡聘之:《山右石刻丛编》卷二十一,第 6b-8b 页(原文),第 8b-9b 页(编者的评论)。

平甲午之变，冢茔翳然。自至元十二年，荆门归附之后，玉泉住山慧珎，翦其荆榛，封其丘陇，重作行祠以表之。

慧珎还安排了一个僧人来管理这里的祭祀供品。[32] 很显然，关羽坟墓在当时，或者说此后已经不再是当地人关注的重点，以至于要通过玉泉寺的僧侣来提醒这一点。"行祠"这一概念表明，这一祠庙现在已经被重新定义为玉泉寺的附属。

晚明时期，讲述关羽与智𫖮间关系的故事已经流传到了天台宗的传统祖庭天台山。据说，隋代时，在智𫖮忌日的当天，朝廷会派一名使者到天台寺院，以示尊重。有一次，使者被允许亲自前往龛塔中瞻仰智𫖮肉身，他一打开塔门，便看到智𫖮端坐于石室中，仿如生前。第二年隋朝使者到天台山，再次打开龛塔时，智𫖮的灵体从龛中消失了：

> 相传玉泉藏殿一日推轮，关王附人语曰："我师肉身在此，不得动飞轮其上。"自是知关王神力，自天台移藏此地。[33]

智𫖮去世后并没有被火化，而是作为一个"完整的肉身舍利"被安置在一座石塔内，也许是经过了某种木乃伊化的过程（无论是自然的还是人工的），形成了所谓"肉身"。[34] 很可能在随后几个世纪的社会动荡中，这个肉身从天台宗消失了，从而为这类肉身转移的故事提供了创作的空间。这个故事最初起源于口头环境中，它的灵感可能仅仅是因为误解了"藏殿"中"藏"（zàng）这个词的发音，因为它与"葬"（zàng）

32　顾问：《义勇武安王集》卷二，第 22a（43—44）页。慧珎的"珎"也写作"珍"。

33　《天台山方外志》卷十二，第 14b 页。以上说法出自智𫖮的徒弟灌顶所撰之《国清百录》卷三，第 812c11—0813a21 页，但之后的故事仅在明代方志中出现过。

34　Faure, *The Rhetoric of Immediacy: A Cultural Critique of Chan/Zen Buddhism* (Princeton, NJ: Princeton University Press, 1994, with corrections, 148—169（关于肉身）. Gildow and Bingenheimer. 'Buddhist Mummification in Taiwan: Two Case Studies'. *Asia Major*, Third Series 15.2 (2002): 87—127 and Gildow, 'Flesh Bodies, Stiff Corpses, and Gathered Gold: Mummy Worship, Corpse Processing, and Mortuary Ritual in Contemporary Taiwan'. *Journal of Chinese Religions* 33 (2005): 1—37.

的发音相同。³⁵

总而言之，关于智顗的最早的传记材料并未证明他与关公（或当地人熟知的关三郎）联合起来修建玉泉寺。相反，我们发现一个更为常见的叙述版本，即僧侣的仪式和灵力就可以打败当地的蛇形怪物。尽管我们无法追溯这个过程，但可能在8世纪时，当地对于这位恶魔将军关羽的崇拜已经和山坡上的寺院联系在一起了，虽然最初的崇拜起源于沮河边的关羽坟墓。802年，人们在玉泉寺旁修复了关帝庙，并且立了碑，从此寺院和神灵之间的联系被记入史籍。高僧智顗最初是要驱除一个恶魔般的动物，现在取而代之的是一个完全不同的故事，在这个故事中，以恶魔形象示人的关公协助智顗修建了寺院。灌顶所作的智顗传记等较早的史料都曾经根据这一后起的叙述而有所修正。[36] 关公和天台宗寺院之间的这种关系并未成为大的天台宗传统中的一部分，晚唐和宋代访问中国的日本僧侣从未提及此事。[37] 只是到了明末，远在浙江天台山的僧人才开始讲述关公的故事，这样做是因为当时关公所拥有的巨大影响力已经远远超过了天台山本身的声望。

事实上，智顗在玉泉山使关羽/关公皈依的故事非常有名，以至于明朝中期创作《三国演义》的作者也加入了相关片段：僧人普净正在山上冥想，突然出现一个骑着赤兔马、手持青龙偃月刀的人，身后跟着两位将军。僧人立即意识到这三人是关公（当时是被这样称呼的）、关平和周仓，就是读者经常在寺庙祠宇中见到的那三个人。普净用飞拂掸着他的座位，向关羽问道："颜良何在？"于是关公顿悟并且成为普净的弟子。[38] 这个故事被写进小说中，且有助于塑造后来人们对"历史上"

---

35 另可参见 Loveday, 'La bibliothèque tournante en Chine: quelques remarques sur son rôle et son evolution'. *T'oung Pao* 86 (2000): 225—279。
36 比如志磐《佛祖统纪》，第0183b07—c07页，以及宋人对《智者大师别传注·灌顶传》的注释，第0655a23页。
37 比如成寻的《校参天台五台山记》等。
38 约成书于1321年的《三国志平话》中还没有这样的说法，直到《三国志通俗演义》第四册卷十六，第2468—2470页中才出现了类似的故事。

智顗故事的解读，原先智顗与当地恶龙对抗的故事很大程度上淡出了人们的视野。

作为神祇的关羽声名鹊起

到了 10 世纪，玉泉寺发生的事件已经广为传播。比如，五代时期四川蜀国的统治者对这个故事很熟悉，想要绘制一幅以此为题材的壁画。这个任务被安排给了赵忠义，一个画家的儿子。

> 蜀王知忠义妙于鬼神屋木，遂令画关将军起玉泉寺图。于是忠义画自运材副基，以至丹楹刻桷，皆役鬼神。叠栱下楣，地楔一座，佛殿将欲起立。

蜀王让他的御用工匠（"内作都料"）检查了壁画上房屋的设计，后者认为其完美无缺。赵忠义因此获得重赏并获授为翰林待诏。他每年的任务之一就是向朝廷上交一幅钟馗的画像，在年终仪式上使用。[39] 这个细节是为了强调赵忠义能够画出凶狠的武神，但也表明这些画作的主要用途在于为重要的仪式服务。在画作中，关公的主要角色是一个伏魔者，而非虔诚的佛门弟子。

虽然唐代不同类型的材料都提到了关羽神助修建玉泉寺，但仅仅在 1081 年张商英撰写的碑文中才明确提到他皈依佛教。张商英称关羽为"护法神"。"护法"这个词通常是指那些富有的佛教赞助人，而不是保护寺院领地的无足轻重的伽蓝神。在南宋早期的 1141 年左右，有人为一个完全不同的地方崇拜撰写了一篇文章，在该文中明确提到了关公已经受戒的说法。[40] 一般认为，从那时起关羽就成了地方佛教寺庙的保

---

39 黄休复：《益州名画录》中，第 5a—b 页。
40 《咸淳临安志》（1268）卷七十二，第 9a—b（4006）页。作者鲍粢生活在南宋早期，参见曾枣庄、刘琳：《全宋文》卷二百一十二，第 180—191 页。

护神，但宋代的史料表明，在一些作者的眼中，关公是佛教信徒。在绝大多数地方，关公似乎仍然喜欢血祭，这个问题我们在随后的章节中还会讨论。

然而，在玉泉寺，关公及其相关崇拜逐渐被佛教收编。所以，在一方1178年的碑记中记载了一项通过吃素包子纪念关公的习俗。当僧人们在院子里晒粮食时，他们会小心谨慎，鼠雀也不敢靠近粮食，否则两者都会有生命危险。[41] 这个细节当然不是用来证明关公具有同情心，而是表明其一直以来所具有的暴力的一面。

到了十二世纪，玉泉寺的僧人们已经完全接纳了关公崇拜，在南宋初期，洞庭湖畔的一个渔民发现了一枚印章，在印章上刻有"寿亭侯印"四个字，这些僧人积极参与了这一事件。当时人们普遍认为这枚印章曾经属于关羽，因为他曾被曹操封为"'汉寿亭'侯"。到了南宋，这一封号经常被理解为"汉'寿亭侯'"。那个渔民把印章上交给了地方官。起初它被保存在长沙附近的库藏中，由于它发出毫光，因此被送回了荆门的关公庙，毫无疑问，应该是指当阳县玉泉寺附近的关公庙。在1177年的冬天，玉泉寺住持从关公庙借出印章，摹画印状，之后准备献给皇帝。那天晚上，放在住持房间的印章突然从盒子里发出耀眼的光芒。这就证明那颗印章不是赝品。[42] 印章发光这一意象可以和西天佛祖阿弥陀佛发出的光相类比，后者用光来净化世界，普度众生。

至少到宋代为止，一些大型佛寺仍然会为拥有（佛祖或高僧的）"遗物"而感到自豪——越到后来，这样的"遗物"越少。这些"遗物"可能是身体的物理残存物，比如说保存完好的木乃伊，或者是佛祖或高僧的尸体火化后所形成的舍利——一种结晶物。它们也可能是高僧日常

---

41 《玉泉寺志》卷三，第14b（490）页。
42 《玉泉寺志》卷三，第14b—15a（490—491）页所收1178年的碑记。人们无法确定到底应该如何释读印文。后世学者认为不应该读作"寿亭侯印"，所以在1178年的碑记中把它改写为"汉寿亭印"。比如钱谦益《重编义勇武安王集》卷一，第7a—b（191—192）页引用的是胡琦的原始文本。而以上讨论的"修正"后的版本则收录于卢湛所编《关圣帝君圣迹图志全集》卷二，第397a—b（401—402）页。

生活中亲自使用过的东西，因此在这些物体上存留有使用者的卡里斯玛（charisma）。[43] 那枚被认为属于历史上关羽本人的会发光的印章也具有和这些"遗物"类似的功能，当时所有拥有不同思想和宗教背景的文人都可以理解并接受这一点。因此，这一事件很快获得了时人的认可。南宋著名的官员和编年史家洪迈（1123—1202）就是其中的一位，他在《容斋随笔》中提到过这件事情。据他记载，是潭洲（今天湖南省长沙市）一个男子发现了这枚印章，后来把印章捐献给了荆门的关帝庙。同时，他还提到印章的图形保存在临川的一座佛教寺庙里。另外，1128年在抚州的一棵大树下又发现了另外一枚印章，这两个地方都位于今天的江西省。抚州发现的印章上刻有具体的时间——公元215年，以及"寿亭侯"的字样。印章被保存在县衙的库藏中。1196年，一位地方长官又得到了一枚刻有相同字样的印章，嘉兴也有人拥有相同的印章。洪迈认为，这些印章没有一个是真正的汉代实物，因为关羽真正的封号应该是"'汉寿亭'侯"。而且怎么可能会有那么多原初的印章呢？另外，那些印章也比汉印大得多。[44] 印章的真假可能并不是非常重要，重要的是人们强烈希望得到某种见证了作为历史人物的关羽生平的物件，另外，这些印章通常都和佛教寺院有关系。

洪迈提及的临川寺院供奉关羽的神殿，后来发展成为一座完整的寺庙。南宋初期，关羽保护过这个地区，当时土匪入侵，地方官员带人在城墙下与土匪交战，这时土匪看到一名身披战袍、长着胡子的男人站在佛塔顶上（佛塔的高度应该超过了城墙），手举旗帜，好像在指挥（战斗）的样子。结果土匪都逃跑了，人们对关公的崇拜也进一步得到强化。后来，寺庙中的一名僧人从玉泉寺得到一幅摹画关羽印章的图，将其复制

---

43 Faure, *The Rhetoric of Immediacy*, 132—147 和 Chen, Huaiyu, *The Revival of Buddhist Monasticism in Medieval China* (New York: Peter Lang, 2007), 57—79.
44 洪迈：《容斋随笔》卷四，第705—706页。赵彦卫的《云麓漫抄》卷五第89页也记录了在抚州发现印章的故事，作者的信息来自长江下游常熟地区的一位古董爱好者。Diesinger, *Vom General zum Gott*, 65—66, 169—170, 作者在洪迈所提供材料的基础上讨论了该事件。

后供奉在寺庙内。⁴⁵ 这则史料很有意思：首先这是一个关公崇拜通过佛教寺院传播的例子，其次这是关羽被视为军事保护者的较早的一个例证，此外，在这一个案中，关公崇拜再次和玉泉寺发生了联系，这种联系在各地不同的个案中都有所反映。

各类印章的现世表明，到了南宋时期，玉泉寺及其相关叙述已经成为当时士人文化的重要组成部分，这当然得益于该寺在早期的天台宗以及随后的禅宗历史上所拥有的突出地位。对关公的关注进一步提高了玉泉寺的声誉。在宋代，人们访问玉泉寺时，也会去关公庙瞻礼。在《夷坚志》中，洪迈为我们保存了一则故事，这个故事记载，当时有人在当阳"玉泉寺旁"的关帝庙中请求关帝托梦给他，并且最终找到了自己的生母。该事发生在1190年，这个人和自己母亲已经分离40年了。洪迈进一步指出，当地人经常到这座庙中祭拜，因为庙中关帝托梦非常灵验。⁴⁶ 洪迈收集的另一则逸闻说的是，一个留着长胡子、大眼睛的家伙给一位官员开了张药方，结果把他的病给治好了。后来这位官员到玉泉山时，他认出了寺院亭子里的"关王"塑像就是那位给他开药方的人。于是他就画了一幅关公神像挂在自己家中。⁴⁷ 尽管洪迈只是留下了一些个人经历的片段记载，但是这些记录表明，玉泉寺中的关公庙并不仅仅是一个真假掺杂的历史文物宝库，事实上，当时不同的个体在关公庙中都可以有所得。另一方面，我们还缺乏当时对关公系统性集体朝拜的证据，人们的祭拜仍然是个体性的。

江陵县位于当阳县南面的长江边，曾任该地县令的陈杰（约1236—1270）写过一首带有序言的诗，诗中再次提到了那枚有名的印章。他说"从前"（曩）自己看到过几种和宗教相关的宝物，一件是来自玉泉山（寺）的印章，一件是来自"解州盐池的龙骨"，还有来自玄潭道人的"旌

---

45 《临川志》，第1929—1930页。
46 这个故事仅见于《景定建康志》卷四十八，第7b—8a（2099）页。
47 洪迈：《夷坚志》支丁卷十，第963—964页。

阳令剑"。⁴⁸ 这把剑提供了有关另一个神迹的真实证据,也就是许真君许逊(又名许旌阳)打败恶龙的事迹。许真君是3世纪时的一位仪式专家,唐代时已经成为地方信仰崇拜的对象,很久以后又变成了江西商人的保护神。⁴⁹ 无论是关羽的印章还是许旌阳的剑,都被认为由于密切的接触而保留了其原主人的一些神奇的力量,但同时它们也属于更大范围的驱魔法器类物品,是驱邪除恶的宝物。⁵⁰ 作者在诗中表明,他是在私人聚会中见到了这些物品,显然,它们不是公共"遗物"的一部分。

随后几个世纪中,在各类地方逸事传闻中,关公和玉泉寺的联系都发生在玉泉山上。17世纪初,寺院的僧侣用关公和他的军队曾经驻守的故事来解释神殿前面的泥土为什么是黑色的。根据那个故事的描述,关羽在给儿子写了一封信之后,把墨汁倒在地上,所以那片地就变成了黑色。根据历史学家谈迁(1594—1658)的记载,这里曾经还有一把青龙偃月刀卡在岩石中。人们触摸刀时,刀就会振动,但却无法将其拔出来。⁵¹ 谈迁还提到关羽的印章在15世纪50年代、1490年左右以及17世纪初期又曾多次被人发现。

这些印章上面都刻着"寿亭侯"的字样;最晚出现的那枚印章被保存在杭州西湖边的寺庙里,谈迁曾在那里见到过它。⁵² 十八世纪的作家王械曾经做过当阳县的县令。当时他不仅查阅了各种地方志,而且遍访当地父老。地方父老告诉他,如果你向下挖一尺多深就能找到水源,这

48　陈杰:《自堂存稿》卷一,第3b—4a页。我们无法确认陈杰的具体生卒年。他在一首诗的注释中说该诗作于"端平以来"(《自堂存稿》卷一,第1a页),端平为宋理宗年号(1234—1236)。在另一首诗中,他提到了1254年至1268年间的旅行(陈杰:《自堂存稿》卷三,第14b页)。正如《四库全书》的编纂者所言(《自堂存稿》,第1b页),该文集中所收录的一篇作于1315年的碑记(《自堂存稿》卷四,第21b页),其作者不可能是陈杰。"道人"这个词可以指僧人、道士甚至佛教居士。
49　Schipper, 'Taoist Ritual and Local Cults of the T'ang dynasty'. In *Tantric and Taoist Studies in Honour of R. A. Stein*, vol. 3, edited by Michel Strickmann (Bruxelles: Institut Belge des hautes études chinoises, 1985), 812—834.
50　ter Haar, *Ritual and Mythology of the Chinese Triads*, 320—321.
51　谈迁:《枣林杂俎·义集》,《名胜》第50b(361)页。
52　谈迁:《枣林杂俎·中集》,《器用》第42a—b(393)页。

就证明了关羽助建玉泉寺的传说是真实的,神灵将此处的水池变成了适合修建寺院的地方。通过亲身实践,王械发现事实确实如此。[53]

与佛教的关系

毋庸置疑,早期的关公信仰与玉泉寺的联系有助于提升其在中国南方地区的声望,至少在僧侣以及等待入仕或者已经入仕的官员等文化阶层中是如此。因此,早年研究关公信仰传播的相关学者都认为,关公信仰至少在早期是借助于佛教的力量传播到其他地区的。由于玉泉寺是唐宋时期重要的佛教中心,因此在该寺中学习过一段时间的僧侣也有可能将这一崇拜传播到其他地方。为了验证这个假设,我收集了所有佛教语境下关公崇拜的早期证据。而到了元末,关公信仰已经非常普及,佛教语境下存在的关公崇拜固然也能反映其整体上受欢迎的程度,然而却并不一定能让我们了解关公崇拜的传播机制。16世纪以降,我们发现人们也经常会把关公当作佛教寺院的护法神崇拜,但这样的情形似乎比较晚起,因此与关公崇拜的佛教起源并没有必然的联系。

关公信仰最初的传播

到了北宋时期,关公崇拜已经传播到荆州境内的其他地方。奇怪的是,当我们考察关公崇拜在几个世纪前的地方性起源问题时,我们只能依据相当晚出的证据。1095年,当阳县城门外的一座佛寺中有一个神殿,每当发生瘟疫,人们都会去那里祈祷。[54] 1125年,在荆门县城西门外存在另一座寺庙,由一位僧人管理。这个寺庙曾经发生过一件神奇的

---

53 王械:《秋灯丛话》卷十三,第10b—11b(550)页。关于玉泉山的另一个故事参见:《秋灯丛话》卷十四,第11b—12a(563)页。
54 徐松:《宋会要辑稿·礼》卷二十,第1207:1a(779页)。

事情，有一个几乎目不识丁的狱卒被神灵附体，并且暂时拥有了书写能力，最后他捐资帮助寺庙修建了三座大殿。[55] 在第一个个案中，神殿位于佛教寺院，其中提到民众祈愿希望神灵帮助抵抗瘟疫的举动，但这样的帮助似乎任何神灵都可以提供。第二个个案同样不存在和佛教的密切联系，因为寺庙的管理者经常是和尚，他们不一定会对寺庙中的神灵崇拜产生实质性的影响。至于那个灵异事件也没有任何的佛教意涵。

有关荆州地区关公崇拜早期传播的最直接的评论，来自南宋时期杰出的监察御史陈渊（1067—1145）。他于1140年写道：

> 臣尝游荆州，见荆人之所以事关羽者，家置一祠，虽父子兄弟室中之语，度非羽之所欲，则必相戒以勿言，唯恐羽之知也。夫羽之死已数百年，其不能守以害人也审矣，而荆人畏之如此，以其余威在人，上下相传，有以诳惑其心耳。

在这则材料中，陈渊不仅告诉我们当地关公崇拜的流行程度，而且他使用实名来指代关羽，而不是用关羽早期的其他尊称。在此他强调了人们对关羽抱持的一种持续的恐惧心理，尽管他在数百年前已经去世。而且，陈渊还把这种恐惧和人们对女真的惧怕进行了比较。[56] 这样的比较显得对关羽不太恭敬，但也表明在当时，关羽崇拜在精英阶层中还不是非常流行，否则陈渊就不会仅仅把人们对关羽的崇拜看作一种恐惧心理的外在表现。

同样有趣的是，人们相信作为神祇的关羽在审查他们的谈话，这类似于关羽在佛教寺院中所发挥的功能。[57] 在某种程度上，关羽被视为一

---

55 赵钦汤编，焦竑校：《汉前将军关公祠志》卷六，第 7b—8a 页。
56 曾枣庄、刘琳：《全宋文》卷一五三，第 3291（121）页；关于传记的评论，《全宋文》卷一五三，第 3290（90）页。《湖广图经志书》（1522）卷五，第 49b（476 上）页和《岳州府志》（1568）卷九，第 39b—40b 页，也都确认这个崇拜首先存在于人们的家中。
57 范摅：《云溪友议》上，第 21a—b 页。

个卫道者。在这则史料中我们看不到丝毫与佛教相关的痕迹，但是它和其他一些较早的史料都表明在 12 世纪上半叶，关羽已经获得了荆州大部分地区民众的普遍崇拜。（见表 2.1）

宋元时期已经获得证实的具有佛教背景的关帝庙非常少。在第三章中，我们将看到具有道教背景的关帝庙会更多些，尽管那些毫无宗教背景的关帝庙数量要多得多。进一步而言，更深入的研究表明，佛教僧侣和寺院的介入并非意味着关帝崇拜就可以被视为佛教信仰。甚至连平遥慈相寺中较早存在的一座关公殿也最好被理解为华北日益发展的民间崇拜的一个表现，而并非发源于玉泉山的信仰。有趣的是，当时慈相寺住持请人为这座关公殿的修建撰写碑记，而就是这位碑记作者发现张商英曾经为玉泉寺撰写相关的记文。[58] 也就是说，在修建慈相寺关帝殿之前，方丈本人并不知道关公崇拜和玉泉寺之间的关系。

表 2.1　佛教背景下关羽神龛早期的创建

时间	地点	方位	与佛教的关系
南宋早期	临川（江西）	南方	神龛靠近佛教寺院[a]
1165—1195	平遥（山西）	北方	神龛在佛教寺院内[b]
1253—1281	长汀（福建）	南方	佛教的庵堂[c]
1334	安阳（河南）	北方	观音殿保存的碑文；当地一位住持参与了最初寺庙的修建工作[d]
1349	安阳（河南）	北方	佛教寺院中保存的碑文；当代一个和尚参与最初神龛的修建[e]

a《临川志》（1929—1930）。
b 胡聘之：《山右石刻丛编》卷二十二，第 14a—15a 页。
c《汀州府志》（1637）卷六，第 2a 页。
d 武亿：《安阳县金石录》卷十，第 13b—14a（13920）页。
e 武亿：《安阳县金石录》卷十二，第 8b—9a（13940）页。

58　胡聘之：《山右石刻丛编》卷二十一，第 8b—9b 页和卷二十二，第 14a—15a 页。

在以下一则逸闻中提及，早在 13 世纪初的平遥就有一座供奉关帝的地方庙宇，这进一步证实了当地对关帝的崇拜早就存在。一个北方城镇被围困期间，一位来自平遥、后来效力于蒙古人的汉人将军梦到关羽向他承诺会保护他，将军醒来之后在他身后的草地上发现了一张关公的画像。在随后进行的多次战役中，他总是能感受到关公的神助。1227 年退役时，他在平遥为关公修建了一座独立的庙宇。[59]将军很可能是通过慈相寺的神殿或者家内崇拜对关公有所了解，但触发他做梦的直接原因，则主要是那幅关公的画像。在这位将军的一生中，关公扮演了保护神的角色，并不存在什么佛力护佑。

在闽西长汀县的南部，有一个关公的神龛最初设于佛教寺院的回廊。该县还有不少超地域的神灵信仰，关公只是其中之一，这可能是因为该县位于从江西到福建的商路之上。尽管如此，在我们的个案中，还应该考虑军事方面的原因，因为"这是一个卫所将领祈神之处"。我们可以推测，将军在此祈祷是为了在军事上获得神灵的帮助，而并非出于佛教信仰。[60]

在临川（抚州）个案中，对于关公和佛教之间的关系可以作进一步的探讨，尽管结果再次表明两者之间的联系还是流于表面。在当地一座佛寺中，有三个神殿分别供奉三位来自其他地方的神灵。[61]其中一座就是供奉关将军——这是当地人对关羽的称呼——的神殿，这座神祠位于寺院的东侧。在南宋初期动荡不安的年代，1130 年左右，一帮土匪袭击了这座城市。一位当地官员率领地方军事力量在城墙下与土匪激斗。之后土匪看到有人穿着戎装，留着胡子，手擎军旗，好像在指挥战斗，他们非常害怕，纷纷逃跑了。这件事激发了当地百姓的关公崇拜，并扩建了关帝庙。在该寺中还保存着来自玉泉寺的关羽印章摹本。虽然这一

59　顾问：《义勇武安王集》卷八，页码不清（160—161 页）。
60　《汀州府志》（1637），卷六，第 2a 页。
61　《临川志》，第 1929—1930 页。

个案中的关公崇拜与当地的佛教寺院以及玉泉寺都有关系,但是促使人民崇拜关公的最初动力还是在于他所具有的军事能力,这与长汀的案例有类似之处。

同一寺庙中另一座神殿是"仰山孚惠行庙"。该崇拜在宋代颇为兴盛,主要集中在宜春(江西西北部)地区,主要的崇拜对象是两位可以施雨的龙王。仰山上的栖隐寺建于唐末,是那个时代比较著名的禅宗寺庙之一。1128年金人入侵宜春时,两位全副武装的神灵骑着白马,以一己之力赶走了入侵者。[62] 佛教僧侣已经成为这一信仰的崇拜者,所以由他们将这一崇拜带往其他各地也就不足为奇了。当时另一个非常兴盛的超地域崇拜是张王信仰,也是人们祈雨的对象,他最初同样被供奉于地方佛寺之中,尽管众所周知,他十分喜欢精致的肉类祭品。[63] 一般而言,僧侣和信众总是去那些重要的佛教寺院朝拜。此外,商人和官员是另一类更活跃的社会群体,他们可以把一些文化资源——比如对一位有能力护佑地方的神祇的崇拜——带回自己的家乡。因此,能够供奉于佛寺之内并不一定意味着神灵有着更强的佛教背景。尽管我完全有可能漏掉了一两例早期佛教背景下的关公崇拜个案,不过就已有的资料而言,很难确定佛教文化在关公崇拜的传播过程中扮演了重要的角色。

作为佛教护法的关公

到了元朝,关公崇拜已经在中国大部分地区广泛传播开来,尤其是北方地区。[64] 一个世纪以后,我们甚至在15世纪末和16世纪初的北方佛教寺院的水陆画中,发现了作为神将的关公。[65] 这些全副武装的关公形象特别引人注目,因为其中使用了崇宁真君这一道教称号,表明来自道教仪式传统、作为驱魔将军的关公被整合进了佛教图像中。在第三章

---

62 http://www.baike.com/wiki/%E4%BB%B0%E5%B1%B1%E5%8F%A4%E5%BA%99.
63 《临川志》,第1929页。
64 正如同恕在《榘菴集》卷三第7b—9b页中曾经提及的。
65 第五章的注释18中将展开详细的讨论。

中我们还会讨论这一道教传统。而且，这些图画中的关公并不是以上文提及的佛教护法神的形象出现的。

事实上，直到 16 世纪初，才开始大量出现明确将关公视为佛教护法神的相关论述。一位河北故城县的官员曾经说当地一座佛寺中仅有一间狭小简陋的神殿，用以供奉作为伽蓝神的关公。1526 年，有两个和尚请求当地的一位施主出资修缮，将这座神殿整修一新，历史上第一次有了一尊铜制的关公神像。[66] 到了 16 世纪后期，将关羽奉为佛寺护法神已经十分普遍，以至于一个叫张邦济的人觉得有必要写一篇文章来批驳这一做法，他在该文中明确使用了"伽蓝"这一说法。根据他的说法，因为佛陀的吸引力不足，所以妖僧智顗想利用关公的力量让人产生敬畏心理。[67] 在某种程度上，除了他在文中使用了贬损性的言辞外，他的说法和人类学的解释并没有本质上的不同，根据后者的解释，对这样一位法力强大的恶魔（当然也意味着它同样具有强大的与恶魔对抗的能力）的崇拜将会增强佛寺所具有的超自然的力量。

一旦佛教寺院普遍将关公作为护法伽蓝神，各地便开始出现很多关公护佑地方民众的灵迹故事。比如出生于湖南湘潭一个书香世家的真清（1537—1593）和尚。他本来注定要走上科举仕途，然而在经历了一次突如其来的家庭变故后，19 岁出家为僧。当他驻锡于江南盐官（即海盐县）黄觉寺中时，"俄患背疾，感云长入梦授药，病愈"。此后，他取得了很大的成就。[68] 在此，神灵通过梦境与人沟通，这是他一贯的做法，在第六章中，当我们讨论作为个人保护神的关公时，还会频繁提到这一点。不过，关公很少为人医治疾病。

关公作为佛寺保护神的另一项功能就是守护信仰。一位地方僧人曾透露，有一位法师曾经访问其所在的佛寺，对佛经作了非正统的解释，

---

[66] 孙绪：《沙溪集》卷四，第 7a—b 页。其他总体性的论述可参见《宁波府志》(1560) 卷十五，第 11b 页（明确地说是"最近"），以及朱国祯：《涌幢小品》卷二十，第 1a 页。

[67] 引自张镇：《关帝志》卷二，第 10a—12b 页，尤其是第 11b—12a 页。

[68] 如惺：《明高僧传》，第 0913c15—914c14 页。

结果关公极其不满，烧毁了该寺的讲经楼。[69] 在 17 世纪中期，著名的僧人智旭讲述了两个故事，其中关羽就扮演了信仰守护者的角色。在第一个故事中，关公惩罚了一位管理仓库却监守自盗的和尚。他托梦给这个和尚，割下了他的舌头。数天后，和尚病得非常厉害，奄奄一息。此后，他变卖财产并求得了同侪的谅解，才得以逐渐恢复健康。在第二个故事中，还是来自同一寺院的一个和尚不守清规，甚至在参与观音法会时仍然犯戒。他同样梦到了关公，后者割下了他的头颅，第二天他开始不停地吐血，数月后就去世了。[70] 从西方心理学的角度看，这三个个案和其他的神迹故事并没有什么不同，它们或者反映了僧侣需要将道德价值观加以内化（比如在第一个个案中那个和尚对自己的行为表示忏悔），或者借和尚之口告诫其同行，如果行为不端就会有不幸降临（比如那位曲解佛经的法师和另一位不守清规的和尚）。

有时，神祇的塑像会得到特殊力量的加持。1598 年，一场大火烧毁了位于宁波海岸线外普陀山（普陀山是观音菩萨的主要道场）上的一座大寺。在这场大火中，只有观音以及作为佛寺护法神的关真君（或称护法关神）的塑像幸免于难，后者的胡须完好无损。[71] 在后面这个关于苏州寺院的故事中，神灵塑像扮演了更积极的角色。当有人从僧人的斋堂偷盗食物时，僧人们把关公的塑像搬到了厨房中加以监视。但之后，他们忘记把塑像搬回去，直到有一天晚上僧人们听到开门声，结果第二天发现神像已经自动回到了原来的位置。[72]

神灵获得广泛欢迎的同时也意味着佛教信徒们可能会让关公适应佛教礼仪的相关要求。其中最重要的是维持素食。清初的佛教居士周梦颜（1656—1739）对当时的劝善文进行了广泛的搜集，并结集成书，在该

---

69 《天台山方外志》卷十二，第 14b 页。
70 智旭：《见闻录》，第 0025a02—10 页。
71 《重修普陀山志》卷二（第 140 页）和卷三（第 252 页），以上两页页码不明。关于普陀山，可以参见 Yu, Chun-fang. *Kuan-yin: The Chinese Transformation of Avalokitesvara* (New York: Columbia University Press, 2000)，353—406。
72 钱希言：《狯园》卷十一，第 696 页。

书中他声称关公实际上是一个素食主义者：

> 关公讳羽，字云长，后汉人也。没后奉玉帝敕，司掌文衡及人间善恶簿籍，历代皆有徽号。皈依佛门，发度人愿。明初，曾降笔一显宦家，劝人修善，且云："吾已归观音大士，与韦陀尊天同护正法，祀吾者勿以荤酒。"由是远近播传，寺庙中皆塑尊像，显应不一。[73]

很明显，周梦颜认为关公本来并不是佛教徒，因此才须加以改造。[74]为了让冥顽不灵者信服，他只能构造出神灵降乩的场景，让关公自己拒绝"血食"。所以，在佛寺之外，关公通常也会对肉食和酒水敬而远之。

与此同时，关公并非佛教寺院中唯一崇奉的护法神灵。成书于1813年的《百丈清规证义记》讨论了不同的护法神灵的生日，其中观察到在供奉于东土的伽蓝神中，许多人崇奉的是华光菩萨、关王和龙王。有人说华光的生日是九月二十八日，龙王的生日不明，而根据民间习俗，关王的生日是五月十三，不过正史中记载的关公生日却是六月二十四。[75]决定地方僧侣接纳一个特定神灵的一定是某种能够被感知到的护佑生民的力量，而不是佛教的清规戒律。

本书关于佛教背景下的关公崇拜的讨论到此为止。我们将会遇到更多具有或多或少的佛教背景的个案，但是我的基本观点已经交代清楚了。在刚开始，关公崇拜的传播并没有借助于佛教或者僧侣的力量。相反，虔诚的佛教徒们可能希望通过各种方式把这一崇拜纳入自身的信仰体系，比如将其认定为一个秉持素食主义的神祇。此外，自明代中叶以降，他确实成了佛教的伽蓝神之一。在我看来，关公之所以能够担当

---

73 周梦颜：《万善先资集》卷一，第452—453页。类似的个案还可参见弘赞：《六道集》，第0146c15—147a05页。

74 他甚至经常祈祷关帝可以"虔信三宝，发菩提心，从而往生西方极乐，践行菩萨之路"。参见周梦颜：《西归直指》，第0118c08—10页。

75 仪润证义：《百丈清规证义记》，第0392a01—05页。这里提到的关公传记形成于清初，相关问题将在第七章中讨论。

这一角色，主要还是因为金元以来，他在华北受到了普遍欢迎，关于这一点，我们在第四章中会讨论到更多的细节。我们可以观察到，那些具有佛教背景的关公灵应故事和一般背景下的关公显灵并没有本质上的区别，神灵发挥的无非是些护佑世人、预言吉凶、道德监察以及比较少见的医病救人等功能。

小　结

即使在佛教背景下，我们还是可以在许多灵应事迹的背后发现关公在本质上所具有的暴力特征。正如我已经提到的，关羽最初属于因暴力而横死的恶魔将军的行列，这使他成了一个具有非常强大能量的神祇。至少在地方层面，佛寺中的和尚们竭尽全力去驯化他，然而我们还是可以发现一个力大无穷的可怕的神祇形象，他可以控制超自然的世界，从而足以在一夜之间完成一座佛寺的修建。他拥有可以变幻成各种可怕形象的能力，并且领导着一支由阴兵组成的军队。在寺院周围没有人或者动物敢于偷盗或者出言不逊。或者，正如张商英在1081年碑文中所记载的那样，关羽在与智𫖮的对话中说："我乃关羽……死有余烈，故主此山。所嗜唯杀，所食维腥。"[76] 而且，尽管关羽已经在玉泉山被驯服，不再食荤腥，但没有证据能够表明，其他地方的信徒们会相信他已经皈依了佛门。事实上，如果关羽完全被佛门所驯化，又无法使用武力的话，那作为神祇的他就几乎发挥不了什么作用了。

在早期的史料中，我们可以清楚地发现，关羽之所以会成为恶魔，主要是因为他是一位横死的将军。在关公崇拜发展的早期，人们将他和玉泉寺历史上的重大事件联系在了一起。我已经说过，他和智𫖮修建玉泉寺并没有关系，智𫖮在当时遇到的灵异，很可能是一条需要驱逐的恶

76　胡聘之：《山右石刻丛编》卷二十一，第 6b—8b 页。

龙。所以，关公和玉泉寺修建之间的联系是后来才发展出来的说法。然而，唐末以来，在当地民众和僧侣的记忆中，历史却变得从来如此。即便如此，此类历史"记忆"在当时仍然是地方性的，并没有形成区域性和全国性的影响，也没有对三国历史的叙事传统产生任何影响。

关公作为一个服务于佛教寺院的人格神，其虚拟的历史"记忆"的构建同样也是更大的人格神崇拜发展史上的重要时刻。在中华帝制晚期，类似的人格神崇拜看上去似乎相当普遍，但是在唐代及唐代以前，这样的神祇仍然是很少的。东汉晚期的地方官蒋子文可能是最早的类似神祇之一。一般而言，在当时，绝大部分以人形现身的神都有佛教或者道教的背景，我们甚至可以这样假设，只有在佛教背景下，人们才能接受把关公想象成一个实实在在的、可以被亲眼看见的神灵。此后关公崇拜的发展史上有一个奇怪的现象，那就是很少有关公附体于灵媒的记载，一般而言，人们会在现实生活中、在梦境和想象中遇到作为神灵的关羽，他还会在乩坛中扶鸾降笔。正因为如此，和其他那些依赖于特定灵媒的神灵相比，人们无疑更容易获得关公的帮助，这或许是此后关公崇拜得到进一步发展的一个关键性因素。

在本章最后，我想特别提及，在关公崇拜历史上缺失了一个很明显的要素——那就是在玉泉山没有对关公的肉身崇拜，这值得我们关注，因为在中世纪西方基督教历史上以及佛教的历史上，这一元素是非常重要的。这并非因为在中国文化中没有这样的现象，事实上，类似的崇拜是存在的，比如对佛祖手指舍利甚至某些高僧肉身木乃伊的崇奉等。[77]当然，也有一些朝圣地是没有肉身遗存的，比如崇奉普贤的四川峨眉山，崇奉文殊的山西五台山，以及崇奉泰山娘娘的北京妙峰山和山东泰山等。泰山同时还是历史更为悠久的东岳大帝的朝圣地，也没有肉身遗

---

[77] 参见 Chen, *The Revival of Buddhist Monasticism in Medieval China*, 57—79 或 Faure, *The Rhetoric of Immediacy*, 137—147。

存。[78] 但历史上从来不存在对关羽遗体的崇拜，即使是对他举行墓祭的场所也遭到了玉泉寺旁的关公祠庙的排挤。因此，在此后的关公崇拜演变中，关羽墓当然没有扮演任何重要的角色。（玉泉）寺中确实有和盐池灵迹相关的龙骨遗存（参见第三章），它同样还有关羽的印章，这成了以后圣物遗存崇拜的焦点。在当阳和洛阳（据说关羽的头颅埋葬在这里），类似的肉身崇拜也从来没有兴起过。相反，很久以后在山西南部解州盐池边兴起的关帝庙取得了朝圣中心的地位，尽管仅仅是在华北，而且历史文献的相关记载颇为隐晦不明，我将在第四章中讨论这一问题。

78　比如可参见 Naquin 和 Yü 在 *Pilgrims and Sacred Sites in China* 中的相关研究。

第三章 解州驱邪

历史上的关羽出生于山西省南部解州（即今天的运城）的一个村庄。这个村庄靠近传统中国的一个主要产盐区。12 世纪上半叶以来，随着关羽降服邪魔解除解州盐池灾变的故事深入人心，另一种形式的关公崇拜在道教驱邪法师的传播下来到了中国南方。这个邪魔起初是蛟龙（这一驱邪故事的道教版本把该故事的发生时间放到了宋徽宗年间，即 1100 年到 1125 年），而之后则被视为传说中黄帝的死敌——蚩尤（北方所流传的这一驱邪故事则把时间定位到宋真宗年间，即 997 年到 1022 年）。作为神灵的关公与道教的关系远强于它与佛教的关系，值得一提的是，这里的道教指道教科仪，而并非指有些人所建构的基于老子《道德经》的道教哲学。[1] 宋元之间的一个巨大变化无疑与南方道教驱邪赶鬼仪式影响的日益增强密切相关。[2] 作为护法将军的关公崇拜的流行，正是这一信仰的一部分。

现存的解州驱邪故事非常形象地描述了这位神灵执掌武力的能力。徽宗年间的故事版本里蛟龙不但被杀死，而且变为灰烬。而在真宗年间

---

[1] Sivin, 'On the Word "Taoist" as a Source of Perplexity, with Special Reference to the Relations of Science and Religion in Traditional China', 303—330 and Barend ter Haar, 'Das politische Wesen des daoistischen Rituals', 113—139.
[2] Boltz, 'Not by the Seal of Office Alone: New Weapons in the Battle with the Supernatural', 241—305; Lowell Skar, 'Ritual Movements, Deity Cults, and the Transformation of Daoism in Song and Yuan Times', 414—429.

的版本中，蚩尤在一次激烈的斗争中被肢解，献血染红了整个盐池。自此，关公不再是前述智顗故事里那个来自玉泉山并帮助修建寺观的好神灵，相反，他保留了与一位惨遭横死的将军相称的恶魔般的全部能力。正是这一暴力的本质，使他成为适合在驱邪仪式中召唤出来的神祇，并促使道教仪式专家们将他的信仰带到整个南方。

解州盐池

在关羽一生的征战中，很少见到他与年少时便阔别已久的家乡有什么关联。直到关羽作为神祇开始流行起来时，他才对他的家乡重新具有了意义。此后的证据显示，他来自解州这一点极其重要，因为解州有一个巨大的盐池。这个历来为官方开采的盐池其实跨越了两个区县，经常被认为是两个不同的盐池。今天的解州是盐池西南角的一个不太发达的村庄，而更大的行政中心则是位于北面的运城，这个名字也反映了这一城市自元代以来就在盐池运营中占据关键性地位。[3] 这两个盐池一直运营到了20世纪70年代中期再也无法继续开采出盐的时候，前后历时两千年之久。作为中国北部内陆的重要产盐地，国家对盐的垄断政策使得这两个盐池成为重要的政府收入来源。

早春时节，一直绵延到盐池南部的山脉开始解冻，山上的雪水流入盐池。人们在适当的时候筑起堤坝，控制水流，以阻止洪水将盐分带走，造成浪费。[4] 这并不能完全阻止洪水，因为堤坝需要时时维修，而有些年份的雪可能格外多，带来的洪流也会更多。人们在春天将水流引入附近的地块，盐水由清澈变为红色。其背后的原理在于盐杆菌中微生物的

---

3 Dunstan, 'The Ho-tung salt administration in Ming times', 第122—124页，185页注19。运城的称谓可以追溯到明代中叶。
4 《太平寰宇记》卷四十六，第18b页；《元史》卷九十四，第2388页（中华书局本第8册）。

显现。属于长链类胡萝卜素的菌红素（想想胡萝卜）只有在盐分含量极高的环境中才能存活，并显现出鲜红色，因此，红色的出现表示此地盐分极高，否则前述的那些微生物便无法存活。夏秋之交，这片地区就会刮起南风，盐一夜之间结成晶体。[5] 水分蒸发后，人们就可以采集盐块了。

水的控制在整个开采盐矿的过程中至关重要，中央政府一直密切关注着这两座池子。由中央指派的官员频繁地修筑盐池的堤坝，以确保开采持续地进行。从丰富的碑刻记录中可以看到，这两座盐池持续不断地遭到引流不当造成的洪水及过多雨水引发的瘟疫的冲击。[6] 为了保持盐的适度结晶，适量清水的引入是必需的。但水分过量会降低盐池中盐分的含量，附近盐池中成分不同的物质污染又会毁掉盐的口感，此外，泥水问题也很明显。因此，维护堤坝的同时，也要注意水分的过量排放及其他诸如此类的事情。[7] 总的来说，历史记录表明，问题往往来自水灾而非旱灾，毕竟引入另外的水流比排出过度的水流要容易得多。在此后的研究中，我们将看到这一标准对于确定关羽解州驱邪故事时间的重要性。

商人们成群结队地来到盐池取盐。在宋代，他们必须先将谷物和饲料运到北方边境，以换取用来提取盐的盐引。1044年以后，中央政府在国都公开发行这些票券，盐引变得可以直接购买。用盐引提取出盐之后，商人们再前往指定地区贩卖。由于该商品由国家垄断，售价稳定，

5　Oren, Arahal and Ventosa, 'Emended Descriptions of Genera of the Family Halobacteriaceae', 637—642. 有关当地的历史，见妹尾達彥：《鹽池の國家祭祀—唐代河東鹽池，池神廟の誕生とその變遷》，《中国史学》，1992年10月第2号。又见 Janousch, 'The Censor's Stele: Religion, Salt—Production and Labour in the Temple of the God of the Salt Lake in Southern Shanxi Province', 7—53。

6　《山右石刻丛编》，卷十二，第6a—7b（15191—15192）页；卷十二，第55a—58a（15216—15217）页；卷十七，第20b—23a（15327—15329）页；卷二十五，第47b（15536）页；《石刻史料新编》第1辑第20册）；卷二十七，第30b—34a（15574—15576）页；卷二十八，第42a—b（15608）页；卷三十二，第18a—23a（15691—15694）页；卷三十七，第20b—22a（15802—15803）页《石刻史料新编》第1辑第21册）。

7　Dunstan, 'The Ho-tung salt administration in Ming times', 51—113.

随着消费群体不断扩大,盐商们获利越来越多。[8]《花关索传》中便将"关西"商人视作一个已经定型的社会群体。这一讲述关羽传说中的麻脸儿子关索故事的说唱话本出土于 15 世纪的一座墓穴中,但极有可能传承自一个 14 世纪的原型故事。[9] 也就是说,至迟到明代中叶,这些山西东南部及陕西西南部出身的商人已经成了一股强大的商业力量,并一直延续到了帝制中国晚期。[10] 这一地区的商人在北宋、金、元时期的情况尚不太明朗,但他们极有可能在当时已经聚集了可观的财富。自然而然地,他们的家乡也就具备了足以支持建造一些流传到今日的美轮美奂的寺庙的财力。[11] 解州必然在这一地区的发展中扮演了至关重要的角色。

在 11 世纪,尤其是在解州附近的其他县里,关羽信仰的原型已经逐渐成熟,并逐渐流布于中国北方的其他地区。这一信仰是一种更广泛意义上的地方社会的崇拜,而并不仅仅是因为可以保卫盐池才获得人们的崇祀。它在解州流布的开端并没有充分的文献记载。明代的一部地方志中提到,大中祥符年间(1008—1016)中央政府曾下令重修当地的关帝庙,不过这一记叙更多地带有虚构性质,可能受到了晚些时候关公驱邪故事的影响(本章稍后将讨论这一故事)。这座庙宇本身甚至并不直接与这则故事相关,因此我将这座庙宇的相关历史留到第四章讲述。这并不是说盐池的运营完全是世俗之事,因为崇祀神祇仍然是这些盐池的相关负责官员的基本职责所在。不过就我们目前所知,解州盐池的神祇

8　郭正忠:《宋代盐业经济史》,北京:人民出版社,1990 年。又见 Edmund H Worthy, 'Regional Control in the Southern Sung Salt Administration', 101—141.
9　井上泰山等:《花關索傳の研究》,东京:汲古书院,1989 年,第 156 页(又见第 152—153 页"关西的养马人");Gail Oman King, *The Story of Hua Guan Suo*, 153. 即,姜维打扮成山西人的模样,以便看起来更像是一个商贩。
10　寺田隆信:《山西商人の研究——明代における商人および商業資本》,《東洋史研究叢刊》,1972 年,第 25 号。
11　廖奔:《宋元戏曲文物与民俗》,北京:中国戏剧出版社,2016 年。

本身只有一种类神化的属性。[12]

处决蛟龙

如果从现代人的视角来看，驱赶蛟龙以抑制地方洪涝与国家的财政预算之间似乎并没有什么关联，但当时的人们却不这么想。由于宋金元时期解州的盐池对国家财政意义重大，这一时期的国家政权对所有导致盐池停产的问题都极为关注。解州盐池的主要问题是洪涝，通常需要兴建大量的水利工程来解决。在关公信仰的传说中，人们认为某次洪涝灾害是蛟龙作祟所致，处决蛟龙成为当务之急。三十代天师张继先（1092—1127）召唤出关公，最终成功制伏了这个邪灵。这个故事与关公帮助修建玉泉山佛寺的故事都成了关公神灵生涯中标志性的神话传说。在本节，我们将会研究道教的除蛟故事，以及这一或真实或想象的事件在关公信仰的流布过程中所发挥的作用。由于道教内部将这一故事定位于北宋徽宗年间，以下我将这个版本的故事称为徽宗版。[13]

驱赶蛟龙

在与道教传统结合最为紧密的徽宗版故事中，最关键的问题是洪涝使得人们无法采集盐块。这一版本的故事也有可能来自一个真实的历史事件。1105年，人们在盐池上兴建了大量工程，以解决洪涝带来的严重的引流问题。元代传记作者胡琦引用了南宋初期有关修复这一地区水分蒸发系统的讨论，其中指出有"数百官员曾前往道贺"。很明显，这

---

[12] 参见妹尾達彦：《鹽池の國家祭祀—唐代河東鹽池，池神廟の誕生とその變遷》，《中国史学》，1992年10月第2号。Janousch, 'The Censor's Stele: Religion, Salt-Production and Labour in the Temple of the God of the Salt Lake in Southern Shanxi Province', 7—53.

[13] 另一个也介绍了这一新材料的有用研究是王见川的《"关公大战蚩尤"传说之考察》（2001），收录于王见川：《汉人宗教》，第395—410页。

是一次在朝廷中影响极大的事件，而道教科仪专家也很有可能参与了本次事件。[14]

在解州水利工程完成的同时，礼部下令赐封了当地庙宇，其中包括解州盐池边供奉不知名神祇的神庙。[15] 当阳县的几座崇奉关公及其儿子关平的神祠也在这次赐封中获得了封号，[16] 但解州的关公庙却不在其列。尽管此时关羽获得的两个封号与本章之后将要分析的传说中的封号并不相同，但是1105年这个年份，则与道教传统版本的故事中所定位的徽宗崇宁年间（1102—1106）相吻合。

解州盐池中有蛟龙作祟的叙述也与徽宗年间的宗教氛围相契合。朝廷此时招募了道教科仪专家，并试图通过他们的神力来解决当时的各种紧迫问题。这些问题既包括宫廷里的灵异现象，也包括野蛮的外族人对中原的威胁。其中最有名的就是朝廷对于温州人士林灵素（1076—1120）的尊崇。在失去朝廷的礼遇之后，林灵素回到了他的家乡，而其他的神霄派成员如王文卿（1093—1153）等人则继续传播这一派的科仪。[17] 这一时期，龙虎山的天师派凌驾于一部分道教传统之上，南宋开始，天师派才真正开始占据道教主流地位，并一直延续到清末。[18] 正如伊佩霞（Patricia Ebrey）所指出的，朝廷与道教专家之间的关联开始于徽宗的父

---

14 赵钦汤编，焦竑校：《汉前将军关公祠志》卷六，第7a（173）页，其中引用了李涛所编的《续资治通鉴长编》中遗失的片段。又见妹尾達彥：《鹽池の國家祭祀—唐代河東鹽池，池神廟の誕生とその變遷》，《中國史學》，1992年10月第2号。
15 《山右石刻丛编》卷二十七，第30b—34a页（1290年的碑刻，《石刻史料新编》第1辑第21册第15574—15576页）。
16 徐松编：《宋会要辑稿》卷二十，1204：第15b—16a（772）页；卷二十，1207：第1a—b（779）页。有关宋代对神祇的赐封，见 Valerie Hansen, *Changing Gods in Medieval China*, 79—104.（中译本见韩森：《变迁之神：南宋时期的民间信仰》，浙江人民出版社1999年版）
17 Katz, *Demon Hordes and Burning Boats: The Cult of Marshal Wen in Late Imperial Chekiang*, 32—38.
18 有关唐代的情况，参考 De Meyer, *Wu Yun's Way: Life and Works of an Eighth-Century Daoist Master*, 421—445; Kohn and Kirkland, 'Daoism in the Tang (618—907)', In *Daoism Handbook*, edited by Livia Kohn (Leiden: Brill, 2000), 339—383. 松本浩一在 *Daoism and Popular Religion in the Song*（第313页、第323—326页）中认为，天师在北宋时期已经和之后一样强势，但我并不这样认为。不过 Verellen 在他的 *Du Guangting (850—933): Taoïste de Cour à la Fin de la Chine Médiévale*（第24—25页）中确实引用了一则故事，谈到一个晚唐时期的道士在827年从龙虎山的天师那里受箓。

亲神宗（1067—1085）及徽宗的兄长哲宗（1085—1100）时期，[19] 但这一关系到徽宗朝时变得更加紧密了。

宫廷中的灵异事件对当时的道教科仪专家构成了巨大挑战。[20] 我们无法判断这些记载中有多少是用来抹黑徽宗朝及其所招纳的道士的流言，毕竟，在传统中国，大部分人都会在人生的某个阶段被某些奇怪的现象附体，并前往不同的驱邪专家那里寻求解救。一个较早的故事来自洪迈。他的父亲是一位重要的外交官，并与徽宗时期的朝廷关联紧密。洪迈讲述了一个1120年间发生在徽宗朝最为重要的政治人物、时任宰相的蔡京（1047—1126）府邸中的驱邪故事。宝箓宫中的道士和京城中其他知名的道士均对作祟的妖邪束手无策。蔡京只得请来第30代天师张继先。天师在邪祟以火来攻时静坐不动，并最终成功收服了这一能量极强的邪魔，随后将它发配海外。[21] 在另一则史料中，徽宗于政和年间命天师前往同州收服一条为害当地多年、食人无数的白蛇。一场激斗后，张继先成功完成了使命。[22] 蔡京与张继先之间的联系十分微妙，因为通过他的姻亲胡师文的关系，他与天师在解州盐池驱邪赶鬼的故事也产生了关联。我将在后文中进一步展开讨论。

综上所述，张继先非常有可能曾在东京（今开封）附近举行过一场大型驱邪仪式。不管解州盐池的除蛟故事是否在历史上真实发生过，南宋的精英们显然相信，在徽宗时期，类似的驱邪仪式常常举行。由于解州盐池与国家财政之间的关联，以及驱邪仪式与朝廷之间的联系，（北）宋都城应当是曾真实存在过的驱邪仪式最有可能发生的地方，尽管之后的材料往往认为这一驱邪仪式直接发生在解州盐池。

有关这一基础事实本身，道教文献中有好几篇详细的记述。最早的

19　Ebrey, 'Taoism and Art at the Court of Song Huizong', 99.
20　我在《讲故事：中国历史上的巫术与替罪》第202—203页中有过类似的考察。有关对这一时期的稍晚些的记忆，可参见《湖海新闻夷坚续志》前志卷一，第56页，以及《宣和遗事》前集，第289页。
21　洪迈：《夷坚志》支戊卷九，第1120—1121页。
22　洪迈：《夷坚志》支戊卷九，第1119—1120页。另外，《夷坚志》三集卷九，第1373—1374页，也曾粗略地提及他。

全文记述应当是一篇署名为"陈希微"的题为《事实》的记述，他自称自己是张继先的学生。在1086年到1119年间，也就是大约在张继先的时代，确实有一位名叫陈希微的人行迹活跃。[23] 这篇记叙被附在一系列以关羽为主要官将的科仪的末尾。[24] 这一系列科仪被收录在一本大约成书于明初的早期道教典籍《道法会元》中。关于这一系列科仪文字成文年代的证据就隐藏在文中神祇的"义勇武安英济关将军"这一封号中。[25] 这一封号中的不同部分分别来自1108年（武安）、1123年（义勇）、1187年（英济）礼部的赐封。但其中缺少"显灵"这一关羽在1329年获得的封号，这意味着这些文书的成文当在1187—1329年。[26] 这一对年代的大致估算，也与12世纪关羽信仰在许多道教派别内的广泛流行相吻合。在讨论他在道教体系中的总体崇祀状况之前，我们需要首先考察一下这个传说本身。

> 昔三十代天师虚靖真君，于崇宁年间奉诏旨云：万里召卿，因盐池被蛟作孽，卿能与朕图之乎？于是真君即篆符文，行香至东岳廊下，见关羽像，问左右：此是何神。有弟子答曰：是汉将关羽。此神忠义之神。师曰：何不就用之？于是就作用关字，内加六丁，书铁符，投之池内。即时风云四起，雷电交袭，斩蛟首于池上。师覆奏曰：斩蛟已竟。帝曰：何神？师曰：汉将关羽。帝曰：可见乎？师曰：惟恐上惊。帝命召之，师遂叩令三下，将乃现形于殿下，拽大刀、执蛟首前。不退。帝掷崇宁钱，就封之为崇宁真君。师责之要君非礼，罚下酆都五百年。故为酆都将。此法乃斩蛟龙馘魔祖法始也。[27]

23　刘大彬：《茅山志》卷十六，第621a—b页（《正统道藏》第5册）。
24　《道法会元》卷二百五十九，第588—594页（《正统道藏》第30册），尤其是第594a—b页。
25　《道法会元》卷二百五十九，第593c页。
26　Diesinger 于 *Vom General zum Gott* 第172页中给出了这一封号的年代（尽管他令人疑惑地将1187年归于元代）。
27　《道法会元》卷二百五十九，第17a—18a页。

这篇记述并非口语体，并且频繁地使用了对话的格式（"曰"出现了七次）。但我们可以相当确定，它是一篇用于塑造天师作为帝师形象的后来的创作。这则故事的仪式文本中提到了天师所写的字符。这一字符包含一个巨大的古体的"关"字，字的内部则有六个小的"丁"字。这六个"丁"是将军与邪祟战斗时辅助他的神兵。这个科仪甚至提供了关于该神灵最古老的描述。

遗憾的是，该故事省略了一些关键的信息。例如，我们并不知道天师是从何处应召而来，尽管如果我们假定这一故事有某些历史事实基础的话，那么他极有可能当时正住在国都。他首先去了当地的东岳庙，然后向解州盐池中扔下了铁符，并见证了这个怪物的战败。此后他便立即重新回到宫殿参拜皇帝。如果我们想更准确地描述这个故事，那么那个铁符或许是由天师的助手放入盐池中的，如稍晚时候天师所主持的另一场驱邪仪式那样，我们将在晚明版本的故事中继续加以讨论。在这类仪式中，放入铁符的行为基本可以作字面意义上的理解，因此不存在另一种将其理解为精神世界中的行为的可能。

另一则有关这个传说的记述出现在第 30 代天师张继先的道教传记中，尽管在元代和明代早期的版本中只保留了这个故事的框架。[28] 晚明的《汉天师世家》中收录有张继先的传记，其中保存了一个更长的版本，也特别提到了关羽。这个版本的故事无法追溯到 1607 年之前，也就是收录了这个故事的《正统道藏》的编纂时间之前。[29] 由于天师出生于 1092 年，而这个版本中的除蛟事件发生在崇宁年间（1102—1106），因此该事件常被用来证明天师的早慧。尽管这则记述无疑是后人的创作，

28　张天雨：《玄品录》卷五，第 139a—139b 页（《正统道藏》第 18 册）；宋濂，《文宪集》卷七，第 44b 页（一篇为元或明初时期的《汉天师世家》所作的序）。《龙虎山志》上卷，第 25a（59）页（《道教文献》第 1 册）。

29　《汉天师世家》（1607），第 815—843 页，尤其是第三卷第 827a 页（《正统道藏》第 34 册）。其大致与娄近垣所编《龙虎山志》中的传记相同，见娄近垣：《龙虎山志》卷六，第 21a—24a（465—466）页（《藏外道书》第 19 册）。

图 3.1 道教仪式中的关公神

左图是关公的画像，出自陈希微叙述中提及的道教文献。右图是天师画的符咒。

但它与人们对一个年轻的男孩（天师）与一位年轻的皇帝（二十出头）交往的想象有所不同。

> ［三十代天师］九岁承袭真人之教。……崇宁二年，解州奏盐池水溢，上以问道士徐神翁，对曰：蛟孽为害，宜宣张天师。命有司聘之。明年赴阙召见，问曰：卿居龙虎山，曾见龙虎否？对曰：居山，虎则常见，今日方睹龙颜。上悦，令作符进。上览笑曰：灵从何来？对曰：神之所寓，灵自从之。

这段对话之后是一段有关《道德经》的讨论。据说，老子曾向张继先传说中的祖先张道陵解说过《道德经》。宫殿中的每个人都被天师对这部文本的理解之深所震惊。之后,笔锋又回到了这则传说。

> 十二月望日,召见。上曰:解池水溢,民罹其害,故召卿治之。命下即书铁符,令弟子祝永佑同中官投解池岸圮处。逾顷,雷电昼晦,有蛟蟹磔死水裔。上问:卿向治蛟孽,用何将?还可见否?曰:臣所役者关羽,当召至。即握剑召于殿左,羽随见,上惊,掷崇宁钱,与之,曰:以封汝。世因祀为崇宁真君。明年三月,奏盐课复常。

现代的宗教仪式中仍经常出现以钱币来驱邪或辟邪的现象,因此这则记述中的崇宁钱币可能也是出于同样的目的(见图3.2)。

试比较《事实》和第30代天师的传记对这则故事的记述,我们会发现,后者增加了一些细节,包括徐神翁的建议,以及关于如何将铁符投入盐池中等。而年轻的天师需要花费一些时间以从龙虎山前往宋的都城开封,这看上去也更符合逻辑。此外,天师委派了一名弟子(也就是更低等级的道士)和一位代表朝廷的中官去做将铁符投入盐池的低等工作,而不是自己亲自前往盐池。如果这个盛大的仪式实际上是在开封进行的,那么或许可以解释为什么是当时更为出名的当阳县的关公神祠获得了好几个封号,而并非当时还不太出名的解州的关公祠宇。

我们无法精确地考证以上几个道教版本故事的年代,尽管自1166年开始已经有了在道观中附设关羽祠的情况,足以表明道教与之产生联系不会晚于南宋初期的事实。这个故事为一系列以关羽为驱邪官将,并通常伴随着瘟神温元帅的仪式提供了适合的谱系。[30] 后文我们将看到这两个官将还会时常一同出现在道教庙宇之中。此外,这个传说还将关羽与有名的徽宗皇帝(1100—1126年在位)联系起来,这甚至有可能是真实的历史存在,并且也符合那段时期的宗教图景。由于徽宗对关羽"崇

---

30 有关温元帅,参见 Katz, *Demon Hordes and Burning Boats*。

图 3.2　数串崇宁通宝

在传统中国，一般而言，铜钱都会用绳子穿起来，以方便运输。照片中的绳子是现代的，铜钱的年代可以追溯到崇宁时期（1102—1106）。牛津大学阿什莫尔博物馆（Ashmolean Museum）授权使用。

宁真君"的册封从未出现在传统史料中，我们应该可以假设这是一种"道封"，即在道教传统之内，而并不是通过常规的礼部渠道给予的册封。而皇帝对它的害怕则是很好的人性的体现，表明了这个神祇的凶猛异乎寻常。

　　道教仪式的材料最多只能定位在 1187 年到 1329 年之间，没有办法更精确了。但其他的材料则强力地证明，在徽宗统治的初期，曾经发生过一场与解州盐池相关联的重要仪式。一个相关的例子就是天师在 1105 年收到的"虚靖先生"的封号，尽管我们并不知道为什么他会获得这个封号。³¹ 此前提过的一则徐神翁的传记则提供了更多的信息。这则传记被收录在王禹锡（1192）所撰的《海陵三仙传》之中。³² 在天师获得封号的同年，发运使胡师文奉朝廷之命召徐神翁进宫。胡师文是备受蔡京信赖的下属，他们都在此时发生的垄断盐业的再分配一事中牵涉颇多。³³ 正是在这个时候，"会解池水溢。[帝]诏问之，[徐]对曰：'业龙为害，惟天师可治。'[帝]召张继先至，投以铁符，龙震死，"盐池的产出恢复如常。³⁴ 尽管这个片段中并没有提及关公，我们还是可以很明显地看出来，早在12世纪，人们就相信是张天师驱除了一条引起盐池洪灾的龙。这位作者并没有亲眼看见这件事，只是在转述一个想必流传了一段时间的故事，这段故事甚至可能一直追溯到促使朝廷赐给天师特别头衔的事件。

在一个有趣的改本中，玉泉寺曾在宋代后期保存了一枚"解池龙骨"，本地流传说这条龙是"（寿亭）侯所下讨者"，寿亭侯也就是关羽。这些记述出自陈杰（1236—1270年左右）的一篇诗序。陈杰在宋代后期曾留居于这片地区，而他将亲眼看见龙骨的时间说成是"曩"（以前）。在那首诗中他如是提及这个动物："十年解池讨业龙。"³⁵ 他用了与多年前的王禹锡一样的词来指称这条龙。

陈杰的诗并非唯一提到玉泉寺保管有龙骨的史料。一篇有关关羽印章的1187年的碑文中提到两个大约是由仁宗（1022—1063年在位）捐

31　徐松编：《宋会要辑稿·崇儒》卷六，第34b（2285）页。
32　脱脱的《宋史·艺文志》中就将该书作者归于王禹锡（卷二百零五，第5189页）。在不同时期中都可找到名为"王禹锡"的人，不过一个来自海陵的王禹锡曾经为王明清（1127—1214后）的《挥麈后录》写过一篇后记（附于王明清本人作于1194年的后记之后）。见王明清：《挥麈录》，第223页。在这三篇传记中出现的最晚的日期为1137年（见王禹锡《海陵三仙传》卷八，第349页），并且这三个人物主要生活在北宋末期。
33　全汉昇：《唐宋帝国与运河》，第114—115页。
34　王禹锡：《海陵三仙传》，第348（344）页。
35　陈杰：《自堂存稿》卷一，第3b—4a页。有关他的年代，参见我在第二章中的讨论。人们很容易认为"十"可能为"四"之误，在如今的福建南部方言中尤其如此。

献的遗骸,即"龙眉与龙角"。这篇碑文中还提到关羽负责检视晴雨。[36] 事实上,一篇撰写于几年后,也就是1189年的碑文中,就讲述了一个由于关羽能够提供好天气(不旱不雨)、防止疾疫、制止盗贼,成功地为他请到了一个更好的封号的故事。[37] 关羽印章的回归,以及关羽在这些龙骨故事中的涉入,都发生在同一座佛教寺庙。这或许意味着这座寺庙正在运用这些东西来宣扬自己的名声,或者甚至自己创造了这些故事。[38] 寺观的命运与地方的信仰又一次被紧密地连在了一起。在13世纪30年代后期,这座寺庙在战火中被烧毁,但关羽的印章和另外两个印章被保存了下来。[39] 陈杰或许是在这场大火后写下了上面提到的文字,而解池的龙骨那时一定还被保存在玉泉寺中。最后一次有人提及关羽的印章以及"龙眉龙角"是在1312年,当时的住持将这些珍宝以及一幅寺庙的构造图一同带去都城上交,以便朝廷检视,因此获得了朝廷支持这座寺庙的诏令。得益于这次活动,住持在回程中,收获了大量的支持以及地方精英的捐赠。[40] 我们并不知晓这些珍宝本身是否随着他一起回来了,但它们又一次成功地被用来提升玉泉寺的声望。

这些数量众多的龙骸的存在使我们更加确认,在南宋时期,人们普遍认为这是一条邪恶的龙。所谓"业龙"或许是一个贬义的说法,用以区别于普通的受到生死限制的龙以及随着佛教进入中国而出现的"龙王"。一则唐代僧人的传记描述了他是如何向天空中投掷了一块石头并责备某些龙的:"若业龙,无能为也。其菩萨龙王,胡不遵佛敕救百姓乎?"雨水随后降下,意味着这些龙认为自己是龙王,而并非普通的龙。[41] 其中的差别在于,会带来雨水的龙王被认为是好的,而那些普通的龙则有

---

36 《玉泉寺志》卷三,第15a(491)页。
37 《玉泉寺志》卷三,第16a(493)页。
38 如上述1178年碑刻《重修玉泉关庙记》(《玉泉寺志》卷三,第14b—15a页)所记录的那样。仁宗所献的遗骸未见于任何更早的文献。
39 顾问:《义勇武安王集》卷八,第3b(148)页。
40 《玉泉寺志》卷三,第18a—b(497—498)页。
41 赞宁:《宋高僧传》,第0763c02—04页。

可能是需要被驱除的邪灵。

作为道教驱邪将军的关公

在盐池的驱邪仪式中，关公作为一名阴将发挥了很大的作用。他看上去十分凶猛，可以杀死任何邪魔。道教仪式专家大概正因为这个原因才招募了他，他们需要利用关公的力量来制服其他的邪恶生物。在本书中，我们将频繁地遇到这一类型的官将及他们的军队。在这些资料中，他们被称作"神将""天将""阴将"，并带有附属的"神兵""天兵""阴兵"。[42] 这些将军通常曾经真实存在并惨遭横死，而后仪式专家们为了他们自己的仪式招募了这些将军。在关羽作为主要驱邪官将的两个仪式中，清源真君（也被称作二郎神）是他驱邪时的主要合作者，关于后者的崇拜最早来自四川，并且有独立的传说故事。[43] 大量将关羽作为从属或中心角色的科仪同样反映了道教信仰的影响以及关羽作为神灵的功用。[44] 下文我们见到的关羽的不同封号也反映了它与道教联系的多元性，并不存在一个单一的道教起源或支配力量。

陈希微对于关羽驱除解州盐池邪龙的描述是《道法会元》中某一章的附章，该章中收录了几个以关羽为主要驱邪官将的仪式（部分仪式内容被简化了）。在这一章的总标题中，这个神灵被称作"地祇馘魔关元帅"。第一个仪式中给出了这个神灵的全名：雷部斩邪使兴风拨云上将馘魔大将护国都统军平章政事崇宁真君关元帅。同一章中的第二个仪式给出的全名则全然不同：酆都朗灵大将关羽。"朗灵"或许是拟声词，在这个称号中有吉祥之意。"馘"意为割掉敌人左耳，用来在战后计算该士兵在战争中杀敌数量以定战功。[45] 第三个仪式给出的名号还有不同，

42　具体讨论见 Haar, *Ritual and Mythology of the Chinese Triads* 第 284 页等。
43　黄芝岗：《中国的水神》，第 7—43 页。我们下文中还会再讨论他。
44　仅见于《道法会元》卷二十二，第 796c 页等（《正统道藏》第 28 册）；卷三十六，第 5a 页；卷八十六，第 355a 页；卷一百二十八，第 624c 页；卷二百六十二，第 602a 页（卷二十五应是错录）。
45　Lewis, *Sanctioned Violence in Early China*, 26—27, 46.

其中包含了礼部颁给关羽的官方封号，即：东岳独体地祇义勇武安英济关元帅。[46] 这一章中不同的名号大约反映出不同的仪式专家所使用的不同的官僚系统。尽管对于现代读者来说十分费解，但是仪式专家们只会使用其中一种仪式，对于他们而言，这些不同并不会成为一个问题。

正如我们从这些不同的名号中察觉到的，像关公这样的驱邪神祇是驱邪官僚体系中的一部分，其中最重要的就是上述个案中涉及的雷部、东岳与酆都体系，但也会出现在城隍和北极的系统里（如其他例子中所表现的那样）。我们在下文中还将进一步看到，关帝早期的祠庙常常与道教庙宇有关，尤其是东岳圣帝的行宫。在陈希微有关解州除魔故事的详细描述中，张继先是在给一所东岳行宫献香（以提交文书）时，在行宫的偏厅中看到了关羽的塑像，之后才决定要召唤关羽来驱魔的。在这次科仪中也提到了东岳神，尽管他并非处在一个主要的位置上。[47]

吕洞宾和驱魔官将关公的神话传说中也受到了这次驱魔仪式的道教版本的影响，这同样反映了这个故事的重要性。该神话被收录在1310年左右所编纂的一个传说故事集中，并通过永乐宫壁画展现出来。永乐宫位于芮城县，靠近解州盐池，是元代全真教的一个重要据点。这次关公杀死的并不是一条龙，而是另一种不明生物：

> 政和中，宫禁有祟白昼现形，盗金宝，奸妃嫔，独有上所居无患。自林灵素、王文卿诸侍宸等治之，息而复作。上精斋虔祷，奏词九天。一日昼寝，见东华门外有一道士，碧莲冠，紫鹤氅，手执水晶如意，前揖上曰：臣奉上帝敕来治祟。良久，一金甲丈人，捉劈而啗之且尽。上问丈夫何人，道士曰：此乃陛下所封崇宁真君关羽也。上勉劳再四。

---

46 《道法会元》卷二百五十九，第588－594页。与另一集录中的同一文本做比对后，可以确认朗灵是一个单义词组，见《法海遗珠》卷三十九，第939页（《正统道藏》第26册）。
47 《道法会元》卷二百五十九，第590a页。

这则记述接着转向谈论张飞的下落。关羽回答说他的朋友已重生为岳飞，并将凭借"中兴"获得功绩。他非常明智地没有更进一步解释，因为这部集录是在蒙元控制下的中国编印的。道士接着揭示了自己的身份——他正是吕洞宾。[48] 很有意思的是，这个怪物并不能在皇帝所居住的地方显形，因为皇帝是天之子，这一神圣的力量会阻碍任何邪魔的显形。

作为邪灵镇压者的天师

解州盐池的驱邪故事成了南宋和元代天师主持系列驱邪仪式的开端。它为新成立的龙虎山天师道一脉提供了关键性的合法化依据，无论是对宋元帝国或是对仪式专家们来说都是如此。尽管这个驱邪故事十分有可能来自历史上曾经发生过的张继先在北宋首都举行的一场驱邪仪式，但我并不认为我们可以将这些记述视作真实的历史记忆。不管是否真的发生过，当这些故事被流传记录下来的时候，已经经过了数次加工，以使其内容和特征与随后南宋及元代出现的天师主持的类似驱邪仪式相吻合。

一个公开举行了类似道教驱邪仪式的地方是杭州附近的沿海地区——海宁（也被称作"盐官"），此地对于帝国来说十分重要，经常遭受海水的侵害。[49] 道士对地方事务的参与可以追溯至北宋末期的1113年，朝廷派道士携带铁符前来"镇压"洪灾，这意味着当时人们相信这是由邪恶的生物所引起的。这次科仪的效力并没有维持太久，因此朝廷不得不在1123年再次举行仪式，并且使用了相同的符咒。[50] 在如下所述的

---

48 《纯阳帝君神化妙通记》卷六，第726页（《正统道藏》第5册）。Katz, *Images of the Immortal: The Cult of Lü Dongbin at the Palace of Eternal Joy*, 168, 217.（中译本参见康豹：《多面相的神仙：永乐宫的吕洞宾信仰》，齐鲁书社2010年版）关于张飞帮助抗金的信念，可见我下面的讨论。

49 Elvin, 'Action at a Distance: The Influence of the Yellow River on Hangzhou Bay since a.d. 1000'. In *Sediments of Time: Environment and Society in Chinese History*, edited by Mark Elvin and Lui Ts'ui-jung (Cambridge: Cambridge University Press, 1998), 344—407.

50 何薳：《春渚纪闻》卷四，第59—60页。方勺：《泊宅编》（中篇第88页）关于同一事件的纪年为1116年。

元代 1298 年，第 38 代天师驱除了一个招致严重洪水的怪物，这一事件后来广为流传：

> 大德戊戌年，盐官州州南濒古塘，塘距海三十里地，横亘皆斥卤，比年潮汐冲啮，盐场陷焉。海势侵逼州治，州以事闻于省府，复加修筑塘岸二百余丈，不三日复圮。皆谓水怪为害，非人力能复。省咨都省问奏，钦奉玉音，礼请州八代天师驰驿诣杭州。时合省官僚，以五月朔就佑圣观建醮五昼夜。醮毕，天师遣法师乘船，报铁符于江。初则铁符跳跃浪中，食顷方沉，风雷电雾旋绕于中。明日视之，沙涨日增，堤岸复旧，江心突起。沙湫中有异物，为雷殛死于上，广二丈长许，状如鼋，有壳。省府闻奏于朝，崇锡旌赏。[51]

在这里的仪式中，一枚铁符被当作携带着天师神力的驱邪武器扔进了河中，而并非是与邪魔达成某种共识。这一次，这个怪兽被设定为巨龟。[52] 这些史料中从未直接提到淹没盐田的洪灾等对朝廷财政带来的威胁，但很难想象朝廷会意识不到这一点。1327 年又有另一位天师举行了科仪，但在这最后一次的仪式中，佛教僧人也被招募来念诵经文。次年，户部的长官甚至修建了 76 座佛塔来镇压洪灾。[53]

南宋时期，天师在其他地方所进行的类似的活动也出现在记录中，例如 1230 年天师在鄱阳湖杀死了一条引起洪灾的白蛇，[54] 再如 1240 年他镇压了三条引起杭州黑潮（一种每年出现的潮汐）的龙。[55] 同一个天师，

---

51 《湖海新闻夷坚续志》后集卷一，第 163 页。《海昌外志》中记载有此故事的简单版本（1628–1644 手稿卷八，第 64b 页）。又见《汉天师世家》卷三，第 831a 页。

52 方勺：《泊宅编》中篇，第 78–79 页。刘埙在其《隐居通议》中对同一事件有更为客观的记述（《隐居通议》卷三十，第 215–216 页）。

53 《海昌外志》（1628–1644 稿本）卷八，第 6a 页（1327 年）。有关佛塔的记载见《海昌外志》卷八，第 6a 页。在其记录中，"政和元"当为元代年号"致和元"或 1328 年（实际上只有几个月）之误，因为前文是 1327 年。

54 《汉天师世家》卷三，第 829b 页。

55 《湖海新闻夷坚续志》后集卷一，第 161–163 页。

也就是第 38 代天师于 1298 年帮助平息了海盐洪灾。在之后的几年中他又继续主持了类似一系列的宗教干预仪式，这些仪式通常是响应朝廷的要求而举行的，为此他赢得了不小的名声。[56] 1301 年，天师被召请到首都，被赐予了最高的官衔（不应该混淆的是，这个官衔是有着实际办公场所的），这当然不可能是巧合。[57] 地方的道教法师们也使用护身符甚至火药（通常以鞭炮或其他形式出现）进行类似的驱邪仪式。[58] 杭州某条河流附近的道观每年都会举行"投龙简"的仪式，其目的无疑是镇压每年一次的潮汐。[59] 这些天师和朝廷往来故事的广泛流传为地方社会与法师类似关系的建构带来了更多的合法性。

在北宋时，我们同样能看到人们对于天师作为邪魔镇压者能力的更广泛的信任。唐代以前，已经流传着五月五（端午）以艾蒿制成人偶的习俗。旧时，人们认为这个月会有妖邪出现，这或许可以归因于严酷的夏季高温和潮湿所导致的频繁出现的传染性疾病。在 11 世纪，这些人偶，至少在京城地区，开始用天师的名字来命名，它们被视为天师的分身。[60] 对于当时的社会、政治、宗教环境而言，这一由天师召唤出强大的官将关羽来驱除恶龙的新故事无疑具有合理性。它也成为一个类似水怪驱除仪式的典型个案。在某种意义上，每次仪式的实践都是在再现最初的驱魔过程，同时也在为重构的记忆注入新的元素。到了元代，天师道逐渐成为主要的宗教派别，得到了朝廷的最高认可，并一路延续到明代以及清代的绝大部分时期。天师作为水怪镇压者的角色，无疑也受到了上古传说的影响。据传，大禹在淮河地区以一条铁链镇压住了引发洪灾的水怪。以铁制物件镇压水怪在中国的神话中十分常见。到宋代，大禹的角色已经被一名叫僧伽的和尚所取代，这个僧人是当时十分流行的"泗州

---

56 《汉天师世家》卷三，第 831a–b 页。

57 宋濂：《元史》卷二百零二，第 4526 页。译者注：查《元史》卷二百零二的记载为"大德五年，召见于上都輞殿"，原文的意思似有出入。

58 Boltz, 'Not by the Seal of Office Alone', 241–305.

59 《咸淳临安志》卷七十五，第 4b（4028）页（《宋元方志丛刊》第 4 册）。

60 中村乔：《中国の年中行事》，东京：平凡社，1988 年，第 135–138 页。

大圣"信仰的主人公。**61** 就像人们在山西南部的盐池故事中以关羽取代了黄帝并打败蚩尤一样,人们在天师镇压水怪的叙事中对大禹角色的吸纳,也展现了中国古代神话是如何被再加工的,这绝非简单的置换。

道教背景下关帝信仰的传播

并非仅仅在我们今天所说的宗教环境中,人们才会将关公及类似的历史人物作为神将加以崇祀。张浚(1097—1164)——一位曾抵抗金朝的川籍官员——于1148年所作的一份报告中,提到了四川的神祇二郎神(被认为是秦代李冰的第二个儿子)与张飞(关羽的结义兄弟)曾获得官方的王室封号。二郎神曾在一个预言梦中告诉张浚,他将扫平妖邪(这里无疑指金或西夏,而不是任何实际的邪魔),却苦于并没有一个军事方面的封号。原来他曾在北宋时被封了一个道教头衔"真君"。人们认为封王之后,他必将拥有更强的作战能力。张浚在另一篇文章(或许是他的第二次报告)中补充说,在四川北部的阆州,一个死去的士兵回到阳世汇报关羽和张飞在边境分别大杀强敌的事迹。据此,张浚提议给他们一个封号,但具体的细节文中并没有说明。**62** 这篇文章的有趣之处在于,它将关羽描述为帮助宋人打败恶敌的神将,这成了此后数个世纪中反复出现的一种叙事模式。就像我们之后将反复看到的那样,在传统中国,无论是在地方社会,还是帝国的最高层,世俗生活与宗教生活都不是截然分开的。

关公和二郎神(或称为清源真君)常常被一同崇祀,在一个相当早的、建于1166年的南宋都城杭州的庙宇中即是如此。在这个庙里,人们拜关羽为"义勇武安王",这是关羽于1108年和1123年被礼部赐

61　有关这个传说,可见 Anderson, *The Demon Chained under the Turtle Mountain: The History and Mythology of the Chinese River Spirit Wuzhiqi* 等。有关这个信仰的历史,可见黄启江:《泗州大圣僧伽新论》。

62　李心传:《建炎以来系年要录》卷五十,第 4a—b 页。

予的封号。[63] 其他史料中也反复证实了这两个神灵之间的关联，尽管没有一则史料比此例的年代更早。在元代《新编连相搜神广记》中，这两个神灵的传记是连在一起的，[64] 元代的其他资料中也将这两个神灵视为东岳信仰的一部分。[65] 此前我们已经看到，在同一个时代的道教仪式中，他们会被作为驱邪官将一同召唤出来。大部分的证据主要来自中国南方，其内容或许也反映出了早在12世纪这些仪式传统在地方上的重要影响。

道教背景下关公信仰的最早证据来自杭州附近的海盐县，当地有一则有关东岳庙的传说。海盐即前文提及的曾被平息了洪涝灾害的产盐地。在1129年末或1130年初，一个刚刚被"虏"——或者说是入侵的金军——打败的将军率军来到此地，"谒东岳庙关羽祠，见塑像卒持刀，柄离地出旧塑尺许，敬畏之，不敢为变而去"[66]。这座庙本身建于1110年，使得此事成为一个相当早期的证据。不过，尽管故事设定的年代较早，但记录这一故事的史料本身却来自一条1288年的记录，我们也无法肯定在这两个年代中间故事有没有被改变。该故事一方面确认了此后反复出现的关公与东岳信仰之间的机制性关联，同时也表明士兵们对于关羽的武力有着特别的关注。由于时间上的不确定性，我并没有将海盐县的例子放入早期关公信仰的道教基础表格（表3.1）中，但它显然符合中国南方的关公信仰与道教仪式间早期关联的总体状况。

在位于解州稍北的乡宁后土庙的碑刻中，我们发现了北方第一座与道教相关的关公神祠。从碑刻中我们得知，1219年，或许由于蒙古人的入侵，这座庙宇随着城市的沦陷而被烧毁，只有主殿及崇宁真君的神殿保存了下来，这为我们提供了早期的数据基准。这同样也是最早提及

---

63 《咸淳临安志》卷七十三，第5a（4009）页（《宋元方志丛刊》第4册）。
64 《新编连相搜神广记》，第90—95页。
65 《南雄路志》，第2480、2561页；阮元编：《两浙金石志》卷十五，第9a—14a（10554—10556）页，特别是10b和11b页（《石刻史料新编》第1辑第14册）；《东岳大帝宝忏》，第1a、5b（1011、1015）页（《正统道藏》第10册）。
66 《至元嘉禾志》卷十二，第13a—b（4485—4486）页（《宋元方志丛刊》第5册）。

表 3.1 宋金元道教背景下的关公祠庙*

年代	地点	北方／南方	与道教的关联
1166	杭州（浙江）	南方	道教建筑，常规官方头衔 a
1169	苏州（江苏）	南方	道士所建 b
1219	乡宁（山西）	北方	后土庙中的崇宁真君祠 c
1308	徽州（安徽）	南方	道士所建的道观中 d
1309 年之前	南雄（广东）	南方	东岳庙里的崇宁真君祠 e
1314	长兴（浙江）	南方	东岳行宫的一个殿 f
1324	解州（山西）	北方	1266 年道士于庙中所建的"道厅"，即今"崇宁宫"，这意味着在当时并不叫这个名字 g
1324	北京	北方	崇宁真君 h
1329	婺源	南方	道士所建的道观中 i
1334	安阳县（彰德府）	北方	崇宁真君 j
1336	定襄		崇宁真君 k
1341	济源县（怀庆府）	北方	崇宁真君 l
1357	太仓（江苏）	南方	道士所建 m

* 为了尽可能地囊括道教宫观及供奉道教神祇的庙宇，我在此处采取了一种较为广泛意义上的道教概念。"北方""南方"分别指代金或此前属于金的区域、南宋或此前属于南宋的区域。

a《咸淳临安志》卷七十三，第 5a（4009）页。
b 祝允明：《怀星堂集》卷十四，第 2a 页。又见《长州县志》（1571）卷十，第 17a（315）页，以及王謇：《宋平江城坊考》，第 177 页。
c《山右石刻丛编》卷二十四，第 11b 页，该碑文日期为 1242 年。
d《徽州府志》（1502）卷五，第 36b—37a（15493）页。
e《南雄路志》，《永乐大典》卷两千四百八十一，第 2560—2561 页（《永乐大典方志辑佚》第三册）。
f 阮元：《两浙金石志》卷十五，第 10b（10554）页。
g 张镇：《关帝志》卷三，第 19a—21a 页。
h《北京图书馆藏中国历代石刻拓本汇编》第 49 册，第 101 页。
i《徽州府志》（1502）卷五，第 45b 页。
j 武亿：《安阳县金石录》卷十，第 13b—14a（13920）页（《石刻史料新编》第 1 辑第 18 册）。
k 牛诚修：《定襄金石考》卷一，第 60b（9975）页（《石刻史料新编》第 2 辑第 13 册）。
l 陈垣编纂，陈智超、曾庆瑛校补：《道家金石略》，第 1205 页。当地早在 1242 年以前已经有一座祭祀关公的庙宇。见元好问：《续夷坚志》卷一，第 6 页。
m《太仓州志》（1548）卷九，第 31b（690）页。

解州盐池驱除妖魔事件的一条史料，其他提到该神祇的早期道教材料（从1166年到1169年）过于笼统化。这则最早提及崇宁真君封号的来自北方的史料，从根本上支持了关羽解州盐池除魔故事形成于北宋晚期的猜想。因为它是由人们从北宋朝廷听来后流传到山西地区的可能性，远大于人们从南宋朝廷中听到而后跨越边境一路带到山西的可能性。这个神祠建成的宗教背景与南方的祠庙有相当大的不同，因为此时关公信仰已经在独立于道教或佛教传统之外的情况下在北方广泛传播开来。

以上个案所涉及的北方城市共有五个，除乡宁外，道教版本的除魔故事在前两座城市中出现的时间肯定要晚得多。其中的一座祠庙位于今天的北京，即当时的大都（1324年的碑刻），另一个则位于解州的一所旧庙中（同年的碑刻）。关于解州的旧庙，我们无法更精确地判定其建造的时间，但需要讨论的那个"道厅"是在1266年建成的，并在1324年之前的某个时刻被重新命名为崇宁宫。在元代，以道教称号"崇宁真君"指称关羽的祠庙在南方和北方都有所增加。然而，与此同时，一个新的驱邪故事逐渐成形，其发展的时间据说是在北宋早期，在故事中，被关羽打败的怪物则是蚩尤。令人好奇的是，这个故事并没有将早期版本的道教故事剔除，也没有发明新的封号以适应该版本故事所涉及的新的年代。我将在下一小节中展开讨论这一点。

大量以关羽为驱邪官将的科仪及相关道教建筑的存在证明了，在当时的仪式实践中，关羽经常被召唤出来。与此相关的民间故事相当有限，我们仅在由18世纪的官员及作家袁枚（1716—1797）所收集的材料中才发现了对相关道教科仪的残存记忆。这个故事据说发生于1779年的杭州。一名新婚女子被两条白气和黑气附体，她的父亲及公公为此举行了斋醮，但都徒劳无功。他们只好上奏城隍神和"关神"。作为回应，关公派遣了温元帅来处理。这一细节反映了这两个信仰都属于东岳体系的一部分，正如几个道教科仪文本中所展现出来的那样。温元帅发现作祟的是一只猿猴及其两位蛇怪兄弟（即史料中的两条白黑气），便要求猿猴医治这名女子。但直到关公亲自介入，那只桀骜不驯的猿猴才改过自新，并治愈了该女子。[67] 尽管我们并未见到有关道教仪式的直接记叙，但使用奏疏，选择城隍、关公和温元帅来作为仪式代理人，这些都源自道教的驱邪实践。我还怀疑这个故事的道教背景在其传播到袁枚笔下的过程中已经被冲淡了。[68]

击毁蚩尤

13世纪后期始于北方的叙事传统将盐池除魔的故事放到了真宗（997—1022年在位）年间而非徽宗年间，并将这个邪魔说成蚩尤，或黄帝的死敌。这无疑受到了真宗获授"天书"事件、真宗将黄帝认作帝王家族的先祖，以及真宗在泰山的封禅等历史记忆的启发。这些事件都是真宗为了加强其统治合法性及君权神授的观念所做的系列宣传的一部分，这一宣传运动始于1008年，并且在其剩下的统治时间内得以延续。[69] 真宗版本的故事此后被吸纳进了戏剧中，但却相对缺乏实际证据的支撑。作为一个历史事件，其发生的时间似乎太早了，尤其考虑到徽宗版本的故事有许多强有力的证据支持。在现存的第一篇关于1092年重修解州庙情形的碑文中完全不曾提及真宗版本的故事。这篇由地方县令撰写的文本中，作者仅仅将关羽当作忠义的典范。[70] 真宗版本的故事较之徽宗版本而言更加神秘莫测，尽管对于当时的大部分人而言，其真实性绝不亚于徽宗版本。

---

67 袁枚：《子不语》卷十，第221—222页。
68 参见 Katz, 'Trial by Power: Some Preliminary Observations on the Judicial Roles of Taoist Martial Deities', 54—83。
69 有关背景知识参见 Cahill, 'The Heavenly Text Affair: Taoism at the Sung Court', 23—44 以及 Davis, *Society and the Supernatural in Song China*, 66—69。
70 顾问：《义勇武安王集》卷四，第4b—5a（82—83）页。

完整的北方版本故事

最早的可以确定具体年代的北方版本的故事,出现在今辽宁宜州的一篇1293年的碑文里。碑文将"宋代盐州发生的事件"及"蚩尤带来的灾难"视为关羽作为神灵介入的最典型的事件。[71] 从碑记内容来看,作者毫不怀疑这一事件的历史真实性,并且假定读者也十分熟悉,这意味着相关故事已经流传了一段时间。另一篇撰于1334—1335年、来自今四川合州的碑文也提及了同一个版本的故事。这篇碑文的作者写道,1014年,盐池之水干涸,于是人们找到了张天师,后者通过一个护身符下达命令,让关羽前往此地。几天后,盐池之水变红,神祇带着怪物的头现身。[72] 除了这个四川的个案外,关于这一叙事传统的大部分证据都来自华北。

出人意外地,可以直接与蚩尤版本的故事联系在一起的庙宇数量十分有限。另一方面,上述两个例子很难直接在相隔如此遥远的地方间互相传播,因为宜州地处极北,而合州则在极西。因此,非常有可能在13世纪时,这个故事已经广为传播,其范围远远超过了以上极少的例子所能涵盖的地区。宜州本身并非闭塞之地,而是草原以外的蒙元帝国北部一个重要的中心城市。[73]

我们还有一个更为详尽的北方版本的故事。这个故事以两个略微不同的版本流传,而它产生的时间极有可能早于1293年宜州的碑刻。[74] 这个故事将关羽除去蚩尤的故事放在宋真宗(997—1022年在位)和他的辅臣王钦若(962—1025)试图加强其统治合法性的大背景下。宋代皇室自称黄帝之后,真宗皇帝命道士在各地修建圣祖宫,其中一个便位

---

71 罗福颐:《满洲金石志·外编》,第51b—54b页,尤其是第52b(17505—17506)页。

72 鲁贞:《桐山老农集》卷一,第18b—21b页,尤其是第20a—b页。

73 Robinson, *Empire's Twilight: Northeast Asia Under the Mongols*, 41—42, 45—46.

74 《新编连相搜神广记》,第90—93页。这一材料中给出了几个元代的日期:第22页(1269年)、第84页(1300年)以及第33页(1316年)。赵钦汤编、焦竑校的《汉前将军关公祠志》卷六,第5a—6b(105—106)页回溯了胡琦于1306—1308年所收录的传记资料。

于解州盐池边，修建于1012年。[75] 在这里，北方版本的故事与真宗的合法性运动之间的关联应该相当明确。

同样是根据这则史料的记述，解州的盐池在1014年突然遭遇水量不足的问题。地方的税务官将此事奏报给了朝廷，朝廷于是令某个人来到解州的城隍庙进行祈祷。城隍神在这个信使的梦中现身，原来是蚩尤因最近修筑的黄帝的祠宇而感觉受到了羞辱，所以抽干了池水作为报复。在王钦若的建议下，皇帝从都城派专人去参拜蚩尤。这一次这个邪魔自己在信使的梦中现身了，他身着金甲，手中提剑，怒不可遏地要求毁去黄帝的祠宇。否则他就抽干盐池，阻止五谷的丰收，并鼓动西方的蛮夷在边界制造麻烦。[76]

这个时候，王钦若向皇帝建议说蚩尤是一个邪恶的神灵，应该派人前往龙虎山召请张天师，只有他才能降服该邪魔。天师便从蜀地派出了他最得力的将军关羽。皇帝要求面前现身的关羽打败蚩尤，关羽答应了。随后，他召集了五岳四渎及名山大川的所有阴兵前往解州，同时建议皇帝下令方圆三百里之内的人七天之内不要外出，而三百里以外的人则不要进入这一区域，否则他们可能会遇到神祇或者妖鬼而死去；七日内他必打败怪物，届时人们可以放心外出。皇帝答应了他的要求。在此之后的某天，一阵巨风刮得天昏地暗，俄顷乌云密布，白昼如夜，电闪雷鸣，如同金戈铁马在互相碰撞。空中传来巨响。这样的情况持续了五天。之后，天再次亮起来，池中的水量也恢复如常。王钦若将一道圣旨发往玉泉山上的祠宇中以示感谢。这座庙宇被重修，并获赐了两个封号——尽管在历史上这两个封号是在一百年以后才被赐下的。

元代之后，有关关羽战败蚩尤的故事依然流行，但它的内容则随着时代的变迁而有所变化。在1615年，晚明作家沈长卿记录了一个他从

---

[75]《新编连相搜神广记》，第90页。
[76] 西方的蛮夷或许指的是党项人，其于1038年建立了夏国（即通常所说的西夏）。但其指代含义过于含糊，因此无法断定。

解州附近闻喜县的朋友那里听到的真宗故事的改本。在这个版本中，蚩尤派了一个被想象为"人妖"的水怪骚扰当地居民以泄怒。由于真宗崇祀道教，他向地方征询对策，他们提议用汉将关羽来应对。方士们召唤后，关羽现身丹陛。大家向关羽解释了相关情形，关羽要求赐以5000个马卒。从这儿开始，出现了一个与早前版本颇为不同的情形，表明这确实是一个新版本的口传故事，而并非对过去书面故事的重复。皇帝不理解为什么要提供骑兵，因为活人和死人的世界是不同的。而关羽告诉皇帝只需写一则帝王诏书并将其焚毁，剩下的事情他会完成：

> 时方酷暑，耘者忽仆于田，贩者忽仆于市，马仆于厩，天地晦冥，风雷磅礴。空中闻钲鼓格斗之声，凡七昼夜而始朗。
>
> 盐池尽血。鱼、鳖、虾、蛆、鳅、鳝之类，尽腰斩于池。无何，涤以大雨，盐池如故。

这次昏过去的人当中十分之二三没能活过来，无疑，他们变成了关羽的军队，并在之后的战斗中死去了。[77]对于沈长卿来说，给他提供信息的朋友来自这场战争的发生地附近，这意味着他的叙述是可信的。对于我们来说，这十分重要，因为这展现了古老的故事是如何通过口头传播，并继续与人们对关羽的宗教想象保持一致性的。[78]

另一则18世纪的史料告诉我们张飞的塑像是如何进入盐池附近的庙宇中的。根据这则史料，被奉为神灵的张飞手持一条锁着一片朽木的铁链。当地人说朽木是"盐池之枭"，是某种性质不明的怪物。据他们说，在北宋元祐年间（1086—1093），人们从盐池中取水烹煮了几天，但都没有获得任何的盐。焦虑的商人们于是到庙里祈祷。他们梦到关神告诉

---

[77] 沈长卿：《沈氏弋说》卷五，第55a—56b（271—272）页。
[78] 蔡献臣：《清白堂稿》卷十三，第5b（399）页。书中给出了这一故事的梗概，但其声称盐池变得"晦暗如酒"，关羽驱赶了蚩尤，于是池塘又重新变回了盐池。

他们这个池子被蚩尤占领了，鉴于人们供血食给他，他可以解决这个问题，但他能力有限，虽可以降服蚩尤，却不能降服蚩尤的妻子"恶枭"，只有他的义弟张飞可以擒拿收服她，他已经派人前往易州——张飞在历史上的出生地——去请张飞了。拜祭之人醒后的第二天便在庙中增添了张飞的塑像。那晚一场暴风雨来临，次日清晨，（张飞手上的）铁链中便锁进了一片朽木。显然，那应当就是蚩尤的妻子。盐池中盐的含量于是增加了 10 倍。[79] 这条史料继续提醒我们，关羽打败蚩尤的故事仍然在这片区域流传，尽管随着时间的流逝，其内容发生了一些变化，这也反映了口头传播的特质。[80]

北方版本的原型

蚩尤是中国早期神话中魔怪的原型之一，因长相凶恶和残暴著称，他在一次大战中惨败于黄帝之手。[81] 约公元前 3 世纪的一则有关蚩尤与黄帝之战的故事直接与解州盐池有关。其中提到，黄帝不仅打败了蚩尤，还用他的皮做成了箭靶，用头发做成了箭羽，填满了他的腹部后做成球给人们踢，并且将他的骨血碾碎后加入苦肉糜，以便天下人都可吮吸。[82] 对于我们来说，最后一点十分关键，因为这显然意指将蚩尤的碎尸盐化以保存，而这是盐在所有文明中都十分重要的一种用法。其中提到"天下"所有人都可以吮吸，或许意味着解州的红盐在全国范围内的消费，在那个时代，"天下"主要是指现在的中国北方。之后的几个世纪，这个传说一直没有被遗忘。到了北宋时期，人们仍然相信蚩尤的血变成了

79　袁枚：《子不语》卷一，第 22—23 页。
80　《蒲州府志》（1754）中包含了另一个地方版本的故事（卷二十四，第 6a—b 页）。尽管其声称该故事出自唐传奇，但毋庸置疑的是，这应当是一个佚名作者的地方传说。一些中国学者则相信其出自唐代，包括胡小伟的《唐代社会转型》，第 32—46 页。
81　Lewis, *Sanctioned Violence in Early China* 等。Birrell, *Chinese Mythology: An Introduction*, 132–134。袁珂：《中国神话传说》，第 261—267 页。
82　陈鼓应：《黄帝四经今注今译》，第 318—320 页。

解州盐池中的盐。[83] 这样的图景足以解释解州之盐在结晶之前为红色的原理。因此，盐池与黄帝和蚩尤之战在北方文化里被紧密地联系在了一起，这种联系一直延续了几个世纪。

甚至晚至20世纪，还有记载说山西中部的寿阳有一种戏剧传统，惊人地还原了这场战争。这个习俗被称为"耍鬼"。一共有24人在战斗中扮演魔怪，其中6个大人扮演大怪，18个小孩扮演小鬼。6个大怪会戴上粉色、蓝色、绿色、紫色、灰色及铅粉色（大约是白色）的面具，面具有着红色的头发、突起的眼睛和一条可以伸出来的长长的舌头。他们一手包着一条白色的毛巾，另一手则拿着一条绣了鱼的毛巾，以象征好运。孩子们的脸会被化成鬼怪的样子，手中各自拿着一面铜锣。[84]

这场关羽与蚩尤之间的神化的战斗或许可以被理解为远古黄帝和蚩尤战斗的一个变种或是更新。[85] 它展现出来的是一种与道教版本十分不同的传说，后者所说的由龙引起了洪灾的说法更为传统。13世纪后期及之后的几个版本将关羽和蚩尤之战与其历史原型明确关联了起来，这是因为在故事中，蚩尤之所以将水池抽干，就是因为历史上真宗皇帝在全国各地包括解州修建黄帝的祠宇。将死敌的祠宇建在被视为蚩尤生命力所在的盐池的旁边，蚩尤的愤怒是可以理解的。

宋金元时期，任何受过良好教育的人都应当知道，在传统叙事中蚩尤是黄帝的死敌，也应该知道11世纪初真宗对黄帝的崇祀。在听说当地人将蚩尤视为盐池的源头之后，一个受过如此教育的人很容易将以上信息结合到同一个故事里。在古代神话中，蚩尤常常与旱魃——另一个被黄帝打败了的怪物——联系在一起。[86] 因此，将这个怪物认定为蚩尤就意味着需要将盐池遇到的灾害变为旱灾。这一叙述内容的转变在本地

---

83 沈括：《梦溪笔谈校正》卷三，第127页；王禹偁：《盐池十八韵》，见《全宋诗》卷七十，第800页。这首诗是作者于993年游历盐池后所写。
84 李彬：《山西民俗大观》，第337—338页。
85 原田正己：《關羽信仰的二三の要素について》，《东方宗教》，1955年8—9号，第29—40页。
86 Birrell, *Chinese Mythology: An Introduction*, 132—134, 170, 215—216.

的语境中显得不那么合理，但只有那些非常熟悉盐池的人才会在意这一点，而对大部分住在别处的人来说这并不重要。假设这些更改是由受过教育的人而不是道教仪式专家做出的，那么这个事件被移到真宗年间的动机就迎刃而解。尽管徽宗时代对于道教仪式传统来说有着十分积极的关联，但对文人来说并不都是如此。这又一次向我们展示了对这个故事做出更改的人应当来自不同的社会背景以及更晚的年代，当时北宋的耻辱性灭亡与徽宗之间的关联已经成了一个史学问题。那么，把这个故事与11世纪初，即宋代的鼎盛时期之前的真宗朝联系在一起，无疑是一个很好的选择。

小　结

我们无法完全肯定徽宗版本的解州盐池除魔故事是否在北宋末年就已经成形，但那时发生的一些事件似乎可以被理解为这一故事成形的背景。徽宗统治时代的特征之一是，宫中不断发生一系列的灵异事件，其中有的被当时在京城十分活跃的道士们解决，有的则没有。我们并不清楚当时是否比其他时期更多地受到此类事件的影响，但无疑人们是这样认为的。关羽打败引发盐池水患的蛟龙的故事被人们构建为一种真实的历史记忆，我们现在可以将这个驱邪故事中张天师的出现追溯至12世纪后半叶，而关公的参与则至少可以追溯到13世纪上半叶。这个故事为以后张天师用铁符驱除水怪的系列历史叙述提供了范式。

12世纪中叶以后的历史资料充分证明了关公与道教法师之间的紧密关联。更有趣的是，他常常在仪式和传记资料里和另一位驱邪官将——来自四川的神灵二郎神——一同出现。他们甚至在此之前已经同时出现在一则1148年的史料中。这则史料是由川籍官员张浚所写的报告，其中提到这两位神灵曾参与过抵抗外族的边境战斗。此外，我们的神祇还持续见证着在南方（1166年以后）和北方（1219年以后）那些与道教信徒和道教机构有联系的祠庙的修建过程。不过，在当时，解州本地供奉关公的庙宇在这些道教神话中并没有位置。直到14世纪，才在这个庙宇中出现了第一个与这些神话有关的证据：这座庙的一座殿以神灵的封号"崇宁真君"来命名。

徽宗版本的驱邪故事，在南宋天师地位的上升过程中起到了关键的作用。其中的主角张继先，被认为是他这支仪式派别真正复兴的起点。这个派别的方士们在国家与水怪持续对抗的过程中发挥了重要作用。对于那时候的人们而言，这场斗争是真实存在的，并且和修建堤坝或改善水循环这些在现代人眼中更真实的方式一样，悄悄发挥着同样重要的作用。在地处内陆的解州和沿海地区，洪水对盐的开发都有着直接的负面影响，并且由于国家垄断盐业的关系，这些地方的洪水对宋金元时期的中央财政和地方经济收入都有着同样关键的影响。张天师的参与因此可以被视为作出了直接与国家存亡相关的重要的宗教贡献。

在对神话传说进行阐发时，人们常常制造更早的而非更晚的版本。由于这样的原因，即使我们不考虑以上所说的所有因素，徽宗版本的故事也非常有可能远远早于真宗的版本。至于故事框架到底是在什么时候发生的改变，我认为或许与此后文人对徽宗时期的贬抑有关。在徽宗统治的最后那段时期，由于他的政治和军事决策，北方落入了金人之手，并在13世纪30年代为蒙古人所统治。之后蒙古人在1271年成立了元朝，并继续在1276—1279年征服了南方。尽管真宗期间也有着意识形态上的问题，但他始终以他对一系列大型宗教活动，比如封禅活动的支持而闻名；并且不像他可怜的亲戚（徽宗为真宗兄弟的后裔）那样，使天命落入外族手中。

那些不知名的故事删改者通过将解州盐池之祸的罪魁祸首由蛟龙变为远古的蚩尤，将解州盐池与这个故事连接得更加紧密。蚩尤在本地的传统中始终与盐池关系密切，他的血被认为是解州盐池血色的成因。由于他引发的是干旱而不是洪灾，这就意味着解州盐池的灾害必须由洪灾转变为不太可能发生的旱灾。不管是谁创造了这个新版本的故事，他一定不明白这则新的神话与当地盐的现实生产之间的矛盾。

关公在帝国晚期一直保持着最重要的驱邪官将的地位。在关公信仰流布全国的过程中，他与道教仪式专家之间的关联显然比他与玉泉山的佛教寺庙之间的关联起到了更为重要的作用。如一些学者曾论述的那样，道教仪式专家在其他的地区性信仰的传播过程中同样起到了重要作用，例如梓潼或文昌神[87]、二郎神[88]、真武[89]、温元帅[90]，以及非常重要的东岳信仰[91]。和商人一样，道教仪式专家是传统中国游历最为频繁的群体之一。而由于道教仪式专家们识字并撰写了大量的仪式和传记文本，他们比商人对信仰的传播影响更大。我们时常能够看到他们的记叙与传统历史材料的一致性，我也没有发现任何可以阻止我们将道教资料当作严肃的历史证据来对待的理由——但这并不意味着他们的看法是那个时期仅存的观点。

最后，我希望能回到历史记忆的问题上。道教法师们，尤其是天师派，形成了他们对于关公驱邪事件的历史记忆，并且更进一步地将这件事与历史上许多重要道教法师的积极支持者徽宗皇帝联系起来。这起初应当是一种南方道教传统的叙述，最终却被放置在政治更加正确的真宗皇帝的统治时期。这或许出于中国北方文人及道教以外的史学家的考量。朝廷与天师之间的密切关系在这个叙述中同样被保存下来。

---

[87] Kleeman, *A God's Own Tale: The Book of Transformations of Wenchang, the Divine Lord of Zitong*.
[88] 黄芝岗：《中国的水神》，第7—43页。
[89] Chao Shin-yi, *Daoist Ritual, State Religion and Popular Practices: Zhenwu Worship from Song to Ming* (960—1644).
[90] Katz, *Demon Hordes and Burning Boats*, 138—140.
[91] Katz, 'Trial by Power'; Muelenbeld, *Demonic Warfare: Daoism, Territorial Networks, and the History of a Ming Novel*, 98—99, 117—118, 121—123, 126—127 等。

第四章　征服中国

宗教文化常常随着人们的活动而传播开来，中国也不例外。尽管存在着地区性差异，但是我们依然能够辨认出那些跨越不同区域，乃至同一区域中跨越不同种族的共同的宗教文化。此类为人们所共享的文化随着人群迁移或四处游历所带来的文化交流而逐渐成形。与此同时，一些分界线则似乎在许多个世纪中一直存在。其中有一条分隔开了中国的南方和北方，以及这两个区域之间非常不同的巫术和神灵崇拜。早期信仰中对"横死"生物的崇祀似乎逐渐集聚了发展的势头。自 11 世纪以降，我们可以进一步看到全中国范围内跨区域的人神信仰的兴起。尽管我们仍然需要对汉代以来的庙宇信仰作全盘的历史研究，韩森（Valerie Hansen）、祁泰履（Terry Kleeman）、康豹（Paul Katz）、万志英（Richard von Glahn）等学者已经向我们展现了这是一种全新的现象。帝制中国晚期的主要信仰或许起源于宋代以前，但它们直到宋代才开始大范围传播。这一发展过程在中国南方尤其有着非常详细的记录。[1] 人们比以往更频繁地出门旅行，但同时又仍然保持着与出生地之间的某种关联，并

---

[1] Hansen, *Changing Gods in Medieval China*（中译本参见韩森：《变迁之神：南宋时期的民间信仰》，浙江人民出版社 1999 年版）；Kleeman, *A God's Own Tale*; Katz, *Demon Hordes and Burning Boats*; Richard von Glahn, *The Sinister Way: The Divine and the Demonic in Chinese Religious Culture*（中译本参见万志英：《左道：中国宗教中的神与魔》，社会科学文献出版社 2018 年版）。 有关福建的情况，见 ter Haar, 'The Genesis and Spread of Temple Cults in Fukien', 349—396.

在他们的宗教文化中显现出来。于是,不同区域的人群形成了自己的信仰,而人们带着自己的信仰去各地旅行。关公信仰在中国北方的传播即这个发展过程的一个重要部分,这也说明这一现象并不仅仅出现在南方。

关公信仰的起源已不可确考。但从 8 世纪的某个时刻开始,它与湖北当阳县的玉泉寺产生了联系。晚唐到宋代,该寺庙一直是中国佛教地理中极为重要的组成部分,许多僧人与文人都曾前往寻求宗教的顿悟。不过,关公信仰并不是从这个佛教的中心传播开来的,而寺庙所保存的各种(与关公相关的)遗骸也并未使它发展成为关公信仰的崇祀中心。自南宋以降,道教仪式专家把这个官将融入他们的驱邪仪式之中,并为道教版本的关公信仰在中国南方不同区域之间的传播做出了重要的贡献。不过,关公信仰在中国北方的传播则源于人们对关公作为武力保护神的更一般性的理解,而不太受其早期流传中的佛教或道教背景的影响。

关于关公信仰的传播,通常认为人们是通过书写传统——尤其是《三国演义》——逐渐对关公熟悉起来的。这个观点很大程度上体现了传统的精英视角(包括现代学者),认为书写对文化的影响比其他任何方式都重要。以下我将介绍我不认同这个假设的一些先验性的原因。

与以上假设不同,我认为这个信仰是人们以口耳相传的方式在不同区域间传播开来的。人们通过讲述一个神秘事件的若干版本来证明关公的力量。这些原始的故事只有部分被保留了下来,然而我们确实有关于这尊神灵第一次获得地方关注并在一个大的建筑物中得到崇祀的最早记载的详细资料。这使得我们可以观察关公信仰在时空上的流布。通过对这些信息的分析,我将会讲述该信仰传播过程的另一个版本:商贩、官员、武人及宗教专家们沿着商路口耳相传着关公的灵验故事。我将展现这个信仰是如何在 14 世纪初就已经广泛地传播开来,而这个时间远远早于三国故事真正流行并转化为文本的时间。之后,我会通过自 8 世纪以降的量化材料更详细地分析这一信仰的分布情况。在最后的讨论中,我将提出该信仰传播的另一种解释路径。

大部分的量化资料来源于宋元明时期的地方志。其中的信息通常来自石刻碑记，尽管有些碑文后来散佚了。这些碑文是为了公众而撰写的，作者在写作的时候也深知这一点。虽然在实际生活中，只有很少的人有能力阅读这些文字，而真正去细绎碑文内容的人则更少，但这并不能减弱这些碑文所具有的公众性。这些集体性质的文本提供的信息并不太能说明个人为什么支持这个信仰，但它们确实提供了这些建筑工程的详细日期和首倡者的名字。尽管与每个个案相关的个体的详细信息都十分缺乏，但大量的（庙宇）创建和早期修建的日期足以使我们重构一个更大的历史图景。

叙事传统的角色

大多数的关公信仰研究者往往认为《三国演义》的叙事传统造就了该信仰的流行，因此都对其十分留意。[2] 在一个更广义的层面上，我们很难辩驳所谓"所有的叙事传统都是人们对关公/关羽作为历史人物和神祇的想象的表达"的观点。但我并不认为我们可以将这个观点逆转过来，主张所有相关的仪式实践和信仰都来自这些叙事文本，很多的仪式实践和信仰甚至并没有出现在文学文本之中。

以叙事传统的流行来解释某个特定宗教信仰的流行并不能说清为什么这一叙事中的某些角色受到人们的崇祀，而另一些则没有。这种解释也忽略了一个问题，即为什么有些叙事传统似乎激发了宗教信仰（例如《三国演义》），而大部分其他的叙事传统则没有（例如《水浒传》）。并

---

2 例如 McLaren, 'Chantefables and the Textual Evolution of the San—kuo—chih yen—I', *T'oung Pao* 71.4—5 (1985): 210; DeBernardi, *The Way that Lives in the Heart: Chinese Popular Religion and Spirit Mediums in Penang, Malaysia,* 145—158. 这基本上是本次调查中咨询过的所有研究的共同假设。Meir Shahar 在其《Vernacular Fiction and the transmission of the Chinese Pantheon》（第 184—211 页）中提出了对该现象更加广泛的论证。

且，如果这些叙事传统真的如人们想象的那样有着巨大影响的话，那么他们的影响就应该会在一个信仰早期传播的地理、社会、教育图景中反映出来。这个信仰应该最早也最多地出现在戏剧表演的中心（假设是戏曲促使人们修建祠庙的话）或是文人更多的城市中心（假设是有关关羽的阅读促使人们修建关公庙宇的话）。人们应该至少能找出一些例子证明，是这些叙事传统而不是有关关公超自然能力的故事促使人们修建了某些祠庙。然而事实并非如此，关公信仰的情况亦然。我们神祇的早期庙宇并没有出现在中国北方的戏剧中心，例如平阳和东昌。关公信仰在中国南方——那里的受教育程度显然更高——的相对不重要，更反证了它的传播、分布与书写传统之间并没有很强的必然关联。一般来说，这些书写传统也很少提及关公信仰背后很重要的道教驱邪传统。甚至在明清一些关于三国的叙事中，尽管涉及了宗教元素和地方传说，也只是非常简要地提及，似乎假定他们的读者已经从其他资料中知道了完整的故事。所以，是关公信仰影响了这些叙事传统，而非相反。

关公信仰自10世纪晚期11世纪初期开始在北方逐渐流行，远在三国故事成为主流的叙事传统之前。如伊维德（Wilt Idema）所说，在明代以前，秦汉鼎革的传奇更为流行，尽管其从未衍生出大量的地方信仰。甚至元代成书的《三国志平话》（约1321年）也仍将其塑造为三个被汉高祖刘邦及吕后所枉杀的汉代将军的复仇故事。玉帝下令刘邦重生为将被废黜的汉朝末代皇帝，而其他三个前将领则重生为三国未来的领袖。通过这种方式，三国之间的战争被演绎为更受欢迎的秦汉鼎革传奇的一种延续。[3] 伊维德认为，明朝政府有意压制秦汉鼎革的传奇故事，因为这些传奇对刘邦——这个相当粗鲁的开国皇帝——极尽讥讽。明代开国皇帝朱元璋有着和刘邦类似的卑微出身，并且对他人的批评非常敏感，不管这些评判是多么拐弯抹角。为了取代秦汉鼎革的传奇叙事，明初政府推广了三国故事并且取得了成功。这个叙事传统强调了主角们——三

---

3 《三国志平话》上，收录于丁锡根：《宋元平话集》，第749—751页。

个结义兄弟刘备、关羽、张飞,以及巧妙的智将诸葛亮——的忠义。[4]而对关公的宗教性崇拜早在这个建基于意识形态之上的推广运动出现之前就已经流行开来。因此我认为,三国叙事传统的流行应当出现在关公信仰的流行之后,而不是之前。最后,三国叙事的流行也从未引发人们对其他主角的类似崇祀,例如刘备、张飞和诸葛亮。一个类似的观点认为,这个信仰的传播源于17世纪晚期关公降乩后撰写的系列善书的不断出现。这个观点的错误性与之前我们所说的情况类似,此处不再多作讨论。[5]

与此类似的,我们也没有发现关公信仰和主流的历史叙述——例如陈寿的《三国志》——之间存在什么直接关联。相关碑刻的作者们受教育程度极高,他们往往非常有选择性地提及关羽的历史功绩,忽略他对汉廷的反叛,并强调他对刘备和张飞的忠义,以此使关公信仰合法化。在我看来,他们是根据此后的关公信仰对历史进行了重新解读,这并不意味着该信仰发源于这些历史记载。如我们在对叙事传统的讨论中指出的,如果关羽的历史功绩在其信仰的兴起和传播中起到了系统性作用,那么关公信仰的地理分布及其具体内容应当与现在十分不同。也就是说,他的信仰就应该在前蜀汉地区传播得更广,而在他死敌的前统治区魏地和吴地销声匿迹。但我们看到,实际的情况恰好相反。

这样说并不意味着叙事传统或者历史记载对这个信仰的合法化毫无帮助。我们可以用一个1531年的例子来说明这点。当时嘉靖皇帝,或者至少是他的礼部,下令捣毁所有的"淫祠"。河南滑县一个小镇的居民担心他们本地最为灵验的关公庙会在这场运动中遭到毁坏。当他们慌

---

4 Idema, 'The Founding of the Han Dynasty in Early Drama: The Autocratic Suppression of Popular Debunking', In *Thought and Law in Qin and Han China: Studies Dedicated to Anthony Hulsewé on the Occasion of His Eightieth Birthday*, edited by W. L. Idema and E. Zürcher (Leiden: Brill, 1990), 183—207. 一些老城隍神也由该传统产生,详见 Johnson, 'The City-god Cults of T'ang and Sung China', *Harvard Journal of Asiatic Studies* 45 (1985): 363—457。

5 例如游子安的大作《敷化宇内:清代以来关帝善书及其信仰的传播》第219—220页及第229—230页中的有关论述。

张地聚集在庙前的时候,当地的"义士"向众人许诺他们会保护这座庙宇。不久,一道命令传来,解释说对这位侯爷的崇拜与其他"淫祠"不同,因为它关系到了一位很有名的将军。[6] 这个名声一定来自已存的与关羽相关的书写资料和正史记载,尽管这些历史记录与关公信仰的兴起之间没有什么太大的关联。

关公信仰的地理分布

直观地展示关公信仰的时空及地理分布情形的第一步,就是要尽可能多地搜集早期供奉关公的祠庙的具体修建时间。[7] 为了完成这个任务,我翻阅了大量宋元明时期的方志,并以碑刻、笔记及其他资料为补充。[8] 最终成果见于本章的附录。尽管其中一些事例的年代明显存疑并不得不被剔除出去,但大部分事例的年代应当是可信的。对于每个地方的关公祠庙,我都仅仅收录了其中年代最早的例子,尽管这可能并不一定是当地最重要或存在时间最长的庙宇。我主要的兴趣在于,发现关公的故事与相关仪式在流动过程中,最早是在什么时候促使人们去修建一座供奉他的建筑物的。这个时间可以让我们知道,大体在什么时间,某个地点已经有足够多的人是如此相信关公的灵验故事,以至于愿意为他修建一座造价高昂的祠庙。这些日期可以展现出关公信仰在不同的时空越来越流行的情况。

此处首先要指出由于使用方志和碑刻而引起的某些偏差。一个重要的缺口是现在的四川,该省靠近湖北,其北部与陕西相连,但文献记载

---

[6] 黄宗羲:《明文海》卷三百四十四,第13a—14b页。

[7] Eberhard, 'Temple—Building Activities in Medieval and Modern China: An Experimental Study'. *Monumenta Serica* 23 (1964): 264—318. 此文对本研究有重要影响。

[8] 基本资料是我于1982—1984年在日本当文部省学生的时候收集的。其中一部分方志只在中国和日本有,无法重新校订。这些方志已经被清朝及以后的方志取代。

极少,这与当地印刷品以及和地方文化有关的实体资料受到破坏有关。这一破坏始自 13 世纪 30 年代起蒙古对该地区的征服,又因明末当地的叛乱而引发新一轮的破坏。同一时期,福建省的信息缺口则可能并非因为材料的缺乏,那里的材料通常都留存得很好。在这种情况下,考虑到福建当地有着颇多相似的人神信仰,有关关羽信仰资料的缺环反映了在当地社区中该信仰的相对缺失。有时很难确定信息的缺失意味着什么,信息的存在同样如此。因此,我们之所以能在杭州、苏州和南京等大城市中发现较早的关公庙踪迹,实则与这些地方历史文献编纂的高质量有关。所以,与文献记载较少的地方相比,这里的文献更可能记录小型的早期庙宇。大的数据库是对这类不规则性的一种补偿,因为大范围的数据使观察更大区域内的趋势成为可能,这种趋势不会因一些特例而过度扭曲。

我们可以从清朝和民国时期的地方志中收集更多信息来进行拓展,但我认为,额外资料并不会从整体上扭转之前的分析。更重要的是,明末和清末的资料之间似乎存在信息鸿沟,因为后来的地方志经常无法获得早期的信息。仅靠清代的地方志容易产生一种分析上的偏差,在戴乐(Romeyn Taylor)关于明清官方信仰的有趣文章中就可以看出这一点。他以一个主要由清代和一些民国方志组成的样本为基础,得出的结论是,关公的"官方信仰"和"民间信仰"共有过两次扩大化:在 1567—1619 年和 1619—1723 年之间扩大了 60%,在 1620—1723 年和 1723—1795 年之间扩大了 120%。⁹ 尽管他指出,他所收集的有关民间信仰的材料仍不完整,但他仍然得出结论,认为官方的关帝庙极大地促进了该信仰在民间的传播。¹⁰ 我从宋元时代庙宇的新建与修复的情况中得出的结论截然不同,且对明代关公庙宇修建的更大范围内的调查也是如此,但因其规模庞大而无法放入本研究中。

---

9 Taylor, 'Official Altars, Temples and Shrines Mandated for All Counties in Ming and Qing', *T'oung Pao* 83 (1997): 115—116. 这两个百分比测量的是从各自期限开始的增长。

10 Taylor, 'Official Altars, Temples and Shrines Mandated for All Counties in Ming and Qing', 116.

几个世纪中关公信仰的传播

口头传播一定是关公信仰及形象传播的主要渠道，例如他的红脸和长髯，以及他的刀和下属。其他要素也会通过口头传播，比如说他的主要生日——五月十三日，或是他可以为信徒提供一些什么样的服务等，这些在全国范围内大致相同。标准化不一定要在信仰产生之初就立即发生，也可以在此后传播的历史过程中进行。在这里，我将尝试建立该信仰兴起和传播的基本年表，以期对关公信仰发展的时机和地域特点做出更精确的解释。

关公信仰的早期发展

尽管解州的关帝庙并不是中国北方最早可考的关帝庙，它在之后的几个世纪中却不断发展壮大，并被认定为这一信仰的祖庙。根据当地县令撰写的一篇纪念性碑文，解州关帝庙最早可考的重修日期是1092年。遗憾的是，这篇碑记仅仅在重复这个神灵的忠义这一一般性的观点，只提供了极少的关于这一信仰在本地的状况：这座庙位于"解州城西门外"，一直被人们所忽略。此地的父老一起合作并完全重修了它等。[11] 碑文中并没有提到关羽在盐池驱赶妖怪的故事。另一方面，它也确实存在了太久，久到足以坍圮。考虑到一个建筑物的物理存在周期可能长达几十年乃至一个世纪，这座庙很有可能在这次重修的很久以前就存在了。

此地第一座纪念关羽祖先的建筑物是一座当地人在1177年重修的石砖祖塔，表明这一信仰在本地的持续流行。修建人在碑文中提到，他重修了这座始建于1054年前（即122年）的"祖塔"。假设这个碑文不是后人伪造的，那么该文其余部分的信息就更加有趣了，碑文中说捐献者希望神灵会降下神力保护万物纯净吉祥，祈求风调雨顺，以及国泰

11　顾问：《义勇武安王集》卷四，第4b—5a（82—83）页。

民安。[12] 碑文中推断的这个砖塔最初的修建时间是不可能的，因为佛塔作为一种建筑物出现的时间相当晚。不过，砖塔的始建时间仍可能早于这段描述中提到的1177年。基于这点，它或许原本是一座佛教建筑，之后因为关羽在本地的不断流行才被合理化成所谓"祖塔"。

1204年，另一位地方官写了一篇碑文纪念新一次的重修。然而这篇碑文除了确认关公信仰在这个地区的流行之外，只提供了非常少的信息：人们"春秋致祭"，忙于迎送神明。各个地方的人都唯恐落后。[13] 到了16世纪中期，解州的关帝庙将四月十八日定为庆祝神灵的主要节日。这一天实际上是佛诞日，而不是更为人们所广泛接受的关羽诞辰：

> 秦晋汴卫之人，男女走谒于道者，蚁相连也……相传为神受封之日。远迩士民，赍缯楮走祭祠下者，数以万计，商贾以货至者，至不容于市焉。[14]

到了明代中期，这座关帝庙已然成为一个可观的综合性宗教场所，并在之后的几个世纪里持续扩张。[15] 它甚至逃过了"文化大革命"的破坏，因为当时的红卫兵首领本身就是关羽的信仰者，他自己锁住了这座庙。[16] 不同于湖北当阳玉泉寺中的关羽祠，解州关帝庙是作为关羽的祖祠而运作的，并形成了中国北方关帝信仰的朝圣中心。从1177年的重修关羽"祖塔"事件可以看出，人们也觉得有必要找出他在这一地区切实存在的历史依据。在这几百年中，尤其是在清代，一系列被"发现"

12　基于柴泽俊《解州关帝庙》第137、149页。现存宝塔应为明清时期重修的。
13　赵钦汤编，焦竑校：《汉前将军关公祠志》卷八，第2b—4b（238—242）页。在传抄中这篇碑文的年号出现了错误，因为嘉泰是南宋的年号，所以很可能是有人将属于金朝的年号"泰和"误抄为了"嘉泰"。幸运的是，这两个年号的第四年都是公元1204年。
14　赵钦汤编，焦竑校：《汉前将军关公祠志》卷八，第19a（271）、20a（273）页。又见顾问：《义勇武安王集》卷五，第6a—b（105—106）页。附近的高陵在同一天有节日，详见《高陵县志》（1541）卷二，第6b—7a页。
15　柴泽俊：《解州关帝庙》。
16　孟海生：《保护解州关帝庙的回忆》，第35—39页（以及他2007年的私人通信）。

的建筑物、墓穴、水井甚至碑文都将关公信仰和它的发源地牢牢地捆绑在一起。[17]

见诸史料的最古老的关公庙之一位于解州北部的沁县（今属山西）。该关公庙由一些起初驻扎在铜川（陕西南部，今西安以北，距解州也不远）的士兵所建。1076年，这些士兵参加了与交趾的边界战争，该战争自1075年持续至1077年。回国后，他们于1079年在沁县为关公修建了一座庙宇，这个地方很可能是这些士兵的出生地。[18] 得益于他们留下的内容翔实的碑刻，我们对于这座庙宇的情况了解得非常详细。[19]

在对关羽的历史形象进行了长篇讨论之后，碑文的作者开始谈到关公信仰及信奉他的士兵们。他的讨论从以下观察开始："迄今江淮之间，尊其庙像，尤以为神。"[20] 基于我们对关公信仰早期分布的研究可知，这一观察是相当成问题的，除非他指的是这一信仰的起源地，即湖北中部的长江沿岸地区。除了空间分布可疑之外，以上史料对于识别关公信仰的独立性也很重要，它已经不再如唐代那样，仅仅被作为军神之一，而是被人们独立地加以供奉。此外，既然作者能够做出这样的概括（即使我们或许不能相信他所说的每一个字），该信仰必然在1080年，即作者写作这篇碑文时，就已经有着足够广泛的传播了。

在做了这一笼统的观察后，作者解释了当地士兵为何前往遥远的南方进行战斗。1075年，位于今越南的交趾入侵了中国。次年，一支远征军被派往南方。这支军队包括一个从当地招募而来的新兵营，共237人。当军队到达桂州（今广西北部的桂林）时，他们经过了"将军祠"。[21] 目前尚不清楚他们在那里做了什么，因为此处的碑文已被损坏。鉴于目前尚无其他可靠的证据可以表明关公崇拜在南方，尤其是在广西地区的

17　在第七章中会讨论几个例子。
18　《山西通志》（1892）卷九十四，第26a页。Anderson, *The Rebel Den of Nùng Trí Cao: Loyalty and Identity along the Sino-Vietnamese Frontier*, 140—144.
19　冯俊杰：《山西戏曲碑刻辑考》，第16—27页。
20　冯俊杰：《山西戏曲碑刻辑考》，第18页。
21　冯俊杰：《山西戏曲碑刻辑考》，第18页。

传播情形,因此,此地关公神祠的存在非常值得注意。[22]另一方面,桂州靠近湖南,可以想象该信仰或许很早就传播到此处了,尽管当时还没有在当地扎根。

另一种可能性是,这是一个完全不同的信仰,只是在后来的记忆中才被确认为关公,而在远征的当时则并非如此。被放逐的宋朝官员蔡绦(蔡京的四儿子),在其此后有关流放广西的回忆中提到了桂州南部一座大庙的一些情况,这一庙宇在狄青远征期间似乎非常灵验。[23]在上述碑记篆刻的二十年前,狄青(1008—1057)在此对阵壮族领袖侬智高(1025—1055)。正是在这座庙中,狄青被预言将获大胜。皇帝随后赐名该庙为"灵顺"。1126 年,蔡绦流放途中经过此地,从当地人那里听到了这个故事。他没有很清楚地说明该庙祭祀的是什么神灵,但如果是关公,他不太可能会忽略不谈。因为关公一方面是一个有名的历史人物,另一方面也有可能通过在开封的戏剧表演而被受过教育的精英人士所熟知。或许存在这样的可能性:那些军士们效仿前贤,也去参拜了同一座著名的庙宇。无论是当时,还是在奇迹般地返回家园之后,他们都有可能将对关公的信仰投射到了这座所奉神灵未知的庙宇中。碑记本身也提到了有关狄青及其庙宇的故事,这证实了碑记中的庙宇与二十年前狄青参观的庙宇确实出自同一信仰。我们了解到,侬智高在北伐期间,也曾尝试在寺庙中获得吉言,但他掷筊神灵并没有回应,于是便生气地将庙焚毁。狄青获胜后,上奏皇帝请求重修此庙,神灵因此获得了一次敕封。[24]自此,这座寺庙便成了早期对南方作战胜利的象征,也是任何经过此地的中国军队必定会去的地方。但是,考虑到蔡绦没有提及关公,匾额上

---

[22] 胡小伟:《关公信仰研究系列》卷二,第 58 页。他引用了在靠近桂林当地一座佛寺的悬崖上的 1055 年的一篇碑刻,碑刻似乎将关将军看作智颛的支持者。然而,并未提到有独立的关公祠。

[23] 蔡绦:《铁围山丛谈》,第 34—35 页。

[24] 冯俊杰:《山西戏曲碑刻辑考》,第 18 页。

神灵的名字也不是关公，所以这个祠宇供奉的实际上并非关公。[25]

1076年，该营军士在这个被他们说成是关公祠的地方发誓：如果他们能够活着返回自己的故乡，"当为将军构饰祠宇"。此外，"复请木[载]绘写，执为前驱"，希望神祇在战斗中显灵。该营在接下来的战斗中表现出色，指挥使之后得到了奖励。但在撤退时，由于敌人紧追不舍，他们被困在南方深林中，陷入了一场可怕的风暴，无路可退。这时，一支庞大的阴兵队伍从天而降，将敌人赶走，将士得以脱险。北归后，士兵为关公建立了神祠，以答谢他的帮助。[26]

考虑到该营曾遭遇的可怕危险，以及神灵在收到祈求后便在之后的战争中显化，幸存者们认为有必要为他们的神灵建造一座宏伟的庙宇也就不足为奇了。这座庙有一个三间的大厅，一座"舞楼"（将在第五章讨论），两条长廊（可能覆盖了外面的路），第三个大厅中有舍人像三座，朱漆杆锯刀一口，关王雕像一个，等等。[27]现在这座寺庙早已荡然无存，其石刻碑文则保存在博物馆中，但当初它一定十分壮观。

11世纪70年代后期，在沁县建起神祠并立碑的士兵们应当早就听说过这个神灵及其信仰。他们很可能将自己的信仰投射到了那座知名的、曾被狄青祭祀过的桂州庙宇上。他们在战斗中、在丛林中需要帮助时，感受到了神灵所显现的超自然力量的支持。文中提到的"朱漆杆锯刀一口"和彩绘马一匹进一步证实了士兵们知道该神灵相关的更大的故事背景及其形象，这使得他们可以在远离家乡的时候摹写出来。因为很难想象，所有这些都是在他们对桂林附近的神祠参观了一次之后就可以实现的。碑文还记录了对祠庙的每一次兴建和修复，这些既是对关公能力和灵验的普遍信仰的表达，又是当地社会或个人（在本例中为团体）对其

---

25 其他关于关公信仰的证据皆从明朝开始。详见胡小伟：《关公信仰研究系列》卷二，第58页。蔡绦没有提起这件事颇值得重视，因为当时关羽在开封已经非常有名，如皮影戏。详见张耒（1052—1112）：《明道杂志》，引自孟元老：《东京梦华录注》，第139页。

26 冯俊杰：《山西戏曲碑刻辑考》，第18—19页。

27 冯俊杰：《山西戏曲碑刻辑考》，第20—23页。

支持的具体实例。

不久之后，在解州北部的闻喜县建立了该地区第一座关帝庙，再次证实了这个神灵的故事是如何在北方流传，并且与关羽建立起特殊联系的。从1102年起，闻喜当地的地方军事力量总是成功地击退盗匪。正如这些人事后所说，他们在每次征战之前都向神祈祷，神灵也从来都不吝于提供帮助，因此人们提议为他建一座神祠。1109年，带有大门和花园的建筑群落成。本社（这里的社可能仍然是指对土地的祭祀，而不是一个公共组织）的人在这里放置祭祀器皿，在院子里演奏乐舞。这一碑文实际在1117年完成，并由当地官员落款签名。[28] 集体用餐一直到今天都是公共节日的重要组成部分。关于跳舞的性质，我们则只能推测。一种可能是，这是一种武术性的舞蹈，可以同时作为社区防守的武术实践和一种娱乐形式。[29] 遗憾的是，碑文未对此做进一步说明。但是沁县和闻喜县的碑文里都提及了这一类舞蹈，而且其在历史上也与武装力量有联系，这可能并非巧合。

沁县和闻喜县关公庙的建立必定与关公作为武士或驱邪官将显灵的故事有关，而军事方面的关联尤为明显。一篇著名的1314年的碑刻记录了长兴县（今长江下游地区，太湖以西）东岳行宫的一次大修，在该次大修中，关公以其道教形象得建分厅，负责监管捕盗事宜（捕盗司）。[30] 在第六章中，我将讨论其他早期的关公庙，这些庙宇起初都和关公在抵御盗匪和其他军事威胁方面提供的帮助有关。至少从11世纪初开始，携带武器的游行者、当地民兵甚至正规兵都频繁地参与到该信仰在当地的游行和节日活动之中了。[31]

28　胡聘之：《山右石刻丛编》卷十七，第21a—b（15328）页。

29　Meulenbeld, *Demonic Warfare: Daoism, Territorial Networks, and the History of a Ming Novel*, 10—15.

30　阮元：《两浙金石志》卷十五，第10b（10554）页1314年碑文。

31　Meulenbeld, *Demonic Warfare*, 115—127. 除了Meulenbeld引用的材料之外，我们还有其他记载表明宋朝禁了北方庙会，庙会上除了仪式用品，人们还会带武器。详见徐松：《宋会要辑稿·刑法》卷二，第16a—b（6503）页及卷二，第123a（6557）页。

但是，在稍晚一些的北方关公庙中，则没有见到军事方面的明显关联，因此我们在概括时必须谨慎。13世纪初，在解州东北的定襄县，人们已经供奉关公一段时间了，他也对人们的供奉做出了回应。于是，1208年当地一位75岁的银匠决定捐钱塑一座关羽的雕像。雕像被放置于另一座庙宇的侧殿，作为"乡人香火之地"[32]。14世纪30年代，在英山县（今湖北北部），人们最初是在家里供奉神祇，因为缺少建庙的经费。一位低阶小吏向神灵祈祷，请求神灵帮助他患病的母亲，神灵做出了回应。[33]于是，1338年，小吏自己在衙门东北侧建了一座寺庙。在另一个例子中，一个信徒和他的儿子于1345年捐赠了一个石制的香炉，并安放在安阳县当地一佛寺中加以供奉。尽管被放置在佛寺中，关羽并非一个佛教伽蓝神，而是作为国家和人民的保护者角色出现的，并能控制风雨，选择佛寺只是因为在这里建立小神祠较为方便。[34]在上述所有三个个案中，个人对关羽的崇拜是该信仰在当地获得支持的源头，而更大的庙宇则是在很久以后才建成的。尽管我们获得了一些个例的详细信息，但这些例子当中的个人化色彩则早已丢失。

随着时间的流逝，一个信仰会逐渐衰落并最终消失得无影无踪，直到某人或某一群人认为神灵变得足够灵验，需要重修他的神祠。重修通常意味着建造一座新的庙宇，其规模往往更大。在任城（即今大运河上的济宁）的老城区附近有一座寺庙，多年来——我们并不知道确切的时间——神祠塌陷，人们以为神已经离开了，不再"灵应"，便停止了祈祷。然后，1328年，一位当地人决定组织地方知名人士筹款，以恢复"香火"。随即，神灵在当地发生水旱灾情时返回，帮助了当地人民。其他人则捐出钱来竖立纪念此事的碑石。[35]这种衰落和重生的故事在大多数寺庙的历史中都很普遍。像上述例子一样，宋金元时期，地方庙宇的建立和修

---

32 牛诚修：《定襄金石考》卷一，第59a—61b（9975—9976）页。
33 《湖广图经志书》（1522）卷五，第49b（476a）页，其年代参见卷五，第50a（476b）页。
34 武亿：《安阳县金石录》卷十二，第8b—9a（13940—13941）页。
35 徐宗幹：《济州金石志》卷三，第58a—59a（9532—9533）页（《石刻史料新编》第2辑第13册）。

复通常是地方倡议的结果,尽管国家也可能在其不同的阶段当中参与进来。直到很久以后,一些关公庙的兴修才成为国家性质的活动,因为关羽在清代时以关帝的身份进入国家祀典系统,每个地方行政单位都需要有一个国家修筑的庙宇以供祭祀。

在分析该信仰的传播过程中,我集中研究了有关一地关公信仰的最早记载,这些记载向我们展示了关公信仰是如何进入当地社会的,无论其是栖身于一个简陋的神龛还是一座完整的寺庙之中,我们可以放心地假设,关于神祇的认知总是出现在庙宇修建之前,但是有限的材料不允许我们系统地追踪这些信息的传播情况。因此,绝大多数个案提供的日期实际上反映了在当时,神祇的相关知识覆盖面已足够大,并转化为了集体性的实践,所以人们开始为其建造神祠,更常见的是建造一座寺庙。相关资料可以告诉我们庙宇修建是如何从起初的动心起意转变为更强有力的集体行动的。所有这些不同的时间点都向我们展现了一些基本的神祇故事传播到某地后,关公崇拜逐渐被接受的过程。

我们可以得出一个确凿的结论是,关公信仰在北方的分布十分广。当我们考虑到中国南方的历史资料比传统中国的任何其他地方(包括四川)都要好得多的时候,这种地理差异就显得更加重要。除了1078年左右(福建)邵武的早期庙宇和1110年晚些时候浙江海盐的某个大庙中的一处分祠外,所有北宋的关公庙都起源于北方,其中有八座就在解州或其附近(973年的咸阳,976年的临晋,大约11世纪初的解州,1079年的沁县,1086年的万泉,1092年的芮城,1104年的荣河和1109年的闻喜)。其他早期的庙宇离解州稍远些,但仍位于北方,例如甘肃(1072年的庆阳以及附近的1123年的宁州)和山东(1113年的章丘)。尽管迟至1128年才有了关于长安关公庙(位于咸阳附近)的文献记载,但无疑它已经存在了足够长的时间,足以使它成为人们发表宣言、鼓励抗金力量的场所。[36]虽然此后建立金朝的女真人征服了华北,但在

36　毕沅:《续资治通鉴》卷一〇一,第2b(528)页。

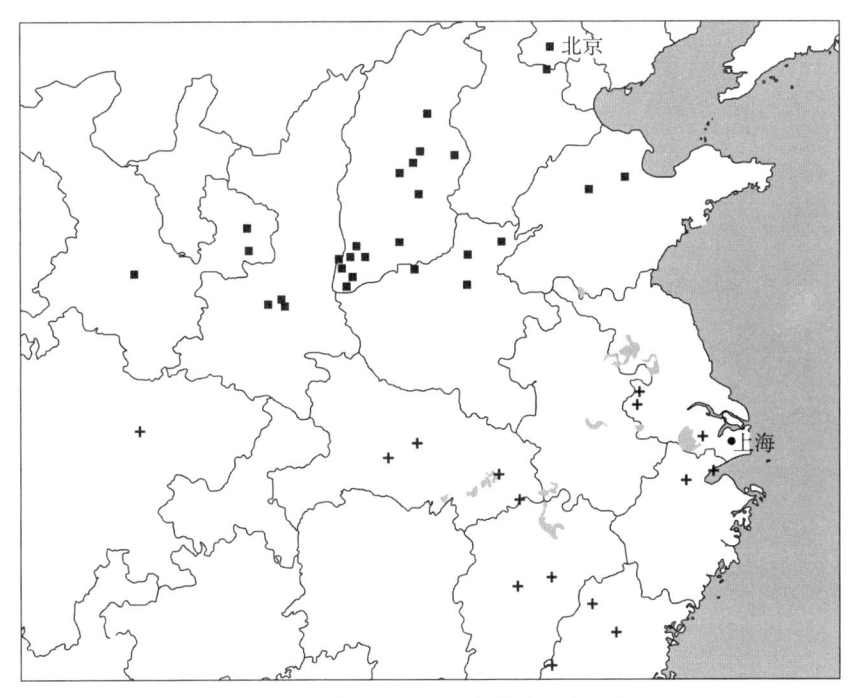

图 4.1　1276 年以前中国北方（■）和南方（+）的关公庙分布

随后的几十年里，关公信仰仍在那里继续传播。重要的是，解州附近早期关公庙的修建频率表明，无论关公信仰最初是不是从玉泉寺被带到解州的，这一信仰都是自解州辐射到了中国北方的。（见图 4.1）

尽管中国南方的史料质量要比北方好很多，但南方早期庙宇的记录却少得多。因此，有关信息的缺乏至少在祠庙层面上表明了这一信仰在南方的相对缺失。在一部现已失传的地方志书中，南宋初期的官员陈元曾经提及早在 12 世纪 40 年代，荆门地区已经普遍存在着人们在自己家中崇祀关公的现象，这应该归因于玉泉寺附近关羽祠庙的广受欢迎。[37] 但即便如此，明确的证据也仅来自北宋的最后数十年，而这时关帝信仰已经进入沮河河谷几个世纪了。我们几乎没有和南方的两个北宋庙宇相关的背景资料。1085 年，福建北部邵武的庙宇是一个真正的谜。我们

37　详见本书第二章中的论述。

不清楚这座寺庙到底有多大，也缺乏更进一步的背景信息，尽管当地的神灵将在明初的军事活动中大显神威，而且这一传统很可能可以追溯到宋代。[38] 北宋末期，在长江下游的海盐县，可以找到关公在当地的第一座神殿，那是一座更大的东岳庙的一部分。如第三章所述，这可能与南方早期关公信仰的道教背景有关。

此后在临川（约 1130 年）、承天（或安陆，约 1181 年）和长汀（在河田镇，极有可能直到 1253 年重修时才成为一个独立的庙宇）等地都相继出现了位于佛寺中的小型神祠。尽管如此，我们已经看到，长汀的关公神祠是由当地的驻军将领供奉的，而临川的神祠则与一个神迹联系在一起——神灵在 1130 年左右保护当地不受盗匪的袭击。[39] 著名的南宋诗人陆游于 1170 年经长江上游前往夔州任职，途经富池镇，该地位于今湖北省境内的长江沿岸。当他参拜当地一座供奉三国时期某位神化了的将领的庙宇时，他非常惊讶地发现其侧翼有关云长（即关羽）的塑像，而该庙的主神则是杀害关羽的吴国将军。[40] 这个神祠同样很小，我们对该地方信仰的起源也一无所知。它可能是完全自发产生的，源于当地对关羽作为历史人物的记忆，或者也可能是受到其他地方相关灵验故事的影响。

我们已经在第三章中看到，南方的崇祀关羽的早期祠庙也经常有道教背景，例如杭州（1166 年）、苏州（1169 年）、南雄（约 1309 年）、徽州（1308 年）、长兴（1314 年）和婺源（1329 年）。在北方，唯一一座早期带有道教性质的关帝庙是始建于 1219 年以前，位于乡宁后土庙当中的一个神祠。它们通常是较为边缘的庙宇，与更大的地域社群没有联系，但与道士的科仪有关。遗憾的是，我们对南方其他早期庙宇的规模一无所知，例如新淦（1136 年）、南京（约 1197 年）、延平（1234 年）

---

38 《邵武府志》（1543）卷十，第 25b 页。
39 详见第二章。
40 陆游：《入蜀记》卷四，第 60 页。

和六合（约1265年）。以新淦为例，我们可以推测其建立有着军事背景，因为修建这座庙宇的地方官同时也深入参与了剿匪活动。**41** 此外，延平关公庙中的神灵也曾在明初协助抵御了当地的土匪，这暗示了在该庙修建早期或许也有着类似的背景。**42**

某种程度上，在地方文史资料的内容更为丰富、质量也更高的南方，却缺少碑刻和史料笔记等整体性的证据，这表明尽管南方的关公崇拜已经流布于一片相当大的地理区域，但最初的规模都很小。

在整个宋金元时期，南北之间的差异仍然很明显，这点从表4.1早期关公庙的总量中可以明显看出。该表是基于本章附录的调查所得出的。我已经计算了年度平均值，以更好地进行数据比对。南宋的部分时间已与金朝合并为一个时期，另一部分时间则与早期的蒙元时期放在一起。元朝被分为三个较小的时间段，以实现最小的时间跨度。

鉴于宋元时期中国人口数量的相关信息很少，很难以可靠的方式证明该信仰与人口数量之间的关联性。学者们似乎确实同意，到了元朝，中国南方的人口比北方多得多。如果到1335年，即14世纪40年代的自然灾害和五六十年代的大规模叛乱发生之前，我们将总人口定为1亿，那么大约25%的人生活在北方，其余的生活在南方。**43** 如果我们假设所有早期庙宇在1335年之前仍然存在，那么北方至少会有61座庙宇，南方至少有27座。当我们根据人口的相对份额对这些数字进行指数化时，就会产生更大的差异，北方大约为244，南方大约为36。诚然，这些都是推测性的计算，但它们进一步表明了北方在关公信仰发展中的重要性。

---

41 《临江府志》（1536）卷五，第7a（311）页。有关这个官员，见李纲：《梁溪集》卷九十五，第1a—3b（218—219）页。

42 《延平府志》（1525）卷十三，第3b页。

43 重构的1380年的数据和相关比例取自 Jeijdra Heijdra, 'Rural Socio-economic Development', 437, 440. 由于元末的灾难造成了极大伤亡，1335年的1亿是一个比较接近的估计。

表 4.1 关公祠宇的早期证据

	北方总计	年均	南方总计	年均	全国总计
960—1126（宋）	11	0.065	3	0.017	14
1127—1234（金/南宋）	11	0.101	9	0.083	20
1235—1276（元/南宋）	7	0.166	3	0.071	10
宋金总计	29		15		44
1277—1307	6	0.193	3	0.096	9
1308—1334	26	0.962	9	0.333	35
1335—1367	21	0.636	11	0.333	32
元代总计	53		23		76
总计	82		38		120

到了元代，我们发现，该信仰很大程度上延续了宋朝南方呈现出来的地方性特点。正如我已经提到的，徽州（1308年的府城和1329年的婺源）、长兴（1314年重修）和南雄（1308年扩建）的早期关公信仰一直与道教系统结合在一起。在元代，重要的南方贸易城市都有早期新建或重修的关帝庙，例如镇江（1299年）、莆田（约1317年）和扬州（1329年），但在当时主要的港口——泉州附近却没有。在这些城市中，北方的商人很可能参与了神灵故事的传播，但是我们没有明确的证据证明这一点。事实上，在镇江，官方之所以修建关帝庙是因为同样来自南方的地方官员祈求神灵帮助抵抗水灾及干旱带来的蝗灾，并且都获得了成功。[44] 最后，在四川地区有三条修建庙宇的记录，但是这个样本对于这么大一片区域而言实在太小，无法得出关公信仰在此地传播情况的任何结论。总的来说，我们并未看到其在南方的广泛传播，只有一些我们难以进行系统解释的相对孤立的庙宇修建的个案（例如1354年左右在龙岩及潮阳两地修建的关公庙）。与此同时，在南方，关公信仰的传播可能还存在两种模式：一种是通过道教驱邪仪式进行的传播，一种是通

---

44 《至顺镇江志》（1332）卷八，第12b（2729）页。

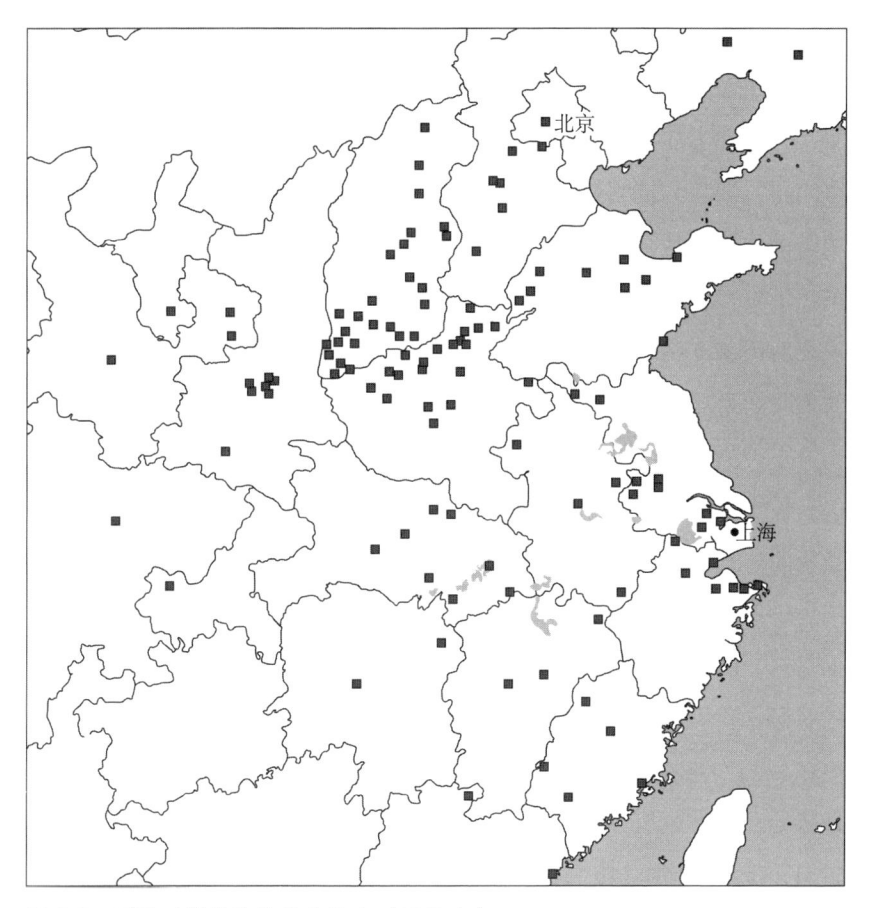

图 4.2　元及元以前的关公庙分布（1368 年）

过区域间长途贸易进行的传播。此外，从上表中看不到的一点是，大多数南方地区的祠庙最初规模都较小。以荆门地区为中心的区域则有所不同：有证据表明，这里既有供奉关帝的大型寺庙，同时百姓家中也普遍有供奉关帝的神龛。在此，玉泉寺这一信仰中心的早期影响肯定是决定性的。

同一时期，中国北方的情况明显不同。尽管这一地区史料的质量较差，但庙宇的兴建及早期修复仍在不断进行。随着时间的推移，特别是在 14 世纪上半叶，我们还发现庙宇新建和重建的速度在明显加快。

虽然与此同时南方地区的关公庙数量也略有增加，但北方地区则更多，为期也更长。到了14世纪30年代，关公信仰在南方的扩张再次趋于平稳，而北方庙宇的兴修率在很长的时期内仍然相对较高。尽管关羽与今四川、湖北一带的蜀国有着密切的历史渊源，并且关于他的崇拜也起源于湖北当阳县，但神祇主要还是与中国北方及关羽出生地解州相关联，虽然历史上的关羽本人在成年后就离开了解州，再也没有回来。换句话说，对历史人物的本地记忆在信仰的产生中只能发挥非常有限的作用，我们将在第五章中看到两者存在的这一缺口最终被民间故事所填补，并且使得神祇与本地历史产生了更多的关联。

最早的关公庙是沿着北方的邮政和贸易路线分布的。在本章附录中，我标明了这些地方在明代邮政系统中的位置，并假定这将反映该地与全国运输网络的联系。诚然，它比我们这里所关注的宋元时期稍晚一些，但是这个网络是在元朝灭亡后不久建立的，大致仍能反映元代运输网络的状况。我们可以很容易地假设，这一信仰通过一个我们已无法追踪的更精细的网络在今山西和邻近的河南地区传播，这点已被两地大量早期寺庙的存在所证实（两省分别有26座和22座关公庙，其中17座和12座与运输网络的主干或分支没有直接连接）。同样引人注目的是附近省份为数极少的早期关公庙，如陕西（尤为靠近，但仍只有7座早期庙宇）、甘肃（3座）、河北（6座）和山东（10座）。本章附录所列庙宇中，大约一半以上与全国性的交通网络连接良好。这里仅指陆路，而当我们增加运河和其他河流作为潜在的交通要道时，江苏和浙江的大部分关帝庙分布也可以包含在这个大的图景之中。

这个整体图景与一篇约成文于1249年的碑记所观察到的内容部分吻合。这方碑刻来自北京的第一座关公庙。碑记作者指出，燕（今北京及周边的河北地区）、赵（大致相当于今山西和河北）和荆楚（湖北）地区对于关羽的崇祀最为诚挚。根据他的说法，每个府、县、地区和村庄都有一座关公庙。⁴⁵ 这可能是基于作者在交通要道上旅行所形成的印象，而并非深入的田野调查。

我们已经看到，该信仰的传播首先从其起源处的玉泉山和解州的寺庙开始。尽管从长远来看，解州作为朝圣中心和关公圣迹传的中心无疑会变得越来越重要，但尚不清楚这两地的信仰之间是否存在联系。来自不同区域的移民群体在信仰传播过程中发挥了重要作用。我们已经遇到官员、和尚，以及特别值得注意的道教仪式专家和军人。以1113年在章丘所建的庙宇为例，元末的碑文明确指出，该庙建于一座交通主干线边的市镇上：

> 而世之用兵行师与夫贸迁游宦者，莫不具牲礼祀之，而后敢行……行商过客，莫不拜谒。土人奉之，岁修祀事。⁴⁶

自关公信仰在解州附近地区发端之后，它似乎沿着山西和河南境内的交通要道不断传播开来。我们无法确认到底是谁将这个信仰的有关知识带到了上述地方，但很明显，这些人一定有旅行经历并有机会在其他地方听过关羽的灵验故事。新修建的庙宇与解州的关帝庙之间并没有仪式上的关联，无论是福建文化中的分香（但其他地方没有这样的文化），还是某些长江下游地区信仰中的朝圣的形式，都不存在。⁴⁷关公的故事传开后，许多关公庙的修建或多或少是因为人们受到关公在绝境时显灵支持之故事的鼓舞。

关公信仰在北方的传播最可能与盐的区域性贸易有关。山西南部的盐池是这一贸易网络的中心。盐是当地商人携带到整个北方并由小商贩一直售卖至社会底层的为数不多的产品之一，盐商和地方社会中的贩夫

45　郝经：《陵川集》卷三十三，第7a页。
46　《章丘县志》（1492，1530年补正）卷七《祠宇》，第117页。
47　Ter Haar, 'Local Society and the Organization of Cults in Early Modern China: A Preliminary Study', *Studies in Central and East Asian Religions* 8 (1995), 26—29.

走卒这两个群体也都有可能沿途讲述关公的灵验故事。[48] 明中期以前，史料中的山西盐商就已经被视为一个有辨识度的群体。明末到清末，他们成了帝国晚期的主要商业和金融力量之一。[49] 当然，即使没有明确的记载，我们也有理由认为，他们这一地位的形成是历史长期发展的结果。到 16 世纪中叶，关羽本人也被认为是陕西南部商人的守护者。在此前所引述的滑县（河南）的例子中，保护神庙的"义士"就是来自三原（陕西南部）的两个兄弟，他们与父亲一起在当地乡镇从商多年，并做了许多"公义"之事（可能是指慈善事业）。[50] 到 16 世纪中叶，在江都（扬州），来自陕西蒲州的商人在一个城门的瓮城内建了一座关公庙。

> 蒲州人商扬州者，以岁五月十三日为侯生朝。及期，用鼓乐舁侯像出，周行坊市。已，归像于庙，诞祭，令优人歌舞享侯，诸商列坐，享其馂。[51]

不过，关羽从来不是北方商人独享的文化资源。上引元末山东章丘的碑文证明，商人和士兵都是供奉这一神明的重要群体。

关公信仰的巩固

在明清时期，这一信仰传播中的南北分异趋势仍然在继续。根据对现存明代方志的初步调查，早在明初洪武年间（1368—1398）就已经出现了关公庙宇兴修的高峰。[52] 显然，这一高峰与此后许久才发生的关公信仰叙事文学的传播并没有关联。明朝的创始人偏爱三国叙事而不是秦

---

48 此前，金文京在其《三國志演義の世界》（第 151—155 页）中已经注意到了这种联系。
49 藤井宏：《明代鹽商の一考察》，第 66—67 页，并见第三章中的证据。
50 黄宗羲：《明文海》卷三百四十四，第 13a—14b 页。
51 《江都县志》（1599）卷十一，第 9b 页。
52 我找到山根幸夫、细野浩二编《日本现存明代地方志目录》中收录的所有方志，还有现存的所有宋元方志，以及 20 世纪 80 年代出版的两种明代天一阁方志系列，完整的索引超出了空间限制。胡小伟在《关公信仰研究系列》卷四第 120—126 页中使用的例子更少，而且未提供详尽的定量分析。

汉故事，这可能是一个有利因素，因为这一政权以积极介入地方社会而闻名。[53] 但即使两者之间确实存在联系，我们也无法从史料中获得确切的证据。如果在地方社会没有业已普遍存在的信众，那么帝王的任何偏好似乎都不可能产生实质性的影响。在接下来的几个世纪中，人们不断兴建新的庙宇，更有着大量的对已有寺庙的修复，但是从史料中很难分辨出一个特定的全国乃至区域范围内的趋势。

我们很难仅仅凭借根据地方志所做的量化统计来估计神灵的受欢迎程度，但是北方的地方史料中经常指出这一信仰从城市中心到边远乡村无处不在。在这里，关公信仰的早期发展使得到明朝中期时，它在北方的分布已经非常密集。因此，在平阳（今临汾，紧邻解州北部），每个地区都有许多私人建造的关王庙，很多北方的地方志中也都有类似的说法。[54] 在宿州（今安徽宿州，而非苏州这一长江下游的贸易枢纽），1537 年的当地方志指出："云长之祀遍天下，士夫亦有绘像祀之者。"[55] "天下"可能只是代称，但显然在这个长江以北的地方和其他许多地区都普遍存在对关羽的崇拜。

在当阳县祖庙即玉泉寺附近，情况也并无不同。以下一条 16 世纪的史料来自湖南省长江南岸附近的荣县，其中对当地关公信仰的情形作了详尽的叙述：他们把将军视作本地神灵。……因此，即使最贫穷村庄的残破神祠和边远地区的低矮庙宇都将其供奉在诸神之侧。粮仓、仓库、驿站、衙府、道教和佛教寺院以及旅馆和牢狱中几乎没有不挂将军神像或画像的。[56] 碑记的作者点出了这一信仰的受欢迎程度，但他也因普通

---

53 Schneewind, *Community Schools and the State in Ming China*.（中译本参见施珊珊：《明代的社学与国家》，浙江大学出版社 2019 年版）
54 《平阳府志》（1615）卷四，第 85a 页。相似的评论见《平阳府志》卷四，第 90b（靠近猗氏，即今山西临猗）；《山西通志》（1629）卷二十八，第 57b—58a（583）页（山西潞安）；《肇州志》（1567）卷四，第 6a 页（河南肇州）。
55 《宿州志》（1537）卷六，第 25a 页。相似评论又见《盐城县志》（1583）卷十，第 9a（895）页。
56 《岳州府志》（1568）卷九，第 39b—40b 页。《襄阳府志》（1584）卷四十八，第 40a—42a 页有类似评论。

人以他不赞同的方式崇祀这一神祇而感到困扰。尽管这可能并非精确的统计，但它确实表明该信仰在这一地区仍如 1140 年南宋官员陈元所说的那样继续广泛存在。

仅凭抽象的统计以及个别十分具体的神迹，我们很难对这一信仰的传播有一个具体的把握。朝鲜外交官和商人的旅行见闻可能对我们的研究有所帮助，自 15 世纪以来，他们就前往北京的中央朝廷上贡，或是在中国北方进行贸易。他们的记录可以帮助我们更好地了解关公信仰的传播，他们的评论也为深入了解北方各个卫所周边和公共道路沿线的信仰传播状况提供了详细的参考。这些信息充分证明了该信仰在整个北方地区无处不在，并受到地方社会各阶层的崇祀。

朝鲜旅行者的记录将我们带到了今辽宁省东部，这一地区对中国移民和商人开放。他们在靠近海岸的沿线地区看到，那里到处都有关公的庙宇。自 13 世纪以来，该信仰就已经存在于这一地区，1276 年建于今辽宁省北部义州的一座庙宇，以及另一座在 1281—1285 年间建于辽阳的庙宇可以证明这一点。[57] 16 世纪中叶，一篇为宁远（辽宁兴城，位于自朝鲜边境到北京的官道沿途）关帝庙所撰写的碑文评论道：从都城到地方，即使当地人烟稀少，人们仍会集资修建神祠并雕塑神像以表敬奉。[58] 在从边境到首都的旅途中，朝鲜旅行者有时会和当地人进行深入交流，并就各自的见闻进行出色点评。作为平时会说白话，但总是用文言文读写的局外人，他们完全有能力提出有见地的问题，而这些问题又是那些久居其地、对某种习俗已经习焉不察的本地人所不可能提出的。早在 16 世纪末，其中一位旅行者指出，辽阳以西有许多关帝庙，庙前有宽敞空地，人群可在此聚集。他们在那里竖了一扇门，门上挂牌，上写"乡约所"。[59] 其中隐含的意思是，神将在此监督地方秩序，国家通过推

---

57 见本章附录。
58 徐渭：《徐文长逸稿》卷十九，第 295 页。
59 赵宪：《重峰先生文集》，先上八条疏·乡间习俗（http://db.itkc.or.kr）。除了该章列出的原文件，并见金昌业：《老稼斋燕行日记》卷二，[壬辰] 十二月初四日癸丑（htto://db.itkc.or.kr）。

行作为社会礼仪的乡约来维持这一秩序。[60] 在第八章，我们将讨论更多有关这一神灵作为道德监督者的证据。

1574 年之前的不久，另一位来自朝鲜的早期旅行者进行了非常相似的观察，从中可以看到给他提供信息的人是如何看待神灵在军事上提供的支持与人们对其崇祀之间的直接联系的：

> 东偏有义勇武安王庙，即关羽也。塑土为像，貌极生狞。曾谓云长而有如是耶？九原而有知，夫孰歆其祀乎？此乃太祖高皇帝托言阴兵以神之，令天下莫不敬祭。故余等所过路旁，处处立庙，人家皆悬画像。可见其崇奉之至也。但云长之精神气魄，死后不能扶汉之亡，而乃云佐佑太祖于数千载之下者，宁有是理哉？[61]

有关明朝与关羽关联密切的认知在朝鲜流传甚广，据说刘备重生为明朝太祖，张飞则重生为朝鲜的统治者，而关羽是明代创始人的助手。[62] 我一直没有找到这一说法始于明初的证据，尽管这一说法到 16 世纪已普遍为人们相信。[63] 对我们而言重要的是，我们的朝鲜旅行者们一次又一次注意到该信仰的无处不在，上至有军事背景的庙宇，下至当地人于家中供奉的神祠。

后来的朝鲜旅行者在 1720 年又提到关羽信仰在京城有多么受欢迎：

> 家家奉关帝画像，朝夕焚香，店肆皆然。关帝庙必供佛，佛寺

---

60 Heijdra, 'Rural Socio-economic Development', 486-489.
61 许篈:《荷谷先生朝天记》上卷，1574 年旧历六月二十四日丁卯（http://db.itkc.or.kr）。
62 Kwon, 'From *Sanguo zhi yanyi* to *Samgukchi*: Domestication and Appropriation of Three Kingdoms in Korea', 95-96.
63 周广业、崔应榴辑:《关帝事迹征信编》卷十四，第 8b-9a（462-463）页。以及王兆云:《漱石闲谈》下卷，第 23b（351）页。

必供关帝。为僧者一体尊奉,曾无分别。[64]

这位朝鲜旅客的评论被后来的中国人充分证实,例如,关帝庙会上所放的鞭炮丝毫不少于新年,因为神灵在抵御灾难方面贡献颇丰。[65] 1750年,一份有关都城的详细地图集列出了53座独立的关公庙。[66] 到20世纪40年代,北京的1043座庙宇(但仍不包括狐仙信仰等)中大约有167座是献给关公的。[67] 正如我们将在下面进一步看到的那样,他在北京受到的广泛尊崇与他在北方其他地区的受欢迎程度若合符节。

在1803—1804年,另一位朝鲜旅行者再次注意到一座关帝庙,在其侧殿有一个佛堂。他继续说道:"自此至皇城,有村则必有关帝庙。"[68] 他还提到,其中一座庙宇的壁画描绘了三国故事。另外,他补充说村庄是"新人"或移民的聚集地,出于安全考量,他们在村庄周围架起了栅栏,而关帝庙则充当了巡逻者的驻扎地。[69] 这表明神灵的军事能力与当地防卫需求之间存在着根深蒂固的联系。

地方层面的祭祀很简单。1712年12月下旬,我们的旅行者在前往都城的路上居停于一个地方小旅店中,当时他注意到了以下情形:

> 朝雪止而阴,晚见旸。自连山关行十五里,逾会宁岭。又行二十五里,至甜水站宿。吾辈所处炕北壁,供关帝像。朝,主家女出来,插香于炉,叩头入去。[70]

---

64 李宜显:《庚子燕行杂识》(http://db.itkc.or.kr)。引用并展开于李海应:《蓟山纪程》卷五,附录(http://db.itkc.or.kr)。

65 译自 Bodde, *Annual Customs and Festivals in Peking as Recorded in the Yen-ching sui-shihchi*, 55.

66 《加摹乾隆京城全图》,目录页。

67 武田熙编:《华北宗教年鉴》,第100—135、241—244页。 同时和韩书瑞《北京:公共空间和城市生活(1400—1900)》第37—38页进行了对比。

68 李海应:《蓟山纪程》卷一,渡湾癸亥十一月二十六日(http://db.itkc.or.kr)。

69 李海应:《蓟山纪程》卷一,渡湾癸亥十一月七日(http://db.itkc.or.kr)。

70 金昌业:《老稼斋燕行日记》卷二,[壬辰]十二月初二日(http://db.itkc.or.kr)。 这些地方都在现辽宁省。

几天后，同一位旅行者再次写道——我们从未在中国材料中发现过类似的观察，因为来自中国的作者们对这样的现象早已习以为常：

> 过一酒店。路傍有三间小屋。其上平，不加茅瓦，但涂以土数尺。始见殊骇。至此递轿马。有两僧设凳门前，请诸人坐。因要入屋内。设一碟菜，进暖茶一杯，却不讨价。壁间供关帝塑像，而尘埃满桌。屋中只有一釜一厨。活计冷落，而能待客如此，可异。[71]

1713年1月13日，我们的旅行者到达山海关，这里是长城的终点，也是人们进入中国核心地带的地方。在那里他参观了一座特别大的寺庙，内有关帝殿和文昌殿——后者是文人崇奉的神灵，庙中也有较小的供奉金佛和白衣观音的神殿。[72] 这座神庙只是自明中叶以来帝国边塞众多的关帝庙之一，它一直保卫着天下，使其免受（外族）入侵。

毫无疑问，朝鲜人入京之前遇到的令人印象最为深刻的关帝庙就是中后所（辽宁省沿海的绥中）的关帝庙。一位1765年的旅行者的描述便表明了这一点：

> 关内外崇祀关公，甚于奉佛……凡村堡，必先建关庙。其规制奢俭，视村堡大小。扁牌柱联，务尚新奇。惟中后所最盛塑像，长数丈，前有盈尺小像，皆为重枣色。殿内列十数偏将，刀戟森然。傍立青龙刀，有柄而无刃，如我国关庙制。庭有钟鼓楼，皆二层。桌前有签筒，祈卜或有奇验云。

旅行者补充说，神庙前有一个美丽的舞楼，但很奇怪为什么所有大

71　金昌业：《老稼斋燕行日记》卷二，[壬辰] 十二月初九日（http://db.itkc.or.kr）。
72　金昌业：《老稼斋燕行日记》卷二，[壬辰] 十二月十七日（http://db.itkc.or.kr）。

庙似乎都有这样的设置。[73] 由于明白戏剧表演对于寺庙崇祀的重要性，现代的观察者并不会那么惊讶。就像第七章将更详细讨论的北京正阳门的舞楼一样，正阳门的那座庙宇对于游客来说是非去不可的，因为他们想在庙中抽取灵签来预卜自己的前程。[74]

离边境不远还有一座关帝庙，以下这段文字来自一位朝鲜旅行者（1832年），这段文字给他以及像我这样的当代观察者带来了颇多惊喜。他首先指出关帝信仰的普遍存在，然后描述了这座庙本身的情形：

> 而上自帝都，至于市墟村落，皆建庙安塑像，其来已久。与正副使联步往见。庙门外对立十余丈红柱，雕墙刻桷，已非我国之所有。为屋凡五，皆有神像。第一安四五鬼像，第二安一座女像。主者谓以碧霞元君，即泰山神之女也。左右各安女像，乃其侍女云。第三安关帝像，匾曰万古一人。第四安一座黑面神像，匾曰龙王宫。第五又安关帝像。桌前排四神像。外门两旁，各立赤兔马，如我国关庙之制。内匾曰富国裕民，外匾曰财神庙。[75]

令人惊讶的是，泰山圣母在这座名义上是供奉关帝的庙宇中有如此突出的地位，当然这可以从她在北方的巨大知名度中得到解释。在庙宇中增加对"圣母"的供奉意味着可以为当地妇女提供护佑，妇女们能够在此地求子，保佑孕程的平安。[76] 更重要的是，人们将关帝认定为财神。这是关于将关帝等同于财神的最早的记载，我将在第六章中进行分析。

我们可以总结一下朝鲜旅行者们的观察，在每个城镇，每个村庄，每户人家，人们都以各种形式崇祀关公，无论是将其供奉于漂亮的庙宇、

73　洪大容：《湛轩书·外集》卷十，由 G. Dudbridge, 8—9 校准。
74　李海应：《蓟山纪程》卷二，癸亥十二月十六日，中后所（http://db.itkc.or.kr）。
75　金景善：《燕辕直指》卷一，十一月二十三日（http://db.itkc.or.kr）。
76　Dott, *Identity Reflections: Pilgrimages to Mount Tai in Late Imperial China*, 105—149; Pomeranz, 'Power, Gender, and Pluralism in the Cult of the Goddess of Taishan', 182—204.

带泥屋顶的小屋,还是仅仅在家中放置关羽画像或塑像。很清楚,这些记录还没有告诉我们关公信仰是为何以及如何传播到这一地区的。我怀疑,除了商人、官员和科仪专家等旅行者的贡献之外,移民在这里也发挥了重要的作用。从山海关到朝鲜边界,这片地区的居民大多来自关内,而这一信仰自元代以来已在该地广受欢迎。然后,该信仰便成为确认集体身份的一种途径,并在注定艰困的环境中为这些新移民提供了精神上的支持。尽管这一地区早在清朝征服中国之前就已经有人居住,并且早在 13 世纪就已经有了几座关公庙,但在明朝与女真/满族的斗争中,该地区受到了沉重打击。1653 年之后,北方各省的人们大量移居到此地,他们可能再次带来了自己最信赖的宗教崇拜,例如关公。[77]

1779 年,著名历史学家章学诚(1738—1801)为永清县编写的地方志出版。永清是北方一个不知名的县,大致位于北京和天津之间。章学诚曾在此任职,并罕见地提供了有关此地的详细信息。例如,在上述方志中,他列出了每个村庄及其主要庙宇。[78] 其中供奉关公的庙宇数量惊人(见表 4.2)。

表 4.2 18 世纪北方的民间信仰

庙宇名称	庙宇数量	庙宇名称	庙宇数量
关帝庙	129	娘娘庙	19
佛寺	68	观音庙	15
三官庙	25	真武庙	15

这些数字中仍然隐藏着许多可供分析的问题,例如庙宇的数量并不等同于供奉神灵的数量,因为像观音这样的神可能会被单独供奉,也可能会在佛教寺院内接受崇祀。而泰山圣母(泰山娘娘,也称为"奶奶")也可能在关帝庙内为人供奉(反之亦然)。从后来的田野调查中我们知

77　Reardon-Anderson, *Reluctant Pioneers: China's Expansion Northward, 1644—1937*, 20—21 等。
78　章学诚、周震荣:《永清县志》卷五,第 387、399、401、408—409 页。

道，神祇的数量通常比庙宇的数量多得多。此外，该清单还忽略了供奉土地神和狐狸等地方动物神的小神祠，而我们知道，在北方，这种神祠作为巫俗的中心普遍存在。[79]

尽管如此，基本情况还是清楚的。永清的大多数村庄都有一座关帝庙，可能还有一座佛教寺院。关帝庙可能是当地社会组织的中心，而佛寺中则寓居着佛教的科仪专家和少数信徒。大多数道教和其他类型的科仪专家可以住在家里或在非教派的庙宇中生活。与狐狸和其他动物信仰相关的巫觋也在家中生活，这意味着将无法在我们的证据中看到这一方面的宗教生活。我们从章学诚非凡的地方史志中获得的图景被民国的实地考察全面证实。贺登崧（Willem Grootaers）与他的合作者们记录了关帝信仰在山西最北端的极端重要性，紧随其后的是全国性的观音信仰，以及更具体的、属于北方的真武和泰山娘娘的信仰。[80] 直至今日，该地区仍有大量保存了精美壁画和戏台的关帝庙。[81]

一些资料似乎表明，关公信仰在中国南方也无所不在，但仔细检视可以发现事实并非如此。1601 年的《扬州府志》中——扬州靠近淮盐产区，并在大运河和扬子江的交界处——提到，该府的所有县以及各村庄，都有供奉关王的神祠。[82] 在其他更南面的一些商贸中心，比如杭州附近的海昌（也称海盐）这一产盐区、作为徽商主要来源地的歙县，以及作为福建内陆贸易枢纽的长汀县等地，我们都可以找到类似的表述。[83] 就海

79　Kang Xiaofei, *The Cult of the Fox: Power, Gender, and Popular Religion in Late Imperial and Modern China*（中译本参见康笑菲：《说狐》，浙江大学出版社 2011 年版）等。

80　Grootaers, 'Les temples villageois de la region au sud-est de Tat'ong (Chansi nord), leurs inscriptions et leur histoire', 161—212; 'Temples and History of Wan-ch'üan (Chahar): The Geographical Method Applied to Folklore', 209—316; 'Rural Temples around Hsvan-hua (South Chahar): Their Icono-graphy and Their History', 1-116; 以及 *The Sanctuaries in a North-China City: A Complete Survey of the Cultic Buildings in the City of Hsüan-hua (Chahar)*。

81　基于 2016 年 7 月 26 日和 30 日初步的田野调查。

82　《扬州府志》（1601）卷二，第 21a 页。类似的评论还可见于《如皋县志》（1560）卷二，第 10b 页。

83　《海昌外志》，建置卷，第 37a 页。《歙志》（1609），封土卷，第 8a 页。《汀州府志》（1637）卷六，第 2a 页。

昌的情况而言，当地历史学家谈迁明确指出了这一信仰的城市特征，但除此之外所提供的信息甚少。关公在以上四个商业城市的流行具有很深厚的历史根源，因为它们都具有相对较早的基础，其中海昌（海盐）的关公信仰早于 1110 年出现，长汀是 1254 年，歙县（徽州）是 1308 年，扬州则是 1329 年。一般而言，当地的地方志明显偏重于中心城市，这很容易在一些重要的方面对关公信仰的存在状态有所扭曲，正如宁波地区的史料所展示的那样。更重要的是，以上四个案例都位于重要的商业区，北方的行商很可能将他们的信仰带到了南方。

我们确实从传闻和碑记中获得了关于中国南方关公信仰成长的更详细的定性信息。事实证明，在明朝的大部分时间里，大多数神祠的规模仍然很小。直到神灵帮助人们成功地抵抗了所谓"倭寇"后，神祠的规模才得以扩大。"倭寇"在 16 世纪中叶对福建和长江下游地区造成了严重破坏。在第六章中，我们将遇到许多例子，与前一时期相比，变化是惊人的。嘉靖皇帝统治时期（1522—1566 年），龙岩（属福建）的关公庙几乎被废弃，因为它被认定为淫祠。在当地驻扎的士兵不得不通过向地方衙门赠送谷物来赎回其神像。[84] 至于福建北部边界附近偏僻的县城寿宁，即使到明末，该地仍然没有独立的关公庙。唯一的例外是东城门大桥附近一个小亭子里的神像，那儿正是行商们或当地驻军最常去的地方。后来，当地僧侣募钱在城门附近建了一个稍大的亭子，将神像迎入并供奉。但是亭内只有一个房间，守庙的和尚就睡在神像旁。直到 1636 年，当地才终于建造了一座更大的庙宇。[85] 在福建地区，除了 20 世纪初以来的台湾，该信仰从来没有真正传播到农村，而是与军队、官员和商人保持联系，换言之，始终没有离开城市中心和军事驻所。

来自浙江宁波地区的详细史料证实了我的观察，即中国南方的关公

---

84 《龙岩县志·下》（1558）卷七，第 85b 页。戴冠：《濯缨亭笔记》（1547）卷五，第 4a—b 页中提供了一个 1547 年以前的相似案例。
85 《寿宁县志》（1637）卷上，第 11a—b 页。

信仰在与北方截然不同的环境中发展。首先,在鄞县及长江下游地区的其他地方,由于仍然有待调查的原因,地方崇拜的种类远多于北方。民国时期鄞县的方志记录了500多个地方寺庙、神祠、神殿、佛堂等。其中大约超过一半与更正式的会社组织有关,尤其是在农村地区。但关公的情况有所不同,在所有供奉关公的21处崇拜场所中,只有一处拥有会社组织,但该组织不是很活跃,参与者也很少。与之相比,另一座寺庙则有一个组织节日庆祝活动的"会"。[86]类似组织的缺乏表明,供奉关帝的庙宇尽管数量众多,但只是非常松散地融入了当地的社会生活。其中有9座庙宇位于城市,包括县城或当地的乡镇,在这里,它们无须强大的社区组织就可以凭借零散的供奉存留下来。缺乏地方团体的参与或许也解释了这些机构的命名方式,其中只有8处带有通用的称谓——"庙",而12处(最初甚至13处)被称为"殿",1处被称为"堂"。被称为"殿"或"堂"的崇拜场所通常较小,只有一间,因此所需要的当地人的投资就要少得多。其中,一座"殿"在民国时期是祭祀关公和岳飞的庙宇,后来变为官方祭祀国之忠烈的庙宇。[87]民国初期,还有8处崇拜场所也被挪作他用,例如学校和警察局等,这证实了我的印象,即供奉关帝的这些崇拜场所缺乏强大的社群来保护它们免遭征用。[88]

宁波的例子也显示了详细信息的重要性。通常,一部地方志记录了供奉关帝的大部分庙宇,因为他是官方许可崇祀的神灵。它在受过教育的民众中也很受欢迎,正是这些人编纂了地方志并资助其出版。和对关帝的关注相反,地方志经常忽略对大多数地方庙宇的记录,因为它们得到的官方和精英支持少得多,尽管它们更为普遍。通常,地方志也偏向于关注大多数编纂者生活和工作的城市环境,这就使得该体裁无

---

86 《鄞县通志》(1935—1951),舆地志,第775b、777b页。
87 《鄞县通志》(1935—1951),舆地志,第730a、733b、735a、736a、737a、738a、739b、741a、750b、769a、775a、776b、777b、778a、780a、781a、786a、787b、788a、789b页。
88 《鄞县通志》(1935—1951),舆地志,第733b、735a、736a、738b、739b、741a、776b、778a页。

法成为对信仰进行定量分析的可靠来源。[89]鄞县的民国方志充分证实，在中国南方，关公的无处不在本质上是城市性的，不一定意味着其大受欢迎。

直到现在，在关公崇拜故事的传播中，我都没有考虑中国台湾地区。在台湾，日本政府的殖民统治时期和后来台湾民族志学者的统计，使我们获得了关于20世纪丰富的定量数据，但是我们很难将这些信息放在一个合适的历史视野中加以考察。让我们从一组数据开始讨论。例如台湾学者曾景来（Sō Keirai）于1938年发布的详细列表。[90]为了便于比较，下表包括全国性的观音信仰，以及在地方社会广受欢迎的妈祖（在当地被称为天后）和保生大帝（或其他地方所称的吴真人）。观音和妈祖似乎都比关公更受欢迎。观音是大多数佛教寺庙中的主要神灵，妈祖是福建的主要神灵。保生大帝或吴真人则是另一种广为人知的神灵，其信仰遍及福建南部、台湾地区以及东南亚地区。尽管如此，到20世纪初，关公（关帝）已经比保生大帝流行得多，更不用说还没有列入名单的许多其他福建神灵。[91]

表4.3　台湾、厦门对四位民间神灵的崇祀情形

地点	关公	观音	妈祖（天后）	吴真人
台湾（3676）	137	267	231	94
厦门（63）	2	3	27	21

89　这是Watson, 'Standardizing the Gods: The Promotion of T'ien Hou (Empress of Heaven) along the South China Coast, 960—1960', 292—324 中的一个重要的方法论问题。详见我在 'The Genesis and Spread of Temple Cults in Fukien' 的第349—396页中的定量讨论。由于我的前期研究，我对他的概念框架有一个更加积极的评价，正如我将在第九章的结语中说的那样。

90　曾景来：《臺灣宗教と迷信陋習》，第335—415页。其第9页中给出了高得多的总数：观音（304）和妈祖（326），而没有解释中间的差别。蔡相辉：《台湾的关帝信仰》，第175—177页，其中关帝信仰在不同日据时期呈现相似的数据。

91　关于妈祖和保生大帝，详见 ter Haar, *The Genesis and Spread of Temple Cults in Fukien*, 349—396 和 Kristofer Schipper, The *Cult of Baosheng Dadi and its Spread to Taiwan*, 397—416。还有 Kenneth Dean, *Taoist Ritual and Popular Cults of Southeast China*, 61—97。

将台湾的数据放到正确的时间序列上很重要，因为对于这样的南方地区而言，关公信仰的数据出乎意料地多。我的假设是，这个数据实际上只反映了该调查前后关公信仰在台湾地区的发展情形。1832—1838年厦门详尽的地方史似乎证实了这一点。该地只有两座关帝庙，但到处都是来自同安的吴真人和来自莆田的天后或妈祖，供奉以上神灵的庙宇往往是一个独立的神祠。该地方志进一步评论说，即使是最小的乡村也有当地的神祠，那里往往供奉吴真人或天后。[92]

台湾地区更早期的史料进一步证实了1938年记录的台湾关公祠庙分布的情况是特殊并限于该特定时期的。蔡相辉收集了有关该信仰早期历史的大部分史料，史料表明，在明郑时期（1662—1683年）台湾已经有9座关公庙。此后清政府继续对关公进行官方崇祀，在1787—1788年林爽文叛乱期间，人们甚至认为神灵以阴兵协助了台南（当时台湾岛的首府）的防御。[93]

早期关公信仰在台湾地区发展的一个重要节点是1387年在东山军镇建立的一座很小的关公祠。东山是福建最南端的一个小岛，也是明代海防线的一部分。多年来，神灵凭借超自然能力，在该地区的防御中起着至关重要的作用，或者用18世纪一部方志中的话说，正德（1506—1521）、隆庆（1567—1572）年间，神灵协助人们获得军事胜利，击败贼匪。人们都认为他灵应非常。出于这个原因，原本狭窄的神祠最终在1510年代扩展为一座像样的庙宇。同一部方志还补充说，关公在18世纪仍然灵验，附近的几家寺庙都从这里获得了"香火"。[94] 事实上，在当地史志中很少直接提及分香，而此处显然是为了凸显东山关公庙在这

---

[92] 《厦门志》（1832—1838），第62—68页。
[93] 蔡相辉《台湾的关帝信仰》第163—187页梳理了关帝信仰在台湾的历史，但并没有解释关帝教团在20世纪的飙升。
[94] 《乾隆铜山志》（1760）卷五，第1a—b（336）页。又见卷九，第2a—b（388）页。

一地区的重要性。[95] 在卫所驻军中，对关公的崇祀非常流行。因此，在施琅最后收复台湾之战的前夕，一些士兵在关公庙里过夜并梦见神为他提供了帮助也就不足为奇了。[96]

如今，台湾的关公庙都宣称与东山的关公庙有"分香"的直接联系。这并不能证明它们全部直接起源于那座庙宇，更有可能的是，关公信仰最初是随着东山的驻军一起来到澎湖列岛，后来随着军队的驻扎，又从那里扩散到台湾。目前可知的本地庙宇的修建日期及其创建者本身的军事和民族背景证实了这一点。表4.4汇总了我们所知道的1900年以前关公庙的建造日期及其他信息。这份材料是根据时间顺序从南到北排列的。[97]

表4.4 台湾地区早期的关公庙*

地点	修建日期	背景
澎湖列岛	1694（后废弃），1875；清初（2x）；不详	海军（1），地方民众（1）
台南（首府）	1667；1684；1717；1792	军队（1），郑氏及清廷资助（1）
凤山	约1700(2x)；1727；1780；1846；1858；不详（3x）	地方官（1），军队（1），地方民众（2）
嘉义	1713；1849	军队（1）
彰化	1734；1772；1812	地方官（2），地方民众（1）
苗栗	1804；1888；1890	学生（1）；地方民众（2），军队
新竹	1775；1820；1845；1890	地方官（1）
台北	1760；1888	贡生（1）
噶玛兰（宜兰）	1804；1808	地方民众（1）

*括号中为修建过程中这些特定社会群体的参与频率。

---

95 Kristofer Schipper, 'The Cult of Baosheng Dadi and its Spread to Taiwan—A Case of Fenxiang', 397—416.
96 杜臻：《澎湖台湾纪略》。作者是该远征军中的一员。
97 蔡相辉：《台湾的关帝信仰》，第168页及第171—175页。按照纪年重新作了排序。我排除了郑氏政权时期所建的庙宇，只保留了纪年完整并一直延续到清代的1667年所建的关帝庙。

该表表明，随着台湾岛的开发，这一信仰逐渐向北移动。该岛的开发在 1661 年荷兰人被驱逐后从台南开始，并在 1683 年清朝击败郑氏之后得以持续。大多数庙宇修建的时间都相对较晚，尽管他们可能在此后突出了与东山庙"分香"的仪式关系，但其实他们不太可能与原本属于东山驻军的关公信仰有直接联系。这些庙宇的创建者通常有军队或国家的背景，反映了国家的意志。他们当中也包括所谓生员，他们为参加科举考试而学习。关公的灵验获得了官方的认可，但总体而言，关公庙的数量可能是微不足道的。据 1747 年的《台湾府志》记录，在台南县仅有 10 座关公庙，但同时却提到，在当地有多达 15 座庙宇供奉吴真人，并且还补充说为吴真人建造的神祠随处可见。[98] 由于上述方志通常对地方庙宇和信仰不感兴趣，因此这种说法意味着吴真人信仰非常受欢迎，甚至到了无法忽略的程度。

因此，所有迹象都表明，曾景来 1938 年记录的大量关帝庙的存在确实是一种较晚才出现的现象，而且仅限于台湾地区，这并不能以其首次向全岛传播时的军事背景来解释。反之，关帝崇拜在 20 世纪的大范围传播与该时期扶乩风潮的兴起有关，因为关公是神示的重要来源。这一扶乩运动的其他特征包括：普遍获得受过良好教育之人的支持，同时未见到典型的福建地方信仰的参与。在运动中，我们确实遇到了受过教育的精英（以及朝那个方向努力的人们）惯常崇祀的神灵，例如关公（帝国晚期）、文昌或灶神，他们都是典型的道德监督者，因此与充满道德论述的降乩文字十分匹配。这些扶乩信仰受到"传教士"行为的启发，后者通过口述传播他们的思想，这一点我们将在第八章讨论。

因此，现在人们口中这些参与扶乩的神灵都是从东山岛神庙中分得香火的说法是一种新近的构建，或以埃里克·霍布斯鲍姆（Eric Hobsbawm）和特伦斯·兰格（Terence Ranger）的术语来说，是一种"被

---

98 《台湾府志》（1747）卷十九，第 8a（2355）页。

发明出来的传统"[99]。如今，台湾的宗教观光者们甚至会"回"到解州神庙，以接近他们心目中的信仰之根。这种历史上真实的或已被接受的仪式性关联推动的旅游业是当地接受方的主要收入来源。我们又一次看到了这种发明的传统，因为台湾的关公信仰绝对不会与山西南部的关公祖庙有任何直接联系。这个新团体的基本叙事及其分支形成于帝制晚期，其中包括相信关公是新的玉皇大帝，旨在避免世界末日的到来。围绕这种信仰甚至在台湾地区形成了一个官方认可的宗教团体，该团体对他的崇拜正是基于这样的叙事脉络。第八章将分析这一崇祀关公的新视角。

在明代、清代和民国时期，关公信仰在全国大部分的城市中心乃至中国北方最小的村庄中广泛分布，这使人们怀疑神灵是否有能力对如此辽阔的领土进行全面监督。袁枚在他著名的《子不语》中收录了几个个案。在一个案例中，一位假作关神降临的神灵承认，真正的神灵在玉皇大帝身旁，在扶乩仪式中并不会降临，取而代之的是在当地神灵中选出"鬼平生正直者"来承担他的任务。[100] 在另一个例子中，取代关帝降临的鬼声称所有降临的神灵都由鬼"扮演"。[101] 袁枚甚至还讲了一个假扮关帝的邪鬼的故事。那个鬼实际上是唐代一文人，死于唐末战乱。从那以后，他每天早晚打扫当地的寺庙。关公怜悯他，就命他在当地的庙宇中替代自己的位置。但是，在故事中邪鬼补充说，尽管整个帝国的神都被其他的鬼所取代，不过天子祭祀时，关公确实在场。[102] 在台湾，扶乩者的从业道路始于土地公附体这一层面，而关公附体则是其中的一个阶段。[103] 关公的无所不在也带来了一个一神教徒所熟悉的问题，因为要

---

99 李淩霞：《关帝的两岸香火缘》，第85—91页。Hobsbawm and Ranger, *The Invention of Tradition*.
100 袁枚：《子不语》卷二，第40—41页。类似的评论还可见景星杓：《山斋客谭》卷二，第4a—b（694）页。
101 袁枚：《子不语》卷三十二，第507—509页。类似故事还可见薛福成：《庸盦笔记》卷五，第3b—4b（714—715）页。
102 袁枚：《续子不语》卷十，第2b页。又见《仁和县志》（1549）卷七，第19a—20b页。
103 Clart, 'Confucius and the Mediums: Is There a "Popular Confucianism"?', *T'oung Pao* 89 (2003): 9.

人们承认神灵能够时刻关注世上的一切人和事，并不是那么容易，即使是最强大的神灵亦是如此。

与此同时，对神灵具有遍被整个国家能力的那种潜在的怀疑也有可能会转化为它的反面，即认为神灵无所不能。我们可以在明末《护国佑民伏魔宝卷》这样的资料中发现类似的心态。在天庭，玉帝得知关羽将军正直凶猛而无私，不为钱财和女色所动，因此，他的官员建议封他为神：

> 在凡封寿亭侯，在圣武安王，招讨关元帅。眼观十万里，日赴九千坛。千里呼，万里唤。随心应口，应口随心。[104]

根据这一宝卷，神灵在地方层面可以回应来自全国范围的请求，在国家最高层面可以消除对帝国秩序的直接威胁。无论是认为神灵可能会负担过重需要替身，还是认为他无所不能，这些想法都同样反映了人们对关公信仰在中国大部分地区广泛分布的关注。

小　结

要追踪关公信仰长期的传播过程，并弄清其传播的不同机制并非易事。某个单一崇拜在国家的大部分地区扩散，并未伴随大规模的人口迁移，而是通过贸易和军事人员或科仪专家等人群的跨区域旅行进行传播，这是一个相对较新的现象。当时有部分神灵崇拜通过此类方式传播，这些神灵的数量并不多，关帝是其中之一，此外还包括城隍神、东岳大帝、五通神、祠山大帝、二郎神，等等。尽管这些神灵崇拜可能起源于宋以前，但它们的区域传播和跨区域传播始终是宋代或者以后才出现的现

104　《护国佑民伏魔宝卷》，早稻田大学藏，第二品。

象。而从宋代开始，这种拟人化的神灵就成了地方和跨区域社会组织的主要组成部分。

因此，关公信仰的传播不仅表明区域交流频率的增加，而且是地方神体系拟人化趋势的一个例证。这些新的神灵可以为当地人做更多的事情，而不仅仅是影响天气和农作物的生长，尽管他们当然也完成了这项任务。此外，他们还可以抵御邪灵和盗匪等其他类型的外部打击，并通过亲自显灵为信众提供帮助，这非常像佛教神灵，例如观世音菩萨在过去的数个世纪中一直在这样做。而过去的地方神祇，例如石头和树木是无法做到这一点的。这一全新类型的神灵可以四处走动，正如他们日益移动起来的信众那样。即使是那些住在农村的人，也越来越多地和其他地方的人接触，例如商人、工匠、宗教人士、土匪、军人，等等。把关公作为保护神来崇拜这种信仰经过宋、金、元时期的发展，至明初以前基本完成了它的传播。到16世纪，我们发现，在中国北方各地甚至最小的村庄，以及华南大部分地区的城市和集镇都存在和关公信仰相关的描述。由于关公等信仰的传播，对那个时代的旅行者而言，中国一定看起来与早些时候截然不同。尽管这并不一定意味着神系的标准化，但它的确意味着在大多数城市中心，至少存在着一些其他地方的人也熟悉的信仰，例如关公（以及文昌和城隍神的信仰）。中国北方的旅行者也会发现关公存在于许多乡村地区，尽管他在南方乡村中很少见。

通过对关公信仰传播的时空分析我发现，围绕三国传奇形成的叙事传统在该信仰于宋金元时期的传播中并未产生明显的作用。即使在明清时期，尽管学者们一直试图强调叙事传统的重要性，但将书面文本如《三国演义》或善书等作为该信仰传播或流行的主要原因是难以服众的。这并非否认这些不同文化现象之间的某种互动，而是我们无法找到一种从文本（无论是历史的还是文学的）到宗教信仰之间的牢固而可证明的因果关系。关羽崇拜者与神祇之间的关联，首先是通过口头故事和视觉图像等非语言性的方式被感知的，例如声音（如经常伴随着神出现的雷声)、气味(如香火,也包括祭祀中肉和酒的香气)、身体动作(如向神鞠躬)甚至是痛苦(当人们认为是神罚时)。尽管不容易通过语言来分析此类现象,但它们同样重要,并将构成下一章的重要主题。

这给我们留下了一个问题:还有哪些其他因素可能导致关公信仰的兴起和传播呢?在这里,我们不再将该信仰解释为三国叙事传统普及的必然和几乎不可避免的结果,这是展开相关讨论的前提。真正的答案是,该信仰崛起的部分原因是,那些如今已无法考证其姓名的佛教僧侣希望借用关公来为玉泉山的寺院创造传说。我用"创造"一词,因为最初的传说是打败了一条当地的巨龙,甚至没有涉及关公。到了宋元时期,人们普遍相信新的被创造出来的神迹(quasi-event)。其中更具有影响力的是关帝被道教法师收为驱邪将军,并在第30代天师张继先的命令下在盐池击败龙或蚩尤的传说。但是,该信仰在中国北方的传播过程中都没有出现南方的佛教和道教版本的故事。实际上,就时间序列而言,该信仰在解州盐池周边地区的兴起可追溯至1000年左右,显然早于道教版本的驱邪故事。

我们根本不知道关公信仰是怎么以及为什么在解州地区兴起的,但是调查表明,解州地区无疑是该信仰在北方传播的最早的中心。据唐末史料,在关羽信仰形成早期,可能流传过相关的故事,其中将关羽等同于关三郎这一邪神。或者故事确实从玉泉寺开始,尽管我们没有证据,只能推测。我们确切知道的是,就位置而言该寺庙所在的解州是完美的,因为盐业的开发,这一地区成了商业网络的中心,所以可以轻松地传播故事。但是,这些都是关公将军抵抗叛军与蛮夷的北方版本,而不是关公作为佛教寺院的忠实拥护者或道教旗下的驱邪将军的南方版本。尽管缺少遗骸或早期传说,解州盐池的关公庙最终击败了玉泉寺的古老祠庙,成为关帝信仰的祖庙。在湖北的玉泉寺,虽然拥有非常珍贵的遗迹,例如摹刻有关羽汉代封号的印章,以及更有名的关公在盐池击败的龙的遗骸,该地却从来没有发展出一种朝圣传统。

关公信仰在北方的崛起是 11 世纪以来社会和经济变化的重要指征。通常，谈到宋代的经济转型时，我们指的是作为水稻种植区的长江下游地区和福建地区。一般认为，这一转变的最高潮出现在南宋，并在此后的元代得以延续，直到 14 世纪 50 年代毁灭性的叛乱开始。在这一叙事脉络中，中国北方常常被忽视。鉴于该时期华北地区历史资料的匮乏，这不足为奇。但是，关公信仰的兴起很大程度上是始于中国北方的一种现象。因此，即使由于缺乏适当的证据而无法更明确地论证这种联系，我们也必须从北方的社会经济背景出发对其进行解释。与南方地区一样，我们看到了一种重要的跨区域信仰的兴起，这种信仰很可能与区域间的交通有关。无论是商业交流、军队调派，或是旅行的官员、僧侣和科仪专家都有可能与之相关。大型寺庙的建造及相关建筑，尤其是戏台的修建，也表明北方部分地区十分富足，足以维持这种社会宗教事业。尽管与佛教和道教都有关联，但该信仰还是通过普通百姓得以传播，以服务世俗的需求。

附表　早期兴建的关帝庙

这一调查包括了已知最早的神祠和独立庙宇。我将昔日金朝的领土大致等同于中国北方，将昔日南宋的领土大致等同于中国南方。那些没有年份标记（年号）的庙宇未列入表中。[105] 为了方便，我添加了现代省份。有关地方志的注释指的是我实际使用的版本。更详尽的书目数据可在线上目录中寻找，也可以在朱士嘉等编纂的《中国地方志联合目录》（北京：中华书局，1985 年）中找到。在星斌夫对明清邮政系统的经典研究的基础上，我添加了一列来指示在某一特定位置附近是否存在驿站。他在总地图上，标示了带有驿站的干线（P）和旁边有重要位置的分支线（B）。[106] 显然，一些没有这种迹象的庙宇可能仍在主干道上或附近，例如正文中讨论的章丘 1113 年的庙宇。当某个记录中只有年号时，我在统计中取其平均值。

105　我将我的结果与胡小伟《关公信仰研究系列》中所收录的较少的样本做了比对，见《关公信仰研究系列》卷二，第 117—123 页。一方面，我排除了所有自称唐代的建筑，因为均无碑刻或记叙性的实证；另外，还排除了一部分号称大中祥符或崇宁年间的记载，只保留了有有力证据的那一部分，因为这些时间段的记录往往是基于盐池的传说故事而产生的。
106　星斌夫：《明清时代交通史の研究》，第 381 页。

	日期	地点	明代驿站系统	北方／南方
	973	咸阳（陕西）	临近西安	北方[1]
	976	临晋（山西）	B	北方[2]
	1072	庆阳（甘肃）	B	北方[3]
	1079	沁（山西）	B	北方[4]
5	1081	邵武（福建）	B	南方[5]
	1086	万泉（山西）		北方[6]
	1092	解（山西）		北方[7]
	1092	芮城（山西）		北方[8]
	1104	荣河（山西）		北方[9]
10	1109	闻喜（山西）	B	北方[10]
	1110	海盐（浙江）		南方[11]
	1113	章丘（山东）	近济南	北方[12]
	1123	宁州（甘肃）	近庆阳	北方[13]
	1125	荆门（湖北）	P	南方[14]
15	1128	西安（即长安，陕西）	P	北方[15]
	1128	广饶（山东）		北方[16]
	1130	临川（即抚州，江西）	P	南方[17]

---

1 《西安府志》（1779）卷六十二，第 2a—b 页。

2 《临晋县志》（1686）卷六，第 1b 页。

3 《庆阳府志》（1557）卷九，第 3a—5a 页。

4 《山西通志》（1892）卷九十四，第 26a 页。

5 《邵武府志》（1543）卷十，第 25b 页。

6 《万泉县志》（1758）卷二，第 8a 页。

7 顾问：《义勇武安王集》卷四，第 4b—5a（82—83）页。

8 《解州志》（1525）卷六，第 19b 页。

9 《山西通志》（1731）卷一百六十六，第 35a（155）页。

10 胡聘之：《山右石刻丛编》卷十七，第 20a—23a（15327—15329）页。

11 《至元嘉禾志》卷十二，第 13a—b（4485—4486）页（《宋元方志丛刊》第五册）。

12 《章丘县志》（1492，1530 年补正）卷七《祠宇》，第 117 页。

13 《庆阳府志》（1557）卷九，第 13a 页。

14 荆门失落的历史，引自赵钦汤编、焦竑校：《汉前将军关公祠志》（《关帝文化集成》）卷六，第 7b—8a（173—174）页。

15 我们有两个较早的时间点：基于毕沅《续资治通鉴》卷一百〇一，第 2b（528）页的 1128 年；基于《长安志》（1296）卷七，第 354 页（《试官石》诗）的 1240 年。虽然是干支纪年的形式，但元代 1296 年之前唯一可能的年份就是 1240 年。

16 《续修广饶县志》（1935）卷三，第 13a 页。

17 《临川志》，第 1929—1930 页。

(续表)

	日期	地点	明代驿站系统	北方／南方
	1136	新淦（江西）	P	南方[18]
	1166	杭州（浙江）	P	南方[19]
20	1169	苏州（江苏）	P	南方[20]
	1170	富池（湖北）		南方[21]
	1174	巩昌（甘肃）	B	北方[22]
	1181	承天（即安陆，湖北）	P	南方[23]
	1190	开州（即濮阳，河南）		北方[24]
25	1192	固安（河北）		北方[25]
	1195	平遥（山西）	B	北方[26]
	1197	南京（江苏）	P	南方[27]
	1200	潼州（即潼川，四川）	P	南方[28]
	1201	汲（即卫辉，河南）	P	北方[29]
30	1208	定襄（山西）		北方[30]
	1209	中牟（河南）		北方[31]
	1210	兴平（陕西）		北方[32]
	1219	乡宁（山西）		北方[33]

---

18 《临江府志》（1536）卷五，第7a（311）页。
19 《咸淳临安志》卷七十三，第5a（4009）页。
20 祝允明:《怀星堂集》卷十四，第2a页;《长州县志》（1571）卷十，第17a（315）页;王謇:《宋平江城坊考》，第177页。孙星衍、邢澍编:《寰宇访碑录》卷七，第14a（19950）页中提到了一个更为古老的塑像。然而，碑刻的名字表明其更有可能是一个被保存在关帝庙中的佛像，而并非关羽的塑像。
21 陆游:《入蜀记》卷四，第60页。
22 同恕:《榘庵集》卷三，第7b—9b页。
23 《承天府志》（1602）卷五，第7b页。
24 《开州志》（1534）卷四，第3b页。
25 《顺天府志》（1593）卷二，第45b页。
26 胡聘之:《山右石刻丛编》卷二十一，第6b—8b(15408—15409)页；卷二十二，第11a—14a(15441—15442)页。
27 《洪武京城图志》卷一，第441页。
28 洪迈:《夷坚志》志甲卷九，第792页。
29 王恽:《秋涧集》卷三十九，第12a—13b页。
30 牛诚修:《定襄金石考》卷一，第59a—61b（9975—9976）页。
31 《中牟县志》（1755）卷二，第7a—b页。
32 孙星衍、邢澍编:《寰宇访碑录》卷十，第25b（20021）页（《石刻史料新编》第1辑第26册）。
33 胡聘之:《山右石刻丛编》卷二十四，第11b（15493）页。但要到1353年才修建了一座真正的庙宇。胡聘之:《山右石刻丛编》卷三十八，第24b—25a（15825—15826）页。

(续表)

	日期	地点	明代驿站系统	北方／南方
	1227	乐平（山西）	P	北方[34]
35	1234	延平（福建）	P	南方[35]
	1237	北京（即大都，河北）	P	北方[36]
	1242	济源（河南）		北方[37]
	1253	长汀（即汀州，福建）	B	南方[38]
	1260	稷山（山西）		北方[39]
40	1261	沁水（山西）		北方[40]
	1264	榆次（山西）	P	北方[41]
	1265	六合（江苏）	近南京	南方[42]
	1265	黄冈（即黄州，湖北）	B	南方[43]
	1274	太谷（山西）		北方[44]
45	1276	义（辽宁）	P	北方[45]
	1278	邳州（江苏）		北方[46]
	1283	辽阳（辽宁）	P	北方[47]
	1299	镇江（即丹徒，江苏）	P	南方[48]
	1300	太平（山西）		北方[49]
50	1302	太和（即颖州，安徽）	P	北方[50]

---

34 《山西通志》(1731)卷二百零四，第17a—19b页。
35 《延平府志》(1525)卷十三，第3b页。
36 郝经：《陵川集》卷三十三，第7a页。
37 元好问：《续夷坚志》卷一，第6页。
38 《临汀志》卷二，第1277页。
39 《稷山县志》(1763)卷二，第10a—b页。庙中还有两柄神刀，其中一柄上有"政和(1111—1118)"的标记。
40 王福才：《沁水县下格碑村圣王行宫元碑及赛戏考》，《民俗曲艺》，1997年，第107—108期，第107页。
41 《榆次县志》(1609)卷二，第11b页。
42 《六合县志》(1785)卷三，第15a页。
43 《湖广总志》(1576)卷四十二，第30b页。
44 《太谷县志》(1765)卷四，第7b页。
45 罗福颐：《满洲金石志》，外编，第51b—54b页，尤其是第52b(17505—17506)页。
46 《邳州志》(1537)卷九，第17a—b页。考虑到该庙曾于1326年重修，并有一篇1330年的碑刻，该庙必然修建于至元年间。
47 罗福颐：《满洲金石志》卷四，第6b—9a(17316—17318)页。
48 《至顺镇江志》(1332)卷八，第12b(2729)页。
49 《山西通志》(1731)卷一百六十四，第57a(99)页。
50 《成化中都志》(1458—1487)卷四，第30a(391)页。

(续表)

	日期	地点	明代驿站系统	北方／南方
	1306	洪洞（山西）		北方[51]
	1306	新化（湖南）		南方[52]
	1307	沔阳（湖北）		南方[53]
	1307	修武（河南）	P	北方[54]
55	1308	徽州（安徽）		南方[55]
	1309	南雄（广东）	P	南方[56]
	1311	高陵（陕西）		北方[57]
	1312	大定（内蒙古）		北方[58]
	1312	翼城（山西）		北方[59]
60	1313	铜山（即徐州，江苏）	P	北方[60]
	1314	平定（山西）	P	北方[61]
	1314	长兴（浙江）		南方[62]
	1315	平江（湖南）		南方[63]
	1317	怀仁（山西）	B	北方[64]
65	1317	莆田（即兴化，福建）	B	南方[65]
	1317	襄垣（山西）		北方[66]
	1318	庆都（即望都，河北）	P	北方[67]
	1320	西乡（陕西）		北方[68]

---

51 《山西通志》（1731）卷一百六十四，第 45a（93）页。

52 《新化县志》（1549）卷九，第 58a 页。

53 顾问：《义勇武安王集》卷八，（其页码不可辨认）第 161 页。

54 《河南总志》（1484）卷八，第 16a 页。

55 《徽州府志》（1502）卷五，第 36b—37a 页。

56 《南雄路志》，第 2481、第 2560—2561 页（碑文）。南雄是宋元时期前往广东的重要通道。

57 《高陵县志》（1541）卷二，第 6b—7a 页。

58 宇兰盼：《元一统志》卷二，第 210 页。其中仅给了干支纪年，当为 1252 年或 1312 年。

59 《山西通志》（1731）卷一百六十四，第 63b（102）页。

60 《徐州府志》（1874）卷十四，第 5b—6a 页。

61 《山西通志》（1892）卷九十六，第 43a—b 页。

62 阮元：《两浙金石志》卷十五，第 10b（10554）页。

63 《湖广总志》（1576）卷四十二，第 19b 页。

64 《怀仁县志》（1601）上，第 12a 页。

65 《八闽通志》（1491）卷六十，第 14a 页。

66 《潞州志》（1495）卷八，第 391 页。

67 《保定郡志》（1608）卷二十，第 10a 页。

68 《汉中府志》（1544）卷九，第 6a 页。

(续表)

	日期	地点	明代驿站系统	北方／南方
70	1322	随州（湖北）	B	南方[69]
	1322	固原（宁夏）	边塞重镇	北方[70]
	1324	潞州（长治，山西）		北方[71]
	1325	淇（河南）	P	北方[72]
	1327	莘（山东）		北方[73]
	1328	任城（即济宁，山东）	P	北方[74]
75	1329	婺源（安徽）		南方[75]
	1329	扬州（江苏）	P	南方[76]
	1329	东昌（山东）	P	北方[77]
	1329	潍（山东）	B	北方[78]
	1329	代州（山西）	B	北方[79]
80	1329	嵩（河南）		北方[80]
	1329	洛阳（河南）	P	北方[81]
	1330	唐（河南）		北方[82]
	1330	河南（河南）	P	北方[83]
	1330	昌国（浙江）		南方[84]
85	1332	郏（河南）		北方[85]
	1333	永宁（河南）		北方[86]

---

69 《德安府志》（1517），页码不可辨认。
70 《嘉靖万历固原州志》卷二，第89—90页。
71 《山西通志》（1731）卷一百六十五，第2a（110）页。
72 《河南总志》（1484）卷九，第12b页。方志中记载为"元大定"，当为"泰定"之误。
73 孙星衍、邢澍编：《寰宇访碑录》卷十二，第9a（20059）页。
74 徐宗幹：《济州金石志》卷三，第58a—59a（9532—9533）页。
75 《徽州府志》（1502）卷五，第45b页。
76 汪鋆：《十二砚斋金石过眼录》卷十八，第15b—17b（7965）页（《石刻史料新编第1辑第10册》）。
77 《东昌府志》（1600）卷十，第4b页。
78 《莱州府志》（1604）卷六，第14a页。
79 《山西通志》（1731）卷一百六十七，第1a（168）页。
80 《河南总志》（1484）卷七，第37a页。
81 《洛阳县志》（1745）卷十四，第48b—49b（1166—1168）页。
82 《河南总志》（1484）卷六，第25a页。
83 《河南总志》（1484）卷七，第37a页。
84 《四明续志》（1342）卷九，第13a页。
85 孙星衍、邢澍编：《寰宇访碑录》卷十二，第15a（20062）页。
86 《河南总志》（1484）卷七，第37a页。

(续表)

	日期	地点	明代驿站系统	北方／南方
	1333	阳城（山西）		北方[87]
	1334	安阳（河南）	P	北方[88]
	1334	高唐（山东）	P	北方[89]
90	1334	合州（四川）	P	南方[90]
	1335	新乡（河南）	P	北方[91]
	1335	虞城（河南）		北方[92]
	1337	深泽（河北）		北方[93]
	1337	平陆（山西）		北方[94]
95	1337	上虞（浙江）		南方[95]
	1337	蒲圻（湖南）	P	南方[96]
	1337	合肥（安徽）	P	南方[97]
	1338	应山（湖北）		北方[98]
	1339	定海（浙江）	B	南方[99]
100	1341	掖（山东）	P	北方[100]
	1342	慈溪（浙江）		南方[101]
	1342	醴泉（陕西）		北方[102]
	1342	常熟（即武进，江苏）	P	南方[103]

---

87 《山西通志》（1731）卷一百六十六，第 6a（141）页。
88 武亿：《安阳县金石录》卷十，第 13b—14（13920）页。
89 孙星衍、邢澍编：《寰宇访碑录》卷十二，第 18a（20063）页。
90 鲁贞：《桐山老农集》卷一，第 18a—21b 页。
91 《卫辉县志》（1603）卷五，第 4b（634）页。《河南总志》（1484）卷九，第 12b 页标注年份为 1347 年。
92 《河南总志》（1484）卷三，第 51b 页。该年号亦可能指 1264—1294 年，但较为可能的情况是指后至元时期。
93 《深泽县志》（1675）卷二，第 16a 页。
94 《平陆县志》（1764）卷三，第 8a 页。
95 《上虞县志》（1671）卷六，第 18b 页。该年号亦可能指 1264—1294 年，但较为可能的情况是指后至元时期。
96 《湖广总志》（1576）卷四十二，第 4a 页。
97 《合肥县志》（1573）卷五，第 3b 页（也可能是 1266 年）。
98 《湖广图经志书》（1576）卷四十二，第 4a 页。
99 《四明续志》（1342）卷九，第 14b 页。
100 《莱州府志》（1604）卷四，第 6a 页。
101 《四明续志》（1342）卷九，第 14b 页。
102 《醴泉县志》（1535）卷一，第 20b 页。
103 《姑苏志》（1474）卷二十七，第 20a 页。

(续表)

	日期	地点	明代驿站系统	北方／南方
	1344	浚（河南）		北方[104]
105	1345	巩（河南）	B	北方[105]
	1348	滁阳（即滁州，安徽）	P	南方[106]
	1349	温（河南）		北方[107]
	1352	许州（河南）		北方[108]
	1353	易州（河北）	B	北方[109]
110	1353	胙城（河南）		北方[110]
	1354	凤台（山西）		北方[111]
	1354	内邱（河北）	P	北方[112]
	1354	叶（河南）	P	北方[113]
	1354	龙岩（福建）		南方[114]
115	1354	潮阳（即潮州，广东）	B	南方[115]
	1355	临朐（山东）		北方[116]
	1357	太仓（江苏）		南方[117]
	1357	日照（山东）	P	北方[118]
	1358	新安（河南）	P	北方[119]
120	1364	三原（陕西）	B	北方[120]

---

104 《大名府志》（1445）卷四，第12b页。
105 《河南总志》（1484）卷七，第37a页。
106 《滁阳志》（1614）卷九，第15a—b页。
107 《河南总志》（1484）卷八，第16b页。
108 孙星衍、邢澍编：《寰宇访碑录》卷十二，第44b（20076）页；钱大昕：《潜研堂金石文跋尾》卷二十，第15b—16b（18998）页（《石刻史料新编》第1辑第25册）。
109 《北京图书馆藏中国历代石刻拓本汇编》第50册，第90页。
110 《河南总志》（1484）卷九，第12b页。
111 《山西通志》（1892）卷九十六，第62a（719）页。
112 《内丘县志》（1832）卷一，第19b页。
113 《河南总志》（1484）卷六，第25b页。
114 《龙岩县志·下》（1558）卷七，第85b页。
115 《潮阳县志》（1572）卷十，第12b—13a页。
116 《临朐县志》（1884）卷五，页码不可辨认。
117 《太仓州志》（1548）卷九，第31b（690）页。
118 《青州府志》（1565）卷十，第37b页。
119 《河南郡志》（1499）卷七，第37b页。
120 《三原志》（1535）卷三，第4b页。

第五章　神如在

无论何时，当我们访问中国任何一座佛寺或道观时，都会看到一个或多个塑像以及其他一些视觉形象物（visual representations）。[1]本地人甚或外地参访者可能会对其中一些神灵的形象比较熟悉，那是他们日常崇拜的一部分。围绕神灵有很多故事，这些故事中有的较为晚近，是一些个体性的记忆，还有一些则来自更久远的过去，是世代集体传承的神奇传说。这些故事和形象影响着人们对于神祇及其灵力的想象，当这些神祇出现在他们的梦中甚至现实生活中时，这些想象有助于构建神灵的形象。构建关圣形象的关键性要素是他的武人姿态、红色面庞、三绺长髯和绿色长袍，另外还有青龙偃月刀、赤兔马，以及深受其信任的助手——包括他的儿子关平和长相丑陋但特别忠诚的周仓。

那些用于宗教性崇拜的塑像和其他类型的神像都由信徒所奉献，同时还要举行"开光"仪式。此类仪式将赋予神灵洞察世间万物的能力，也就是说它被想象成可以将目光投射到很远的地方（这是"光"最基本的含义）。它们的眼睛，根据需要，还可以包括身体的其他部分都会被点上献祭动物的鲜血或者丹砂，以为其提供最初的生命动力。神灵塑像本身还可能会包括一些模仿人体器官的附属物和小动物，为其提供更

---

[1] Wang, *Shaping the Lotus Sutra* 中有关于佛教视觉文化的例子。关于道家传统的视觉维度观察，见 Huang, *Picturing the True Form*.

多的生气。有学者发现，早在10世纪，人们就已经在神像体内放入丝绸制成的器官了。[2]因此，供人们崇拜的那些神像被想象为真实的存在，远不止是作为崇拜和记忆的聚焦点。

在本章中，我们将追寻人们如何在庙宇和圣坛中、在梦境和想象中遇见关圣的行迹，同时也将探讨他们是怎样频繁地将其纳入道场和各种各样的神灵附体类仪式的。在本章结尾，我们将讨论某些流传的故事，这些故事涉及神灵的早年经历，同样的，这些故事也使其变得更加真实，更有想象空间。这些资料包括个人性的回忆、灵迹故事、仪式性文献、舞台戏剧以及地方民俗。所有这些资料关注的核心是神灵存在的真实性，这一问题看似已经被一些关键的要素所证明，包括人们在梦境和想象中亲眼所见的神灵的容貌和举止，还有相关的气味、声音和触觉，神灵的行为方式，甚至在没有人力干预下神像的移动等。[3]

与神灵相遇

592年左右，智𫖮第一次遇到的是一条龙，而并非像关羽这样的拟人化神灵，后者后来帮助建造了玉泉寺。只是到了唐代，玉泉寺的僧人才重述了智𫖮与关羽（关圣）相遇的传说。没有资料证明这些僧人是如何想象关羽降灵的，但是宋代以前的很多资料都表明人们会在梦境或者幻境中目睹关圣的形象。宋代文人着迷于那些被认为曾经属于历史人物关羽的物件，尤其是在洞庭湖中发现的关羽的印章。那枚印章，以及稍

---

2 我已经在《讲故事：中国历史上的巫术与替罪》一书中指出了这一点，参见该书第93—94页。在这方面，James Robson曾经有过一个非常重要的研究计划，参见 *The Archive inside: Manuscripts Found within Chinese Religious Statues*，第359—374页。
3 参见 Van der Loon, 'Les origines rituelles du theatre chinois', 141—168；田仲一成：《中国祭祀戏剧研究》。关于田仲一成著作的评论，载于 *Norms and the State in China*, 'The Ideological Manipulation of Traditional Drama in Ming Times: Some Comments on the Work of Tanaka Issei', 50—70。亦可参见田仲一成：《中国巫系演剧研究》。

后传说中关羽在盐池歼灭的巨龙遗骸都曾经被供奉在玉泉寺中,作为神灵显圣的实物证明。在该寺以外,这些物品对于关圣崇拜没有什么意义,塑像和其他的关羽神像则更为重要,此外还包括他的一些随身物品,比如他的大刀和赤兔马等。

神灵早期的形象

很早以前,神灵的形象就开始逐渐被标准化。1077 年时,根据关羽随身携带的"朱漆杆锯刀一口"和他的战马,一支在遥远的南方作战的山西士兵在当地一座寺庙中,认出了作为神灵的关羽。[4] 在 13 世纪早期,一位来自平遥、为蒙古人作战的将军对关羽形象的想象更为具体。在其从军的早年时光,他经常梦到一位端坐在马鞍上的长髯将军,这位将军手举大刀,看上去就像关羽。长髯将军告诉他不必害怕,因为自己会保护他。后来他在一棵蛀空的桑树下发现了关圣的画像,此后,每逢战役,他必拜关圣,而每一次战役的胜利他都感觉仿佛有神灵护佑。[5] 在第二章中,我们讨论了 12 世纪晚期洪迈记述的一个故事。在那个故事中,官员的疾病被一个长髯巨目的家伙所治愈,随后,那位官员拜访了玉泉山上的寺庙,在那里见到了被供奉于亭阁中的关王塑像,猛然意识到这就是他梦中所见之人。自此以后,他便将神灵的画像供奉于家中。[6] 所以,在早期,人们就根据自己周边流传的神灵的相关具体描绘展开视觉想象,其中最中心的要素就是胡须和大刀。随着关羽画像、塑像等视觉性材料的传播以及神灵被纳入道教仪式和地方巫觋的驱魔仪式,[7] 这种反映于文

---

4 冯俊杰:《山西戏曲碑刻辑考》,第 18、20、22 页。
5 顾问:《义勇武安王集》卷八,页码不清。这个故事是 1361 年由胡琦在当阳从故事主角的孙子那里搜集到的。
6 洪迈:《夷坚志》之《夷坚支景》卷十,第 963—964 页。
7 关于明代关羽的画像,参见 Moore, 'Voilence Un-scrolled',第 86—97 页。Little, Eichman and Ebrey, 'Taoism and the Arts of China',在该书 300 和 311 页中提到了另一个很好的个案,他们将其认定为元代的画像。然而,林圣智在《明代道教图像学研究》一文中却认为那是一幅明代的画像。(第 155—157 页)

献中的（神灵形象的）标准化进一步加剧。

现存最早的一幅年画非常细致地刻画了神灵的形象。[8]在此后的一段时间中我们知道，这样的画像普遍存在于各类仪式和文化实践。这幅独特的年画没有标明日期，而仅仅加盖了平阳府（今山西南部）徐家的印鉴。1908年在对甘肃一座废弃的西夏城池进行发掘时，一群来自俄罗斯的探险家发现了这幅画作，它肯定是由中原的商人带至此地的。在同样一个地方，人们已经发现了大量晚至元代（1260—1368）末年、可以明确具体时间的物品。之前，这幅画的绘制时间被远溯至金代（1115—1234），但这似乎不太可能，因为如果按照这一说法，那么在1372年明军攻陷这座城池、随后又将其废弃之前，这幅画像已经被人们持有一百多年了，而众所周知，年画的纸张是非常脆的。[9]即使绘制于元代末年，它仍然是现存最古老的关羽画像之一。在这幅画上，关羽身后有三位随从，椅子前面还有两位。画上还有神灵的封号，其中一位随从手持书有"关"字的大旗，关羽标志性的三绺长髯也出现在画上。另外一位随从则举着他的大刀。不久，和关羽一起被杀的儿子关平以及他忠实的支持者周仓——一位在宗教和文学传统中被虚构出来的人物，将会站立于关羽的两厢。

由于当普通的崇拜者在梦中或其他情境下"遇见"神灵时，需要确定他的形象，所以仪式专家们有必要在他们的宗教仪式中召唤关圣。在仪式过程中，他们不能出现任何失误，因为一次错误的神灵召唤会带来大量的麻烦。一些大致可以确定形成于13世纪的仪式文本如是描绘关羽的形象：

---

8 这幅画的复本收录于 Moore 的 'Voilence Un—scrolled' 一文（特别是第92页）和李福清主编的《中国木版年画集成·俄罗斯藏品卷》一书中（第414页），亦见于更早期出版的俄罗斯所藏年画作品集中。

9 Maspero 在 *Les documents chinois de la troisième expédition de Sir Aurel Stein en Asie Centrale* 一书中已经提到其中绝大部分的文献都来自元朝，有一些可以追溯到辽朝。（第193页）关于传统的说法，可以参见李福清《关公传说》（第94-96页）和 Moore, *Voilence Un-scrolled*（特别是第92-93页）。

> 元帅重枣色面，凤眼，三牙须，长髯一尺八寸，天青结巾，大红朝服，玉束带，皂朝靴，执龙头大刀，有赤兔马随。常用喜容，如箴，摄怒容，自雷门而至。[10]

这条材料中关于关圣形象的许多细节都和他在文学作品中的形象相吻合（反之亦然），除了他所穿的红色长袍（在此后的传统中被绿色长袍所取代），神灵还手执龙头大刀，很明显地暗合道家文献中他曾于盐池驱龙的事迹。这些仪式文本包含了若干神灵的画像，都绘制于仪式过程中；尽管我们现在仅仅能看到神灵形象的轮廓，不过他标志性的大刀（包括刀上的锯齿）和武将的姿态还是很容易识别的（参见第三章图3.1）。

来自同一组仪式文献的另一处描写进一步丰富了神灵出场时的细节，这些细节让人联想起另一位驱魔神灵——永远脚踏风火轮的哪吒三太子。

> 关元帅面红紫色，红袍，金甲，长髯，手执大刀，乘火云自南方来。[11]

在此，关羽的脸色被描绘为另一种很深的颜色，这提示我们，不同的作者是根据其所目睹的具体形象来构建神灵的，而并非仅仅根据某种单一的文本。易言之，人们关于神灵的想象很大程度上来源于戏曲演出。那些与文学传统共享的元素包括他红色（深色）的肤色，他的胡须，他坐骑的名字——赤兔，以及他的大刀。所不同者是在以上描述中，他的长袍是红色的。在同一文本的另一处，他的大刀被定义为龙刀。[12] 这

---

10 《道法会元》卷二百五十九，第588页。我们在第三章中讨论了这些仪式产生的时间，大约在1187—1329年。
11 《道法会元》卷二百五十九，第593c页。
12 《道法会元》卷二百五十九，第590a页。

一武器在此后将被确认为青龙偃月刀，暗示着它是由一条龙变化而来。可惜的是，我们无法查证这一变化的宗教背景。

在 1077 年，那些山西的士兵提供了有关神灵战马的具体形象，1249 年旧历五月十三日在上都（今北京市）为关圣所举行的一次神灵巡游中，我们得到了与红色战马相关的更多细节。它被称为赤骥，而不是文学作品和仪式活动中常出现的赤兔马，这提示我们作者并非只照搬已有的陈说，而是根据自己在游行中的个人观察而写作的。[13] 这匹马以后将一直伴随关圣出现在庙宇中、壁画中，通常以泥塑的形象出现，有时甚至就是一匹活的马。

某些形象要素的渐渐成形，就为人们在梦境甚至真实生活中遇到并认出关羽提供了基础。公元 1325 年，一座位于巩昌的关帝庙被重建，据当时所立的一方碑刻记载，"相传金大定间，西兵潜寇，城几不守，乃五月二十有三日，见若武安状者，率兵由此山出，贼骇异退走"。因此人们原地建造了一座庙宇。[14] 那些来自西方的寇贼指的是西夏军队，他们一直在金朝的西北边境施加压力，而巩昌正位于这一带。上述史料原文中的"状"字暗示，人们先前对于神灵的形象已经有所了解，尽管我们并不知道任何细节。提及上述神灵显应事迹的文献同样指出，"郡邑乡井绘而为图，众以时享；偶而为 [像]，豫宇以常尊"[15]。尽管这一史料反映的是立碑时的信仰状况，它仍然可以被看作众多案例中的一个典型个案，在这些案例中，人们总是根据先验的印象来与神灵相认。

神圣的存在

随着神祇的普及，关羽日益受到人们的欢迎，神灵像的数量明显大幅增加，但研究这些形象最大的问题在于其缺乏明确的制作日期，因为

13　郝经：《陵川集》卷三十三，第 7a 页。下文中我们将引用这段文字。关于马，请参见竹内真彦：《关羽与吕布》，第 43—58 页。
14　同恕：《榘庵集》卷三，第 8b 页。
15　同恕：《榘庵集》卷三，第 7b—8a 页。

无论是雕塑、画像、卷轴还是年画都很少会标上这些信息。[16] 在其庙宇中会有关公和最亲密的助手的塑像，同样还包括那些对他而言最重要的随身用品。比较富有的寺庙中会装饰有壁画和雕刻，其内容则取材于神灵的传记或者那些来自叙事文学的传说。[17] 至少在四幅保存于河北与山西佛教寺院中的水陆画中，关羽是以一个道教神将的形象出现的，他的头衔是崇宁真君。[18] 当神像被抬出来巡游或者出现在驱魔仪式中时，人们一定可以见到他的形象。我在此会围绕神灵的形象展开讨论，但聚焦的重点并非关于神灵肖像的分析，而是提供一些人们通过亲眼见到的神像和故事中的描述来想象神灵的案例。

能够证明神灵存在的最为感人的记述来自元初（13 世纪下半叶）的尤玘。很久之前，他的家族在江南的无锡县为神灵建造了一座坛庙。当建造这座坛庙的尤玘的先人已经十分老迈，无法再定期前往庙宇中瞻拜神灵时，他最后一次冒雪前往庙中。紧接着，他注意到神灵塑像的两颊间有水迹。将其拭去后，水迹很快再次出现。他为此低声啜泣，因为这太奇怪了。回家后，他便疾病缠身，一个月后撒手人寰。[19] 所以很有可能神灵也同样是在为他哭泣，因为这位老人将不久于人世。[20]

在西方收藏机构中也有关羽的塑像，如图 5.1 所示来自大英博物馆

16　相关图像可参见李福清：《关公传说》（第 93—168 页）以及《中国民间美术全集·祭祀编·神像卷》，第 10—16 号画像（第 22—29 页）、第 157—161 号画像（第 148—149 页）和第 241 号画像（第 202 页）。
17　根据山西庙宇中一份很长的壁画名录的提示，在山西，至少有 48 座庙宇的壁画与关公或者三国故事相关。在我印象中，还没有人将这些壁画与文字传统联系起来进行研究。参见柴泽俊：《山西寺观壁画》（北京：文物出版社，1997 年），第 84—89 页。
18　金维诺：《河北石家庄毗卢寺壁画》，第 6 页（壁画，1495—1535 年）；柴泽俊：《山西寺观壁画》，第 110 页（1501 年）；保宁寺明代水陆画。柴泽俊在《山西寺观壁画》第 113 页关于浑源县永安寺的调查报告中并没有将关公列入，但是我在 2016 年的一次田野考察中的确确在明代的壁画上亲眼看到了他的形象。明代（或许是 15 世纪末）壁画中的关公（可能）是一位佛教伽蓝神，参见柴泽俊：《山西寺观壁画》，第 242 页（240 号画像）和 243 页（242 号画像），关于其年代在该书 105 页有所讨论。清代寺庙壁画相关个案，参见柴泽俊：《山西寺观壁画》，第 274—275、283 页。关于清代表现关公故事的雕塑作品，参见马元活：《双林寺彩塑佛像》，台北：美术家出版社，第 178—180 页。
19　尤玘：《万柳溪边旧话》，第 3a—b 页。另一个案参见徐昌祚：《新刻徐比部燕山丛录》卷七，第 7a 页。
20　尤玘：《万柳溪边旧话》，第 1a—b 页。

图 5.1 陷入沉思的关公

这尊塑像是 1753 年斯隆（Hans Sloane）爵士捐赠藏品的一部分，斯隆爵士的捐赠为大英博物馆的成立奠定了基础。大英博物馆，藏品号 SLMisc.1174。大英博物馆授权使用。

的由滑石制成的雕像。上面的捐款题名提供了一组非常可靠的数据，一般情况下，我们很少能够在其他塑像上看到类似的信息。如图所示，关圣非常惬意地端坐在一把扶手椅上，左手抚摸着三绺长髯，人们可以通过这一标志性的细节来辨认他的身份。他的右手安放于扶手上，暗示着著名的大刀不在手边。尽管没有手持书卷，陷入沉思的姿态还是表明这尊塑像最初是为文人雕刻的。由于它是从广东而来，因此很有可能生产于广东、福建一带。这尊塑像反映出来的变化，以及从晚明到清初的类似描述是引人注目的，因为现在神灵有可能已经被想象成一个文化人，尽管他仍然是一副身穿军袍、红脸、留着美髯的武将形象。

尽管人们无法亲眼看到神灵，但是可以在他的塑像或者其他形式的像设前面开展祭祀活动。在玉泉寺中，关圣成为一个素食神灵，不过这一形象并未随着神灵的传播而被其他地方所接受。当人们在玉泉寺中进行仅有水果和茶水等素食在内的献祭活动时，只是源自他们个人的佛教信仰，以求和玉泉寺的身份相适应。一般的祭祀包括普通的香烛、"血食"和酒水。人们通过鞠躬和诵念表达对神灵的敬意，很大程度上类似于他们在现实社会中对尊长表示敬意。一般的笔记小说、碑刻文献以及地方志书中的相关描述都很少会具体提及这一方面的内容，因为祭祀文化首先是通过身体的模仿习得的，它是一种关于身体的知识；人们只要"知道"怎样做就可以了，没有必要（或者事实上是没有能力）用文字清晰地把它表述出来。唯一的例外是在清代，关于神灵的祭祀进入国家祀典后，书籍中才能提供细节性的描述。[21] 尽管如此，伴有众多仪式的祭祀活动是个人与神灵产生互动的非常重要的途径。

在与平遥将军相关的案例中，我们已经了解到做梦是与神灵沟通的一种方式。在以下个案中，梦境又可以协助画师提高绘制神灵真容的能力。我们从一位名叫陶汝鼐（1601—1683）的明遗民所作的一首诗序中了解到了这个故事，这篇序言写于1680年：

> 蒲州帑藏中有关夫子画像，题曰五十三岁时作，近年张中丞发之，其子江华令年幼即能摹写，长而被公梦授益真，每斋沐敬写以应求者，英灵如在，然与世所传差异，里人得之，请为赞矣，而系之以诗。[22]

21　比如可参见 Johnson, *Spectacle and Sacrifice: The Ritual Foundations of Village Life in North China*, 306—315。

22　诗歌以及进一步的细节参见陶汝鼐《荣木堂合集・荣木堂诗集续编》卷二，以及《荣木堂合集・荣木堂文集》卷十二，页码不明。收入《四库禁毁丛书》，据清康熙刻世彩堂汇印本影印，第 319、685 页。

文中提及的画师是（神灵的）奴仆张纯修（1647—1706），是清代一位十分普通的地方官员。同时他也是一位二流的画家和书法家，以模仿前辈大师闻名。根据其家族历史，他的父亲张自德（约1612—约1671）曾经在其出生地——河北西北部的丰润——的一座关帝庙中读书，1630年在辽阳被金朝（不久后又称为清朝）的军队所俘虏。最终，张自德在八旗当差，仕途非常顺利。清征服明朝后，他重建了那座旧庙，直到18世纪中叶，该庙宇仍然存在。[23] 因此，关王对于张氏家族而言肯定有着非常重要的意义，我们很容易推测出，他的儿子在很小的时候应该就已经听到了许多关于神祇的故事，他所绘制的神灵肖像的复制品当时流传甚广，其中的一些还被临摹在石刻上，留存至今。[24]

神灵会通过以下这些方式显示自身的存在。比如它的塑像在一次大洪水中得以幸存，甚至亲自拯救百姓；[25] 在某一特定的神庙中他的坐骑所表现出来的忠诚；[26] 本地庙宇中神灵所持的大刀具有不可思议的重量；等等。[27] 在以下这个由晚明僧人袾宏（1535—1615）提供的例子中，它的轿子仿佛拥有魔力。

> 杭人好作神会。近岁有于云长公诞日，盛陈驺从，广列对仗，八轿舆神，百乐并奏。门皂、马兵、旗卒、剑手，皆庶人在官者发心当役。路逢神庙，一夫充健步者，办作符官，持帖拜客。彼庙祝跪禀云：本神出外失候。此犹未甚害事。

---

[23] 参见黄一农：《曹寅好友张纯修家世生平考》，尤其是第3—4页。史景迁在《曹寅与康熙：一个皇帝宠臣的生涯揭秘》一书第69页中有关于张氏的简要评述。
[24] 张见阳临摹《关夫子五十三岁真像》（http://blog.sina.com.cn/s/blog_4e5341fe01017ktb.html，2016年9月29日查询）。
[25] 《滁阳志》（1614）卷九，第15a—b页；董含：《三冈识略》卷八，第15a页。
[26] 纪昀：《阅微草堂笔记》卷三，第1a页。
[27] 冯俊杰：《山西戏曲碑刻辑考》，第20—23页；元好问：《续夷坚志》卷一，第6页；《高陵县志》（1541）卷二，第6b—7a页；《桐乡县志》（1678）卷四，第25b页；《稷山县志》（1763）卷二，第10a—b页；《宁陕厅志》（1829）卷四，第26a—b页。

> 或一时异轿人自谓身不由己，突入富家，端坐正厅，多人异不动。主人再拜许施，种种供养，方可举移。又一隶人许充一役，至期，以病不克赴会，遂出狂言，叩首乞命。人愈神之。[28]

神灵藏在轿子中或者他的雕像里，通过控制轿子的移动以表现自身的灵力。在台湾地区至今仍有类似的习俗，看上去与大陆似乎没有什么区别。那位背信者最终精神崩溃，得到了惩罚。在这一个案中，神灵剥夺了他的沟通能力，周边的人们将此视为一种"神迹"。

某人所具有的卡里斯玛式或者其他超自然的能力也可以世代相传。这样的信念建基于中国统治者对"天命"的传承，尽管一个王朝的开创者最初总是通过个人的努力（以及大规模的暴力）获得上天青睐。孔子的后裔或者更为著名的"天子"的后裔在这方面有着相同的信念。人们似乎忘了在关羽生前或死后不久，他的子女及其他家人便已经病逝或者被杀身亡了。在 1614 年，明朝政府命令七个关姓家庭从运城（当时为解州州治所在地）迁往洛阳，以守卫关羽的衣冠冢——据推测，当时这个冢墓被创造出来的时间并不长。[29] 到了清代初期，几个关姓家族开始自称关羽的后代。他们分别居住在关羽的出生地——解州，关羽头颅的埋葬地——洛阳，以及其余躯体的掩埋地——荆州。[30] 他们的声明得到了清政府的支持，在 18 世纪初，这三个家族甚至得到了"五经博士"这样的荣誉头衔，表明了政府对于关羽熟读《春秋》这一传闻的认可。[31]

对于神祇卡里斯玛式能力的创造一直持续至今，远比制造后裔来得更为深入。现在，他的传记与各地景观密切相关，当他的个人传记发生

28　袾宏：《云栖法汇》卷十六，第 82b08—20 页。
29　杨筝：《关公神格的地方性》，第 24—26 页，但是观察视角不同。
30　周光业、崔应榴辑：《关圣帝君事迹征信编》卷五，原书第 5b—6b 页（180—182）页。
31　周光业、崔应榴辑：《关圣帝君事迹征信编》卷五，原书第 5b—8b（182—185）页；原书第 9b（188）页。

变化，景观也随之而变。关羽的躯体被埋葬于荆州某条河流的岸边或许是史实，但是晚明清初以降，与其生前故事扯上关系的绝大多数地方则完全是捏造出来的。明清时期记录关羽圣迹的资料不厌其详地讨论其传闻中的亲属、数代以内祖先的坟墓、他的故居，等等。[32] 前往解州关氏宗庙朝拜的关羽信奉者数以千计，他们可以巡览这些地方，如果他识文断字又足够有钱的话，就能够获得一部清代记录神灵圣迹的书籍，通过文字来了解相关内容。人们希望可以通过关羽的后裔以及那些据说关羽曾经访问过的地方，或多或少地领受到神祇的"卡里斯玛"。

在现实生活中感受神祇

人们对神灵塑像和画像的崇拜是基于他们希望神祇能够有规律地显灵，并且让他们能够体验到更多的细节。关羽神灵的现身经常伴随着一些感官上的强烈体验，比如一场疾病或大汗淋漓，一些特别的声音和噪音、香味，以及神像的移动，等等。这些身体上的体验会使人们对神灵显应的记忆变得更加深刻，尽管这些或许只是他们初次体验神性时产生的部分生理反应而已。在16世纪初，有一位苏州的举人上京赶考。在那个远离家乡、冰冷的小旅店中，他生了一场大病，"见卧旁挂关公像一幅，乃于枕上默祷其庇佑"。恍惚间，他仿佛看到了一位与画中人相似的神祇正在呼唤他。神灵叫他不必忧虑，发汗后自会痊愈。回家后，这位举人"画其偶事之"[33]。在这里，毫无疑问，这位应试者高烧时的状态让他通过体验神灵显应而对神灵有了鲜活的印象。

以下一个发生在晚明时期的个案表明，神灵画像的拥有者并非都是从刚开始就认为其值得加以崇奉。一位川渝籍的官员赴山东任职时获得了一幅关圣的着色画像。他将其锁置于一个书柜中，当晚神灵托梦

---

32 比如可参见周光业、崔应榴辑：《关圣帝君事迹征信编》卷七，原书第 1a—9b（207—224）页；卷十三，原书第 1a—2b（407—410）页。
33 陆粲：《庚巳编》卷七，第 78 页。

给这位官员，因为自己被忽视表现得非常愤怒。然而，当这位官员苏醒后，却忘掉了这个梦。次日晚，作为神灵两个助手之一的周仓，斥责了一个仆人。仆人醒来后，飞奔向主人住所，告知相关情况，后者随之取出卷轴画像，加以装裱和崇奉。这次，神灵又出现在梦中向他致谢，并且表明他们早有前缘。这时，那位官员才回忆起来，在他仕途的早期，衙署中曾经有过一个关羽的神龛。[34] 有趣的是，根据我们现在所做的调查，这位官员早期的任所是位于长城脚下的遵化，该地区以信奉关羽而闻名。愤怒的神灵持续地出现在梦境中这一现象，确认了神像卷轴与这位官员之间的联系，而因关羽崇拜而闻名的地区并非这位官员的出生地。

那些关于关圣在梦境和幻象中显应的史料并没有提及是否有"专家"帮助解释这些迹象。[35] 我们的主人公们往往是自己或者和亲戚朋友一起解析，梦境在事后变得清晰起来。比如，1667年时，一位山西潞安府的县令做了一个梦，在梦中他遇见了一位很有礼貌、走起路来小心翼翼的大个子。当他苏醒后，碰巧路过一座关帝庙，庙中的神像看上去就像他梦见的那个人。此后，他又梦见自己遇到了一位老和尚，小沙弥们围绕在他身边，拉扯着他的袈裟。当时，这位县令刚刚失去自己的儿子，一群小沙弥宽慰他说："求子何难？"醒来后，他经过一尊很大的铜铸坐佛，尘土瓦砾间有不少小佛像围绕。它们看上去非常眼熟。他默默地燃香祷告，数月后即获一麟儿。于是，他修建（或者说复建）了一座关帝庙和一座千佛阁。[36] 毫无疑问，我们的县令大人当时正沉浸在丧子之痛中，这使得他更容易接受在同一叙事框架中对随后发生的一些事情的解释，比如说梦境和现实生活中遇见的残破的庙宇。因为他毕竟在事后

---

34 谢肇淛：《麈余》卷二，第 8a—b 页。该书中还有很多关公托梦的其他故事。
35 对梦的综合性研究，可参见 Eggert, *Rede vom Traum: Traumauffassungen der Literatenschicht im späten kaiserlichen China*。"专家"在相关史料中的缺席并不意味着他们不存在，而仅仅表明他们在特定的事件中并不是那么重要。
36 《潞安府志》（1770）卷三十九，第 33b—34a 页（？）。

喜获麟儿，这些梦境就变得特别有意义。[37]

附体于人身是神祇显灵最具体的方式之一，但是关于这一方式我无法提供更多的资料。1080—1081年，很可能是得到了关羽附体显灵时的授意，玉泉寺附近的一座寺庙得以重建，这使得由张商英撰写的那方碑记声名大噪。[38] 1125年，在荆门城外的一座关帝庙中，神灵附体于一位不识字的狱卒，后者突然变得会写字，笔力雄健如颜柳。[39] 现存的文本文义不通，文字也非常简单和普通，这充分表明了狱卒极其有限的文字能力。但这是关圣第一次显灵写字，其目的也并不是为了传递什么具体的信息，只是为了表明那位狱卒已经重新获得了书写的能力，并且真的被神灵附体了。传说中书法的优美进一步肯定了神祇的显灵，而并非狱卒失心疯的结果。

然而，除了一些早期的个案，关圣附体的资料很少。取而代之的是，从16世纪晚期开始，神灵经常通过降乩的方式与他的崇拜者们沟通。[40] 如以下案例所示，神祇在乩坛中显灵会给人以极其传神的感受。为了预卜自己在即将到来的府试中的命运，大约在18世纪中叶，一地方生员建立了一个乩坛：

> 初，土地神降云：驾将到，尔等须虔肃。俄而宅神、灶神、城隍神齐集，历乱匆忙，佥曰：关帝至。须臾，一室奇香，灯火尽绿，炉中烟直上。

这位生员紧张得汗流浃背，在开口询问自己的秋试命运之前，他不停地叩头。或许也并非完全在意料之外，神灵非常严厉地在道德上对他

---

37 这位官员在祷告后仅数月就获神灵赐子，表明当时他的妻子或小妾已经怀孕了，但是他对此还不知情。
38 胡聘之：《山右石刻丛编》卷二十一，第7b页。我们在第二章中对此有所讨论。
39 赵钦汤编，焦竑校：《汉前将军关公祠志》卷六，第7b—8a页。
40 关于这一话题的详细讨论参见第七章。

给予了谴责,并且通过扶乩预言他的家族将在一年后的一场瘟疫中覆灭。[41]在这里神祇的出现伴随着声音和气味,那位生员和所有参加乩坛的人都怀着极其敬畏之心体验到了这些现象——至少在最终由他人转述的版本中是如此,因为生员自己在一年多后也身亡了。[42]在第七、八章中,我会详细地考察扶乩这一风俗。

以下史料非常精彩地刻画出了人们在普通的祭祀过程中希望感受到神灵显应的强烈愿望,这段资料从一开始,先概述了晚清一座地方关帝庙中崇拜者们对关羽的献祭:

> 关帝庙最灵应。报赛者肩相摩,踵相接也。神像幛以幔,幔前设长案,陈牲醴,案外设大桌,列香烛。祈祷者俯伏桌下无敢哗,拜跪起视牲醴,如一物不动,则怏怏归,谓神不我飨。间有失去牲者,则喜甚,谓神已飨之也。于是人莫不敬信。

很明显,人们希望得到某些表明神祇显灵的肯定性暗示,在这里,如果他们发现献祭的食物被人碰过了,就说明神灵现身了。在故事接下来的叙述中,庙祝并不相信这些事情,他发现有一条大蜈蚣正在吞食那些信众献祭的肉食。乍一看,我们可能会认为这一叙述的重点在于说明神灵显应的信仰是错误的,然而事实上没有人做这样的评论,真正的重点在于那条蜈蚣通过修炼内丹在某种意义上可以长生不老。庙祝获得了那颗内丹,并用它治好了脓血症、溃疡病以及其他一些疾病。[43]无论这位作者自己是否相信神灵显应,相关叙述非常明确地表明,对于神祇的信奉者而言,感知到神灵的存在是非常重要的。

下文中我们将会看到,在神祇显圣的过程中可能会出现戏剧化的场

---

41 诸联:《明斋小识》卷一,第 3b 页。
42 更多关于嗅觉重要性的例子可以参见王同轨:《耳谈类增》卷二十八,第 2a 页以及郑仲夔:《玉麈新谭》卷四《耳新》,第 3a 页。
43 青城子:《志异续编》卷二,第 16a—b 页。

景，同时夹杂着在此之前仪式专家的准备和目标受众的情绪化反应。18世纪，一位北方官员在自家官署中设立了一个乩坛，参与者有他的家人和朋友。但其中一位非常安静地待在自己的房间里，不肯出来。当人们需要解释时，他说自己只侍奉关圣，不能去其他普通的乩坛。那位官员随后要求他邀请神祇降临，后者予以应允。首先，他给参与者提了一些要求：

"诸公须斋戒三日，择洁净轩窗，设香供。诸君子另于别所设大缸十口，满贮清水，诸公跪缸外伺候。"

我们并不清楚盛满水的水缸，在靠近窗户的地方放置香和祭品，还有那些蜡烛在仪式中的意义是什么，但肯定非同寻常。当一切就绪，所有的准备工作，包括对神灵的跪拜，都在营造一种值得高度期待的氛围。

年家子遍身着青衣，仰天恸哭，口谆谆若有所诉。忽见五色云中，帝君衮冕长须，手扶周将军，自天而下，临轩南向坐，谓年家子曰："汝勿急，仇将复矣。"某复叩头大哭。周将军手托帝君足飞去，只见瑞气缭绕而已。诸公为金甲光眩射，目不能开，皆隔水缸伏地。

之后的某一日，那人突然离去，对于这位高官在路上突遭奇祸，大家都啧啧称奇。[44] 现在看来，类似的叙述或许可以被看成是靠近窗户（用油纸糊成，而非玻璃）的一次类似于皮影戏的表演，同时还利用了被水缸里的水反射所增强了的灯光效果。但同时，我们不应该仅仅把这样的事件看作一场魔术师的把戏，因为这个故事向我们展示了那些处于社会最高层、受过良好教育的人是怎样渴望去分享关于神祇显灵的实实在在

44　袁枚：《续子不语》卷四，第2b页。

体验的。对于此后关于类似事件的解释和记忆而言,这种企求获得某种特定体验的希望是非常关键的。无论对文人还是对本地的农民而言,都是如此。

对神灵的体验事实上充满了各种各样的感官体验,从声音、光线和气味到移动以及触觉。而崇拜本身也同样是一种多感官的经验——在燃香过程中,在叩头跪拜时,以及在人们互相分享祭品时都是如此。在围绕神灵举行的赛会中,这一点被进一步强化。众人参加庙会,摩肩接踵,汗流浃背,大声高喊,进入一种在地方志中经常被述及的兴奋状态,在方志中,作者会用"热闹"或者类似表达来描述这一场景。[45] 这经常是一种非常强烈的集体体验,远远超越视觉和听觉的层面,进一步强化了人们在赛会中对神灵存在的感知。但是我们同样不应该低估个人梦境集体性的一面。一旦有人做了一个梦,就会与他人分享,并被多次复述。也因此,一个梦甚至会变成一种社会性的体验。

扮演神祇

19 世纪末 20 世纪初,西方观察者们注意到了戏台和戏剧在宗教庆典上的重要性。由于受到以文本为导向的思维模式的影响,他们把它和文字传统联系在了一起,比如说《三国演义》,但事实上他们看到的是原汁原味的戏剧演出。[46] 现在,在中国北方,这些宗教场景大都消失了,但是中国的学者们对那些遗存的文本给予了极大的关注。在中国南方,有更多的资料得以留存,其中的一些传统仍然活跃着——尽管并不一定

---

45 Chau, *Miraculous Response: Doing Popular Religion in Contemporary China*, 147—168; Chau, 'The Sensorial Production of the Social', 485—504; Jordan, *Gods, Ghosts, and Ancestors: The Folk Religion of a Taiwanese Village*, 82, 126.(中译本参见焦大卫:《神、鬼、祖先:一个台湾乡村的民间信仰》,台北联经出版事业公司 2012 年版)

46 Meulenbeld, *Demonic Warfare*, 27—36。

完美。[47] 关公戏处于这些传统的中心。在这些演出中,神祇一成不变地被描述成历史上的一位将军,这对于人们把他想象成一位驱魔将军以及对抗恶魔和蛮夷的保护者而言是十分重要的。

戏剧表演是对神灵的献礼,同时也为地方民众提供消遣,另外它也有着驱赶邪魔、祈求好运的实际功能。表演之前会举行一些仪式,演员们进行各种仪式以保证戏台的绝对安全。[48] 无论在乡村还是在皇宫中都是如此。由朱有燉创作的不少剧本都很清楚地标明了仪式性的序幕,以求取好运和长生。[49] 18世纪时为清代宫廷创作的戏曲《鼎峙春秋》在演出时同样有着寓意吉祥的开头和结尾。[50]

蚩尤的挫败

玉帝在关羽将军带领的神兵(也称阴兵或鬼兵)的关键性协助下驱逐蚩尤的故事被改编成了元杂剧。这部戏剧1615年的版本被保存在宫廷中,20世纪被重新发现并流传至今。它非常接近我们从元代了解到的那个故事,仅仅添加了少量的新资料。有趣的是,我们也从一份近现代的版本中发现了这部戏曲中相关角色的名单,这一版本已经在上党(今山西东南的长治)地区搬演了几个世纪,它以抄本的形式被保存下来,用于一些大型的地方宗教庆典的演出。它有1726年和1818年两种不同的版本,但是都来源于1522年一部手稿本的明代宫廷戏剧文集。[51] 1818年的稿本内容更为详细丰富,更加清楚地说明这些戏曲都是在宗教场景中演出的。它以追念玉帝为序幕,对于洁净仪式、行为界限以及

---

47 Johnson, Spectacle and Sacrifice 以及田仲一成:《中国巫系演剧研究》(作为整体的中国)。
48 Ruizendaal, *Marionette Theatre in Quanzhou* 以及 Chen, *Chinese Shadow Theatre: History, Popular Religion and Women Warriors*. 关于仪式的序曲,参见 Qiu, *Les aspects rituels du théâtre chinois*。
49 参见 Idema, *The Dramatic Oeuvre of Chu Yu-tun* 一书第45页及其他部分中关于世俗戏剧和宗教性戏剧比较的相关评论。关于那些具有吉庆意味的戏剧序曲和尾声的研究,参见 Idema, *The Dramatic Oeuvre of Chu Yu-tun*, 47—48、61—63、79、85。说实话,Idema 讨论的一些戏剧本身并没有一个正常的情节,更像是具有吉祥寓意的序幕。
50 《鼎峙春秋》第一幕(一本上,第1a—4b页)以及第24幕(十本下,第40a—48a页)。
51 杨孟衡校注:《上党古赛写卷十四种笺注》,第3—4、419页。

献祭活动等有着广泛的规定。[52]

对比两部戏剧可以发现，它们的叙事结构都是根据元代关于关羽圣迹的描述而来。唯一不同的情节是，在明代的宫廷剧中皇帝的角色消失了，同时王钦若被范仲淹所取代。这种取代非常不合时宜，因为范仲淹生于989年，卒于1052年，1014年的范仲淹实在是太年轻了，不可能参与如此高层的宫廷活动。这样的变化更可能是杨家将叙事传统中王钦若负面角色的反映，在那个故事中，王是一个背叛大宋的辽国奸细。[53] 总之，与明代的剧本相比，1726年、1818年的抄本更忠实于元代的故事，这也进一步支持了那部明代祭祀戏曲文集形成年代更早的推论，同时也表明它直接传承自明代的宫廷版本。[54]

与元人的叙述相类似，两部明代戏剧所搬演的都是在关羽指挥下，大量天兵天将共同对抗一位可怕敌人的驱魔战事。在上党的手稿本中，蚩尤没有被看作一个独立的角色，而仅仅是隐约出现于下文的描述中："五岳阴兵征服蚩尤"（或者"蚩尤为五岳阴兵征服"）。这表明我们面对的是一次宗教性的驱魔仪式。明代的宫廷剧本中驱魔色彩表现得更为明显。在这里，蚩尤得到了"鬼力"和"鬼兵"的帮助，与此同时，关羽则得到了携带画角的"天丁"和手持"令旗"的神兵的帮助。宫廷剧甚至设置了一位能够驱使灵异生物的殿下，这一情节直接继承自驱魔仪式传统，在这些仪式中，类似于关羽这样与邪恶生灵斗争的将军们都从属于更大的官僚系统。所谓"天丁"基本等同于早期道教仪式关帝护身符上的"六丁"，代表了神灵率领的天军。（参见第三章图3.1）

我们不清楚，那些将蚩尤如此设定的仪式性戏剧在何时何地被搬演，其演出频率又如何。尽管当代的一些二手研究中曾经对此有零星提及，但我们已不可能获得和这些演出相关的具体细节了。任光伟在20

---

52 杨孟衡校注：《上党古赛写卷十四种笺注》，第419—428页。
53 参见 Idema and West, *The Generals of the Yang Family: Four Early Plays*, xvii—xviii, 180—182, 192—194。
54 杨孟衡校注：《上党古赛写卷十四种笺注》，第109、480页；《关云长大破蚩尤》，1615年抄本。

世纪 80 年代曾经通过参考当地人的说法指出,山东东南的临沂在演出地方戏剧之前,都会先搬演一出关公大败蚩尤的戏。这看上去和其他地方的仪式性序幕演出相类似,其目的是把仪式空间从恶魔的影响中释放出来。[55] 一种来自解州东北曲沃县的地方仪式性戏剧的抄本,记录了一次滑稽的对话,其中就提到了"关老爷单刀破犀牛"的主题。在中国,犀牛很久以前就灭绝了,但是在口头传播中,"犀牛"的发音和"蚩尤"很相近。[56] 一些清代的方志提到在山西的一些县中,人们在关公击败蚩尤的四月初一举行庆祝仪式,会在门边或头发上粘贴一片皂角树的树叶,他们都了解皂角树叶具有一定的医疗效用,他们还相信关公的天兵在战役中也会带上这种树叶,以便互相辨认。地方志中没有提到更多的庆祝活动。[57] 看来关公大败蚩尤的故事曾经在北方更多的地方上演过,但是在帝制晚期大部分都失传了,或许是与关圣/关羽相关的其他戏剧更受欢迎的缘故。

戏剧传统中的神迹

和关羽相关的大部分戏剧演绎的都是他的传奇人生。尽管是虚构的,但通常不会包括他死后成神的事迹以及他在成为叛乱者之前的经历。这些戏剧都在一个世俗的场景中搬演(比如一些没有宗教背景的专门戏院中,或者一些富有的捐助者如大商人和大地主的家里),但是更常见的是,节日期间在一些由移民群体捐建的庙宇(包括会馆)中,也会有相关戏剧在固定或临时性的戏台上搬演,或者也会以由本地民众自己出资的集体性仪式戏剧的面貌出现。一些演出可能起源于一群人或一个人的誓言,他们发誓如果神灵能够将他们从灾荒或者疾病等危难中解救出

55　任光伟:《赛戏铙鼓杂戏初探》,当地的传统中断于 20 世纪 30 年代初。
56　黄竹三、王福才:《山西省曲沃县任庄村"扇鼓神谱"调查报告》,台北:施合郑民俗文化基金会,1993 年,第 125—126 页。上党地区的一些手抄本有时会把蚩尤误写作池牛,参见《上党古赛写卷十四种笺注》,第 98、109、447 页(池牛)以及 480 页。
57　比如《虞乡县新志》(1920 年)卷三,第 34a—35a 页。参见《关公信仰研究系列》卷一,第 332—333 页。

来，就会出资为它演剧。资助一场神灵前的演出也有可能与某人违反了地方规章（比如禁赌的规定）被罚有关。[58] 在这部分，我会聚焦于人们在戏曲演出中对关羽作为宗教人物的想象——从题材上看，那些戏剧很大程度上是历史剧。[59] 我们将看到无论戏剧的背景如何，地方人士总是将关羽看作拥有宗教性力量的关圣，而非仅仅将其视为一个文化人物或者历史人物。

早期的证据

952年四川的一件逸事可以用来说明今天可能被我们定义为"事实"的内容与戏曲演出之间的密切关系。这件逸事与一位经常和关帝一起现身的神灵有关。当时在后蜀的一场宫廷晚宴上，表演了一出灌口神与两条神龙战斗的戏剧，不久，大雨和冰雹从天而降。第二天，就有来自灌口的报告说岷江的洪水威胁到了都城的安全。丞相在当地供奉神灵的道观中祈祷，同时一道圣旨也被传达到了灌口，圣旨中，皇帝将所有的过错都揽到了自己身上，洪水随后退去。[60]

我们可以发现另外一个较早的个案，其中戏剧中的关羽和作为神灵的关羽之间产生了交集：在《关大王单刀会》这出戏中饰演关羽的演员作"尊子"打扮——现存的这出戏更忠实于元代的版本，而非我们通常所见明代修订过的版本。在其他的元代剧本中，"尊子"仅仅被用来指"阎王"，所以这也肯定了该称谓指代的是一位神灵，而非普通人。[61] 小松谦（Komatsu Ken）在田仲一成重要研究的基础上指出，现存的元代剧本保留了大量的宗教仪式特征，这些内容在明代都被删除了。在早期的版本中，至少有三分之一的内容是用作"镇魂"的，或者说是用来安抚亡灵

58　Volpert, 'Das chinesische Schauspielwesen in Südschantung', 374—375. 王福才的《山西民间演剧概述》一文在方志和碑刻的基础上考察了搬演戏剧的各种常规与非常规场合，第69—82页。
59　金文京《三國志演義の世界》讨论了早期的三国叙事类戏剧的搬演传统。
60　张唐英：《蜀梼杌》卷下，第5a页。
61　徐沁君：《新校元刊杂剧三十种》，第72页（关羽），第162—163页（阎王）。参见 Idema 与 West, *Battles, Betrayals, and Brotherhood: Early Chinese Plays on the Three Kingdoms*, 第251、256、261页（关于舞台象征），此前的相关讨论见第241页。

的。那些戏曲经常以仪式性的一幕收尾，在实际的演出中，这一幕的情节和曲谱在相当程度上都是独立的。它的名称中通常带有"祭"字，并伴有仪式性演出的曲调——这种曲调不会被用于戏剧的其他部分，还有关于横死的念白。由于传统的研究聚焦于那些更完整也更易读的明代版本的戏剧，这一视角经常被忽略，因为在明代，这些内容都被系统性地删除了。删除的目的或者是为了让这些戏剧更适于欢快的宫廷场合，在那里，其中的一些戏剧会被搬演（比如说在宫廷演出的情况下），或者也是出于晚明文人的个人偏好。[62] 结果就是，这些资料并不适用于研究元代的戏曲实践，甚至元代的文化。[63]

戏剧和地方崇拜

那些供奉关羽的庙宇和相关的赛会活动为各种各样的戏剧演出提供了充足的空间。[64] 最早在文献中出现的戏台之一被称为"舞楼"，建于1077—1079 年，位于青县的一座关帝庙中。[65] 同样的，根据为了庆祝闻喜县的神庙在 1109 年被重建而竖立的碑刻，社众（这里的社指的可能还是土地庙）可以将他们的牺牲器皿放置于此，在庭院中载歌载舞。[66] 在中牟县（今河南省郑州附近）的一座神庙中，有一座建于 1209 年的"乐楼"。[67] 另外，1249 年左右，郝经注意到了在燕、赵、荆、楚等区域有为关羽神灵所举行的赛会活动："大为祈赛，整仗盛仪，旌甲旗鼓，长

62　小松谦：《中国古典演剧研究》，第 37—57 页。

63　胡小伟在《关公信仰研究系列》卷一中指出，晚明的"单刀会"版本中关羽仍然被视为"神道"（第 287 页）。罗竹风在《汉语大词典》第七卷中所列举的不同例子都表明"神道"这一名词至少自唐代开始就被用来称呼神祇（第 879 页）。

64　廖奔的《中国古代剧场史》讨论了早期的舞台和专门用语。

65　冯俊杰的《山西戏曲碑刻辑考》中提到了舞楼，第 20 页。相关的讨论参见廖奔：《宋元戏曲文物与民俗》，第 122 页，或廖奔：《中国古代剧场史》，第 13 页（同样在这一语境下讨论了"舞蹈"一词）。Idema, 'Shanxi Theater in the Period 1000—1300', 38—45, 总结了我们所了解或不了解的该时期的山西演剧情形。

66　胡聘之：《山右石刻丛编》卷十七，第 20a—23a 页。

67　《中牟县志》（1755）卷二，第 7a—b 页。

刀赤骥,俨如王生。"⁶⁸ 当在第四章中讨论青县和闻喜县早期的关帝庙时,我参考了龙彼得(Piet van der Loon)的建议,以及马克·梅伦贝尔(Mark Meulenbeld)最近的分析,他们认为这是一种军舞,带有社区防卫、军事演练和娱乐活动等多重性质。⁶⁹

在华北,关帝庙里的戏台要比其他任何神灵庙宇都多。⁷⁰ 我们不清楚的是在这些戏台上会演出什么。关于叙事性表演的证据出奇地少。来自安阳、现在已经丢失的一方 1334 年的碑刻中提到了一则故事,这是今天我们所知与元代(关公)戏剧和叙事传统相关的唯一一则故事。⁷¹ 在很久以后的 1490 年,有人在解州关帝庙中观察到的现象同样证实了戏曲演出的存在:过去,祭祀活动通常在关帝受封的那天举行,绝大部分的活动则是乡人赛赛或杂剧戏。"赛"指的是在这一区域存在的大规模的赛会习俗,其中不仅包括戏剧,也包括其他由当地人集体参与的各种形式的表演。⁷² 1490 年,当一位贡生用文庙祭孔的方式在关帝庙中举行仪式时,以上情形发生了变化。碑记的作者把它视为一件好事,尽管当地人可能持有不同的观点,因为他们失去了一个进行季节性娱乐活动的重要场合。⁷³ 戏剧搬演作为献祭的礼物(同时也可以为观众提供娱乐)可能包括了仪式性的演剧或者历史剧,在后一类演出中,神灵往往也拥有驱魔者的身份。官方有时会不赞同这样的活动,但是几个世纪以来,这样的演出通常是地方赛会活动的标配。⁷⁴ 我自 1980 年夏季以来,陆续

68　郝经:《陵川集》卷三十三,第 7a 页。大约一个世纪后,鲁贞的《桐山老农集》卷一所收录的一块碑记也提到了"赤马"。

69　Meulenbeld, *Demonic Warfare*, 10—15. 另可参见 Holm 在 *Art and Ideology in Revolutionary China* 一书中非常详细的讨论,见第 141—213 页。

70　李平:《民间信仰中关羽的祭祀与中国戏曲》,第 198—213 页。

71　武亿:《安阳县金石录》卷十,第 13b—14a 页。

72　Johnson 在 *Spectacle and Sacrifice* 一书中多次提到这一点。

73　顾问:《义勇武安王集》卷二,第 24a(47)页。类似的埋怨可参见赵钦汤编、焦竑校:《汉前将军关公祠志》卷八,第 24b(282)页。

74　幺书仪:《晚清关公戏演出和伶人的关公崇拜》,第 1—30 页。在第 2—15 页作者充分利用了清廷的禁令,但是我很怀疑这些禁令在首都以外是否真的会被执行——即使在首都也面临同样的问题。

参加过泉州、香港和台湾等地的庙会，以上内容绝对也是我个人体验的一部分。

无论是过去还是现在，庙会对地方庙宇及崇拜该庙神灵的社区民众而言，都是一年中的高潮。它包括了广泛的祭祀活动和集体性的聚餐、游神活动、戏剧表演、各种各样的杂技，有可能还有集市贸易。[75] 很多资料都提到了戏剧演出和地方神祇之间的关系，但是在此我希望观察一个内容特别丰富的案例，它将有助于我们进一步理解那些宗教性戏剧演出的个人赞助者的目的。我们要考察的个案与晚明那位富有的善人和佛教居士——祁彪佳（1602—1645）有关。他在日记中非常详细地描述了关圣崇拜对他的重要性，他对神祇的定期祭拜以及对庙宇演剧的经常性资助都表明了这一点。[76] 1631年他在北京任职时，于日记中第一次提及了关圣。在那一年的十月十四日，他得知有很多进士及第者正等待安排官职，而他自己希望可以在南方任官，以便能够同时照顾母亲。于是他来到北京城内，希望找到一位能够预卜将来、给予启示的卜筮者。刚开始他并没有找到，随后他来到了位于正阳门内的前门。在那儿有一座非常有名的关帝庙，在庙中他抽取了一支灵签，上面的签语说："白马渡江虽日暮，虎头城里看嵯峨。"[77] 他并没有解释他是如何去理解运用这一灵签的，但是在第七章中我们将会看到人们是怎样解释类似的签语，从而理解他们人生中所遇到的困难抉择的。我们当然可以假设祁彪佳知道很多和关圣相关的故事，但是很遗憾他并没有将其记录下来。我们真正能够从他的日记中知道的是他一年里是怎样去祭拜这一神祇，他在这方面的记录仅次于那些他作为官员、佛教居士、地方慈善组织者以及一位完美的园林爱好者所参与的其他异常丰富的活动。

75　比如可以参考赵世瑜《狂欢与日常：明清以来的庙会与民间社会》一书。
76　关于祁彪佳，可以看看 Handlin Smith, *The Art of Doing Good: Charity in Late Ming China*, 248—278（中译本参见韩德林《行善的艺术：晚明中国的慈善事业》，江苏人民出版社2015年版）以及 Wu, *Enlightenment in Dispute: The Reinvention of Chan Buddhism in Seventeenth-century China*, 78—81。
77　祁彪佳：《祁忠敏公日记》辛未卷十，第14（928）页。这段话是关公灵签的一部分，宽慰人们说生活中的问题会很自然地得到解决，参见 Banck, *Das chinesische Tempelorakel*, Teil I: 64（no. 89）。

1632年以后，祁彪佳几乎每年都非常忠实地记录关帝庙会期间的某些祭拜活动。（参见表5.1）大约在1645年的五月十三日，也就是祁彪佳决定投水自尽前的两个月，他带领全家前往一座地方庙宇中祭拜关帝。作为每年神灵赛会活动的一部分，戏剧表演都在公共的神庙中举行，因此当地社区应该都可以参与。地方庙会期间，对这类演出的部分资助总是与赞助者和神祇之间的个人联系相关，但是对于这种人神之间的互动关系我们通常只能做出推测。

发生在1644年的一系列事件更以一种戏剧化的方式肯定了关公崇拜对祁彪佳的重要性。在那个多事之秋，祁彪佳积极地组织军队抵抗清军，同时还要镇压地方叛乱。或许是因为确实身患某种疾病，或者又是因为时局紧张，整整一年他都觉得重疾缠身。从日记中我们知道，当年的五月到六月，他定期前往文庙焚香祭拜。六月初二这一天，他甚至在位于后寝先皇灵位（或许是指那些被放置于开国皇帝灵位后面的其他帝王的灵位）前哭泣。因为发生了旱灾，他也会定期去风雨坛前祈雨，这一祭坛建于当地的玄妙观中，是道教仪式专家们重要的活动中心。为了抵御新兴的后金军队，他做了很多军事准备工作，他还把士兵们集结在一起，在关圣的见证下对天发誓：

> 率副总吴志葵、蒋若来祀旗纛及关圣。予又呼诸将，面谕以同仇之义，有进有退。乃杀牛漉血，分班歃血……是日，军容颇壮，合城倾观。[78]

多年来，祁彪佳对关公崇拜给予特别的关注，坚持行礼如仪，同时还经常对具有宗教背景的戏剧演出给予赞助，现在，从某种意义上说，在他人生的最后阶段，类似的活动达到了高潮。通过和他的同僚们在起

---

[78] 祁彪佳：《祁忠敏公日记》，第1394页（甲申，六月二十八）。关于这些仪式，参见 Katz, 'Banner Worship and Human Sacrifice in Chinese Military History'.

表 5.1 祁彪佳与关圣崇拜 *

时间	活动
十月十四（1631）	赴正阳门参谒关帝庙
五月十三（1632）	未外出，家中遥祭关圣
五月十三（1636）	为"关神"献戏
五月十三（1637）	为关圣献戏
五月十一（1638）	为"关神"献戏
十一月十一（1638）	在一座道观中为"关神"献戏
五月十三（1639）	为"关神"献戏
五月十三（1640）	祁彪佳准备祭祀，让他的儿子们前往关神庙致礼，以劝导人们支持一项谷物分配的计划
五月十三（1641）	赈济灾民后，祁彪佳于当地庙宇中参拜关神
五月十三（1642）	安排好前往赈济灾民之人后，祁彪佳来到当地庙宇，为关圣生日祝祷
五月十三（1643）	在都城，处理完公事后，祁彪佳来到关帝庙，为神灵生日祝祷
二月二十四至二十五（1644）	祁彪佳拜谒关圣、龙神，献戏还愿
五月十三（1645）	祁彪佳带领家人等至当地庙宇参拜关圣

* 参见祁彪佳：《祁忠敏公日记》，第 957 页（壬申，五月十三），第 1052 页（丙子，五月十三），第 1086 页（丁丑，五月十三），第 1123 页（戊寅，五月十一），第 1138 页（戊寅，十一月十一），第 1155 页（己卯，五月十三），第 1191 页（庚辰，五月十三），第 1248 页（辛巳，五月十三），第 1293 页（壬午，五月十三），第 1334 页（癸未，五月十三），第 1370 页（甲申，二月二十四至二十五），第 1437 页（乙酉，五月十三）。

誓仪式上祭拜关羽，祁彪佳希望能够以这位令人尊敬的神祇为榜样，激起大家的忠义之心。

  在接下来的几个月，祁彪佳在日记中继续记录他对关羽的定期祈拜，还经常会提到自己生病了，疲惫不堪。由于旱灾还在继续，他和地方精英们于九月初四前往包括关帝庙在内的不同的庙宇中祈祷。他们认为还需要举行道教仪式。在初六，他在来鹤亭前建起了祭坛，祈求天降甘霖。他还非常真诚地在重阳真君面前祈祷。这条特别的资料表明他可能也参加了扶乩活动，因为重阳真君是乩坛中最为常见的神灵之一。[79] 初八那天，祁彪佳做出了一个非常具有戏剧性的决定，而关帝在其中扮演了非常关键的角色：

> 托季超兄作祝文于关圣，愿焚我居室以答天谴，而勿遗殃于吾民。

他没有离开自己的房子，但是让别人在庙里把那道祝文烧掉了。[80] 如果我们考虑到他在自己的宅邸上花费了多少精力和金钱的话，那么这次在他心爱的神明面前的祷告戏剧性地暗示了他有多么绝望。通过这些资料我们也发现，他经常向关圣或者他口中的关公献戏，这并不仅仅是一种例行公事式的祭拜，也可能反映了一种非常深的情感关系。这也在一定程度上解释了为什么他最终会决定自杀，因为他要把自己塑造成一位即使在明朝灭亡后，仍然凛凛有生气的大忠臣，而（接受）军事抵抗的溃败已经不再是他的选项。

戏台上的神灵

本地社区在庙会期间或者当地其他重要的仪式活动期间，都要主办一些集体性的戏剧表演活动，而以关公为主题的戏曲通常都是其中的组成部分。[81] 在山西上党（今长治）有一个资料非常丰富的个案。尽管由于内战、日本人的侵略以及持续数十年的动乱，在20世纪80年代以前，社区表演的传统已经消失了很多年，但是在1985年，出于学术研究的目的，它曾有过一次短暂的复兴。在那些参与过20世纪30年代最后一次真实演出者的引导下，这次表演得以进行。其中有一场关羽"过五关斩六将"的戏，特别热闹。人们会在村子里搭建起五座临时戏台。刚开始，村庙中会表演两出相关的戏，随后关羽会从舞台上下来，骑

79　祁彪佳：《祁忠敏公日记》，第1405页（甲申，九月初六）。
80　祁彪佳：《祁忠敏公日记》，第1405页（甲申，九月初八）。
81　在叶绍袁的《崇祯记闻录》（卷六，第86页）和李光庭的《乡言解颐》（卷二，第22b—24a页以及卷三，第49b页）中记载了两个非常详细的个案。

上代表赤兔马的枣红色马匹，在其身后跟着他从曹操那里营救出来的刘备的两位夫人，以及整个剧团。他喧闹地穿过村庄中的街道，前往另外一个戏台。当地人会燃烧香烛纸钱，毕恭毕敬地把他送走，关羽也会和一些旁观者攀谈，甚至会从一些食品摊头上拿些零食吃。在每一个临时搭建的舞台上，他都会和守关的将军打斗，然后把对方杀死。随着另一场戏在主村庙中上演，这次集会才宣告结束。[82]在这里，舞台和村庄是一体的。

宗教意涵被深深地嵌入关羽这个角色的表演中，在演出时，他被视为一位拥有驱邪能力的神人。上党的演出并非孤例；整个中国的戏剧表演都出奇地相似。比如，由施聂姐（Antoinet Schimmelpenninck）和她的丈夫高文厚（Frank Kouwenhoven）在甘肃北部、靠近陕西省的环县所做的精彩的田野调查可以支持这一观点。[83]具有仪式功能的皮影戏正在全国范围内消失，它曾经是地方宗教文化一个很重要的侧面，不仅仅是因为它成本很低，而且它具有通过某些重要的戏剧效果来呈现超自然生命世界的能力。[84]在环县的仪式性皮影戏这一个案中，我们面对的并非村庄里的群众性演出，而是半专业性的剧团。他们在庙会、婚礼以及葬礼上演出。我们在此所关注的"过关"戏，田野工作者已经亲眼见过多次。这类戏剧经常在节日期间上演，在这样的场合，为了给生病的孩子祈福，人们可以请演员们在戏中加入一场仪式。人们相信，由于恶魔阻挡了去路，孩子在成长的过程中将会面临很多困难，这样的想法绝非仅仅存在于环县。这些困难被想象成"关"。[85]父母们可以邀请演员安排一场"过关"仪式，他们会支付报酬，同时也会提供一只仪式中使用的雄鸡，它同时也是送给演员们的礼物。

82　黄竹三：《我国戏曲史料的重大发现》，第145—146页；《上党古赛写卷》，第450—451页。
83　Kouwenhoven and Schimmelpenninck, 'The Guo Guan Ritual Shadow Play of Huanxian', 361—388.
84　Kouwenhoven and Sfchimmelpenninck, 'The Guo Guan Ritual Shadow Play of Huanxian', 362—363 注释3以及Ruizendaal的杰作，*Marionette Theatre in Quanzhou*。
85　另请参考Baptandier, *The lady of Linshui: A Chinese Female Cult*, 196—221。

在皮影戏开始前，父母们会在孩子的头上系一块红布，在里面藏一些钱币，按规矩还要有针和五彩绳，象征五行。演员们陪着孩子在幕布前坐下，一起叩头上供。戏剧开场后，伴随着吵闹的军乐声，首先出现的是坐在马匹上的关公，面目狰狞。接着他和一个代表病孩的木偶开始对话，并且承诺会把小孩带在身边，和他一起闯关。此时，那个真正的小孩也被要求从桌底下爬去演员那里，然后再回来，如此往复三次，这代表他自己穿越人生的关卡。最后，演员们会从公鸡的鸡冠上取一点鲜血，点在神祇的前额上，毫无疑问，这是要通过被赋予了仪式性力量的鲜血让他复生。[86] 更神奇的是，在由这些木偶所表演的过五关的场景中，神灵和将军们的战斗也变成了他和恶魔之间的大战，比如对战方在第一关是一只恶魔鸟（demon bird），第二关则是白虎。[87]

很明显，在仪式性表演中，关羽过五关的故事要比他击败蚩尤的故事重要得多，这可能得益于这是一出家喻户晓的戏，不像击败蚩尤的故事那般与山西南部和解州的盐池紧密联系在一起。在贵池（今安徽池州），关羽作为弑魔者也有精美的舞蹈表演，但是单独的驱魔戏并没有被提及。[88] 然而在德江（今属贵州），人们相信"关羽过五关"的演出可以驱五方恶魔，开五方通道。[89] 还是在贵州，《古城会》作为《三国演义》中另一出著名戏剧得以搬演，整出戏以蔡阳被关羽斩首而告终，此后随之而来的是一场剑阵舞，以表明恶魔与瘟神被尽数驱除。[90] 此外，其他

---

86 关于鲜血的使用，参见 ter Haar, *Ritual and Mythology of the Chinese Triads: Creating an Identity*, 154ff.

87 Kouwenhoven and Schimmelpenninck, 'The Guo Guan Ritual Shadow Play of Huanxian', 378—384. 1992—1993年，我在台湾和泉州目睹了几场由道士和民间佛教团体所主导的葬礼仪式，在这些仪式中，仪式专家们都会非常专注地搬演《西游记》中著名的美猴王（孙悟空）翻越火焰山的情节，这一表演发挥着类似的功能，即模拟雇主跨过难关，求得平安。

88 Kuzay, *Das Nuo von Guichi: Eine Untersuchung zu religiösen Maskenspielen im südlichen Anhui*, 240—243；曲六乙：《中国各民族傩戏的分类、特征及其"活化石"价值》，第17页。

89 庹修明：《古朴的戏剧，有趣的面具》，第201页。

90 曲六乙：《中国各民族傩戏的分类、特征及其"活化石"价值》，第10页。书中描述的是土家傩戏剧。

图 5.2 由一位傩剧演员扮演的关公

一位来自贵州、戴着面具的傩剧演员正在扮演关公。他站在一间农屋前,屋子前面还挂着晾晒的玉米。Steven Frost 供图。

角色不能用关羽和他的助手周仓的面具。当代人解释这是由于这些面具的尺寸不适合其他角色,不过更可能是因为被反复使用使这些面具自身获得了某种超自然的力量,这对其他角色来说会过于危险。在使用面具表演之前,演员要向神灵瞻礼,神灵会写下一道名叫"藏魂"的护身符,意指把演员的魂魄转移到神灵身上。[91] 和在遥远的北方上演的关公戏相

91　庹修明:《古朴的戏剧,有趣的面具》,第 204 页以及庹修明:《贵州黔东北民族地区的傩戏群》,第 180—181 页。

类似,在僻远的南方,仪式性戏剧也经常有着驱魔的目的。[92](图 5.2 是一位戴着关羽面具的演员的照片)

在这样的背景下看,关公戏的演出总是带有宗教方面的意涵就不足为奇了,即使专业剧团的演出也同样如此。18 世纪晚期,在袁枚所记载的一则逸事中,这一点表现得非常明显。北京一个非常有名的戏班被邀请至城外荒郊的一处大宅中进行表演。他们被要求唱那些仅仅包含生角和旦角的戏,不许演大花脸角色,不许有锣鼓。换句话说,他们只能演文戏,比如说包含儿女私情的戏剧,而不许演武戏。到了晚上二更时分,也就是亥时,演员们开始变得可疑,有一位平时扮演大花脸的演员自行涂脸,他们开始表演一出完全不同的戏——《借荆州》。这出戏说的是关羽拒绝将荆州这座重要的城池归还给之前的盟友孙权,之前刘备曾经与孙权一起攻克了这座城池。这是一出非常火爆的武戏,包括很激烈的打斗。这则笔记中描述道,当在喧闹的锣鼓声中,关羽的单刀被直直地举到空中时,厅堂中的所有灯火都熄灭了,客人也消失得无影无踪。原来该地是一座被废弃的荒冢。这表明,是荒冢里的居民邀请了戏班。荒冢一般被视为阴间。由于武力展示是驱魔活动,这一出包含"大花脸"的特别演出成了一种驱魔方式,把所有的鬼观众都吓走了,并揭开了这个演出地点的本来面目。[93] 另外还有一些故事也确认了人们认为扮演关羽能够让神祇显灵,从而拥有驱鬼的功能。[94]

在 18 世纪中叶的一出专门为清代宫廷演出创作的三国戏中,出于某种禁忌,关羽是唯一一位被避免直呼其名的角色,而他的结义兄弟们

---

92 庹修明:《贵州黔东北民族地区的傩戏群》,第 202—204 页,尽管我在二次文献中还没有发现有戏剧可以通过文字的形式来发挥驱魔仪式的功能,就像 Kouwenhoven 和 Schimmelpenninck 在 'The Guo Guan Ritual Shadow Play of Huanxian' 一文中所描述的那样。
93 袁枚:《子不语》卷三,第 373 页。王椷:《秋灯丛话》中记录了一个类似的故事,不过主角换成了不同的神灵 [卷四,第 5a—b(435)页]。
94 袁枚:《子不语》卷五,第 107—108 页;卷三十二,第 507—509 页。在纪昀的《阅微草堂笔记》(卷十九,第 7b—8a 页)和《鲁西民间故事》(第 312—313 页)中记载了一些类似的将戏剧视为"真实"事件的个案。

的名字则可以被提及。他一直被称为关某或者关公。[95] 在传统的京剧中，与扮演关羽相伴随的是一系列的仪式。么书仪指出，一般的演出和表现神祇的神韵之间有着根本性的区别，这体现在一系列的禁忌、道具以及针对角色的特别装扮等方面。由于她的聚焦点在晚清时期，她将其解释为是清廷对于戏剧表演反复申禁的结果。[96] 考虑到在此之前有关类似现象的丰富资料，我把这些实践看作一种历史更为悠久的传统的延续，在这一传统中，这个特殊的角色是人神合一的，而并非仅仅所谓把关羽演活而已。更为重要的是，么书仪在其评论中指出，观众们实际上把舞台上的关公角色视作神祇本身，她进一步用清晚期和民国初期丰富的表演细节来支持自己的观点。[97]

　　据京剧演员李元龙回忆，崇奉戏台边紧邻京剧行业神的关公是北京戏班的传统。当他自己第一次扮演这一角色时，一位帮助他做准备工作的稍年长的演员建议他在演出前一天要食素，不能饮酒（俗称"吃斋"），并且要沐浴全身。在演出当天，这位年长者准备了香烛以及一张印有关公神像的神码，指导李元龙在舞台旁的神祇前面叩头，紧接着开始进行装扮。李元龙写道，自己并不是非常愿意，但是他知道如果他不同意这么做，那么那一晚舞台上出现的任何错误最终都将被归咎于他的不敬。他请同人代替自己磕头，这是可以接受的。在他打扮停当后，那位年长的演员告诉他要保持沉默，然后把印有关公的神码折叠起来塞进了他的帽子。上台之前，那位演员还在他的装扮上点上最后一点，这意味着他能够做到不辱神明。这是李元龙告诉我们的，而事实上更可能的解释是这仪式性的最后一点和开光仪式中使用鲜血或者朱砂点染神像的眼睛以为其开眼相类似，可以将演员激活为神灵。演出后，有关羽神像的神码

95　《鼎峙春秋》，第五、六幕（一本上，第15a—23b页）；刘备和张飞的全名出现于第三幕（一本上，第8a页以及注解）以及第七幕（一本上，第25b页）。关于名字的禁忌习俗，参见 Adamek, *A Good Son Is Sad if He Hears the Name of His Father*.
96　么书仪：《晚清关公戏演出与伶人的关公崇拜》，第16—26页。
97　么书仪：《晚清关公戏演出和伶人的关公崇拜》，第24—26页。

被用来为他卸装。那位年长者向神码示敬,然后用祭台上的蜡烛将其点燃。这时演员,在这儿指的是李元龙,才再次获得了"自由"——可以自由说话了。[98] 根据他的说法,这是一种历史悠久的演出传统,而且和几乎两个世纪以前袁枚讲述的故事若合符节,同时也可以和那些保存至20世纪的仪式性驱魔戏剧中的地方传统相互印证。在舞台上,关羽就是作为神灵的关公。

民间故事中的关羽

口头流传的和关羽相关的绝大部分三国故事讲述的都是从他离开家乡到他死亡之前的事情。故事的背景中有一些宗教传统的线索,尽管并不是非常明显。比方说,那个著名的结誓之地——"桃园",甚至15世纪《花关索》故事中的"桃源洞",[99] 就让人想起了梅山地方道教仪式传统中的一个中心地,它们有着相同的名字。[100] 关羽大刀的名称——青龙偃月刀,暗示我们这一武器是一条龙的化身,无论是在20世纪还是之前的民间传说中,这都是一个传统母题。[101] 不同的《三国演义》版本中描述了他死后在玉泉寺和僧人普净的会面,这是整体宗教背景的另一实例。[102]

从16世纪晚期或者17世纪早期开始往上追溯,我们可以发现一些口头文学传统,在这些口传故事中,人们进一步描述了关羽对普通人的

98　李元龙:《京剧琐话》,第27—31页,尤其是第30—31页。由于本书是李元龙在20世纪50年代所作,因此出于政治方面的原因,他有可能夸大了自己思想的纯洁性。
99　King, *The Story of Hua Guan Suo*, 第35页;井上泰山等:《花关索传の研究》,第1b(103)页。
100　庹修明:《贵州黔东北民族地区的傩戏群》,第165—207页。
101　关于古代的故事,可参见陶弘景:《古今刀剑录》,第3b、9b、10a页。另可参见大塚秀高:《関羽の物語について》,第75—76页。关于20世纪的传说,可参见李洪春、董维贤、长白雁:《关羽戏集》,第31—38页;诸葛纬:《三国人物传说》,第29—32页;陈庆浩、王秋桂:《山西民间故事》,第291—293、304—307页;江云、韩致中:《三国外传》,第16—18、44—45页。
102　第二章中对此曾经有所讨论。

关心以及他对结拜兄长刘备的绝对忠诚。其中一类故事使人们相信关羽的前身是一条龙或者火龙星君,当时他违背了玉帝的指令,拯救了旱灾中的地方百姓。由于这个情节较为直接地表明人们将关羽视为雨神,相关的故事,连同人们对龙或者火龙星君的其他信仰会在下一章(第六章)中加以分析。另一类故事解释道,刚开始关羽之所以离开家乡,追随刘备,是因为他杀害了地方豪强。最后,第三类故事表明关羽终其一生都不近女色。我们将在接下来的两个部分讨论后面的两类故事。

这些故事经常被视为民间故事,故事发生的时间和地点都不明确。与那些描述关羽离家后经历的书面叙事传统相比,两者有着相类似的功能:在这些民间故事中,这位名人是如此的具有正义感,他的心中只想着别人。[103] 在关公崇拜的学术研究中,民间故事的地位远低于书面叙事传统,包括《三国演义》。部分原因肯定是人们假设一般的书面文学作品有着明确的创作时间和地点,有原始的母本依据,理想的话,还会有一个有名有姓的作者,[104] 而民间故事则什么都没有。由于民间故事并不被严肃地看待,所以事实上我们已经不可能搜集到那些原汁原味的不同版本的故事,所有的故事都经过了改编,以适应普通听众的口味并跟上形势。唯一一种确实保存了一些内容相对不错,而且收录不同版本民间故事的《中国民间故事集成》很大程度上忽略了与关公相关的民间传说,即使在山西卷和河北卷中也是如此。另一种民间故事集对其中的几个关公故事作了注释,评论说关于这些故事有很多种不同的版本,但是它摒除了绝大部分的版本,并且没有对造成这些不同可能性的社会和历史因素做出分析。[105]

目前从我们研究的角度看,民间故事最吸引人的地方是它的口头传

---

103 马昌仪《论民间口头传说中的关公及其信仰》一文是一个极好的例外,它提供了很多细节,可以用于本研究。
104 因此人们一直在努力确认中国小说名著的作者,比如罗贯中就常常被视为《三国演义》的作者。而我通常只会用题目来指称不同的小说。
105 参见江云、韩致中:《三国外传》,第 10、22、57 页的脚注。

播性和可分享性。因为这些故事未能形诸笔端,所以如果没有那些参与传播的广大听众,它们就不可能流传到今天。因此它们如今的存在便是它们具有社会意义的明证。幸运的是,至少还有一些文化精英对这些故事感兴趣(当然更多的人是持反对态度),并且参考了情节中的某些要素。仰赖于他们的记录,我们可以把20世纪的口述文学传统至少上溯到17世纪初期。

豪强的反抗者

在1321年左右的《三国志平话》中就已经有了关羽作为地方豪强对抗者的相关暗示,在该书中,作者告诉我们关羽杀死了一位压榨百姓的地方县令。[106] 在晚明的宫廷戏《桃园三结义》中,关羽同样也杀死了地方官员,不过,这次是因为后者希望其加入叛乱的队伍。[107] 尽管没有更多的版本留存下来,但是关羽对正义暴力的信奉很明显是一个基本元素。[108] 17世纪中叶以后与基督教相关的论辩提供了更多的细节:

> 关羽,乃汉时山西解梁人氏,姓施名寿昌。因拖欠钱粮,官兵拘纳,拒捕不完,杀死官兵,逃出关去,指关为姓,官兵盘诘,

---

106 丁锡根点校:《三国志平话》,收入《宋元平话集》上,第755—756页。胡小伟:《关公信仰研究系列》卷一引述了一块出自解州一石井中的碑记,这个石井据说就位于传说中关羽父母的墓穴附近,碑记时间可以追溯到1177年。碑记中提到,关羽(记文中称为关圣)杀死了一位暴虐的老板,之后便逃逸在外,此后他父母投井自杀。记文中使用了一个1614年以后才出现的关羽的新封号,这表明石井和碑刻都是清代早期伪造的地方社会中关公遗迹的一部分,其目的是为了支持更大规模的叙事传统的创造。

107 Idema and West, *Battles, Betrayals, and Brotherhood*, 8—11。正如 Idema 在 'The Founding of the Han Dynasty in Early Drama: The Autocratic Suppression of Popular Debunking' 一文中指出的,晚明的宫廷戏充其量只是对元初的版本进行了改写,对于针对皇权的叛乱采取零容忍的态度。

108 这一点在小说最初的版本中就已有所体现。参考嘉靖本《三国志通俗演义》卷一,《三国志传》(1605)卷一,第35页。

诈名关羽。[109]

另一份同时代的基督教文献声称关羽来自蒲州，原姓施，自己的脸是用鸡血染红的。[110] 很明显，关于他早年生涯的口头传说在17世纪上半叶就已经出现了，并且已经普遍被人们所接受。

一份1678年左右的碑刻给这个故事提供了进一步的细节，使其内容更加饱满。[111] 在关羽娶了胡小姐为妻，并且诞下一子即关平后，他的父亲准许他效忠当时已经陷入困境的朝廷：

> 遂诣郡，陈时事，不报。有相人目之曰："君禀乾坤正气，当血食万年，何论名业。"回旅舍，闻邻人哭极哀，叩之曰："韩守义也。遭郡豪吕熊荼毒，吕党连七姓，黠猾事中珰，蔑职纪。"帝眦裂发竖，命守义导至其所，悉斩刘之，潜引去。

当然，他对于地方官员的认识是正确的，因此他所有的亲戚都不得不躲藏起来。[112] 关羽通过指摘那个时代所面临的问题开启了自己的职业生涯，这一点或许正契合了这一故事文本赖以产生的环境——当时从政是文人的理想。

在1740年左右为宫廷演出而创作的大型三国戏——《鼎峙春秋》中，

---

109 《醒迷篇》，第365页。同一文件的1667年版本现存巴黎（完整的文本及进一步的参考文献可参见 http://gallica.bnf.fr/ark:/12148/btv1b9006610m），该版本的第24b—25a页包含了同样的信息，只是叙述顺序稍有所不同。Ad Dudink 与 Nicolas Standaert 在中国基督教文献数据库（Chinese Christian Texts Database, CCT Database）中推测《醒迷篇》的写作时间是1650年。至于地点则无从考证，但是在山西确实有耶稣会的信徒。

110 匿名：《破迷》，第556页。Ad Dudink 与 Nicolas Standaert 在中国基督教文献数据库（Chinese Christian Texts Database, CCT Database）中推测该文写作时间为清初（1650—1700）。

111 关于这一碑记的更多讨论参见第七章。

112 卢湛：《关圣帝君圣迹图志全集》卷一，全碑收录于第74a—78b页，本处提及部分见第75b—76a页。与徐道的《历代神仙通鉴》（1613）中收录的版本基本相同，只是有一些编辑方面的细微改动（卷九，第9a页）。在清代一出地方戏中，还有另一个版本的故事，其中神灵变成了冯姓，参见大塚秀高：《關羽の物語について》，第92页。

同样上演了这一故事。[113] 在该剧中，受害者是一位拥有低级功名者，他的名字同样是韩守义，而那个恶棍现在叫熊虎（请注意它和"吕熊"有着类似的发音）。熊虎绑架了韩守义漂亮的夫人，前者同样获得了地方官的庇护。而韩守义本人则遭受了毒打，被戴上镣铐关押了起来。这时，碰巧正在夜读《春秋》的关某登场了。整部剧从头到尾都避免提及他的名字，毫无疑问，这是一种禁忌，人们是将其视作一位活着的神灵。当听到韩守义因受屈而大声哭泣时，关公——这是整部戏中他的另外一个称谓——让他解释发生了什么。之后，关公释放了韩守义，帮他妻子脱离了熊虎的魔掌，最终熊虎被杀身亡。[114] 接着，关公在逃亡途中先后遇到了张飞和刘备。[115] 尽管因为考虑到有很多细节方面的不同，我并不认为这部戏的作者直接受到了1678年碑刻的启发，但是毫无疑问，两者都同样借鉴了口头叙事传统。[116]

清初博学的民间逸事搜集者褚人获（1635—1681年以后）记录了故事的另一个版本。根据褚人获的叙述，这个故事来自关西。故事中说"关公本不姓关"，但并没有给我们提供更多的细节。由于关羽年轻时很不守规矩，父母一怒之下把他锁在后花园的一间空房里。有一天晚上，他从窗户中爬了出来，在花园里散步时，听到一个女孩在啜泣。从女孩的父亲那里关羽得知她已经订有婚约，但是县令的姐（妹）夫对她很感兴趣，想纳其为妾。父亲前往县令处起诉，却被严词斥责。我们的英雄变得非常愤怒，提起宝剑，直奔县衙而去，杀死了县令和他的姐（妹）夫。逃亡至潼关时，他躲在河边洗脸。洗过之后，他的脸就成了红色，继续向城门走去，当守门人询问其姓氏时，他"指'关'为姓"。[117]

有时候，我们会发现一些宗教文本明显受到口头传统的影响，比如

113　昭梿：《啸亭续录》卷一，第598页。我们没有更早的资料可以确认具体的时间。
114　《鼎峙春秋》第五、六幕（一本上，第15a—23b页）。
115　《鼎峙春秋》第七幕（一本上，第24a—29a页）。
116　这个故事同样出现在地方戏剧中：参见李洪春、董维贤、长白雁：《关羽戏集》，第3—16页。
117　褚人获：《坚瓠集·秘集》卷三，第9a—10a（176—177）页。更多人是从较晚出的梁章钜《归田琐记》一书中知道这一史料的（卷七，第2a—3a页），但是梁并没有说明这段资料的出处。

在 19 世纪和 20 世纪被反复重印的善书《关圣帝君明圣经》便是如此。[118]这部经文所记载的"启示录"的具体时间不明,但应该在 1808—1810年就已经存在了,还有一段大约形成于 1838—1840 年的评论。《关圣帝君明圣经》将关羽神祇视为系列神灵化身中的一位,这些神灵包括控制杭州湾潮汐的伍子胥(其姓氏"伍"误为"和")以及在南宋初期抵抗女真侵略者的忠臣岳飞(1103—1142)。[119]形成于 1808—1810 年的这部经文宣称"神祇指关门为其姓",这是民间故事中关于其改姓的标准说法,早在晚明,基督教徒对他进行批判时便已经提及了这一点(不过在 1678 年的碑刻中却未见提及)。1838—1840 年的评论通过援引上文讨论过的碑刻资料,进一步扩充了相关信息。[120]

我们可以在 20 世纪下半叶山西南部的民间故事中发现与拯救陷于困境的少女和打击地方豪强相关的叙事元素,尽管存在很多细节上的差异。关羽的一个同窗——在此被叫作常生——埋怨自己的未婚妻被地方官的近亲绑架。在这一版本中,恶霸的名字是雄护,这个名字的发音和上文提到的宫廷剧中的"熊虎"基本相同。后花园这一元素仍然存在,但已经不再是我们的英雄听到邻居哭泣的地方。取而代之的是,那个恶棍下令在所有的水井中都注入粪便,只留下自己后花园中的一口井。只有年轻的妇女和女孩才被允许前往汲水。然后他便坐在亭子中,边喝茶边对她们进行品评。当关羽同窗的父亲与地方官理论时,却被狠狠殴打了一顿。关羽感到非常愤怒,他来到了恶霸家中,在那儿杀死了所有坏人,并且释放了全部被囚禁的妇女。当地方官派兵前来抓捕时,他逃跑了。在城门边的一条小溪旁,他看到一位正在洗衣服的老妪,并向其求助。在这一版本中,他没有(如褚人获所记载的那样)洗脸,老妇劈头盖脸

---

118 在第八章中有更为详尽的讨论。
119 我们距离那个将关羽崇拜和岳飞崇拜融合在一起的民国时期已有百年。当时,关于岳飞是关羽化身的观念十分流行。陈翔华在《三国故事剧考略》一文中曾经提到有一出与这一主题相关的失传的明代戏剧,第 403—404 页。
120 《关圣帝君明圣经》(1873)中提到了姓名的改变(卷中,第 39b 页)。其他信息参见卷中,第 40a—b 页。在另一部善书《忠义觉世真经》(1863,1901)中也提到了相关的论述。

地打了他几下。当他试图抹去血污时,满脸的鲜血却根本无法抹去。她还扯下了他的头发,变成了他那著名的胡须。当关羽来到城门(关)前时,他以城关为姓,以当时刚好飞过的天鹅身上的羽毛为名。[121] 自从这些元素在晚明时期被第一次记录下来后,无论是各地民间故事的结构,还是主角们的名字,在过去的四百多年中都大致相同,这表明它们在地方百姓中有着强大的口头传播力和吸引力。

对本地社区而言,关羽惩罚地方恶霸的故事听上去非常真实,因为在这些地方总会有人滥用他们和官府衙门的特殊关系以进一步牟取私利。这些民间故事促使人们去信仰一位正直的神灵,这位神灵可以帮助人们藐视世上的强权。这些强权的拥有者指的是地方官吏和恶霸,而不是远在首都的皇帝。总的来说,人们相信关羽/关公忠于最高皇权。与此同时,神祇的红脸发挥的功能要小得多,只是被用来解释其肖像的某个特征,最初大概仅仅是因为用中文无法形容关公脸庞的深褐色。就像神像和其他视觉表征以及仪式或者戏剧那样,这些故事也可以帮助人们从视觉和行为两个方面去想象神祇。毕竟,没有民间故事,人们难以想象神祇的形象,他们还需要与其个人经历相关的信息解释其性格特征。而关羽反抗地方恶霸的叙述恰恰可以解释他是多么大公无私,即使在他离开家乡与刘备结盟前也是如此。

不近女色的英雄和女性崇拜者的缺位

民间故事不仅可以用于阐释,而且还有着潜在的行为后果。许多故事都描绘了关羽相当不近女色的态度,尽管在上述的叙事传统中,他曾经帮助过陷入困境的少女。在经常于驱魔仪式中上演的著名的《过五关》戏中,关羽带着刘备的两位夫人和幼子前往投奔兄长。同样的,这位英

---

121 江云、韩致中:《三国外传》,第18—20页(山西南部)。陈庆浩、王秋桂的《山西民间故事》中收录了同一故事,第294—296页(山西)。稍微不同的版本还出现在江云、韩致中的《三国外传》(第6—10、16—20页)和诸葛纬的《三国人物传说》(第22—27页)中。

雄看似是在帮助妇女，但事实上，这个故事相当复杂。逃离之前，关羽不得不与刘备的夫人们共处一室。为了防止任何可能的尴尬，他彻夜秉烛读《春秋》。到 16 世纪晚期，这个故事已经流传甚广，尽管它完全是虚构的，而且即使在 1522 年版的《三国演义》——这是目前我们所知的这部小说的最早版本——中也没有提及。当时的文人们对这个故事津津乐道，这从侧面证明了它的普遍流行。[122] 这个例子可以用来表明他对义兄的忠诚，但同样也说明关羽个人对女性缺乏兴趣。同样的，在那些他出手保护弱势妇女的民间故事中，他总是帮助其他人的女人，但其出发点从来不是为了自己。

我们发现，只有在 15 世纪的《花关索》这一故事中才提到了关羽的夫人——胡金定，关索则是虚构出来的关羽的一个儿子。起初，关羽并不接受关索是他的儿子，因为他在妻子怀孕三个月时便离家出走，所以并不知悉相关情形。而且，他和张飞已经发誓要互相杀死对方的妻子，以保证全心全意地支持刘备。关羽依约而行，但是张飞没有遵守诺言，他放走了关羽的夫人。[123] 这再次表明了关羽极端厌恶女性。在清初，作为妻子和母亲的胡小姐（夫人）最终被地方精英"发现"，并将其列入人物传记中，但是在标准的《三国演义》版本中，她仍然是缺席的。[124] 很明显，精英作者们意识到关羽夫人的缺位会成为一个问题，但是从神化关羽的角度来看，他的妻子必须消失，以保证英雄的纯洁性。

中国的叙述传统还暗示了关羽和一位名叫貂蝉的年轻女性之间潜在的罗曼史。然而，这些故事总是以貂蝉的死亡而告终。《关大王月下斩貂蝉》是明代一个经过改编的故事，其中描述了作为吕布姬妾的貂蝉是如何被献给关羽的。虽然关羽认为她真的非常漂亮，但却让其自我了断，

---

122 沈长卿：《沈氏弋说》卷五，第 54a—b（271）页。王丽娟的《英雄不好色》一文引用丰富的史料对此进行了精彩的讨论。与她不同的是，我并不认为这是一个"民间"的形象，因为我们仍然是在和精英文化，至少是受教育群体的作品打交道。
123 King，*The Story of Hua Guan Suo*，第 36—38、45—47 页；井上泰山等：《花关索传的研究》，第 59—60、104、106—108 页。
124 关于这一点，第七章中会有进一步的讨论。

因为女人只会成为一个真正英雄的绊脚石。[125] 20世纪后期的民间故事中仍然保留了与这一情节相关的不同版本。在一个湖北的故事中，关羽亲手杀死了她。另一个河南的故事稍显得没有那么戏剧化，曹操利用貂蝉离间刘、关、张三人的关系，此后关羽把她送到了尼姑庵——这是一种仪式性死亡。[126] 这一叙事传统和《花关索》的故事都反映了同一个理念，那就是这位大英雄宁愿杀死或者遣散自己的妻子或潜在的情人，也不能让她们妨碍自己建功立业。

这些不同的故事都展示了关羽不近女色的一面，以强调其对结义兄弟和更宏伟事业的绝对忠诚。任何与性相关的关系都有破坏兄弟间绝对忠诚纽带的潜在可能，因此必须加以拒斥。即使地方社会中的女性只是听说了故事的一部分，其中所反映的关羽形象也已经得到了广泛传播，这决定了关公不太可能成为女性的崇拜对象。在这一方面，关羽和《水浒传》中的英雄相类似——《水浒传》是另一个由男性主导、排斥女性的叙事传统，经常在中国的大男子主义传统和驱魔仪式中占有一席之地。[127]

在能够凸显神灵个性的最早的一个故事中，实际上是包含了两位女性的。继女因为坏习惯而被继母责骂的情节很常见。作为惩罚，神灵把继女变成了一条狗，没过多久，她就死了。[128] 无论这位女性有没有变成狗（在今天，绝大部分人都会觉得肯定不可能），很明显，这个故事并非从年轻女性的角度加以讲述的，那些希望得到年轻女子照顾的男性或者年长的女性（象征着性别上的中立）才是故事讲述的主体，她们对于青年女性的社会行为持有严苛的批评态度。

125　洪梅菁：《貂蝉故事之演变研究》，第111—122页。王丽娟：《英雄不好色》也讨论了这一故事。
126　江云、韩致中：《三国外传》，第54—55页（关于貂蝉被处死的故事，来自湖北襄阳）；王一奇：《三国人物别传》，第78—82页（关于貂蝉被送至尼姑庵的故事，来自河南）。
127　Jenner, 'Tough Guys, Mateship and Honour: Another Chinese Tradition', 13—15. 另可参见 Louie, *Theorising Chinese Masculinity: Society and Gender in China* 一书中更为深刻的分析，第22—41页。（中译本见雷金庆《男性特质论：中国的社会与性别》，江苏人民出版社2012年版）
128　《湖海新闻夷坚续志》前集卷一，第20页。

在 15 世纪下半叶的一则故事中，一位目不识丁的女孩 18 岁时得了天花，她向（宁波）延庆寺中的关王祈祷，痊愈后她前去向神祇敬献香油，以表谢意。[129] 有趣的是，在这个故事中，被崇拜的神祇拥有了佛教背景，而佛教总是可以为虔诚的女性崇拜者提供更多的空间。

下面一则晚明时期的故事中，一位年轻的女性成了故事的主角，依仗关羽神祇的护佑来抵抗恶魔，这是非常罕见的：

> 福清民林某女幼喜斋素，得香木数寸许，刻为关王像，甚爱之，每食必祭。及嫁，藏之袖中以行。其夫家素事山魈，娶妇初夕，婿必他往，让祟先宿，而后合卺。女都不知，临宿，袖中出神像，置寝阁上，夜半祟至，但闻室中割然有声，如物被击之状，更无他异。天明起视，床前有血一团，自是怪绝。[130]

这个故事有几个方面比较有趣。首先，它发生在晚明的福建，这里并不以密集的关公崇拜出名，而缺乏占优势地位的地方崇拜模式或许可以为个人信仰的表达提供更大的空间。另外，故事还表明这位女性平时可能是一位佛教信徒，但却偏爱关公崇拜。早先，关公和玉泉寺之间曾经发生过联系，但我们还无法确认故事中佛教徒与关公崇拜的关系是否受到了这点的影响。而神祇具有击败一个强奸成性的怪物的能力则完全在情理之中。

地方社区的集体利益和恐惧感通常会形塑本地的关公崇拜，这些社区由男性领导——至少在公开场合是如此，因为很有可能在很多男性的身后有坚强的女性在支持。关公从来没有成为一个专注于家庭事务的神灵，我只碰到一个关羽保佑生产子息的案例，在下一章中会加以讨论。有人可能会觉得我们的资料几乎一成不变地都来自精英士绅，所以会产

129　黄溥：《闲中今古录摘抄》，第 7—8（537c）页。
130　谢肇淛：《麈余》卷一，第 28b 页。

生一些偏见，但同样是这些资料确实记载了很多女性崇拜其他神祇和佛、道教神明的个案。

来自1849—1851年湖南湘潭县的史料可以让我们看得更清楚，在那里以某一庙宇为中心形成了一个关羽崇拜者的社区。[131] 这份材料包括118个事例以及一篇后记。非常引人注目的是，这篇资料在刚开始的部分包含了23个事例，所涉及的主题都是孝道。其中，除了有两个事例是孝子贤媳的故事，在其他的故事中，儿子和媳妇都行为不端。一般而言，神祇在他部下将领的协助下，都会扮演一个卫道士的角色，而且会非常严厉地惩罚违规者。只有在一个事例中，有一位女性扮演了重要的角色：当婆婆警告虐待自己的媳妇说神灵将会惩罚她的失德时，一场雷阵雨如期而至，媳妇随后被一道闪电击中。[132] 被闪电击中是对不孝最常见的惩罚。在传统的道德体系中，年轻女性是从属于她的丈夫和婆婆的，这说明，在这些故事中女性角色所能发挥的空间很小。

这份资料的其他部分延续了这样的风格。女性很少独立采取行动，即使当她们成为强奸或者其他暴力形式的受害者时也是如此。对这些违反道德的犯罪行为加以惩治的是全能的神祇；通常情况下，人们会在某人病入膏肓或者陷入很大麻烦的时候，解释说这是神灵因其恶行而施予的惩罚。女性采取主动是极个别的例外。在某个例子中，一位已经离世的雇工的侄女请求神灵显应，因为她叔叔生前借贷给一位富人的资本尚未归还。[133] 在另一个例子中，因为有地方人士恶毒地散播谣言，说一位妇女与他人有染，那位女性对此提起诉讼。[134] 还有一个溺杀女婴的个案中，一位孕妇计划溺杀自己的婴儿——如果后者是一个女孩的话。后来她梦见神灵示警，说男女都一样，但是当她的女儿出生后，她的丈夫逼

131　黄启曙：《关帝全书》卷四十，第1a—51a（403—505）页。在'Divine Violence to Uphold Moral Values: The Casebook of an Emperor Guan Temple in Hunan Province in 1851—1852'一文中我已经集中使用了这一材料。

132　黄启曙：《关帝全书》卷四十，第6b—7a页（以上讨论的个案）。

133　黄启曙：《关帝全书》卷四十，第21a—b页（关于侄女的个案）。

134　黄启曙：《关帝全书》卷四十，第24b—25a页。

迫她将其溺亡，最终那个婴孩被抛弃了。于是她开始流血，并且感到眩晕，她的婆婆随后归罪于她的丈夫，并且强迫他在神灵面前起誓，与此同时，当地的另外一些人士发起组织了一个反对溺杀女婴的会社。即使在这一个案中，神祇仍然是独立示警并且对那位女性施加惩罚，而那位婆婆也只是被动反应，对自己的媳妇施以援手。[135]

女性的确还有另一种表达意见的方式。比如，当某外甥的妻子突然发狂时，便可以将舅舅犯下的罪行揭发出来。[136] 或者，当一个偷工减料做棺材的工匠的女儿发疯后，人们才会发现他的欺骗行为。[137] 在第三个例子中，一名女孩突然疯癫，结果表明她的父亲（或公公）正沉溺于杀生。[138] "疯癫"是女性和其他边缘性群体所拥有的少数几种能够借以表达意见的力量之一，但是她们不得不通过这种间接的方式来表达自我，这一事实恰恰又进一步肯定了人们认为女性不能公开反对他人这种潜在的规则。

即使在这样一个较大规模的包含地方神祇显灵个案的样本中，对关公的崇拜首先仍然是男人们的事，目的则是为地方社区和男性个人的利益祈求护佑。在不同的地域，女性都会转而崇拜其他类别的神祇。从全国范围来看，她们可以祈拜观音菩萨，在华北，她们可以崇奉泰山老母，以求取子嗣。在第四章的大量个案中我们已经看到，这些女性神祇崇拜的兴盛多少是对以男性崇拜为主的关公信仰的补充。在个人层面上，女性可以祈拜一些动物性的神灵，比如狐仙。这些崇拜都会以灵媒为中介，无论灵媒是男性还是女性，而且祈求涵盖了从个人健康到婚姻幸福等各种层面。尽管女性的信仰世界非常丰富，但是基本不包括关公崇拜。[139]

---

135 黄启曙：《关帝全书》卷四十，第 38b—39b 页。
136 黄启曙：《关帝全书》卷四十，第 10b 页。
137 黄启曙：《关帝全书》卷四十，第 18a 页。
138 黄启曙：《关帝全书》卷四十，第 39b—40a 页。
139 与女性特别相关的神灵有很多，其中之一便是观音。参见 Yu, *Kuan-yin: The Chinese Transformation of Avalokitesvara* 一书相关部分。

小　结

在本章中，我试图描述崇拜者体认神祇的各种方式（通过梦境、视觉幻境以及其他方式），以及他们如何积极地让神祇显灵（通过戏剧演出、塑像以及其他方式）。在生产记忆和故事的过程中，类似于声音、气味、移动甚至触摸这样的感官体验都扮演了非常重要的角色。把所有的材料结合在一起，我们发现，很明显人们强烈关注的是要证明其可以不通过灵媒中介直接感受到神灵的存在，而且从叙述中构建这些体验时要突出个人的能动性。塑像以及其他的神灵画像几乎被看作与梦境以及视觉幻境中出现的神祇相当的存在。当关羽出现在诸如《斩颜良》以及《过五关》这样的武戏中时，他更多地被视为关公神而非一位历史人物，更别说像击败蚩尤这样的戏了。这使得这些戏剧承担了非常重要的驱魔功能。即使在帝制晚期和民国时期的世俗性城市戏园中，那些扮演关羽角色的演员也被认为是神灵附体。他们会遵守禁忌，并且在演出前后举行一些小型仪式，以表明他们将"成为"神祇以及他们再次成为普通人的特殊时刻。而大型戏剧总会包括一些仪式性的短剧以及相关的崇拜行为，以此来驱赶舞台上的恶灵，为演员和观众带来好运，而其中绝大多数的角色并不带有神圣性。从这一角度看，世俗剧院中关羽的角色当然是独特的。

和关羽相关的民间故事的主题是他对陷入困境中的人们的帮助，必要时还会和强权相对抗。此外，这些故事揭示了神祇是如何获得他那非同寻常的姓名和红脸庞的。他早年的生活经历不仅被包括在神祇的圣迹传中（特别是由卢湛从1692年开始编纂，此后又被反复重印的那一部），同时至少还出现在一部影响深远的善书以及它的评注中（《关圣帝君明圣经》）。这些民间故事展示了一位对其追随者有着强烈吸引力的神灵的形象。对于那些受过教育的神祇圣迹传和善书的作者和编撰者而言，这些传说需要反复加以证明，不过对那些直到今天仍然口耳相传着这些故事的地方普通民众而言，它们本来就是真实的。

与三国相关的书面叙事传统，无论是更具文学性的著述（比如《三国演义》）还是更具历史性的著述（比如《三国志》以及后续的概要性著作），并不包含神灵的完整叙事。但无论如何，这并不必要，因为占据统治地位的是口头文化，书面传统受其影响。不过由于至少在帝国晚期，文本在精英文化中所占有的统治性地位以及我们自己不可避免地聚焦于现存的文献类证据，会导致我们对这一事实视而不见。对"存在"于口头文化中的神灵的崇拜保存于集体记忆中，当然，这样的记忆可能发生改变或丢失，而在文本叙事中只保留了片段性的证据。由于人们可以，或者至少是能够获得更多的情境化叙事（或者"神话"，这是一个现在不太常用的词汇），所以书面文献的参考性仍然是不完整的，只有在口头文化、视觉文化以及表演文化中保存的记录才完整，并具有最终的参考价值。[140] 在某种程度上，晚明以降，情况发生了一些变化，至少对那些受过教育的精英阶层而言，关羽神祇变得特别重要，而且由于他们正在加速脱离地方的口头传统，因此也确实需要书面的参考文献。在第七、八章中，我们将讨论其中的一些变化。

各种形式的叙事语料，无论是口头叙事，还是书面叙事，无论是视觉叙事，还是表演叙事，都有助于来自不同社会阶层、受过不同教育的人们结合自身需求和教育背景，通过各种途径对神灵展开想象。尽管这些语料，从小说到地方戏剧，其最初并非为了解释特定的神灵或者为其存在设定情境，不过，它们当然也可以被用于这一目的。这恰恰是为何从现存文本所能见到的最早的演出开始，关羽这一角色就被想象成一位神祇，而不是被看作一位历史人物。一个受过教育的人可能会偏爱于正史记载（例如《三国志》或者它的衍生品，比如类似于《资治通鉴》这样的编年体史书），以此来形塑他们自己对关羽神灵的崇拜。但是在人生的不同时点，没有人能够不看戏、不聆听地方上的传说故事或者关于

---

140 Scodel, *Listening to Homer*, 1—41.

神灵奇迹的叙述，当然也没有人能够避免将这些内容传播给其他人。整体而言，这些叙事语料会帮助崇拜者们在一个大的背景下构建他们的行为，让他们的崇拜变得更有意义，同时也可以解释神祇之所以能够成为神祇的原因。关羽神祇的力量源自人们臆想中的他在历史上的那些活动，借助于这种力量，至少自宋代以来，崇拜者们的构建行为就是以一种准历史的方式进行的，这体现了中国宗教文化的本质。

在此，我们同样可以思考贯穿于围绕神祇的所有叙事中的一条重要线索，我们把它定义为持续的暴力行为。我们已经看到，对那些因暴力而横死者的崇拜是如何成了关羽神祇的起源。曾经是恶魔的关公拥有巨大的能量，可以与从恶魔到野蛮人的不同类别的敌人展开斗争。佛教居士张商英认为，关羽残余的"生气"（extant fieriness）是他力量的源泉。在他的有关神话中，暴力仍然十分重要。在讲述关羽离乡之前相关事迹的民间故事中，暴力的使用被看作一种善的力量，因此被置于故事的中心位置。稍后我们将看到，在与神灵相关的地方传统中，他被视为龙的化身或者玉皇大帝的使者，在这些传统中，暴力同样被置于中心位置，无论是处决一条兴云布雨的龙（最终它幻化为了关公），还是在关于世界末日的叙事中即将来临的对人类社会的暴力毁坏，都是如此。这些暴力在道德层面上都被认为是正当的，因此从来没有使用过"暴"这个字。相反，它被视为一种刑决或者惩罚。但是，无论我们如何定义，暴力也是一种可以被感知的经历，会同时调动起人们许多的感官体验。即使我们不是暴力的直接受害者，但当读到或者听到相关描述时，仍然可以产生共鸣。因此，在神灵护佑的故事中频繁提及不同形式的身体"暴力"，可以大大增强故事的真实性和神灵的存在感。

第六章　布雨护民

　　人们都认为神祇可以帮助并且保护他们，为他们医治病痛，有时候也会对他们施加惩罚。然而关公并不会提供所有的帮助。他几乎不会帮助人们获取子嗣（这通常是女性神灵的任务），我们很少发现女性崇奉关羽的例子。他也从来不会像华北的狐仙或者江南的五通神那样，可以牺牲他人为代价，让信徒得以暴富。在左邻右舍的眼中，这样做会被认为是不道德的，而且会受到怀疑。很显然，信徒们并不能随心所欲地向神灵予取予求，相反，他们必须在一个集体创制、传播的范式内祈求神灵，这个范式规定了神祇能够或者不能够为他们做什么。在华北，人们经常要求关公兴云布雨，而在几乎所有的区域，人们都希望在和恶魔以及其他类型的外来人群（野蛮人、叛军或者其他）的斗争中，关公可以有所助力，甚至主动显灵助佑。

　　乍看起来，神灵所具有的提供雨水的能力部分源于关公崇拜与龙神崇拜的融合，他尚武的一面在其中并未发挥多大的作用。然而，在与关公神祇相关的民间故事中，暴力的确扮演了一个非常关键的角色，关于这一点，早在17世纪早期的文献中就有所记载。在这些故事中，人们认为关羽是龙的化身，这条龙出于怜悯，为一个被天界最高神灵们认定要加以毁灭之地提供了雨水，玉皇大帝下令将其处决。在他为了保护人们而与恶魔或者类似群体，比如叛军、匪徒或者野蛮人对抗时，他当然也必须具备指挥军队抵御威胁的基本能力。

在我们对于真正的神灵崇拜的分析中，要继续仰赖于人们的集体记忆，这些记忆都与关公为他们的生活提供帮助相关。它们通常会被简化为一些非常精练的关于基本事实的叙述，当被收录于地方志或者石刻碑记中时尤其如此。有时候，我们会比较幸运，可以得到目击者的叙述，甚至亲历者的回忆。多亏了这些资料，我们才可能体验到普通人和神灵发生关系时所产生的部分情感和关切。

雨 神

关公令人感到惊讶的特征之一是他所具有的可以兴云布雨的能力。首先，我从神话传说的维度，讨论五月十三日为何会成为和关羽相关的主要节日，以及人们又是如何相信关公是一条可以带来雨水的龙之化身的[1]。接着，我会考察很多关公以雨神的角色现身其中的个案。中国大部分地区的农业系统总是依赖于雨水，在北方乡村地区尤其如此，那里正是关公偶像崇拜的中心，而且人们所能利用的人工灌溉方式极其有限。

龙神

现在与关公崇拜相关的两个主要节日分别为五月十三日和六月二十四日。其中，后者是17世纪晚期的发明，在第七章中，我将结合关羽的文人形象对此加以讨论。而第一个节日要古老得多，而且始终是主要的节日。[2] 同一个节日能够在相当长的时间和相当广阔的地域内得以维持，这再次说明了文化传播集体机制的强大，这一机制同样作用于人们在神圣物品（大刀、赤兔马）、他的两位助手以及他的外貌（红脸、

---

1 大塚秀高：《關羽の物語について》，第69—103页。
2 大塚秀高：《關羽の物語について》，第82—87页。

长髯、绿袍）等方面的共识。在下文中，我认为五月十三日这个节日可能起源于人们对可以行云布雨的龙神的信仰。接下来，我将考察一个民间故事，这个故事认为关羽神祇是一条被玉帝下令处决的龙的化身。

五月十三日

最初，不同的节日看来是并存的，这也符合我之前的分析，也就是说，神祇的发源有多个不同的中心，它既和作为佛教庙宇的玉泉寺相关，又出现在驱魔仪式专家的道教世界中，同时还得到了山西最南部民众的崇祀。因此，在一份13世纪的道教神祇（或者是被道教仪式专家所挪用的神祇）日历中，将道教中的崇宁真君即关羽的生日定为六月初六。[3] 由于这一材料来自南宋末年，所以将这一节日与神灵的道教驱魔身份联系在一起并不奇怪，因为在当时的南方，这一职能十分重要。与此同时，道教中存在不止一个与关羽神祇相关的节庆日期，也表明五月份这个节日的定型并非通过道教这一途径实现的。有趣的是，至少从明代中期以来，解州的人们就在佛诞日举行和关羽神祇相关的赛会活动，因为大家相信关公是在这一天获得册封的。[4] 很少有其他地方会把这个日期作为节日，这表明标准化的关帝节庆日期亦非源于解州的关帝庙。同时，这条史料较为晚出，也无法支持当地的关羽崇拜源于佛教的假设。

第一部关羽圣迹传的作者——胡琦，在14世纪初便指出，晋楚之人相传关羽生于六月二十二日，关平则生于五月十三日。不过通常，人们把五月十三日作为和关羽相关的主要节日来加以庆祝，这使得胡琦的说法看上去有点奇怪。到了清代初年，另外一个不同的日期——六月

3　陈元靓：《纂图新增群书类要事林广记》，丁集下，第20b（111）页。
4　赵钦汤编，焦竑校：《汉前将军关公祠志》卷八，第19a（271）、20a（273）页。参见第四章中关于地方庙宇的讨论。

二十四日才作为节日开始流行起来,我们将在第七章中加以讨论。[5]胡琦关于五月节的不同解释或许是一种地方的变异形态,但是我们仍然可以看到被保留下来的传统日期。

在1249年的一通来自元大都关帝庙的碑刻中,五月十三日已经被提及,与此同时,这通碑刻还提到了与神祇形象相关的其他要素。[6]来自西北巩昌的一通1325年的碑刻进一步确认了这一日期,它特别提到当地将五月二十三日作为节日是一个例外:其他州府在(五月)十三日祭拜。[7]在明代,它变成了最为常见的赛会日期。[8]这一日期占据统治地位表明,随着神祇崇拜在全国范围内的传播,在某一时间点,它已经成为口头传说的有机组成部分,尽管它并非必然起源于那些旧的崇拜中心,比如玉泉寺或者解州,在那里,他们有自己的节庆日。

我们只能推测为什么会选择五月十三日。在中国南方,传统上这个月份被视为恶月(作为双关语,"恶"与"五"有着类似的发音)。它和梅雨的开始以及"流行病"(可以是任何一种传染性疾病)的发端联系在一起。人们会采取一些传统而细致的防范措施,以防这些具有毒性和魔性的影响伤害到普通人以及宋代以来的天师们。对关公的崇拜是当时这些预防手段和驱魔措施的一部分。

至于选择这个月的十三日而非其他日期的具体原因可能与一个关于龙神生日的更古老的信仰有关,我们可以在10世纪以来的文献中寻找

5　顾问:《义勇武安王集》卷二,页码不明(52)。1352年一方碑记的相关内容便建立在胡琦这一讨论的基础之上。(关于该碑记的讨论参见钱大昕:《潜研堂金石文跋尾》卷二十,第15b—16b页)。现有的研究经常引用清初顾禄《清嘉录》中对该碑记所作的概述(参见《清嘉录》卷五,第93页)。而大塚秀高在《關羽の物語について》一书中虽然发现了钱大昕对1352年碑记的概括性评述,却没有提到它与之前胡琦的论述之间的联系。大塚推断二十二日是二十四日之误,在其他关于这一信息的例子中,我们也可以发现类似的错误。但由于1352年的碑记与胡琦最初的记录在关羽生日为二十二日这一点上是一致的,所以我并不认为存在错误。相反,清初对六月二十四日为关羽生日这一说法的接受可能反映了湖北本地未受元代胡琦评论的影响,对早期的习俗进行了调整。

6　郝经:《陵川集》卷三十三,第7a页。参见我在第五章中所作的讨论。

7　同恕:《榘庵集》卷三,第8b页。

8　《沔阳州志》(1531年;1926年重印)卷十,第3b页;《尉氏县志》(1548)卷一,第30a页;《清丰县志》(1558)卷二,第17a页;《赵州志》(1567)卷四,第6a页;《滨州志》(1583)卷二,第30a页。

线索。⁹此外，一部元代晚期的农谚书籍提到，如果五月十三日彻夜下雨，那么人们在次年就应该提前播种。¹⁰一部晚明的方志也记载了五月十三日白龙布雨的信仰。¹¹尽管这些证据都过于碎片化，无法确切地重构这一天的习俗，但看起来人们相信五月十三日、雨水的来临以及白龙的诞生三者之间存在某种程度的关联。

我们可以从文献中发现，至少从 16 世纪开始，五月十三日的关公赛会就和求雨联系在了一起。¹²根据 1558 年的《清丰县志》（清丰县位于河南的大名府附近），人们相信当发生干旱时，在神祇生日那一天一定会有"雨之征"。¹³清代和民国的资料则提到人们把那一天下的雨称为"磨刀雨"。¹⁴清代以来，在河南定城县有一个与神祇相关的新的节日，其中的说法稍有变化：20 世纪初，当地的农民认为如果关羽喝醉了，六月二十四日就会下雨。在这一天，青苗会通常会举行秋天的第一场活动，并且开始"看田头"。¹⁵在这里，古老的习俗被挪到了新的日期举行，这表明，原来下雨和特定日期之间的联系已经被下雨和神祇的联系所取代，而具体日期也可以发生变化。

20 世纪的民间传说确认了人们相信神祇的节日、关羽著名的大刀与雨水的降临之间存在着联系。¹⁶在湖北省长江沿岸的一个贸易市镇——沙市，流传着一则民间故事，故事是这样解释雨季的：暂事曹操的关羽

9　韩鄂：《四时纂要》，第 88 页；范致明：《岳阳风土记》，第 28b 页。另可参见陈元靓：《岁时广记》（13 世纪？）卷二，第 9a—b 页。
10　《田家五行》（14 世纪中叶？），引自《泾县志》（1552）卷一，第 8a 页（卷一具体提到了资料来源，第 7b 页）以及《乌程县志》（1638）卷四，第 27a 页。
11　《常熟私志》（1628—1644）卷三，第 31b 页。
12　大塚秀高在《關羽の物語について》第 84—87 页中发现不同的地方都有这一相同的信仰。
13　《清丰县志》（1558）卷二，第 17a 页。
14　类似的说法可参见《法华乡志》（1922）卷二，第 7a 页；顾禄：《清嘉录》卷五，第 93 页；《濮院琐志》（1774），第 487 页；Bodde, *Annual Customs and Festivals in Peking as Recorded in the Yen-ching sui-shihchi*, 50。
15　Gamble, *T'ing Hsien: A North China Rural Community*, 420；另可参见直江廣治《中国の民俗学》，第 110—111 页。关于六月十六日这个具体日期，可参见第七章。
16　大塚秀高：《關羽の物語について》，第 87—90 页。相关论述部分建基于对各类民俗传说的搜集。

决定在五月十三日离开曹营。这就是非常有名的"过五关"的故事，全中国的地方赛会经常搬演这一剧目，在第五章中，我们已经讨论过它。神祇的青龙偃月刀只能用天河之水，而不能用普通的水来磨。当时发生了干旱，关羽看不到一丝云彩，他便用青龙偃月刀威胁东海龙神，警告龙神如果不下"磨刀雨"，他就不让它晒干自己的龙袍。听到这些，龙神真的害怕了，因为如果它的龙袍一直是湿的，他将不得不持续不断地布雨。因此，直到关羽经过一路打斗，回到刘备阵营为止，龙神持续不断地提供雨水，以使关羽的大刀在不停的战斗中保持锋利。当关羽回到刘备那里时，已经是六月十六日。所以，雨季通常在这一天结束。[17] 这个故事被看作湖北当地一则谣谚的来源："不借关羽磨刀雨，龙王休想晒龙袍。"[18]

道成肉身的龙

很早以前，关羽的大刀就被称为青龙偃月刀，以表明这件武器一开始就被看作龙的化身。我在第五章中提到了这个古老的主题。一份1600年左右来自湖北北部的文本告诉我们神祇的须髯的确确是一条小龙。早在元末话本中，他的胡须就被贴上所谓"虬髯"的标签，[19] 但湖北的资料则是最早的结构完整的故事。我还不能确认湖北的故事是否从（虬髯）这一隐喻发展而来，或者说这一隐喻反映了一种早先存在的信仰——当然我们首先假定的是"虬髯"这一标签和这个故事之间存在着关联。这个故事是这么说的：

> 关云长公媺髭髯，内有一须尤长，二尺余，色如漆，索而劲，常自震动，必有大征战。公在襄阳时，夜梦一青衣神辞曰：我乌龙也，久附君身，以壮威武。今君事去矣，我先往。语毕，化为乌龙，驾

---

17 江云、韩致中：《三国外传》，第56—57页。
18 江云、韩致中：《三国外传》，第57页。
19 Idema and West, *Battles, Betrayals, and Brotherhood*, 320—321，其中将"虬髯"翻译为卷曲的胡须。丁锡根：《宋元平话集》之《三国志平话》（上），第755页。

> 云而去。公寤而怪之。至夜，公走麦城，与吴兵对，天曙，将［捋］
> 须，失其长者。公始悟前梦辞去者是须也。叹数已定，将奈之何！[20]

在此我必须补充说明，樊城是曹操和刘备双方最后战斗之地，关羽参与了这些战斗。后来他带领一部分队伍撤往麦城，在那里被吴国的军队俘虏，不久被处决。所有这些地点都离当阳县很近。

> 至晋太始元年，樊城大旱，祈雨无效。有司梦黑衣神，自称须龙曰："能为我立庙，当致雨以救民。"有司焚香告许。至午果雨。雨霁，澹云中乌龙见身，有司遂为建祠。掘土，得一长须，意即龙也。因以塑于颈中，题其庙为"须龙庙"。

这则樊城（今湖北北部）当地流传的关于地方神祇的民间故事，在很晚近的一部善书中曾经提到过，除此以外，我们不知道在其他地方是否也有流传。[21] 无论如何，这是将神祇与龙的角色联系起来的一个较早的例证，无论是通过他的大刀或胡须的名字，还是直接将其想象为龙的化身。人们通常认为龙负责控制水和降雨，所以这是非常重要的一个发展。

到了 17 世纪中叶，人们已经确信是关羽自身而非他的大刀或者胡须，是一条被处决的龙的化身。清初出现了更详细的版本，其中说道，在汉桓帝时期（146—168 年），山西南部发生了旱灾。

> 僧道多方祈雨不应。蒲坂居民闻雷首山泽中有一尊龙神，相传亢旱求之极灵，集众往跪泣告。老龙悯众心切，是夜遂兴云雾，吸

---

20 薛朝选:《异识资谐》。大塚秀高在《關羽の物語について》一书中讲述了这一故事。正如大塚所指出的，来源于其他史料中的故事内容有所差异。他还对差不多同时代的类似史料进行了讨论。
21 《忠义觉世真经》（原刊于 1863 年，1901 年重印）下，第 32b（51）页。

黄河水施降。明旦水深尺余。

在这一事件后，这个故事的讲述者便开始评论并解释为何这一地区会遭受苦难。

> 凡下土人民奢侈之极，天必降以饥馑；淫佚之极，天必贻以疫疠。一人暗肆奸谋，独遭水火；一方相沿侵夺，咸受刀兵。上帝方恶此方尚华靡，暴殄天物，当灾旱以彰罪谴。

自然灾害是上天的惩罚，这一信仰并不新鲜，而一条龙出于怜悯而违犯玉帝的旨意才值得注意。

> 而老龙不秉上命，擅取水救济过民。上帝令天曹以法剑斩之，掷头于地，以警人民。蒲东解县有僧普静，见性明心，结庐于常平溪西。闻空中雷电在白藤床上，只称可惜。晨出视之，溪边有一龙首，即提至庐中，置合缸内，为诵经咒。九日，忽闻缸中有声，启视，已无一物，而溪东有呱呱声。

到了帝国晚期，常平村被视为历史上关羽／关公的出生地，普静的棚屋就在那儿。人们看到一条黑龙盘旋在关家院子的上空，在它消失后不久，关羽的母亲就生出了我们的神祇——这很明显暗示他就是那条能够兴云布雨的黑龙的化身。[22]

那些讲述关公和玉帝之间联系的故事在帝国晚期得到了更广泛的传播。作为佛教居士的周梦颜（1656—1739）注意到，玉帝已经任命关公

---

22 徐道：《历代神仙通鉴》卷九，第 8a—b（1613）页。这一部分的内容并未收入《关帝圣君圣迹图志全集》。大塚秀高在《關羽の物語について》一书（第 90—93 页）中讨论了这一史料。《西游记》卷十中也记载了一个类似的故事，参见余国藩译本，第 238—251 页。大塚秀高在《斩首龙の物語》一文中有更深入的讨论。与关羽生日相关的更多细节还可参见徐道《历代神仙通鉴》卷九，第 8b（1612）页。

担任鉴察人间善恶的官职。[23] 一份17世纪后半叶的教会文本在攻击中国宗教文化时也提到了关羽的这一角色，这进一步证实类似的故事在当时获得了广泛传播。[24] 我们也可以在18世纪的弹词《三国志玉玺传》中发现同样的信仰。[25]

不同版本的龙神幻化为关羽的故事在20世纪仍然得以流布，这表明它是口头传统的孑遗，而非单一书面来源的口头复述，因此有很多不同的自然形成的版本。[26]

一天，玉帝命令火龙星君纵火焚毁某个村庄，惩戒不讲孝道的村民。当星君第一次前往执行任务时，遇到了村庄里的一位孝女。他告诉这位孝女在屋子旁边挂上扫帚，这样的话，他就不会烧她的屋子。这位妇女把这次偶遇告诉了村里的每一个人，于是所有人都挂上了扫帚。结果，火龙星君无法分辨出哪个是那位妇女的屋子，无功而返。玉帝虽然想将其斩首，但还是又给了他一次机会。这次，他遇到了一位遭到富人鞭笞的仆人。由于那富人的名字和村庄的名字看上去非常相似，火龙星君决定只焚烧他的房子——或许是希望以此掩人耳目，因为两者的名字非常相像。玉帝再次想将他处以极刑，但还是给了他最后一次执行任务的机会。这一次，他遇到一群百姓在菩萨前祈祷（或许只是一尊普通的神灵，也可以被称作菩萨），因为自从富人的房屋被烧毁后，当地便遭遇了旱灾。他对这群人产生了怜悯之心，决定化身金花老龙王，将整片区域都笼罩在迷雾中。潮湿的空气让那里彻底恢复了生机，每个人都充满了幸福感。火龙星君每天都用厚厚的云层把这片区域遮盖起来，让玉帝误认为这是由大火引发的浓烟。最终醒悟的玉帝下令将火龙星君斩首。

在执行死刑的那天晚上，星君托梦给一位老僧，恳求他在朱砂池中

23　周梦颜：《万善先资集》卷一，第452—453页，本书第二章曾有所引用。
24　《破迷》，收入《法国国家图书馆明清天主教文献》卷十一，第557页。
25　童万周：《三国志玉玺传》，第503页（在第437同样将五月十三日视为关羽生日）。该书编者极力证明这一弹词的基本内容成形于晚明，但是我并不这么认为。
26　李福清在《关公传说》一书中对该故事的形成和流传有非常广泛的讨论（第28—44页）。

放置一个铜盆，里面倒上三杯水，用来收集天上滴下的血水。血水注入后，他须用一个巨大的铁钟紧紧覆盖在铜盆上。七天七夜后，移走铁钟，火龙星君就可以获得重生。这位僧人准此而行。然而，他的弟子并不知道铁钟里藏着什么，因此在第六天老僧外出时，提前将其揭开，原来下面是一个碗，里面盛有一团凝血。突然，天空中升起一团红云，一个婴儿端坐在盆中。因为铁钟太早被移开，婴儿的脸上布满了红色的血迹。[27] 铜盆必须放置于朱砂池中，因为朱砂在（宗教）仪式中通常代表鲜血，而且与长生不老相关。红云则是那条道成肉身的龙的灵魂，是它激活了那团凝血。

关羽前世作为一条得道的神龙不服从玉帝的故事与19世纪晚期扶乩文本中讲述的另一个故事高度相似。在那个故事中，由于人类失德，玉帝打算施加惩戒，但是神祇违背了玉帝的旨意，并且获得了玉帝准许，尽可能多地拯救百姓。由此发展出了一种非常重要的传统，这一传统激发了遍布于华南的扶乩神灵，甚至导致了一种新的宗教运动的产生，所有人都希望崇拜关公能够保护他们免受灾祸。很显然，这个故事从更古老的与关羽相关的口头传说中获得了灵感，并且与那些关羽杀死横行地方的官吏与豪强的故事主题吻合。在第八章中，我们会讨论这一重要的宗教发展面相。在此，通过指出暴力在这一口头叙事中占有中心地位这一事实，我们将做出一些推断。对于那条兴云布雨的神龙的不公平处决提升了作为其化身的神祇的道德高度。这同样与某种古老的信仰相契合，人们相信那些因暴力而横死者，因为没有完成他们的生命循环，未能耗尽精力，不仅可能会成为妖魔，而且有可能成为神祇，享受人间供品。以此观之，对那条龙的不公正处决与历史上关羽被斩首在情节上极其相似。

27　诸葛纬：《三国人物传说》，第18—22页，但其中没有提及具体的地点。王一奇：《三国人物别传》，第38—44页，其中的故事来自安徽地区。在陈庆浩、王秋桂主编的《陕西民间故事》中也收录了类似的传说，参见该书第264—267页。

神圣的布雨者

关公具有兴云布雨能力的相关记载可以追溯至宋元时期。当时碑铭的绝大部分内容都是在恳求关公控制天气,且通常作为打击匪徒、抵抗洪水和干旱,以及抗击瘟疫等行动的一部分。[28] 1299年,在长江流域的浙江,一些地方官员由于祈雨灭蝗(一般而言,蝗虫与旱灾相伴而来)获得成功,因此比较早地建造了一座关帝庙。[29] 1307年在河南的修武,1341年在山西南部的济源(今属河南),16世纪70年代在浙江南部的龙游,关羽神祇都缓减了旱情,当地的关帝庙皆因此得以新建或修复。[30]

很明显,以下的叙述同样将关公崇拜置于求雨的背景中加以理解。16世纪70年代,一场旱灾席卷了黄河与大运河交界处的徐州某地。此时茅山的一位道士手持一块木牌路经此地,木牌上书"售雨"二字。地方官员告诉下属,他梦见关将军命人前来降雨。于是那位道士登上一个露天的祭坛,一边挥舞宝剑,一边以道教呈文的形式向神灵发号施令。五点钟时天降甘露,半夜雨水再次降临,数小时后又有了第三次降雨。那位道士之后飘然离去,当地通过对关帝庙的大规模重建表达了谢意。[31]

20世纪40年代,山本斌从华北当地民众那里直接搜集民间传说,并且将其编纂成集,内容异常丰富,他在其中注意到了作为财神和雨神的关羽形象。[32] 民间传说通常将关羽视作雨神,并把他和那条作为其前身的龙联系在一起。有一个类似的故事将关羽视为由玉帝派来控制风雨的神灵。这个故事围绕关公传说中的一般主题展开,并通过与那位好心

---

28 鲁贞的《铜山老农集》中收录了相关的个案,参见该书卷一,第20b页;同恕:《榘庵集》卷三,第9a页;武亿:《安阳县进士录》卷十二,第8b页;徐宗干:《济州金石志》卷三,第59a页。
29 《镇江志》(1332)卷八,第12b(2729)页。
30 《河南总志》(1484)卷八,第16a页;陈垣编纂,陈智超、曾庆瑛校补:《道家金石略》,第1205页。《龙游县志》(1612)卷三,第1b页。另外,亦可参看《高陵县志》(1541),第6b页以及《大冶县志》卷四,第5a页。
31 《徐州志》(1577)卷四,第20a—b页。
32 山本斌:《中国の民间俗承》,第59、第73—74页,相关传说采集于赵县。

而笨拙的仆人周仓的对比，显示出关公的英明[33]：在每年的三四月，人们总是向关羽求雨、祈晴，他也总是应答如响。毫无疑问，对于自己的主人能够轻而易举地满足人们的要求这一点，周仓十分羡慕。有一天，由于关羽要外出处理其他事务，他让周仓代替自己，周仓满心欢喜地答应了。随后，有几个人来到庙里祈拜，提出了互相矛盾的要求。一位农夫祈求第二天天晴，以便于他可以为小麦脱粒，另一位农夫却祈求下雨，以便浇灌农田。接着，一个果园的主人来到庙里，祈求第二天不要刮风，因为他所有的果树都开花了。与此同时，一位商人祈祷说希望第二天要有大风，并且应该往同一个方向吹，因为他要坐船出去做生意。周仓完全被这些互相矛盾的要求弄昏了头脑，急匆匆地前去向主人请示应该怎么做。关羽大笑，做出了以下指示，那就是应该晚上下雨，白天天晴，而且刮大风时要绕过果园。[34]

日本学者给我们留下了一些关于祈雨仪式的非常好的描述性资料，在这些仪式中，关羽神祇，或者至少是它的庙宇，扮演着非常重要的角色。[35]另一方面，民族志学者直江广治同样提到了一些地方性的祈雨仪式，关公在其中并不扮演任何角色，而且很明显他与降雨也没有任何关系。然而，在顺义县（今北京西北），村子里所有家庭的男性代表都要把龙神像和关公像抬到村外的黑龙潭。如果雨水降临，他们就会在秋收时演剧酬神。在良乡县（今北京西南），所有家庭的男性代表同样要把龙神像从当地的关帝庙和五路庙中抬出来，前往村外的玉帝庙。[36]内田智雄非常详细地描述了山东历城一次求雨赛会的情形，这次赛会围绕着当地的关帝庙展开。在此，关羽神祇的庙宇是周边许多村庄的中心，但

33　江云、韩致中：《三国外传》，第43—47、205—206页；诸葛纬：《三国人物传说》，第48—52页。
34　诸葛纬：《三国人物传说》，第51—52页。江云与韩致中的《三国外传》中记载有所不同，其中并未提及关羽雨神的身份，第205—206页。
35　山本斌：《中国の民间传承》，第55、59页。
36　直江广治：《中国の民俗学》，第119—141页，尤其是第127—128页。明恩溥在《中国乡村生活》一书中把关羽、观音、龙王以及蛇神均列为山东地区和雨水有关的神灵，第169—170页。

是在实际的祈雨仪式中，龙神的角色最为重要。[37]作者们都强调了这些仪式以及关羽神祇在塑造更强烈的地方集体意识方面所扮演的重要角色。在日本侵华前以及侵华中，这一话题在那一代从事中国研究的日本学者中十分流行；不过后来他们的田野工作受到质疑，并且最终被遗忘了。事实上，长期以来，我们低估了宗教文化在形塑中国社会方面所起到的作用。[38]

一个可以印证日本学者分析的例子来自19世纪后期的华北，那是一个与传教相关的个案，这相当令人意外。1862年，柏乡县（今河北）发生了一次争论，当时，当地的村子里希望组织祈雨仪式，在这一仪式中，关羽神像将被抬出来巡游，进而带到当地的庙宇中，在那里焚香求雨。一位地方士绅和另一位地方头领试图强迫当地的天主教徒祭拜关羽神祇，但遭到了拒绝。在祈雨成功、天降甘霖后，当地人又一次组织了游行以答谢神灵。由于天主教徒们对祈雨毫无贡献，但是他们的庄稼同样获得了好处，人们很不满意，一场争斗由此产生。[39]类似的冲突在其他地方同样会发生，但我们在此感兴趣的是关羽在祈雨仪式中所扮演的重要角色。

那么，在华北地区，是否只要当地的人们普遍崇祀关帝，后者就一定可以为崇祀者兴云布雨呢？19世纪中叶围绕湖南省湘潭县一座香火鼎盛的神庙发生的个案表明，事实并非如此。1852年6月中旬，在这座神庙所管辖的地域发生了旱灾。人们均斋戒向关将军祈雨，连续四天诵经，毫无成效。之后，庙宇住持通过扶乩的方式询问神灵为何如此。关羽神祇回答说，原先他打算给这一地区带来齐脚深的雨水，但是他们

---

37 内田智雄：《中国农农の家族と民俗学》，第251—261页。王卫东提到在他的家乡山东，如果关公没有在干旱期间带来雨水，那么人们通常会惩罚神灵。口述访谈，2016年7月28日。

38 Duara 的 *Culture, Power and State: Rural North China* 一书（中译本见杜赞奇：《文化、权力与国家：1900—1942年的华北农村》，江苏人民出版社2008年版）以及我自己的论文'Local Society and the Organization of Cults in Early Modern China: A Preliminary Study'都极大地受益于这些日本学者的研究。

39 Litzinger, 'Rural Religion and Village Organization in Northern China: The Catholic Challenge in the Late Nineteenth Century', 45—47.

没有觉察（这几乎可以被视为一种社会控制的形式）到当地存在的道德疏失，因此不能如愿。最终人们发现本地有人宰杀了一头公牛，并且因为当地人都在祈雨，所以他将其卖到了神庙管辖区域之外。当地的一个皮匠还购买了牛背上的皮。这样，就有两个人触犯了禁屠令。处置二人后，社区百姓再次真诚地向神灵祈祷，最终雨水如期而至。[40] 这个故事的焦点并不在于神灵拥有降雨的能力，而在于他要求人们要有合适的道德行为。在此，关羽神祇被视为无所不能，而并不仅仅是专门控制降雨的神灵。

面对不同类别的证据，我们很难做出判定。有充分的证据把关羽崇拜和求雨联系在一起，比如他的生日是在五月十三日，民间传说将他与龙联系在一起，以及在大量的个案中，关公偶像都在地方祈雨中扮演重要角色，等等。另一方面，在第五章中我们曾经讨论过关羽崇拜的传播与分布情况，结果表明他是华北地区最为重要的崇拜偶像之一。由于雨水在华北地区和长江中游都是人们关心的重要问题，所以神灵和降雨扯上关系并不令人惊讶。据我们所知，玉帝和无处不在的龙神也可以带来雨水，但是另外一些神灵，比如泰山老母和土地公却并不能。因此，我认为在关羽神祇和降雨之间确实存在某种更为具体的联系。

驱魔止暴

毫无疑问，宋初以来，在与那些危及地方社区甚至帝国生存的暴力威胁相抗争的过程中，关羽神祇扮演了重要的角色。作为一名曾经令人闻风丧胆的将军，他的历史声名没有被人遗忘，或者也可以说在他成神后，他的历史名声又被人们所忆起。尽管我们现在把灾难都分别贴上匪乱、造反、瘟疫、饥荒和干旱等标签，但当时的人们都认为地方社会日

---

[40] 黄启曙：《关帝全书》卷四十，第51a—52a页。关于这一史料，请参看 Ter Haar, 'Divine Violence to Uphold Moral Values', 314—338。

常生活中的危险是由恶魔导致的，这些恶魔与其他生物一样是一种真实的存在。地方百姓拥有非常广泛的信仰及实践方式，这些都会帮助他们去应付恶魔的攻击，而向类似于关公这样的神灵祈祷是其中非常重要的一部分。宗教活动使人们有机会去处理自身的恐惧和担心。允许个人和地方社群举行宗教仪式有助于安抚众人，保证团结一致，共同抵御危难。事后他们则会编造出某种解释性的叙述，通过这一方式，人们可以步调一致地对神奇的保护行动表示感恩，或者至少在某种程度上为灾难性事件画上句号。将一切归于神意有助于社区共同体的形成，而这种意识会被铭刻于金石，会被保存在故事和集体性的欢庆活动中，甚至可以体现为一座庙宇的新修和重建。

抵抗恶魔

将关公视为崇宁真君的道教仪式文书也提供了一些标准的符咒，有助于人们摆脱厄运，比如有一道符咒教导人们如何"驱除恶魔，先截其身，后斩其首"。另一道符咒则被用于催生、治病以及祈嗣，将符咒和水吞服便能生效。然而，另外一道符则是一条可以召唤风、雷、电、雨的指令，它对于驱除恶魔、治疗疾病非常有效，也允许人们进入幻境。[41] 所以，关羽神祇的职能是非常广泛的，尽管其中的一些在接下去的几个世纪中有所变化。崇宁真君并非地方社区的保护者，地方百姓无法直接召唤神灵布雨、对抗邪魔、驱逐匪徒或者野蛮人，相反，他为仪式专家们的目标服务，这些仪式专家仅仅将其视为另一个可以听从其指挥的冥界将军。

在早期，关羽神祇更常被认为是一个驱魔者，他的这一角色于《元史》中得到了确认。《元史》中提到1270年大都（今北京）祈求平安的盛大游行，其中有人抬着"监坛汉关羽神轿"。游行者有僧侣和乐师、御林军，甚至皇帝。这次巡游被称作"白伞盖佛事"，人们诵念着威力强大

---

41 《道法会元》卷二五九，第590c页。

的陀罗尼经文和咒语以抵御恶魔的攻击。[42] 当时的蒙古朝廷处于藏传佛教首领八思巴的领导下,这一事件是该朝廷意图使其统治合法化的努力的一部分,而八思巴已经指出,忽必烈汗是全天下的统治者、"转轮王"的化身。大都的主城门前悬挂一金轮,白伞华盖置于忽必烈的车架之上,以弹压恶魔护佑朝廷。尽管人们打算每年举行一次这样的巡游活动,不过1354年,各地叛乱四起,元朝的末代皇帝试图重新组织巡游,这一事实表明1270年以后这一活动并没能有规律地按时举行。[43]

无论后来的走向如何,该巡游活动肯定是当时一项主要的政治和宗教事件。尽管仪式活动是在西藏仪式专家们的指导下进行的,但诵念陀罗尼经并非只是这些僧侣的特权,当时的人们都广泛参与其中。这些原始的经文中并没有关公的身影,不过肯定有普通的中国神祇被包含其中。将关羽神祇称为"监坛神"的表述,表明他的作用是要保证祭坛上所有法器的安全,使其免受邪魔的影响。尽管我们并不知道为什么他会成为"监坛神",但可以推测这肯定和他作为一个军神和驱魔神在地方社会的受欢迎程度相关。

在接下来的几个世纪中,关羽仍然承担了驱魔神的角色。比如,在16世纪晚期,当一条龙破坏了大运河上的水利设施时,作为驱魔者的关羽神祇便发挥了作用。大运河是连接江南和首都北京的大动脉,它出现任何问题都具有重要的政治意义。感谢水利官员潘季驯(1521—1595)的奏疏以及他的一位已经致仕居家的朋友董份(1510—1595),为我们提供了关于这一事件的异常丰富的资料。就像我们将要看到的,那些奏疏来自潘季驯的亲身经历,然而因为被写成了报告,很少掺入其个人情感,所以又有些不像回忆录。同样的,他朋友的作品是在潘季驯经历的基础上写成的,确实给了我们很多信息,但是同样缺乏回忆录的相关要素。

---

42 宋濂:《元史》卷七十七,第1926页。关于这一经文,参见 Keyworth, 'The Curious Case'。
43 Robinson, *Empire's Twilight: Northeast Asia Under the Mongols*, 21, 65-66.

潘季驯来自湖州府，这是浙江西部一个以丝绸生产闻名的地方。1565—1580年，他先后四次被任命总理黄河与运河事务。在此期间，他试图贯彻落实解决黄河淤积问题的部分方案，该方案包括为黄河河道清淤、拓深河道以加快水流速度，并且让黄河与淮河实现强有力的合流。他希望通过加快水流速度清除黄河上游带来的大部分沉积物。这一计划中关键的一步是1578—1579年洪泽湖上的高家坝合龙。这个大坝将黄河与淮河两个灌溉系统分离开来，而合龙则会让淮河水不致因为直接冲过水坝而减少动能，却可以通过升高水位开足马力向黄河奔腾而去。潘季驯的解决方案一直是此后所有（治黄）方法的出发点，直到1825年发生运河（阻塞的）危机。[44] 当然，就主要领导者潘季驯的亲身感知而言，关公（神祇）在高家坝合龙的过程中起了关键作用。

在一份呈送给皇帝的奏疏中，潘季驯描述了大坝最后合龙时面临的问题。一个当地的农夫报告说最近的雷暴使得堤坝上有了一个很大的缺口，大量的"龙骨"裸露在外。当地百姓和商人闻讯，运走了数十磅的骨头，因为这些骨头可以在药材制造商那里售得高价。龙骨的形状像马头，质地则坚硬如石。潘季驯听说神龙无脑，龙骨粘舌，所以亲自进行了试验，结果完全与传闻相符。根据潘的说法，他的属下曾经告诉他此地有一水怪，水势凶险。1577年，张真人路过该地，地方官员请求他建祭坛祭祀，真人将制造的50枚铁签掷于水中，以求镇压或者安抚水怪，但却没有成功。潘季驯认为，是当时的雷暴最终铲除了那条龙，使得大坝的合龙成为可能。他还把一些龙骨，包括龙的头和脚，送到了京城的内阁中。[45]

这份由潘季驯所写的特别奏疏并没有很明确地指出有任何神明力量

44　Vermeer, 'Pan Chi-hsün's solutions for the Yellow River Problems of the Late 16th Century', 33-67 以及 Leonard 在 Controlling from Afar: The Daoguang Emperor's Management of the Grand Canal Crisis, 1824-1826 一书中所作的总结，参见该书第10-11、33-35页。

45　潘季驯：《恭报水孽既除地方可保永安疏》，《总理河漕奏疏·三任》卷二，第55a-59a（719-727）页。这一珍贵文献包含了与潘季驯相关的所有资料，其中有几份确属孤本。

的参与,尽管似乎所有人都将巨龙之死归功于神灵。在中国人的世界观中,打雷(或者闪电)是一种超自然的惩罚形式,所以很可能潘季驯提及雷暴时有这方面的意涵在内。[46] 天神涉足于对水怪的处理,表明人们将后者视为一种异端邪魔,必须要通过驱魔仪式将其消灭。一份由潘季驯撰写的较早一些的奏疏可以帮助我们更好地理解这一点。1571 年初,在他的第二任上,潘季驯请求将邳县一个水利项目结余的一部分用于重建当地的一座庙宇。据他所说,这一地区由四条金龙和它们的将军监管,包括关公在内。随后,他强调了这些神灵的合法性,至于对关公的祭祀,则是因为他曾经保卫过这片区域。[47] 我们从另外一些史料中得知,潘季驯曾经坐船前往周边地区视察,大风差点倾覆了小舟,但是神灵显应,风雨骤停,他最终获救。[48] 很明显,关公早在 1578—1579 年高家坝最终合龙之前就已经存在于他的脑海中了。潘季驯并非唯一一位感到有神灵相助的人。至少从 14 世纪初以来,那些行舟于吕梁附近并且要横渡黄河的船夫们便会在湍急的河流中崇祀关公。数个世纪以来有大量的笔记资料讲述了他施展神力、保护水上旅行者的事迹。[49]

更令人感兴趣的是竖立于湖州某关帝庙中的一方碑刻。该庙由出生于湖州的潘季驯捐助建造,那方碑刻则由他的朋友董份撰写,碑刻的相关内容又来自潘季驯本人的经历。根据董份的说法,潘季驯曾经梦见获得了关羽神祇的帮助。醒来后,高家坝上的人群正嚷嚷着说有一尊关羽神像正从水面向他们漂来,这一场景和他在梦境中所见一模一样。因此,他下定决心在某一天必须完成大坝的合龙,结果在那一天大潮突然快速退去,云开日现,河水也变得清浅澄澈。他的手下得以一气呵成地使大

---

46 关于这一点,潘季驯自己也有更为概括性的说明,参见潘季驯:《总理河漕奏疏·三任》卷三,第 54b(862)页。
47 潘季驯:《总理河漕奏疏·二任》卷三,第 26a—28a(355—359)页。
48 《徐州志》(1577)卷四,第 18b 页。
49 参见《徐州府志》(1874)卷十四所收元代碑刻,第 5b—6a 页。明代的例子参见周晖:《续金陵琐事·下》,第 143—144 页;李清:《三垣笔记》附识之《弘光》,第 2a(669)页。第八章中会讨论并引用一些清代的个案。

坝合龙。潘季驯将此归因于他曾经对神灵许诺在淮河上为其建造一座庙宇,然而现在他又花钱在他的家乡湖州建造了另一座神庙。就此事而言,潘季驯在向皇帝汇报时没有提及个人梦境,这并不令人惊讶,因为宗教因素并不适合出现于奏疏中。在那方碑刻中,董份非常详细地描述了潘季驯与关羽神祇之间长久的个人联系,从他掌管黄河水利工程时出现的奇迹到他时常参拜自己资助建设的庙宇,等等。[50] 因此我们完全可以认为相关的叙述内容来自潘季驯本人。

稍晚一些的资料对潘季驯和董份的叙述做了进一步的阐释。它们表明了当时的事件是如何对人们的想象产生影响的——这里的"人们"并非指那些没有文化的乡人,而是指精英阶层。根据蔡献臣在1615—1617年写的关公传记,有一次关公在潘季驯的梦境中现身,并提醒他注意观察自己的大刀指向何处。第二天,地上出现了数里长的裂口,潘季驯(或是他的部下)在里面发现了毒龙的两个头颅,随后它们被送往京城。[51] 这个故事和潘季驯与董份提供的差别还不算大,但是接下去的一则叙事则对"奇迹"作了进一步的发挥。18世纪中叶,王槭写道,潘季驯是一位虔诚的关公信徒(他以关羽之后的封号"关帝"称呼神祇),曾经在神前默默地诚心祷告。有一天,他梦见了神祇,后者在梦中解释说有巨蟒作怪。他指示潘季驯准备几百担石灰,在某个时间点把它们洒在运河中。潘季驯依此而行。由于资料中说河水像烧开了一样沸腾不已,所以有可能潘季驯让他手下抛洒的是熟石灰,它与河水产生了剧烈的反应,并且把所有的生物都给烧死了。无论如何,最后两条蟒蛇现身,云层中出现一道白光击中了它们的头颅,巨蟒由此毙命,河水完全被染红了。大坝得以胜利完工。潘季驯回到家乡后,为了对神灵表示感谢,修

---

50 《乌程县志》(1638)卷八,第1a页,卷十一,第12b—16a页。在稍后的碑记中,董份提到了更多论及潘季驯和关公关系的例子。其中的一些获得了潘季驯本人的证实,参见《总理河漕奏疏·四任》卷三,第55a—b(1627—1628)页、57a—b(1631—1632)页。
51 蔡献臣:《清白堂稿》卷十三,第4b—5a(398—399)页。

建了一座庙宇。[52]

现在潘季驯个人也相信是巨龙妨碍了水利工程的进展，大量恐龙或者其他大型动物化石的发现也许影响了这一观念的形成，因为全世界都把这些化石视为龙骨。[53] 很明显，人们广泛接受这一观点，将其认定为事实。这一故事与最早关公在盐池歼灭巨龙的传说若合符节，此后如蔡献臣和王槭等人所提供的相关叙事只是进一步厘清了相关情节。这些不同版本的叙事极大地提升了晚明时期关羽神祇在文人中的名声，创造出了一种尽管是虚构，但却非常有力的历史记忆。那些同样参与了水利工程的不知名人士肯定也有自己的版本，然而我们已经无法知悉他们的故事了。

在以下一则由钱希言（1601—1613）讲述的故事中可以发现另一种不同寻常的驱邪方式，在这个故事中，真实生活中的暴力与驱邪活动中的暴力混杂在了一起。我们将在第七章中再次遇到钱希言，他个人对关公信仰非常感兴趣，并且还热衷于记录超自然现象。

几经迁转后，来自江南吴江县的沈三官成为陕西西部的一位副将。有一次他坐在家中，看到面前的大树下有一个奇怪的动物在活动。他派人抓捕，但是没有成功。沈三官怒从中来，下令士兵将大树伐倒，将树干移走。当天晚上熄灯后，他看到一个生物飞降在自己的床榻前，不停地旋转，当我们故事的主人公试图去抓住它时，它变得越来越小，直到跟蜣螂一样大。之后从沈三官的大拇指进入他的胳膊，再通过胳膊和大腿进入了他的身体。沈三官非常恐惧，却没有办法将它驱赶出来。有一天，从他的身体里突然传出一个声音，说侵入他身体的是一个暂时被天庭驱逐的天狐。由于它赖以栖居修行的大树被沈氏下令砍毁，所以它只能借居于沈三官的身体中。这只天狐恳请沈氏让它完成自身的修行。很

---

52 王槭：《秋灯丛话》卷十五，第 11b（575）页。
53 关于这一点，可参看 Mayor, *The First Fossil Hunters: Dinosaurs, Mammoths, and Myth in Greek and Roman Times*。

显然这并非一般性地占用（身体），这位官员因为自身的举动导致了这一不幸的发生。天狐的意思是它最终将自愿离去。但我们的主人公并不这么认为，所以变得非常愤怒：

> 明日为文以诅皇天，其夜又自闻肠中语曰：奈何理某于上帝乎？帝今命关壮缪来讨，明日某当出战，将军能相为助否？沈笑曰：沈三郎虽懦，犹能佐天神之威，翦除妖魅焉，肯助汝为虐哉？及明果去。沈觉体中轻奕，颇异于常。急敕将吏陈兵仗于庭。沈身自环甲胄而立大旗下。其日向午，倏有风雷暴至，埃雾涨天，稍定，微闻云际似数百人鼓噪声，少顷，空中坠黑毛数斗，殷血淋漓。军士欢呼，相谓曰：老魅死矣。于是椎牛犒飨。

然而，故事并没有结束。在沈三官回家后，一个声音像往常一样再次从他的身体中传出，它责怪沈三官说，神灵只是消灭了它的皮囊，但是它的"本来面目"还在。它再次向将军许诺说，自己只是需要完成修行，之后将自行离去。故事的结局尚可，沈将军没有进一步受到伤害。[54] 有趣的是，带有暴力的驱魔活动与军队潜在的暴力似乎在同一个层面上发挥作用。在这个个案中，神圣的暴力无疑是获得肯定的，其结果就是歼灭了那只可怜的狐狸的皮囊。天狐在另一个意义上幸存，因为它通过长时间的修炼已经获得了"本来面目"，这并不表明暴力是无效的。很难确认钱希言讲述的内容有多少是来自沈三官的亲身体验，尽管很明显他试图将其视为实录而非某种奇思妙想。

此外，还有大量关于关羽神祇帮助人们驱除邪魔怪物的故事，我们已经无法罗列更多。[55] 人们是否召唤神祇前来庙宇中或者个人房屋的屋

---

54 钱希言：《狯园》卷十四，第743—744页。
55 袁枚：《子不语》卷一，第3—5页；卷二，第27—28页；卷二十，第221—222页；卷十二，第263—264页；袁枚：《续子不语》卷四，第1a—2a页；李斗：《扬州画舫录》卷七，第5b—6a（653—654）页。

顶上驱邪取决于它在当地的受欢迎程度。艾约瑟（Joseph Edkins）观察到 19 世纪六七十年代，针对邪魔外道，北京居民有很多不同形式的抵御和自我保护的方法。其中之一是在屋顶上放置一尊关帝像，来保护房屋和其中的住户。[56] 大英博物馆中藏有一片瓦当，上面塑有骑在马上的关羽像；我们很容易判断出神祇的身份，因为他正手捋三绺长髯。（见图 6.1）[57] 我们同样可以在其他地方发现用瓦将或者中国风格的狮子来辟邪的风俗，之所以用关羽仅仅是一种地方性的行为。[58] 类似的，人们也能够在一些用于驱邪的印刷品上发现他，上面印有这样的语句："武圣在此，诸邪趋避；百事吉祥，人口平安。"[59]

考虑到这一神祇分布的广泛程度，很奇怪人们还是会首先看到邪魔，但事实确实如此，然后他们才会不时地请求关公的帮助。在 1846 年的五六月间，宣称纸魅正四处游荡的谣言在江南地区传播。宁波同样受到了这些谣言的影响，有人预言这些纸魅将会进城，导致一场大劫。整座城市弥漫着恐慌情绪，一些人亲眼见到了邪魔，而另一些人则看到了魔鬼鸟，人们互相鞭笞，并且很诡异地丢失了自己的发辫，等等。有人诵念《易经》抵抗邪魔入侵；另一些人则在门上粘贴灵签。但是这些手段都不能奏效，无奈之下，人们抬出了关壮缪（即关公）的塑像绕城巡游，穿行于小街小巷。关公塑像身着盛装，仪仗毕具，人们还燃放了大量的爆竹。此后，大家安宁了下来，谣言也停止了传播，整座城市最终恢复如常。[60] 这则史料不仅展示了关公崇拜的重要性，还表明存在多种形式

56　Edkins, *Chinese Buddhism: A Volume of Sketches*, 338. Knapp 在 *China's Living Houses: Folk Beliefs, Symbols, and Household Ornamentation* 一书中对中国房屋的防护措施作了概述，参见该书第 52—78 页。

57　大英博物馆，馆藏号 1937, 0716.107。该博物馆中的另一件相关藏品的馆藏号为 1962, 1019.2。

58　Knapp, *China's Living Houses*, 65—68. 我曾于 1984 年 1 月前往冲绳岛（Okinawa）进行田野调查，该地区保留了很多中国习俗。如今在网上很容易就能找到来自福建和台湾地区屋顶守护神将的相关资料。

59　李福清：《关公传说》，第 119—122 页。

60　徐时栋：《烟屿楼笔记》卷六，第 9b—10b 页，引文来自第 10a 页。另外亦可参见田海：《讲故事：中国历史上的巫术与替罪》，第 252—253 页，相关论述引用了其他史料。

图 6.1　塑有关公像的瓦当

类似这样的瓦当现在已经很难看到,因为绝大部分已经在历次战争和 20 世纪的政治运动中被毁。大英博物馆授权使用。

的驱邪方法和预防手段。

抵御疾病

从抵御鬼怪到抵御疾病,这一步并不突兀。究竟用医疗还是宗教的术语来定义对某人健康的威胁,背后有各种不同的因素,但是最重要的是最终哪一种治疗手段获得了成功。对于有效治愈经验的追溯性叙事往往会忽略掉之前那些并不成功的治疗方案,这就使得重建这些特定治疗手段的相对重要性变得非常困难。我们可以知道的是,在那些我们今天看来须严格服用药物的个案中,当时的人们却会不时祈求关公帮忙。

在下面这个例子中,当绝大部分药物和宗教手段都无效的时候,关公开始前来帮忙。1583年,在江南嘉兴,一位重病已有两月的文人请了很多医生和灵媒,但都没有什么效果。某天,他的病情突然加重:

> 梦中忽见鬼卒数百人持兵仗来攻已,与之苦战不能退。无何关王至,手舞大刀将诸鬼杀戮殆尽,徐步而出,既觉,大汗而疾愈。[61]

在之前的治疗手段中,儒医根据复杂的医学理论诊断,非常谨慎地开出药方。灵媒和各种各样的仪式专家们则要判断疾病究竟是由病人自身业报或者违犯禁忌所致,还是因为病人偶然触犯神鬼,由此再创造出一套叙述话语。很明显,之前所有的手段都未能奏效,现在疾病被重新定义为纯粹的由恶魔导致的事件,可以直接通过神祇的介入加以解决。

有时,关公会提供带有奇效的药物,比如在以下这个被记录于华北碑刻上的案例所显示的那样。这个例子提到,1555年,燕地(河北省)南部遭受了严重的旱灾和瘟疫。碑记作者的父亲紧闭双目,已经有七天滴水未进,一天晚上他大声说:关帝用一粒金丹让我复活了。他指导作者准备水,并且将金丹放在水中。之后他开始发汗,痊愈。后来作者母亲也染了瘟疫,并且更重,但是她也获得了金丹,最终康复。[62] 一粒万能的金丹同样是游方郎中最常提供的治疗方法,这表明正是民间习俗而非儒医形塑了奇迹故事。令人好奇的是,在相关叙事中,关公很少提供这样的医疗救助。[63]

更常见的是相反的例子,在这些个案中,关公将疾病和其他形式的病痛作为对失德行为的惩罚手段。佛教居士周克复在17世纪50年代编纂的《观音经持验记》中曾经提到了一个类似的个案。据说这个故事发生在1614年。歙县(今属安徽省)一读书人吴奕德是一个虔诚的佛

---

61 谢肇淛:《麈余》卷三,第2a—b页。
62 赵钦汤编,焦竑校:《汉前将军关公祠志》卷六,第23a页。
63 类似的例子很少,在如惺的《明高僧传》中提到了另一个个案。参见该书第0913c15—914c14页,本书第二章曾经讨论了这一个案。

教信徒，追随当地临塘寺一位名叫正鹀的僧侣学习佛法。他发誓要抄写五十卷的《大悲经》和三十卷的《金刚经》。一天，他在当地的溪水中洗澡时忽染重疾：

> （明万历甲寅）五月二十九日，浴琴溪，暴病气绝。掞归卧尸于床，忽言曰："我乃佛前左护法关。奕德因误杀，宿冤摄入冥府。以彼奉佛许经善念，特来护之。鹀可为念佛讽经，候其初七还魂，书经酬愿。藉此功德，怨鬼得超度矣。"

吴奕德在第七天得以复生，并向周边的人解释说，他被带到了冥府的阎罗王面前。在那里他被无数的"持头鬼"攻击，那时他才知道自己前世是一位将军。在鬼怪们攻击他时，他高诵佛号。正在阎王打算将他扔到沸油锅中时，韦陀（另一位佛教护法）和关帝在西方现身——这暗示了吴奕德的净土信仰。韦陀让油锅中升起莲花，阎王没有办法，只能将吴奕德放走。吴奕德仍然在忍受鞭痛，回家后，他虔诚地抄写了两部佛经，经受住了考验。[64] 这个几乎让故事主人公送了性命的疾病被归结为前世杀戮而导致的报应。[65] 作为监督者，神祇认为吴奕德遵守了道德规条，所以将其治愈。由于这个故事是出于道德教化和宗教信仰的双重目的而被保存下来的，所以我们大致可以确认当周克复把它收进自己的书中时，出于教化的目的，他肯定已经对吴奕德及其亲友们本来的记忆进行了改编。

关羽神祇从未被视为一个专门治疗疾病的神灵，但是我们确实发现在很多例子中病人通过资助印刷与关公相关的善书，以求自身的痊愈。在表6.1中我们总结了一些比较详细的个案，从中可以看出在19世纪

---

64 周克复：《观音经持验记》，第0104a08－b05页。
65 Ter Haar, 'Divine Violence to Uphold Moral Values', 314－338.

80年代的上海,人们出于各种目的,资助特定善书的印刷。[66] 尽管我们在此并不讨论个人记忆,但是这张表格确实为我们提供了线索。对健康的关注是一种非常重要的宗教信仰动机。

表6.1 重印《关圣帝君明圣经》题名情形

捐资者	目的	印刷数量
个人信徒	不详	1000
个人信徒	为母亲求长生	100
商号（潮州大埔）	一般性地求福祉	30
来自商号的个人信徒（宁波）	为生病的孩子祈求	70
同一信徒	为生病的朋友祈求,许愿后次日,朋友的病就好了起来	20
来自宁波的个人信徒	为病人祈求	30
来自镇江的个人信徒	为遭受火灾的邻居求福	130
同一信徒	一般性地求福祉	50
同一信徒	他没有照顾好自己的邻居,但自从捐资后,他自己确实得到了保护	360
来自商号的个人信徒（来自山东蓬莱）	为母亲的足疾祈祷	50
来自奉天的某信徒（满洲人或旗人）	为店铺生意兴隆而祈祷	100
来自武安（河南）的生员	为疾病痊愈祈祷	30
个人信徒	不清楚	100
个人信徒（可能来自西部）	为全家人的福祉祈祷	50
来自奉天开原的信徒	为自己痊愈而祈祷	50
匿名者（来自安徽）	为诸事顺利而祈祷	50
来自蓬莱（山东）的个人信徒	为阿姨痊愈而祈祷	50
来自徐沟（山东）的个人信徒	为母亲痊愈而祈祷	50

---

66 《关圣帝君明圣经》；1888—1889年,该书在上海被多次重印。在1887年由厦门多文斋刻印的《关圣帝君明圣经》中也有类似的题名,当然题名者大多来自福建南部。

这些简明的条目背后是人们生活中异常重要的事件，而资助印刷经卷也是一种实实在在的经济负担。对于信徒而言，在都市环境中，只要有机会能够找到印刷者，同时又有足够的文化修养，能够认可这样的行为，那么它也是一种表达崇信的方式。都市环境同样也可以解释捐助者的商业背景及籍贯的多样性。在此，神祇本身不再被提及，人神之间的联系似乎被高度概括为对神灵的某种谢意，关公不再以一个疾病的治愈者或者保护者的具体形象出现。

抵抗夷狄、贼匪、海盗和叛军

关公在保护百姓或者相关地区免受夷狄、贼匪、海盗和叛军侵袭等方面所扮演的角色通常会被记录在一些纪念性的碑刻上，这些碑刻会出现在神庙中的醒目位置。文献中最早提及的庙宇之一建造于1109年的解州闻喜县，为了答谢关羽保护地方军队、成功击退匪徒修建。[67] 仅仅过了十几年，当1128年2月长安附近被女真军队围困时，有人撰写了《劝勇文》，悬挂在当地的关帝庙中，以激励奋勇杀敌，因为在人们心中，关公作为武神会给人以更多的勇气。[68] 解州西部的巩昌有一座较早的神庙，据说在1161—1189年，巩昌县城被匪徒包围时，关公带领军队现身解围，所以才会建有此庙。[69] 在接下去的几个世纪，有很多关于神祇显灵保护地方抵抗匪徒、海盗的例子，举不胜举。

神祇的保护行动总是与当地历史上的大事件密切相关。以上提及的他在华北现身显灵的例子与这一地区的军事史也是联系在一起的，这段历史既包括北宋灭亡前华北地方的不靖（比如1109年前的闻喜县），也包括北方（稍后被金所占领）和西夏之间连续不断的冲突（比如1175年左右的巩昌）。[70] 早在1130年左右他在临川（位于江西抚州）对地方

67　胡聘之：《山右石刻丛编》卷十七，第21a—b页。
68　毕沅：《续资治通鉴》卷十一，第2b（528）页。
69　同恕：《榘庵集》卷三，第8a—b页。
70　我们在第四章中对此已经有所讨论。

的支持便与南宋早期的军事争端有关。[71] 元末，他显圣于大都以东邢台的城墙上，以驱离地方叛军，当时蒙古在整个中国的统治正在分崩离析。[72] 15世纪早期，关羽神祇为那些来自邵武（福建北部）的兵士们提供支持，这些士兵参与了由郑和组织并部分由其领导的海上远征。在这方面，天妃，或者妈祖的显灵护佑更为人知，但是天妃更多的是获得了海事航运人员的崇拜，而关帝很明显更受船上军士喜爱。[73] 同样是在15世纪早期，华北地区不断发生匪乱，在那里关羽也经常显灵。在河北沧州，关帝庙位于府衙东南。正德年间，流贼横行，人们敲钟鸣警，希望互相激励保卫城市，盗贼围城七日七夜后撤退，人们对神灵护佑感恩不已。[74] 在明代的大部分时间中，华北地方匪乱持续，而类似的关帝显灵也一次又一次地出现在地方文献中。[75]

16世纪50年代，主要在江南地区发生的所谓倭寇之乱，再次为关圣显灵提供了大量的机会，同时也间接提高了神祇在当地的受欢迎程度。[76] 之前人们认为这些匪徒来自日本，所以称之为倭寇，然而事实上他们大部分有着中国血统。[77] 在位于泰州府（江苏）的兴化县，当时对关帝的崇拜仍然局限于道观的祭坛中，这表明是道教的驱魔专家使神祇实现了地方化。在1558年，"岛夷"（毫无疑问指的是倭寇）进逼，当

---

71 《临川志》，第1929—1930页。

72 《顺德府志》（1488—1505）卷十一，第47b页。1548年的《滦志》中也提到了这一传说，参见该书卷七，第25a页。

73 《邵武府志》（1543）卷十，第25b页。

74 《沧州志》（1603）卷七，第9b页。关于匪乱，参见 Robinson, *Bandits, Eunuchs, and the Son of Heaven*。

75 《仪真县志》（1567）卷十二，第4a页；《滦志》（1548）卷七，第25a页；《六合县志》（1553）卷七，页码不明；《颖州志》（1536）卷下，第20a页；《池州府志》（1612）卷二，第26a页；《交河县志》（1916）卷十，第36a—b页；徐昌祚：《新刻徐比部燕山丛录》卷七，第5b、7a页。

76 胡小伟在《关公信仰研究系列》第四卷利用不同的史料，从不同的角度讨论了这一现象（参见该书第143—150页）。关公并不是唯一显圣护民的神灵，当地百姓有时候甚至无法确定他们获救于哪位神灵，参见钱希言：《狯园》卷十一，第699页。

77 参见Meskill的 *Gentlemanly Interests and Wealth on the Yangtze Delta* 第81—99页以及Brook, 'Japan in the Late Ming: The View from Shanghai' 第42—62页。西方学者在这一领域的经典著作是 *Japanese Piracy in Ming China During the 16th Century*。

地百姓开始向关公祈求帮助。地方官员带领子民在神前发誓，要仿效忠义的神灵，保护他们的城市，如果神祇帮助他们，他就会建造一座完全属于关羽神灵的庙宇。由于盗匪最终没有进击，衙门旁边的一座祭坛被改造为关帝庙，因为原来的那个祭坛并不符合祭法的规定。[78]这样，关公最终在兴化县拥有了一座体面的庙宇。

相信神灵护佑的可能是地方官员，但也有可能是普通士兵。来自南京的(《金陵琐事》的)作者周晖(1546—1610年后)搜集了一些地方逸事，它们都与一位不识字但却非常勇猛的当地卫戍部队的士兵有关，他叫陈忠。当时，正好有一位重要的官员借宿于扬州城外的关王庙，陈忠则宿于三里之外，一天晚上他梦到关公手持牙笏——这是一种朝廷官员和道士都会使用的仪式性用具，神灵用牙笏写了一个"火"字，并指了一个方向。陈忠半夜醒来，带领一队士兵赶往关王庙。在那里，他看到倭寇正在放火烧庙。当时，他手下的士兵太少，无法正面迎战盗贼，只得拆除庙宇边墙，成功救出了那位官员。之后，他们又成功击败了倭寇，共杀死了72名盗贼。[79]作为一名军士，陈忠当然也崇奉关公，而且作为一名职业军人，他本该觉察到即将到来的攻击，就当代人的观察而言，创造奇迹以及在神明的指点下获得先见之明，似乎是不太可能的事情。

大约与此同时，在浙江南部的太平县，关羽神祇同样在关键的时刻显灵。

> 嘉靖己巳倭薄台（州），太平城且陷，忽关圣帝现身木末，倭惊乃遁。今邑人祠祀甚谨，县令亦修朔望礼。五月十三为社会，鱼龙百戏，穷极奢丽，计费不下千金。其现神之木是南城儒学樟树，阴蔽数亩。[80]

---

78 《兴化县志》(1591)卷八，第38b—39a页。
79 参见周晖：《金陵琐事》卷四，第259—262页，这一故事引自第260—261页。
80 郑仲夔：《玉麈新谭·隽区》卷三，第3a（528）页。史料中提到的"金"是关于银两的一种文学化表述。

该文写于 17 世纪 30 年代左右，事实上作者在接下来的论述中搞错了这些事件发生的确切时间。很明显，关于赛会活动的民众口述以及当时尚可忆及的过往历史，包括对那棵树的确认（所有的事情都在其周边发生）等，是作者论述的基础。这个由神迹事件所触发的赛会活动变成了一个城市社区每年都会举行的向神灵表达敬意的活动。当时（类似的活动）遍布于江南各地，各地方志中都有关公显圣、随后地方庙宇获得扩建的记载。[81]

以下一则故事揭示了地方精英和官员在选择合适的神祇祈求护佑时抱有的某些潜在动机。当倭寇在 1555 年向会稽县城方向聚集时，当地一位名叫田艺蘅的年轻文人召集了大约 1000 名乡兵保卫城镇。他以包罗万象的札记闻名于世，其中就包括了以下这则逸事。有趣的是，从中可以发现他年轻时有点像一位煽动家。

> （田艺蘅）犹恐人心不安，乃择日筑高坛于西郊，以顺金方肃杀之气，刑牲歃血，为文告天，以求助于古今名将自武成王而下三十余人。后贼临方山，四日不退，乡兵迎敌，不战而遁。四方被掳人回云：贼人西望，见云中神兵众多，金甲神将形甚长大，旗帜分明，是以不敢交战而去也。

这里并没有明确提到关羽，但是文中提到的武成王是一个非常古老的神祇，他是唐代最主要的战神，明初对它的崇拜中断了，直到 1536 年才再次复兴。[82] 所以，接受田艺蘅祷告的是一位获得（官方）认可的神灵，尽管在地方精英和普通民众中，知道这一神灵的人还不是很多。田艺蘅非常重视神祇的正统性，但在该故事剩下的内容中也提到了祈拜

---

81 《盐城县志》(1583) 卷十，第 10a—b 页；《嘉定县志》(1605) 卷四，第 4b—5a 页；王世贞：《弇州四部稿·续稿》卷六十一，第 16a—17b 页；《嘉兴县志》(1637) 卷六，第 36a—b 页；《常州府志》(1618) 卷二，第 62a 页；卷十九，第 13a—15a 页。

82 McMullen, 'The Cult of Ch'I T'ai-kung and T'ang Attitudes to the Military', 101–102.

非正统神灵的例子。"方倭寇焚烧湖市，城中官府及士夫就寺观设醮烧香，祈保退敌者。"[83] 很明显，对于田艺蘅而言，核心问题是，围绕神灵举行的仪式是否具有正当性。与此同时，他的讲述也表明人们对何者为正神有着不同的看法，并非完全与官方一致。因此，在地方实践层面，人们有不同的选择，即使地方官员和精英也是如此，尽管他们本应完全认同官方认可的神灵。选择（崇拜）关公当然是因为它的声誉和受欢迎程度，到晚明时期，关公在口头传说和文本资料中所呈现出的"资质"已经完全可以让它在所有的文化和政治层面都被认可为一位正神。

从晚明到清初，甚至民国时期，中国发生的所有主要动乱，都可以从关公以及其他地方神祇显灵干预的角度加以书写。这样的历史未免有些重复。我想考察一些相反的个案，在这些例子中，人们也希望神灵支持自己，但是从国家的角度来看，这些行动却不应该获得支持。所以这些个案表明了地方民众，而非国家，是如何塑造偶像的。比如，清朝建立后，在常熟县和无锡县，有人想聚众作乱，一位处世精明者想阻止他们这么做：

> 乃号于众曰：某村关帝庙甚灵，盍祷于帝，取周将军铁刀，重百二十斤者，投河以卜之，沉则败，不可起兵，浮则胜，可以起兵。

很自然，他认为大刀肯定会下沉。但是当他们祭拜神灵、实施计划时，大刀像香蕉叶一样浮在水面上。很有可能，庙里的大刀是用木头做的，正如我们在后面的其他故事中将看到的那样。无论如何，这群人还是起兵了，但很快就被朝廷的军队歼灭殆尽。[84] 根据这则逸事的标题——"鬼神欺人以应劫数"，神祇欺骗他们是为了让这些叛乱者得到应有的下场。与此同时，这个故事表明盗贼和叛乱者也会为了预知某

83　田艺蘅：《留青日札》卷二十八，第 4a–b（903–904）页。
84　袁枚：《子不语》卷五，第 116 页。

种可能性而祭拜关公。

与此类似,地方社群出于自身目的而利用关公崇拜的另一个例子是帝制晚期以来三合会对它的祭拜。三合会誓词的某些版本参考了虚构的刘备、关羽和张飞桃园结义时的誓言,有时,他们会选择神祇的生日——但是仅仅选择五月十三日这个版本——来缔结盟约。[85] 正如胡小伟指出的,关公故事除了会出现在书面文本中,同样也会体现在仪式中。[86] 然而,记录在清代档案和(东南亚)殖民地文献中的口供却表明,那些表现关公忠诚正义形象的故事并不处于三合会仪式活动和神话传说的中心。

三合会通常被视为犯罪团伙,从18世纪晚期一直到现在,他们在华南和遍布东南亚的海外(华人)社区中非常活跃。然而,他们当然不会认为自己是一个犯罪团伙,他们的自我认知决定了他们对关公形象的想象。正如文学作品、历史传统和口头传说对关羽神祇的描绘那样,三合会也忠于一个逝去的王朝。本来,在清王朝受到外敌威胁时,他们表明自己效忠于清政府;但是当清朝统治者背叛了他们,甚至试图将他们斩草除根后,他们转而忠于明朝皇室的后裔。[87] 因而,从他们的角度看,将关公作为一个绝对忠诚的象征加以崇拜是完全合法,也是令人信服的行为。历来香港警察对关公的崇拜同样可以归入这一类型,他们也宣称关公是他们自己的文化根脉。[88]

正义和忠诚并不仅仅只对地方社区和王朝国家及其代理者有价值,我们还可以发现一些不安分的年轻人也会将关羽神祇置于他们仪式的中心。江南黄岩县的案例便是如此。三藩之乱期间(1673—1681),关公

---

85 Ter Haar, *Ritual and Mythology of the Chinese Triads: Creating an Identity*, 191-193。
86 胡小伟:《关公信仰研究系列》卷四,第308—316页。
87 Ter Haar, *Ritual and Mythology of the Chinese Triads: Creating an Identity*, 361-364, 400-402。
88 李慧筠:《香港警察的关帝崇拜》,第223—236页。不出意外的是,年青一代的警察领袖试图废止这一与当代警察理念不相容的崇拜。参见中文维基百科相关内容,https://zh.wikipedia.org./wiki 香港警察传统,相关内容大部分取材于报刊文章。

曾经协助击败了当地的叛军和土匪。[89] 地方神灵赛会期间"少年争赴关庙焚香结义，乡佣各罢役，举刀角力为戏"。作者评论说这正是很多地方械斗的起源。[90] 类似的，我们知道有一群无赖组成了崇拜关公的会社，每年的五月十三日都会大摆宴筵。有一次，我们故事的主人公在神前发誓要痛改前非。之后，他差点病死，但在半夜得以复生。他宣称自己已经到了阴曹地府，在那里准备接受重笞，关圣帝君说情救了他，帮他重生，而条件则是要遵守之前的誓言。[91] 所以，很明显无赖们认为他们可以把关公作为群体的中心崇拜对象，但这个故事的讲述者使情节发生了扭转，说明最终关公还是会帮助那些秉性良善或者试图变得良善的人。在这些例子中，我们仅仅能看到士绅们作为旁观者的道德评判，但仍很容易理解为什么正义和忠诚同样受到这些边缘群体的欢迎，正如它们受到地方社区和朝廷的欢迎一样。

对帝国的支持

到了明初，正如我们在第四章讨论关羽崇拜的传播时所提及的，关公变成了主要的军队保护神。为他建造的小型庙宇遍布整个中国，它们通常都位于军事卫所，靠近地方军队的演习场所。它们不一定受到本地百姓的普遍崇奉，但是后来，其中的一些庙宇最终构成了关羽信仰发展的基础，比如上文曾经讨论过的16世纪50年代的倭寇之乱时期便是如此。与南方相比，在华北，关羽的军神形象更为突出，比如北京绝大多数城门上都供奉关羽，再如15世纪晚期以来，为了加强长城的防御功

89　《黄岩县志》（1880）卷九，第31a页。
90　《黄岩县志》（1880）卷三十二，第1b页。
91　黄启曙：《关帝全书》卷四十，第46a页。原始资料中将"無赖/无赖"误为"尤赖"。1874年的《诏安县志》中有类似的个案，参见该书卷四，第31b（460）页。

能，沿着长城精心修筑了很多军事堡垒，其沿线也有很多关帝庙。[92]即使在明代晚期的紫禁城中，也有几座宫门旁塑有关圣的神像。[93]一位晚清的官员报告说很多宫殿都有关公庙，尽管它们在今天已经消失殆尽，现在的参观者在今天的紫禁城中几乎无法发现宗教文化的痕迹。[94]在第七章中，我们将详细讨论北京正阳门瓮城内的关帝庙，因为它是进京赶考的读书人祭拜关公的地方，同时也是京城中忙于公务的官员们拜谒关公的地点。

正如我们在第三章中提到的，人们相信关公打败了盐池中的怪物，从而为王朝提供了关键性的帮助。根据道教的仪式传统，为了对他的帮助表示认可，朝廷授予他崇宁真君的称号。然而这个特定的称号或许并非真正的王朝封号，当然在过去的几个世纪中，他肯定通过正常的官方渠道获得了其他称号，以表彰其对王朝的帮助。对关羽支持王朝国家的历史进行全面梳理是有可能做到的，但这将占据很大篇幅，而且对读者来说也会比较乏味。尽管如此，那些在历史上具有重要意义的时刻仍然需要讨论。其中之一就是它与明英宗（也可以用年号称呼他为正统和天顺皇帝）获救之间的关系——英宗在1449年被蒙古人俘虏。在他第二次统治时期的元年四月，《实录》中有如下记载：

> 被留虏庭时，尝祷关帝庙，冀阴佑上还京，已而果然，请加羽

92　基于史料的一般性讨论参见胡小伟：《关公信仰研究系列》卷四，第122—124页；基于相关庙宇的讨论，参见梁晓萍：《山西偏关县老牛湾关帝庙、禹王庙及其戏台碑刻考述》，第37—55页；张月琴：《明清边塞城堡的庙宇及其祀神：以镇川堡为例》，第31—32页；王芳：《明清时期陕北榆林的关帝信仰》，第50—52页。北方军镇的另一位受欢迎的神祇是真武大帝，可参见王岗：《明代藩王与道教：王朝精英的制度化护教》，第174—175页，以及Chao, *Daoist Ritual*, 104—111。
93　刘若愚：《酌中志》卷十七，无页码（192a）。《续修四库全书》所收版本已经根据清代的规定作了避讳方面的修订。
94　吴振棫：《养吉斋丛录》卷七，第7a（385）页。

徽号，彰其灵应。⁹⁵

毫无疑问，英宗从他的少年时代开始就对关公非常熟悉，无论是皇家宫殿中的庙宇，还是紫禁城前正阳门内变得越来越有名的关公庙，都是他祈祷关公的地方。由于关公不仅让他回到了京城，还帮助他在数年后带领一支御林军重新夺回了皇位，他有充足的理由向神祇表示感谢。

到了16世纪90年代，在（宛平县令）沈榜描述半个北京城风物的《宛署杂记》中，这个故事有了进一步的发展。他列出了宛平县内的二十座关帝庙，其中地安门（在积庆坊）外的一座关帝庙被认为始建于宋代——我们无法进一步确认这一时间。他接着说，英宗梦见关公骑一白马来到此地，故下旨在此重建庙宇。这里会定期举行皇家祭典，而庙宇则被称为白马关帝庙。⁹⁶在传统的祭祀中有"白马祭天，青牛祭地"的说法，因此我们可以从白马与天庭更为普遍的联系来追溯"白马"这一意象的起源。在道教仪式中同样如此，去往天庭的使者经常骑着一匹白马。⁹⁷由于关公的坐骑是赤兔马，所以选择白色肯定有着非常重要的象征意义。它表明神祇被视为来自天庭的使者，他要保护合法的天子，在数年后允许他重新夺回皇位。

在关公支持皇权的历史上，下面一个值得一提的时刻是1614年时

95　《明英宗实录》卷二百七十七，第5908页（天顺元年四月癸卯）。孙高亮《于少保萃忠传》第十九回用小说的方式描述于谦（1398—1457）的一生时，提到了这个故事，参见该书第268页。这表明1581年左右，也就是该小说成书时，这是一个众所周知的故事。其他史料中并没有提到白马。

96　沈榜：《宛署杂记》，第232页。朱彝尊在《钦定日下旧闻考》中提到了一种宋元时期的地理类史料（这一史料非常珍贵，直到2015年也还没有被重印）。另外还有一些传说中提到了关公的白马，比如可参见张瀚：《虞初新志》，第287—289页以及纪昀：《阅微草堂笔记》卷三，第1a页。正阳门瓮城内的关帝庙试图通过一个类似的故事将其庙内的白马和永乐皇帝扯上关系，进而盖过地安门关帝庙的风头。参见刘侗、于奕正：《帝京景物略》卷三，第97页。Naquin, *Peking*, 第147页注63采用了《帝京景物略》的说法。

97　Ter Haar, *Ritual and Methology of the Chinese Triads: Creating an Identity*, 117—118, 157—158; Seidel, 'Imperial Treasures and Taoist Sacraments: Taoist Roots in the Apocrypha', 311.

它正式被朝廷授予封号。晚明一部关于北京的著述中有如下记载:

> 司礼监太监李恩赍捧九旒冠、玉带、龙袍、金牌,牌书"敕封三界伏魔大帝神威远震天尊关圣帝君",于正阳门祠建醮三日,颁知天下。[98]

这次册封在《明实录》中完全找不到蛛丝马迹,整个程序也完全是非常规的。一般而言,当然不应该由太监,而应该由礼部以皇帝的名义赐封。数年后,当太常寺卿希望规范关公的祭祀典礼时,他却找不到相关的文献。经过进一步询问,有人告诉他这是一次特别的册封。[99] 沈长卿——另外一位晚明笔记的作者——在1615年时提及,皇帝确实是在同一年赐予了这一封号。根据他的说法,当时"四方惑之"。在这一话题展开的过程中,或许是为了防止神灵的名誉受损,他对著名的关羽击败蚩尤的冗长故事作了概述,他当时是从一位来自闻喜(邻近解州)的朋友那里听到了这个故事。在这段叙事的结尾,他总结说,雷声是他的忠正之气,异端怪物岂能战胜。[100] 这实际上是在暗示关帝完全配得上朝廷的封号。

这次晚明的册封很有可能是皇帝自己的想法。晚明时期著名的高官,同时也是佛教居士、画家和书法家的董其昌在1621年的一方碑刻中提到,皇帝在梦中从故去的母亲那里得到了指示。[101] 皇帝的母亲是一位大施主,常年在宫廷宦官的协助下为宗教提供资助,故得享高龄,死

---

98 刘侗、于奕正:《帝京景物略》卷三,第155页。在晚明的《护国佑民伏魔宝卷》中相关细节(包括后来加入的皇帝所做的梦)得到了证实。胡小伟在《关公信仰研究系列》第四卷中结合晚明和清代的史料进行了讨论,与我得出的结论大致相同。
99 谈迁:《国榷·附北游录》卷八十六,第5291页。谈迁也是一位关公信仰的忠实记录者,参见他的《枣林杂俎·和集》之《幽冥》,第3b—4b(426)页。
100 沈长卿:《沈氏弋说》卷五,第55a—56b(271—272)页。
101 《北京图书馆藏中国历代石刻拓本汇编》卷五十九,第144页(目录号5130)。董其昌也和正阳门瓮城内那方1591年的碑记相关。参见韩书瑞《北京:公共空间和城市生活(1400—1900)》第194—195页以及本书第七章。

于 1614 年。[102] 我们知道，她个人崇拜关公，从 1601 年至今，在慈寿寺塔（位于地铁慈寿寺站附近）前一直矗立着一根漂亮的白色石柱，上面刻有关羽像，同时还刻上了太后的印玺。[103] 皇帝会梦见他逝世不久的母亲，并且在宦官的怂恿下觉得支持关公崇拜是某种正确的奉献行为，可以达到纪念母亲的效果，这并非完全不可想象。明代宦官整体上笃信宗教，这是确凿无疑的，他们是一个新的宗教信徒群体，同时也资助了那些昂贵的珍稀经卷的刻印。[104]

这次册封可能是非常规的，但是关于封号的消息却在全国不胫而走。同样大约在 1615—1617 年，福建官员蔡献臣（1562—1641）撰写了一篇非常详细的关公传记，其中他提到是皇帝的个人爱好导致了此次册封。[105] 上文提及的董其昌那方信息量非常大的碑刻撰写于 1621 年。我们还在安徽来安和浙江嘉兴的两部分别出版于 1624 年和 1638 年的地方史料中发现了完整的封号内容。[106] 这个封号传播得如此迅速，表明那些精英作者并不太在乎宦官的参与，这与我们对明代最后二三十年中宦官群体的印象是有所差异的。源于 1614 年的关羽的两个称号——关帝和关圣帝君，一直沿用至今。

就在关公被大明王朝册封的同时，东北地区的一股新势力正在对王朝造成威胁，他们的领袖同样受到了关公崇拜的感召。在 1276 年的义

102　Li and Naquin, 'The Baoming Temple: Religion and the Throne in Ming and Qing China', 141—143. 胡小伟在《关公信仰研究系列》第四卷中对慈禧太后与关公信仰之间的联系作了很好的论述。（参见该书第 415—421 页）
103　参见汪艺朋、汪建民：《北京慈寿寺及永安万寿塔》，第 83—84 页。
104　胡小伟在《关公信仰研究系列》第四卷中讨论了晚明时期太监对关公的崇拜情形（第 415—421 页）。
105　根据蔡献臣的记载，册封事件发生于 1612 年。关于具体的时间有不同的说法，这或许正反映了该事件在民间口耳相传的实情。参见蔡献臣：《清白堂稿》卷十三，第 1a—5b（397—399）页。
106　《来安县志》（1622）卷九，第 13a 页（尽管它将时间误写为 1617 年），以及《嘉兴县志》（1638）卷六，第 35b（235a）页。在刘侗和于奕正的《帝京景物略》中将关羽的封号记为"三界伏魔大帝神威远震天尊关圣帝君"，而以上两则史料则均将其中的"震"字改为同音的"镇"字，两者意思大致相同。早期的部分参考文献包括《慈溪县志》（1624）卷四，第 21a 页以及《蔚州志》（1635）卷一，第 22a 页。

州和 1281—1285 年的辽阳，出现了较早供奉关公的庙宇，这两处都位于现在的辽宁省，当时属于女真人的腹地。16 世纪以降的朝鲜旅行者注意到了边境地区无处不在的关公崇拜。同样的，无论何时，当女真人（随后成为满洲人）与汉族人穿越长城，来到许多边境要塞时，他们也会与关公邂逅。[107] 当关公帮助军队在邻近的朝鲜抵抗日本人入侵时，关外人民或许已经听闻了相关的传说。[108] 当战无不胜的皇太极将掠夺成性的女真人的金转变为具有征服色彩的满洲人的清时，他也将宣称自己的父亲努尔哈赤是关羽的化身，如此便能表明他的父亲与关羽同样伟大，而他自己，作为关羽 / 努尔哈赤的后人，也几乎同样伟大。在接下来的清朝历史上，有很多被满洲帝国所征服的文化，在这些文化中，不同的军事将领被视为关羽的化身，以便于将其纳入皇家的信仰框架内。[109] 由于这些不同的文化和政治实体现在已经归属于清朝政府，对作为杰出军事人物的关公的崇拜特别适合作为沟通不同文化体系的新偶像，所以，清朝统治者在军事扩张的过程中，在各地系统性地修建了关公庙。[110] 在清代，关羽神祇甚至获得了更为繁缛的荣誉封号，而在官方的关公庙中，每年都要举行一次官方性质的祭祀活动。[111] 不过，明清时期关羽被列入国家祀典并不意味着国家可以控制神祇崇拜的各个方面，它仅仅表明皇帝在都城支持关公崇拜，他的代表们，也就是地方官员则通常在一些特定的庙宇中表达支持，而大部分人往往很少亲

107　胡小伟在《关公信仰研究系列》第四卷中的相关讨论过于关注晚出的一些证据，仿佛"满洲"崇拜大部分都是在入关后才发展起来的，他也没有对满洲人这一概念展开考察，而是在一种本质主义的视野下观察这一群体，丝毫不考虑其历史的变迁情形。

108　Craig, 'Visions of China, Korea, and Japan in the East Asian War, 1592－1598', 180－185; Van Lieu, 'A Farce that Wounds Both High and Low: The Guan Yu Cult in ChosŏnMing Relations', 39－70.

109　就像绝大多数的不同文化之间的融合一样，将关羽转变为满洲文化的一部分也并非那么完美。更多的详细讨论可参见 Crossley, *A Translucent Mirror: History and Identity in Qing Imperial Ideology*, 244－245, 284－285. 此外，亦可参考 Berger, *Empire of Emptiness: Buddhist Art and Political Authority in Qing China*, 118－119 以及 Heissig, *The Religions of Mongolia*, 99－101。

110　贾建飞曾经提供了一个相关个案，参见《清代新疆的内地坛庙》，第 90－103 页。另可参见 Heissig, *The Religions of Mongolia*, 100。

111　胡小伟在《关公信仰研究系列》第四卷中考察了清政府与关公信仰之间的关系。

临这些庙宇。

令人意想不到的是,在1900年的义和团运动中,关羽神祇同时被视为帝国和百姓的护佑者。我避免使用叛乱及其同义词,因为那些参与者们并不打算反叛,而且很长时间里也没人这么认为。[112]洪水和干旱导致的饥荒以及基督教入侵所构成的文化和社会层面的威胁,使山东地区出现了一种道德危机感和恐惧感,由此涌现出了各种各样的宗教文本,它们篇幅不长,都宣称玉帝和关公已经降下神兵天将,以驱除来自外国人的威胁,摧毁那些代表现代性的标识如电线杆等,重建清朝统治者的权威。遍布华北的地方百姓们将自己视为服务于玉帝和关公的"天兵",效忠于国家。他们举行神灵附体的仪式,以此获得护佑,抵御子弹和其他武器的攻击,这使他们在西方文献中得名"Boxer"。他们则自称"义和",其中所谓"义"通常是和关公联系在一起的。[113]他们的暴力行动完全符合关公崇拜的正统范式,也在帝国支持范围之内,尽管最终还是遭到了血腥镇压。

接下来的民国政权继续崇拜关羽神祇,但是也做出了一些调整。[114] 1914年,袁世凯试图将关公和岳飞树立为国家级的偶像崇拜。十二年后,新的国民党政权则试图融合关羽崇拜和岳飞崇拜,为此对所有的关公庙进行了改造。在关羽被认定为战争之神的前提下,通常由军事将领举行祭祀仪式。[115]他们将关公和岳飞视为国家的象征,希望人们能够在两位神灵的感召下团结起来,但是这一举动却完全忽视了两者背后巨大

---

112 在这方面西方的代表性论著是周锡瑞《义和团运动的起源》和柯文《历史三调:作为事件、经历和神话的义和团》。
113 我的论述建立在对义和团相关史料进行再分析的基础之上,由于篇幅有限,在此难以详细展开。邵雍的《义和团运动中的道教信仰》(第144—150页)以及程歗的《拳民意识与民俗信仰》(第155—172页)对相关资料进行了讨论,并且提供了进一步的线索。Doar, 'The Boxers and Chinese Drama: Questions of Interaction', 91—118对戏台在义和团运动中所扮演的角色展开了有趣的讨论。
114 胡小伟在《关公信仰研究系列》第四卷中对民国时期的关公崇拜进行了概述(第579—598页)。
115 Zarrow, 'Political Ritual in the Early Republic of China', 173—174. 关于地方层面的行动,可参见 Poon, *Negotiating Religion in Modern China: State and Common People in Guangzhou*, 23、47—48、69、124。

的文化根源差异,关公崇拜蕴含着丰富的信仰资源,而岳飞崇拜所包含的思想资源却极其有限。这一误解源于一个简单的事实,那就是传统而言,针对关羽的国家祭祀通常由更受尊敬的地方文官而非武官来主持,这提高了关羽的声望。从地方社会的角度看,由武官主持的祭祀只能被视为一种降级。将关羽视为战争之神的观点可能受到了西方人将他等同于战神(Mars)观念的影响。在民间社会,人们将关羽视为武圣(Martial Saint)而非战神(God of war),因为他对暴力的使用是符合道德原则的,人们从来不会纯粹将其作为军事性的神灵来加以崇拜。民国年间,与帝国时代相比,"战争"这个名词的意涵在意识形态层面似乎变得更为积极了,这使得关公在国家层面被实质性地改造为了战争之神,但是这一形象并没有真正在民众信仰中扎根。

1949年以后,中国大陆的许多关公庙被摧毁,但是那些靠近解州盐池的庙宇和玉泉山上的庙宇却屹立至今。而其他的也从来没有真正消失,这些偶像崇拜正在复兴。许多颂扬关公崇拜的网站也报道现在的政府活动,在这些活动中,那些崇拜中心被用来吸引来自东南亚的华人代表,同样还有来自台湾地区的信徒们。关公崇拜可以将海峡两岸进一步联系起来,因为关羽神祇是中国的民族象征,而很多台湾的其他神灵都起源于福建南部,最多是福建人的身份认同象征。[116] 而对地方庙宇而言,来自海外的朝拜意味着收入的增多和声望的提升。

关公对民众的保护并非遥不可及,他积极现身于各类暴力活动中。因此,他最终与那些同样会帮助信徒抵御盗匪威胁的地方神灵没什么两样。而且,他也不仅仅是由国家控制的抽象意义上的神灵,而是受到所有社会阶层的深深敬畏,其中也包括精英阶层。在战争中,他徘徊于战场上空,或者亲自带领天兵参与战斗。在之后的章节中,我们将遇到一

---

116 比如以下网站:http://www.guangong.hk/ 以及 http://www.guandimiao.com.cn/(笔者于2015年8月30日访问了以上两个网站)。Brown and Cheng, 'Religious Relations across the Taiwan Strait: Patterns, Alignments, and Political Effects', 60—81 以及 Hatfield, *Taiwanese Pilgrimage to China: Ritual, Complicity, Community* 提供了很好的背景性参考。

位受到知识阶层，至少是识字者和精英阶层崇拜的关公，他同时也是一位道德守护者。不过在此，我们还必须关注到另外一个变化，乍一看它似乎和传统意义上的神祇通过武力布雨护民没什么关系。

财　神

今天绝大多数的人都会把关公和财神这一角色联系在一起。他的这一形象不仅出现在中国本土，也出现在西方的很多中国餐馆中，包括我居住的那个街角的外卖小店。人们通常认为，关公之所以被明确认为是财神，是因为山西商人将其视为保护神。[117] 但问题在于，其他地域性商帮的保护神很少会衍生出这一功能。[118] 而且，尽管16世纪中叶人们已经提到关公是山西商人的保护神，但是直到18世纪中叶才有人明确将其视为财神。在大部分的文献中，并没有特别明确其财神的身份，在那些有名有姓的财神中，最常见的两位是五显（也被称为五通）和赵公明，而不是关公。[119] 尽管他们其中一位有时会和徽商联系在一起，但另一位却和任何地域商帮都没有关系。

当我们要求自己找到明确的经验性证据时，就会发现追溯作为财神的关公的历史变得异常困难。根据那些穿行于中国东北的朝鲜旅行者的游记，我们能够重构作为财神的关公信仰的某种时间发展序列。第一位提到这一点的朝鲜人是朴趾源（1737—1805），当他在1771年经过沈阳（当时也被称为盛京）时，他对当地店铺为了做广告而铺张浪费的行为作了如下评论：

117　吕威：《近代中国民间的财神信仰》，第41—62页；胡小伟：《关公信仰研究系列》第四卷，第254—274页。
118　万志英：《左道：中国宗教文化中神与魔》，第222—223页。
119　此处所依据的是黄伯禄在《集说诠真》中所收集的基本史料，参见该书第3259a—3261a（569—575）页。这些史料根本没有提到关公。

> 其招牌认榜竞侈争华。即其观美浪费不啻千金。盖不若是则卖买不旺，财神不佑。其所敬财神多关公像，供桌香火。晨夕叩拜，有过家庙。推此则山海关以内可以预想矣。[120]

尽管我不同意这位朝鲜游客所说的我们能够理所当然地推知中国其他区域的状况，然而他对都城以北区域的观察却是可信的。

还有一些朝鲜旅行者并没有非常明确地将关公等同于财神。比如，一位旅行者在1803—1804年的冬天提到：

> 家家奉关帝画像或塑像，朝夕拈香，店肆亦然。或曰此非关帝像，即传说之神，为祈财用之赡足云，而傅说岂财神之类耶？此固未可知也。[121]

上文中，作者并没有说明那位传说中的神灵是谁。1832年，另一位朝鲜旅行者拜访了位于边境的一座关帝庙，其中也有一座供奉财神的大殿：

> 以关帝而称财神，大不可也。或曰财神者，比干也。以比干之忠直而死为财神，何也？且安排节次与关庙一样，抑何义也？庭立一碑，刻曰万古流芳，其下列书檀越人姓名及施财多少之数。盖道光辛卯新建也。第三屋既安关帝，则又此新创，未知为何意。[122]

此后不久的1855年，穿越该地区的朝鲜旅行者再次印证了作为财

---

120 参见朴趾源（1737—1805）：《燕岩集》卷十二《热河日记》（http://db.itkc.or.kr）。
121 李海应：《蓟山纪程》卷五《附录·风俗》（http://db.itkc.or.kr）。该网站的相关史料都在开头和结尾处清楚标明了史料来源。
122 金景善：《燕辕直指》卷一，十一月二十三日《栅门关庙记》（http://db.itkc.or.kr）。

神的关公在当地的受欢迎程度：

> 路傍人家烧香礼佛，盖其俗以朔望焚香祈福于关帝，且有财神之贴壁者，每日虔祷，冀其兴旺。[123]

第二天，作者甚至抱怨都城以北的人们很少祭祀自己的祖先，然而财神崇拜却遍布街巷、家庭和旅舍。[124] 综合来看，这些叙述似乎足以表明到 18 世纪中叶，关帝在东北普遍被视为财神，受到崇拜。来自朝鲜的目击者没有告诉我们人们认为关帝能够带来什么样的财富以及这一信仰是如何形成的。[125]

朝鲜人的叙述完全聚焦于北京和东北边境之间的区域，另外一些证据进一步肯定了这一区域将关公作为财神崇拜的事实。不多的几条明确将关公视为财神的史料都来自 1911 年以后的北方（吉林、山东和河北）。[126] 而将曾任商朝宰相的比干视为财神的地方志数量上要稍多一些，其中包括山东一方 1840 年的碑刻。这方碑刻的作者也提到了关公，但是从未提及他可能是财神。许多地方志提到了对比干的不同崇拜形式以及比干的相关故事，但是那些明确将其视为财神的资料几乎全部来自东北，只有一条来自河北。[127] 关公和比干都在更为广大的区域内获得崇祀，

123 　徐庆淳：《梦经堂日史》，十一月初五（http://db.itkc.or.kr）。
124 　徐庆淳：《梦经堂日史》，十一月初六（http://db.itkc.or.kr）。
125 　粘贴在墙上的画像被称为年画。将作为军事神灵的关羽和民间财神结合在一起的个案可以参见以下网址：http://www.wul.waseda.ac.jp/kotenseki/html/ni16_02272_0138/index.html。
126 　以下是明确认为关公是财神的相关个案：山东：《阳新县志》（1926）卷二，第 95b 页（将关公同时作为财神和雨神崇拜）；吉林：《东丰县志》（1931）卷三，第 32a 页（本来供奉武圣的庙宇现在供奉作为财神的关公）；河北：《龙关县志》（1934）卷二，第 13a 页（在一处评论中将比干和关公视为民间财神）。
127 　《曹县志》（1884）卷十七，第 16b 页。另外的一些案例参见：黑龙江：《双城县志》（1926）卷六，第 33 页；《宝清县志》（1911—1949），物产：第 309 页；吉林：《梨树县志》（1929；1934），丁编人事卷二，第 34 页；《东丰县志》（1931）卷三，第 32a 页；辽宁：《西丰县志》（1938）卷二十，第 14b 页；《黟县志》，第 45a 页；《海城县志》（1937）卷四，第 42 页；河北：《龙关县志》（1934）卷二，第 13a 页。

但是将他们作为财神崇拜的区域是非常有限的。[128]

到目前为止，我还无法将作为财神的关公的起源追溯至18世纪中叶以前。除非有更重要的资料出现，否则我们只能认为关公的这一形象相当晚出，而且局限在特定的区域内。为什么关公会成为财神，通过二手资料我们很难解释清楚，或许是因为他看起来和晋商之间有着明显的联系。

要对关公的财神角色做出令人信服的解释确实十分困难。有一种可能是关公作为忠诚的典范已经深入人心。他和上文提到的比干都具有这一品质。比干是商代一位非常忠诚的大臣，但却被残暴的末代统治者纣王所杀。[129] 人们相信关公和比干都是按原则行事，无论结果如何，最终都导致了他们的横死。因此，我根据万志英（Richard von Glahn）通过研究五通信仰而提出的观点作些推断。万志英认为像骗子一样、心肠狠毒的五通在江南被视为财神，最初是表明了明末清初人们面对货币经济的不稳定性时产生的某种焦虑。随着18世纪经济的稳定发展，财神的形象也随之改变，出现了一位更为沉静的五通神，现在，我要补充的是——与此同时，像关公和比干这样同样非常稳定而且具有可预测性的神祇也被当作了财神。[130]

---

128 Doolittle 在 *Social Life of Chinese* 第一卷中说福州人崇拜关公是为了让神灵保佑他们"事业成功"（第269页）。然而，在该书的其他地方（第269页），作者非常明确地指出，在当地财神的角色是由其他神祇承担的。De Groot 在 *Les fêtes annuellement célébrés à Émoui (Amoy): étude concernant la religion populaire des Chinois* 一书中指出厦门人把很多不同的地方神灵都视为财神，但关公并不在其列（第153—157页）。

129 司马迁：《史记》卷八十七，第2560页。

130 Von Glahn, *The Sinister Way: The Divine and the Demonic in Chinese Religious Culture*, 特别是第251—253页。

小　结

关公所能提供的帮助大致可以分为两大类——兴云布雨和保护人们免受暴力袭击，这些袭击的施加者从恶魔到普通人都有。当然，在那个崇拜关公的世界，发动袭击的普通人，包括蛮夷、土匪和叛乱者等，比我们想象中更接近魔鬼。人们对作为财神的关公的崇拜相当晚起，或许和他被认为忠诚和正直相关。至今，在人们困惑时显灵护佑是神祇扮演的最重要的角色。为了帮助他的信徒，关公总是拥有施加暴力的能力，尽管这种暴力指向的是一种积极的目的，他的追随者也因此为他贴上"武"而非"暴"的标签。在传统的中国宗教文化中，人类所面临的威胁被定义为来自恶魔的暴力攻击，必须有关公这类神灵提供正义的暴力或者武力与之对抗。[131] 这并不是说另外的神灵无法向那些信奉者提供类似的帮助，但是关公无疑是所有神灵中非常重要的一位。

关公的布雨者角色是有关他的神话中最令人惊讶的一个方面。关公具有预防或者阻止恶魔威胁的能力，但是从这一角度我们并不容易解释他的布雨者角色，尽管这一角色仍然具有很强的社区公共性。然而，至少可以回溯至晚明的一则民间传说把关羽的暴力角色带回到了故事中，人们相信他是一条龙的化身，那条龙因为向一个被玉帝下令应该遭到干旱惩罚的社区降雨而被处死。而且在关羽的大刀和雨水之间存在着若干联系。神灵的武器很早就被称作青龙偃月刀，这暗示它原先被想象为龙的化身。到 19 世纪初期，就有谚语将五月十三日的雨水和关羽磨刀联系在了一起。

在显灵布雨以及帮助个人、社区乃至整个国家抵御外来侵略等方面，关公崇拜看起来是非常成功的。对关羽的崇拜持续数个世纪，神祇获得了越来越高的威望。有时候，这种威望会转变为由皇家直接赐予封号，但令人诧异的是，其中至少有两个最为重要的神灵封号来自私人团体。

---

[131] Ter Haar, 'Rethinking "violence" in Chinese culture', 123－140 and 'China's Inner Demons', 27－68.

崇宁年间的"真君"封号是道教驱魔专家创造的，它是神祇击败解州盐池神龙（此后被说成是蚩尤）相关叙述的一部分。"关圣帝君"以及"三界伏魔大帝"这一封号则在 1614 年由宦官创造——有可能是在万历皇帝的授意下，但没有经过礼部。尽管在源头上存在社会和政治方面的问题，但是神祇的皇家封号迅速被人们接受为它的标准称谓。各种不同的利益群体在形塑关公崇拜方面所扮演的角色清楚地表明，这一神祇确实是由民众集体创造出来的，不同的群体和个人通过参与口头叙述和地方赛会活动，都对关公形象的塑造做出了贡献。

通过讨论神祇的各种灵迹，我们也希望能够对帝国晚期人们的焦虑、关心和恐惧有所洞察。即使在今天我们也不能低估雨水的重要性以及人们对旱灾的恐惧，因为我们的生存有赖于雨水的不时降临。围绕神祇崇拜的那些民间传说和仪式非常清楚地表明雨水事关生死，尽管还总是存在一个道德维度的解释。大量关于神祇和恶魔、匪徒以及蛮夷斗争的故事揭示出这些暴力威胁是如此真实，常规的军事力量无法完全应付。事实上，对关公的崇拜也活跃于全中国的军营中，因为他们从来都没有必胜的把握。

第七章 斯文之神

中国帝制时代的科举考试始终与一整套的信仰观念及实践密不可分。我们现在一般不会把科举考试视为一个宗教事件，但今天所能看到的各种与科举相关的文献实际上往往都与这样或那样的孔子崇拜有关。从开蒙到入仕，孔子崇拜一直贯穿于中国读书人的生活，而科举考试更在这一明晰的宗教语境中占据了一个重要的位置。无论考前考后，大多数赴试学子和他们的家庭都会向包括孔子在内的一系列神祇祈拜，以消解焦虑。托梦也好，其他神祇的暗示也罢，关公的预言也总能让这些人在面对未卜的前途时获得一份慰藉。正因为如此，关公成了知识精英群体宗教文化中的重要角色。

16世纪，士人群体建立起了一套独有的关公信仰传统，其中包含信仰故事和祈祷内容。清代，知识阶层的规模进一步扩大，这些信仰观念和实践方式也因此影响到了更多人。这一趋势在19世纪体现得尤为明显，关公不再仅仅在梦中或幻象中现身，也不再是主要用暴力和武艺践行神职的一尊神祇，而开始以扶乩降笔的方式与士大夫信众进行交流。当然，关公依然会通过直接在现实中或梦幻中显圣帮助信徒，但在这一时代，以灵签和降笔为载体的神示却明显更为流行。当然，这位神祇的预言往往神秘难测，事主经常在事后才能恍然大悟。这些预言的灵验也因此需要具体事件的印证，并不是一种明确的命运指南。

这一时代得到发展的不仅有关公在士人群体中的新形象，而且它的驱魔神与施雨神的形象也得到了发展，但新旧两类形象的发展趋势却并不直接相关。尽管这一时代由特定群体奉祀的神祇众多，但关公新出现的士人信众毫无疑问是最多的。在这一点上，文昌与关公类似。前者同样是一个源自四川的普通地方神，然后逐渐演变为专门的文业之神，而到了帝制晚期，它的前一种身份早已被人们遗忘。[1] 从晚明开始，关公信仰在士人群体的推动下形成了一系列知识阶层的观念和实践方式，开始通过显灵来回应某些士人阶层才会关心的问题，比如如何准备科举考试。这一新功能在关公文人形象的发展过程中起到了重要作用，其中的关键要素就是扶乩和鸾书。

士人的保护神

关公的士人保护神形象在 16 世纪晚期已经基本成形。[2] 以下这则故事生动地体现了这一点。1567 年的秋天，有两兄弟为准备科举，从江西新淦坐船前往湖南桃源。途中弟弟病重濒危，一行人只能先停在路边一间三义祠里，在祠中痛哭祈祷。眼看弟弟就要咽气了，大家开始准备后事。突然间，他们听见一个声音传来。这个声音告诉他们，弟弟不仅不会死，而且还能金榜题名。哥哥觉得难以置信，仍然守在已状如死人的弟弟身边继续痛哭。这个声音又从虚空中传了过来，它告诉一行人，没有人会死在这里。尽管哥哥没被说服，他还是先把弟弟的尸体移到另一座荒庙中，然后回到三义祠取了一些香灰，放入一碗净水中，然后把水洒在尸体上，又撬开弟弟的嘴巴灌了一些进去。这是当时一种常见的治疗方式。结果弟弟当夜就活了过来，康复如初。第二年，哥哥成功考

1　Kleeman, *A God's Own Tale*.
2　胡小伟在《关公信仰研究系列》卷四第 360—368 页中以另一组材料得出了类似的结论。

中举人，弟弟也在 1583 年考中进士。1599 年，两兄弟之一升任浙江省衢州府知府后决定在当地重建一座关公庙，以纪念三十年前发生的那桩奇事。在三义祠度过的十多天一定给两兄弟留下了深刻印象，他们的一生也因此和这位神祇紧紧联系在了一起。[3]

关公既会应信众的祈祷施以援手，也会主动为有德之人解厄救困，但两者往往被混为一谈。人们有时候还没祈祷就已经得到神祇的帮助，因为他们德行高洁；受助之后，这些人也往往成为虔诚的信徒。尽管这类故事主要来自士人圈子，但情节模式本身却可以套用到不同阶层的人物身上。钱希言（我们在第六章提到过他）在 1601—1613 年的个人日志中断断续续地记述了自己家人选择崇祀关公的前因后果。[4] 钱的祖父被贬充军辽东，在那里给一个军户家庭当管事。铁岭卫所城外（钱将这一地名写为铁岭），也就是今天沈阳北面有一座香火旺盛的庙宇。钱希言称这座庙宇"最多灵异，香火繁盛。府君时时往祭祷焉"。1549 年，钱希言的叔叔进京参加武举考试，一举得中，而他的父亲当时还是铁岭的一个生员。某日，钱希言的父亲陪着祖父去拜访这座当地的关帝庙，那时候他的祖父已经失明十八年了。因天色将晚，他们出门时带上了一对灯笼。一见灯光，庙祝就迎出来，连向他们道喜说关公刚刚给他托了一个梦，在梦里，关公让庙祝转告两父子，让他们灭掉其中的一个灯笼。两父子依约而行，刚到家净空之上忽然传来一声霹雳，钱希言的祖父应声复明。钱的祖父将此作为吉兆，此后他做的梦里还出现了苏武（约前 140—前 60）历经 18 年从匈奴归乡的故事。遗憾的是，钱的祖父对后一个梦的解释过于乐观了，他的流放不仅没能就此结束，还在原定的基础上又增加了一年。当然，解梦失误十分常见，尽管钱的祖父未能获赦归乡，但次年（1550 年），钱的叔叔却高中武进士。因为儿子获得功名，祖父结束充军生涯，离开了辽东，不久之后洗刷罪名。这两年发生的一

---

3 王同轨：《耳谈类增》卷二十八，第 1a—b 页（168）页；万历《衢州府志》卷十三，第 1a—3a 页。
4 钱希言：《狯园》卷十一，第 694—696 页。

系列事件都和当年的庙祝一梦联系在一起，钱家从此对关公的预言深信不疑。[5]

从晚明僧人戒显（1610—1672）《现果随录》中的一系列故事可见关公与士人之间特殊的庇佑关系，其中有一个故事讲述的就是戒显自己家人对关公的崇信。戒显的父亲原本是一位生员，并不信佛，后来因为夫人皈依佛教，成为一名虔诚的佛教徒，他称关公为关圣人。这位关圣人有一次在他的梦里现身，要求他为自己在当地的庙宇写一篇赋。[6] 戒显的父亲很可能在皈依佛教之前已经开始崇信关公了，在做了这个梦之后就向关公供奉了素斋。《现果随录》中与关公有关的故事一共有五个。在这几个故事中，关公救了一群挺身对抗暴徒、保护关帝庙的信众，协助一个虔诚的崇信者赢了一场箭术比试，还救下了一位因为偷盗香油供品被判死刑的僧人。[7] 除了戒显之外，他的一名俗家弟子也是关公圣迹传的编撰者，可见这尊神祇在戒显的人际圈子中是何等重要。[8]

戒显的书中还记述了张采（1596—1648）的众多行迹，关公崇祀的重要性在这些故事里表现得尤为明显。张采在明末以志气著称，是晚明重要团体复社的核心成员之一。他和戒显都是江苏太仓人，两人可能早在府学生员时已经熟识。[9] 戒显写道，张采是一个十分孝顺母亲的人，而在 1628 年的科榜还未公布时，戒显的一位朋友就梦见了张采因仁孝而高中三甲。这场梦也成为此后一系列事件的开端。张采不信佛，独崇关帝，他在 1645 年的除夕梦见关公赐给自己一块木匾，上书"乾坤正气"四个字。这令张采欣喜万分，因为这四个字不仅与关公志气相关，而且能联系到《易经》中有关阴阳天地的重要卦象。它们不仅昭示了张采自己的志向所在，也隐喻了张采之后的命运。梦见赐匾之前，张采刚刚凭

5　钱希言：《狯园》卷十一，第 694—695 页。
6　戒显：《现果随录》，第 0040b02—c08 页。
7　戒显：《现果随录》，第 0030a06—b13、0042b01—b10、0044c08—44c17 页。
8　戒显：《现果随录》，第 0030b09 页。
9　Chow, *The Rise of Confucian Ritualism in Late Imperial China: Ethics, Classics, and Lineage Discourse* (Stanford, CA: Stanford University Press, 1994), 42.

着自己的一腔正气举报了当地一众权势滔天的胥吏。胥吏们选择在年关这天的庆典上报复张采,挟众将其绑到了城隍庙,打得他血肉模糊。就在这时,有一个小孩儿正好走进庙里。这个小孩儿亲眼见到城隍现身,俯身庇佑张采。但这顿毒打还是让张采昏厥过去,不省人事。胥吏们命令一个乞丐将张采的"尸体"丢到关王庙旁的小校场上。这天晚上,一个在庙中挂单的僧人对驻庙和尚说,张采是一个好人(文中称之为"正人"),不应任由其尸身受损。和梦里的情节一模一样,两人用一块木匾将张采抬回了家。回家之后,张采活了过来,而官府则在年后逮捕了那些殴打他的人,并在菜市口处死。[10] 这个故事的主题非常明晰:神祇将庇佑仁孝行义之人。也因为这些事迹,关公被官府纳入祀典,这让士人能够在继续质疑各种地方神祇的同时,名正言顺地崇祀关公。

在另外一些故事里,关公甚至成了送子的神祇。这类故事并不常见,但其中的"义行"主题本身依然为士人所喜闻乐见。1627年前后,一名老来得子的乡贤重修了绍兴的一座庙宇,他的弟弟王思任(1572—1646)详细叙述了整件事的来龙去脉:这位乡贤一直没有能够继承家业的子嗣,但"藉兄弟至义,默祷于帝,帝心许之。以天启七年二月五日生子,命名'鼎起'"。这个关公神迹故事十分典型,当然其中并未提及孩子的妈妈是谁,这名子嗣很可能是侍妾而非正妻所生。不过为了表示感恩,这位兄长向关公供献了一头猪和一只山羊,并且延请戏班来娱神。[11] 王思任将众人祈神得愿的原因归于他们的"义"。这种感性的"义"与王思任之后对于大明王朝的感受一定有某些共通之处。同样也是因为对"义"的认知,在清军1646年攻占太仓时,张采选择了绝食自尽。

晚明时期,士人群体在社会中的存在感越来越强,而和其他地方神的崇信相比,他们显然更愿意认同关公崇拜。这主要是因为大多数地方神祇往往不合礼法,士人群体难以参与。但关公崇拜却不同,士人能够

---

10 戒显:《现果随录》,第0033b16—033c23页。
11 参见王思任:《罗坟关圣帝君庙碑记》,《王季重十种》,杭州:浙江古籍出版社,1987年,第195页。

在礼法之内通过崇祀关公来满足自己的情感需求。在这里我想用一则十分详尽的例子来说明这一点。这个例子的出处有些出人意料，它记录在1904年一位受过科举教育的佛教居士对《阿弥陀经衷论》的评论中。这部佛教经典集注由王耕心的曾祖父王定柱（1761—1830）编著，是王家持续编修的重要文献[12]，其中也详细记述了王氏家族在18世纪下半叶成为一个佛教家族的全过程。在这一过程中，王氏家族在坚持以经学传家的同时，也同样保持着对关公的信仰，并且将这一信仰与佛教信仰实践结合在一起。从这本书中我们可以看到，神迹对士人阶层和普罗大众有着相同的意义。而且这部作品罕见地让我们得以进入一个人的内心世界，尽管我们只能通过作者以自己的认知写下的只言片语来认识：

> 余家世业儒，笃奉六籍，自五祀以外无杂祭。墩之左，洁室一楹，妥先圣四配主，列祀神武关汉寿帝，司命文昌帝，配以斗魁。以礼官祭日，虔祀无怠。近百年矣，室中未尝有二氏书及像设。

可见，该家族一直奉行严格的儒家祭祀礼仪，并且只用神位牌而非神像来代表神祇。19世纪初作者写下这段家族境遇时已近暮年，这或许能够解释他并非用当时惯常的称呼，而是用汉寿亭侯来指称关公。当然，这也可能仅仅是一个笔误。

> 曾王父厚庵公官江南，廉名满吴下。儆民居，邻火及甍，朝服告天。火中见白鹦鹉反风灭火，又檄挽库纲[13]。渡黄河，中流暴飙裂帆，百口震号。俄睹金容炳煜，致分风断流之异。乃手绘普陀大士妙相。

很显然，王耕心的这位先祖一生被观音救助了不止一次，也因此将

12　王耕心：《摩诃阿弥陀经衷论》，第0171a20—0172b14页。
13　此时他获得了一个新的职位，文中没有提及具体官衔。

观音作为主要崇祀对象。王家另一位生活在 18 世纪的先人王定柱是最早开始写作这部阿弥陀经衷论的人,但他却几乎中断了这一崇祀传统。

> 余童龀时,日从先妣炷香顶礼。及十岁过乡塾,闻其师方授诸弟孟子书。训曰:杨者何?今道家是也。墨者何?今佛家是也。能以言拒道与佛,即圣人之徒也。

这些话深深影响了王定柱,他不但不再崇拜观音,而且开始轻率地抨击佛教,尽管当时的他并不理解自己的批判到底意味着什么。直到王定柱 17 岁考中举人时,他的主考官告诉他,不要武断地拒绝佛教。这一劝告当然让王定柱十分惊讶,但主考官向他解释道,孔孟从未在著述中引用佛道文字,只是因为在这些圣贤的时代,佛教和道教尚不存在。年轻人回家后重新思考了主考官的告诫,虽然还未有任何行动上的改变,但这些话已经让他惭愧不已。在这次真心悔悟之后,一次更加直触人心的事件紧接着发生了,其中的关键角色正是关公。考虑到王氏家族一直将关公作为正祀的对象,我们也可以通过这一记载认定王定柱本人其实并未放弃过祈拜关公,即使他放弃观音崇拜的那段时间也是如此。

> 乾隆丙午,邑中大疫,道殣如麻,率以七日不汗死。余二十一日,三震战,三不汗,奄然气尽。神历房闼出衢中,将适东郭岳祠。顾见西来戈甲如云,人马皆长寻丈。询前驱者。曰:关神武帝受敕征台湾寇也。

这一年,动荡的小岛台湾正在被林爽文的暴动践踏,而调去镇压的清军则在不断消耗朝廷的粮饷。[14] 但这件远方大事为何会在这个年轻人

---

14 关于林爽文起义的相关论述,参见王大为:《兄弟结拜与秘密会党:一种传统的形成》,第 64—81 页。

的梦里出现呢？也许他将京师邸报上的消息糅进了梦中。

> 俄睹神武櫜鞭御赤马，龙刀在握，神采熠熠。余当衢迎拜，顿颡尘中。一仰视则黼几已具，神武衮冕秉圭，东面垂拱。余涕泣陈所苦，吁乞庇宥。神武厉声叱曰：汝知罪乎？汝以先世积德，籍注乡荐后四年，当登辛丑进士第，福禄未艾。岂谓汝自得举以来，童昏无识，忘先世功德，自诩才隽，骄慢嫉忌，恶人胜己，轻率愎戾，衔恚睚眦，凌侮侪辈，多怀意恶，讦发人短，喜谈闺阁，谈谐憨日，亵引圣典。种种积愆，恶簿等身。而且不睹二氏之书，妄肆臆毁，心无忌惮。貌附圣贤，尤犯天律所深恶。游巡使者日有奏报，发不胜擢。是以上帝震怒，初削科名，今削寿籍，将堕恶道。岂吾所能垂祐乎。[15]

关公以《前世积善录》这本以观音崇拜为主题的文本为依据，谴责这个年轻人背弃先祖礼敬的神祇，盲目追随他的经学老师。如前所述，他在幼年时已经由母亲灌输了佛教信仰，而在这一危机到来时，这种信仰终于又回来了。

> 余闻，震栗丧魄，崩角求活，矢自湔艾。既久，神武颜色稍霁，微俯首曰：止，姑观汝后修。余泥首敬谢，再仰视，金容已杳，衢中阒无人。皇恐亟趋归，入门历榻呻而瘖。则睹真官朱衣玉颜，从两童子，搴帘入曰：奉帝命来活汝。两童登榻，各手短杖击余体，击头头汗，击胸胸汗。溅然湿重衾，至膝而止。遂能张目索饮。

我们并不知道这位真官是何许人也，也不知道这场瘟疫到底是怎么回事，更不知道文中的"短杖击体"到底是什么原理。在西方，瘟疫往

---

15 王耕心：《摩诃阿弥陀经衷论》，第 0171a20—0172b14 页。

往是热病的同义词,这场疫病的典型症状是不能发汗,因此应当是另一种疾病。

> 翼日扶杖起。诣神武像前匍伏谢。

从这段记述中可见,围绕"忏罪祈福,震慑盲愚",圣贤之言和佛道之教是可以形成互补关系的。自此,他花了大量时间广泛阅读佛教经典,深感其中的内容对通晓圣人的经义同样大有裨益。

> 自丙午忏罪,澌洗三年,栗栗临履。己酉夏,先姚遘疾几绝,感神武示拯于梦。梦金同,家人皆惊叹。明年庚戌,神武又示先姚梦,督余上春官。锁闱宵分,胝蚃降灵,遂忝与甲榜。迄今佹遇危急。

在遵从神言、重新思考之后,王定柱也在会试中得以高中。在这些内容中,我们其实并没有看到太多与佛教崇拜相关的细节,反倒能够深刻感受到关帝在这个家族几代人心中的重要性。另一方面,我们也能从中看到王定柱在选择时的纠结心境。初中举人之后,他并没有倾向于佛教,直到经历了一次濒死体验之后才彻悟转变。王定柱和他的先辈们一生都在坚守"儒生"身份,但在家祠中崇拜关公始终是他们生活中的一个有机组成部分。毫无疑问,关公身上的"儒家"属性正是这个家族始终坚持崇拜他的重要原因。苏北泰州王氏家族此后的几代人在以经学传教的同时,也始终坚持着佛教居士信仰,直到民国年间。[16]

在这些灵迹事件中,关公显圣施恩的方式与暴力完全无关。[17]正如王定柱在他生动优美的自传中描述的那样,关公和众多的佛道神祇一样,

---

16　袁晓庆:《高古婉通王雷夏》,《泰州日报》2012年12月5日。
17　亦可见于王同轨:《耳谈类增》卷二十八,第2a(168)页("狱中护子"一则);《明州阿育王山志》(1757年版),第010p0006页("居士官员征途中受保佑"一则);徐岳:《见闻录》卷四,第23a—23b(665)页("护佑遇匪孕妇产子"一则);袁枚:《子不语》卷十三,第288页("洪灾救民"一则)。

首先是一个从受恩者内心传来的、永恒的道德之声。在这部自传接下来的章节中，我们能够看到中国帝制晚期的士人作者如何以此重构关公旧的神祇形象，塑造出一个更具文人色彩的新形象。当然与此同时，关公武圣的形象同样存在。正如王定柱的描述所示，他遇见的关帝不仅是一个佛教真谛的教导者和引领者，也是正在率领讨伐台湾林爽文起义的远征军统帅。

文士之神

17世纪中期，士人群体开始给关公冠上一个新的称呼——关夫子。很显然，这个称呼是比照口语中的孔夫子一词来的。"孔夫子"这个词至少在12世纪就已广泛出现在口语中，比孔子本来的称呼更加广为人知。[18] "关夫子"这一称呼最早出现在一部1657年出版的佛教论集中，[19] 同一时代出现的还有一个新的关公形象。这一形象有一张不同寻常的红色面孔，三缕长长的黑须，身着绿袍，膝盖上还摊着一部书，代表关公所读的《春秋》，这一形象从此流行开来，其流行程度仅次于一手举偃月刀、一手抚摸长髯的传统坐像或站像。但"关夫子"这个新称呼似乎只在士人群体中流传，大多数人依然继续使用地方习俗中的称呼，特别是关公、关帝或者关圣帝君。文人与受教育群体在清代始终保持着增长，这一称呼的迅速普及显然也与此有关。

当然，称呼上类比于孔子并不会让关公真的转型为同类神祇。因为孔夫子并不会成为扶乩仪式中的主角，也不会真的为祈拜者提供神助或

18　朱熹：《朱子语类》卷一百一十九、卷一百三十七中已明确使用"孔夫子"一词。根据元代至元二十九年（1282年）一份白话文材料中的记述，当时称为孔夫子庙的庙宇已经十分普遍，见《大元圣政国朝典章》卷三十一，礼部卷四，第6a—7a（326）页。因此，苏州建有夫子庙的街道又俗称"孔夫子巷"（见《洪武苏州府志》卷五，第4a页）。

19　无是道人：《金刚经如是解》卷一，第0196a02页。另外，王夫之的《识小录》中有616处涉及这一风俗。"关夫子"这个词应当区别于关羽的旧称。

庇佑。尽管祈拜者能够以同样的情由向两尊神祇祈告,但对于祈拜者而言,关公显然更加实用,也更为流行。江南常熟的地方志记载,晚明时期关公拥有多种身份,既是"科场司命",也为佛教徒充当"寺院宿卫",又是道教徒对抗蚩尤的神将。[20] 我们很难确定关公作为文士的新形象从何而来,但这一形象很可能为他在大众中的进一步传播提供了助力。这也说明士人群体并不想把关公视为一尊仅供愚俗平民崇拜的神灵。在接下来的两节中,我们首先讨论北京正阳门内的关帝庙对推广这一士人形象所起的作用。我将说明关公文人形象的大规模流行与晚明文化氛围有着直接的相关性,尽管这一形象的雏形已经存在了几百年。

正阳门的关帝庙

对于生活在晚明和清代的士人来说,北京正阳门旁的关帝庙尽管并没有多么宏伟壮丽,但在众多崇祀关帝的庙宇中却最为出名。这座城门今天仍旧独自兀立在天安门广场一端,但在那个时代,它无疑是北京最重要的一座城门。无论是供职于内城,还是受诏从外地来紫禁城觐见皇帝,各路官员都要从这座城门穿过,连皇帝自己从外城南端的天坛祭天回銮也要穿过这里。在皇城的九座瓮城中(文献中一般称为"月城"),七座的门楼上都建有小型的关帝庙,[21] 瓮城里还有两座真武大帝庙,里面供奉的是另一位重要的宿卫驱邪之神。[22] 因此,这座关帝庙中的神祇一开始首先是皇城的宿卫之神,与他在明代军队中的角色几乎一模一样。

晚明蔡献臣在约 1615—1617 年撰写的笔记中提到,这座关帝庙缘起于关公在明初对皇室的几次襄助。无论是否确有其事,这一说法本身无疑为这座庙宇如此显赫给出了一种被人广为接受的解释。据蔡献臣所言,朱明王朝早在鼎定之初,尚未结束征伐之时就已经得到了关公的护

---

20 《常熟私志》(1628—1644)卷六,第 60b 页。
21 韩书瑞:《北京:公共空间和城市生活(1400—1900)》,第 37、194—195、327—328、500—502 页。
22 另见 Chao, *Daoist Ritual*, 123—235。

佑。²³ 尽管明初史料并未言及此事，但在蔡献臣的时代，关公护佑了王朝鼎定江山却是一个常识。²⁴ 而且，蔡献臣此处还提到 1550 年发生的"虏薄都城"一事，应指俺答汗在这一年成功侵袭到北京周围。大军压境时，人们"梦君将天兵大战，尽歼之"。次日，"胡虏"撤退，京城得以解围。²⁵ 蔡献臣谈道，包括这件事在内，关公一系列的显应神迹让皇帝深感其神威之盛，皇帝因此赐予关帝一个新的封号。故事里的这位皇帝就是我们今天所熟知的万历皇帝。

但正阳门边的这座小关帝庙之所以最终成为整个关羽崇祀网络的关键中心之一，或许更因为它的位置实在太过重要了。各路精英天天从这座城门下穿过，也经常拥堵在小小的瓮城里。不难想象，他们因此成为关羽的信众，进而成为神庙各路信众中最为重要的群体。正阳门关帝庙的灵签也非常出名。我们可以想见，人们从正阳门穿入，准备进入内城的时刻，往往也是面临人生重大转折的时刻，可能是科举高中，也可能是名落孙山，可能是新官上任，也可能马上就要得见天颜。他们因此更加希望得到神灵的启示。²⁶ 尽管瓮城已经在 20 世纪初被拆毁，但这座关帝庙以及相邻的观音庙却保存到了 20 世纪 60 年代，直到那个时代的政治狂潮将其彻底吞没。

与正阳门关帝庙有关的预言最早见于李蓘（1531—1609）的作品。当然，虽然李蓘提到的这则预言结果轰动一时，但却未必是关羽崇信者们所乐见的那一类：

  岁（嘉靖）戊午间，予在京师正阳门外，（关）王之庙素称灵赫。有王姓者持钱乞签，卜弑其母，亦即昏眩，大呼伏地云：王缚我，

---

23 蔡献臣：《清白堂稿》，卷十三，第 4b（399）页。
24 这一点可见晚出材料，如周广业、崔应榴辑《关圣帝君事迹征信编》卷十四，第 8b—9a（462）页，又如王兆云《漱石闲谈》（下），第 23b（351）页。
25 蔡献臣：《清白堂稿》卷十三，第 4b—5a（398—399）页。
26 Arlington and Lewisohn, *In Search of Old Peking*, 211—216.

王缚我，我欲尔尔。

这件奇事被巡检上报给了上官，姓王的人很快被关进了大牢，但罪人最终受何刑罚就不得而知了。[27]

晚明的杰出学者焦竑（1541—1620）不仅为正阳门关帝庙撰写过碑文，还主持编纂了庙中神祇的行传集。1603年他为这部行传集作序，题为《汉前将军关公祠志》。[28] 序中如此描述正阳门关帝庙的地方崇祀：

> 自文皇奠鼎于兹，人物辐辏，绾四方之彀。凡有谋者，必祈焉。日吉而后从事。……四方以京师为辰极，京师以侯为指南，事神岂可不恭？余少知响往，梦寐之中累与侯遇。

在这段文字中，焦竑一方面说明了这些每日穿梭于正阳门的一般信众是如何祈求神示的，另一方面还写到了他个人的梦示经历。或许正因为自己的梦示经历，焦竑此后又参与了另一部神祇行传录的编辑工作。[29]

将近两百年后，纪昀也描述了正阳门关帝庙的盛况，与焦竑所述差异不大。纪昀久任京官，曾任《四库全书》总编修，因此经常出入紫禁城：

> 神祠率有签，而莫灵于关帝。关帝之签，莫灵于正阳门侧之祠。盖一岁中，自元旦至除夕；一日中，自昧爽至黄昏，摇筒者恒琅琅然。一筒不给，置数筒焉。杂沓纷纭，倏忽万状，非惟无暇于检核，亦并不容于思议，虽千手千目，亦不能遍应也。然所得之签，皆验如面语……

27　周广业、崔应榴辑：《关圣帝君事迹征信编》卷十四，第15a（475）页。很遗憾，我未能找到这则故事的最早出处。

28　Hummel, *Eminent Chinese of the Ch'ing Period (1644－1912)* (Washington, DC: Library of Congress, 1943－1944), 145－146.

29　赵钦汤编，焦竑校：《汉前将军关公祠志》，《关帝文化集成》卷八，第68a－70a（825－829）页；日期序言，第3a（505）页。

图 7.1　手捧《春秋》的关公像

手捧《春秋》的关公塑像在不同时期都有，他手中的《春秋》一书的版式通常代表了塑像当时最为普遍的图书版式。在这些塑像中，关公也不再手持大刀。　杜伦大学东方博物馆授权使用。

纪昀还记述了一些颇为日常的例子，在这些例子里关帝的签文诗句十分晦涩，却又总能预示出即将参加乡试的士子心里的愿望。[30] 毫无疑问，只有在科考结束的那一刻，人们才会悟到这些诗句的真意。这种感悟未必与他们初见这些诗句时所想所感相同，但却会成为对签文的最终解释。

因此，正阳门关帝庙体现的正是士子和关帝崇拜之间一种最为直白

30　见纪昀：《阅微草堂笔记》卷六，第 14a 页（另一处见卷十二，第 22a—b 页）。另见蒋超伯《麓滇荟录》卷四，第 16a—17a 页。

的关系。尽管这里未必是全新关帝信仰的发源地，但因为这种关系，正阳门关帝庙成了传播这些观念的理想场所。无论是直接入庙拜访，还是和同侪一起交流有关这座庙的各种故事，这些都让新信仰的种种细节不断灌输给了士人，并从这里带向王朝各地。有一个例子能够非常好地说明这种传播能力。1614年，朝廷册封关公为"三界伏魔大帝神威远镇天尊关圣帝君"，这一册封是在正阳门关帝庙中公布的，之后没过几年，这个封号就传遍了全国。晚明至清代的文人们与这座庙宇关系密切，由这座庙而来的各种灵验传闻也因此频繁进入文人们的随笔集，字里行间都可以看到庙宇和神祇对文人墨客的深刻影响。

熟读《春秋》

关羽的神祇圣迹有一个至关重要的发展方向：他对《春秋》这部儒家经典的研读能力明显在不断增强，最终被大众视为解读《春秋》的大师。《三国志》中有关关羽的传记只记载了他曾给诸葛亮写过一封信。当然无论这封信是亲笔所书还是由人代笔，其内容都早已散佚。[31] 从今天可见的传记材料看，关羽和他义兄之间完全是用口语来交流的。《三国志》裴松之注中大量引用了《江表传》注释相关史事，后者撰于三世纪晚期或四世纪早期，今已散佚。《江表传》中提到，"羽好左氏传，讽诵略皆上口"，这句话对后世很多个世纪关羽形象的建构产生了很大影响。[32] 尽管这段文字并没有说明历史上的关羽经史水平到底如何，但后世文人却都将其作为关羽精通文学的证据。这段文字中所用到的"略"字，应当解读为"谋略""军略"而非他解。但能通过背诵或阅读《左传》作为制定军事策略时的参考，这在那个时代并不稀奇，因为相比于那些抽象的军事学著作——比如《孙子兵法》，《左传》里有一系列作战的生动例子可供参考。这种解读方式并不来自儒家强调"褒贬"的《春秋》解读

31　陈寿：《三国志》卷三十六，第940页。
32　陈寿：《三国志》卷三十六，第942页；另见毛宗岗《毛批三国演义》中的评述。

方法，尽管后者才是儒家研读《春秋》的主要方向。但这段文字里并没有提及《春秋》，而如大塚秀高所言，西晋作者笔下的关羽形象有可能受到了同时期刘渊传记的启发。[33] 最后，这段记载也未提及任何与"读《春秋》"这一举动有关的内容，而强调的是关羽的记诵能力。这也许说明关羽学习过《春秋》中的某些内容，而且能复述其中的一些重要故事，但他靠的并不是深厚的文字功底，而是口默心记。

在关公崇拜出现之初的一个世纪里，关羽身上这种糅合了真实与虚构的文字能力并未对其神祇形象构建产生过什么影响，因为这类神祇中很少有能够识文断字的，大多数雏形期的神祇更经常被标榜为不通文墨之人。无论关羽最初的玉泉山神迹，还是解州盐池神迹，这些故事关注的都是关羽的武力。从宋、金、元至明初，关羽显圣的故事都是以这一要点为中心展开的。第五章我们讲述了1125年发生在荆州府的故事，关公使一个文盲狱卒突然获得了读书写字的能力。尽管狱卒的书法变得十分杰出，但他写下的具体文字却与儒家经典并无关系。[34] 这个故事里，书法能力只是证明关公对这位狱卒施加了神力的证据，因为这位狱卒本身是一个文盲，毫无疑问其书写能力只能来自神赐。实际上，狱卒写下的这段文字非常简单、常见，遣词造句上既没有精巧之处，字里行间也没有什么微言大义，文学水平极其有限。这些文字只是狱卒常年接触的刑狱档案范围内的文字水平，与真正的经典毫无关系。

南宋时期有一个类似的故事：据说北宋末年，有一位地方县令得到了一封内容可疑的"关大王信札"。我们无法确定这封信札是否真的来自关公，故事中不仅将关羽称为"金甲大将军"，而且对这封信的来历言之凿凿。这个故事是从一位农夫开始的，梦中有人告诉他会得到一封来自铁冠道人的信，农夫需要将其送到县令李若水（1093—1127）那里

33　大塚秀高：《関羽と劉淵：関羽像の成立過程》，《東洋文化研究所紀要》第17期，总第134期（1997年）。

34　此为南宋荆门地区的地方史内容，可见于《汉前将军关公祠志》，《关公文化集成》卷六，第7b—8a页。

去。农夫按着梦里的吩咐一一照做，但县令却将这封信付之一炬，然后作了一首短诗以示纪念。县令的家人虽然未能完整读到这封信，但在纸片即将烧毁之际看到了其中的几行字，大意是他们家大人将在靖康之难中遇难，而这场浩劫将发生在北方沦陷于女真人、朝廷南迁之后。这一预言确实在后来得到了应验。当时女真人欲羞辱钦宗，命令钦宗脱下龙袍，李若水护主而死。[35] 当然，这个故事虽然能让我们相信关公确实与书写发生了联系，但却不能说明存在这尊神祇与文墨相关的稳定信仰传统。这里的关键人物铁冠道人在民间叙事传统中是与改朝换代预言相关的一个特定形象。[36] 这则故事同样没提及关羽熟识《左传》，但这一点恰恰是后世深信不疑的关键内容。

不过到了 1204 年的一块庙碑中，作者已经明确将关羽的历史形象描述为一个可以阅读《春秋左氏传》的人。[37]《三国志平话》这部通俗文学作品是这一形象的最早出处。该书大约编撰于 1294 年，最终结集于 1321—1323 年。书中描述关羽"喜看春秋左传"，这里的"喜看"是通俗小说中对于"阅读"的一般写法。[38] 这一说法并未在最初《江表传》中提到的"好左氏传"上有更大的发挥。16 世纪晚期十分流行的一则故事中有了对关羽"读春秋"更为明确的描述。故事提到，关羽陪同两位义嫂时，夜读《左传》以免扰乱心神。[39] 但无论是 16 世纪早期的《三国演义》版本，还是后世对这个故事的引述都没有说明关羽夜读的是《左传》，可见这点并不是关羽故事传统中的固定要素。我在毛纶（1605—

---

35 曾敏行：《独醒杂志》卷八，第 4a—b 页； Ebrey, *Emperor Huizong*, 461—462（中译本见伊佩霞：《宋徽宗：天下一人》）；这个故事的另一早期版本可见于郭彖：《睽车志》卷二，第 1b 页。另见于赵钦汤编，焦竑校：《汉前将军关公祠志》卷六，第 8b—9a 页。

36 Chan Hok-lam, 'The Transmission of the Legend of an Early Ming Taoist', *Oriens Extremus* 20(1973): 65—102.

37 《汉前将军关公祠志》卷八，第 2b—4b 页。

38 丁锡根：《宋元平话集》，上海：上海古籍出版社，1964 年，第 755—756 页。这则元杂剧的另一个较晚版本可见明代《刘关张桃园三结义》。该剧本的英文版翻译可见 Idema and West, *Battles, Betrayals, and Brotherhood*，第 5 卷（第 xiv、320—321 页）。

39 另见第五章。

1700）与毛宗岗（1632—1709后）对《三国演义》的评点中才明确找到了这一要素，不过在毛氏父子的时代，"关羽夜读《春秋》"已经成了士人对关羽的固有认识。毛氏的点评中多次提到，关羽通过阅读《春秋》已经对这部经典了然于胸。[40] 可见，尽管"读春秋"早已包含在神祇形象的意蕴之内，但关公崇拜真正系统性地吸纳这一要素并将其纳入文学叙事是明末清初的事情，其背后的驱动力正在于当时士人读者渴望一个更加文雅、更加士大夫化的关羽形象。当毛氏父子以文学批评的方式将这一形象和小说糅合为一体后，它也就成了关羽在读者那里的标准形象，并一直延续至今。

晚明作家王兆云（约1584年）在他赴任途中记下了另一则与关公有关的故事。江西有一个男孩号称被一名自称为关公的神祇附身，自此因为长于预言而广为人知，有两位儒生便准备用《春秋》考一考这位神祇，因为关公应该十分精通《春秋》。面对两人的提问这位神祇对答如流，这让人们对他的崇信越发虔诚，这个男孩的信众也因此与日俱增。直到有一天，一位高官走进神祇的居室时，这位附体的神灵突然消失，男孩立时扑倒在地。后来人们才知道，这位附身的神祇并不是关公，而只是一位活着的时候精通《春秋》、准备以《春秋》应试的书生。这位书生在横死之后便附身到了这个小男孩的身上，以此获得牺牲供奉。但当碰到这位高品级官员时，鬼魂自觉身份地位太低，不敢再玩这套把戏，只能遁走。[41] 尽管这位神祇不过是个骗子，但这个故事却说明，士人群体确实相信真正的关公应是一位精通《春秋》的专家。

清初解州的一位地方官员曾以一份所谓"关氏家谱"为基础，讲述

---

40 可见罗贯中、毛宗岗：《全图绣像三国演义》第二十五回，第241页；第六十六回，第658页；第一百二十回，第1185页。第五十回（第503页）更明确提到"将军熟于《春秋》"。毛批为这一内容所下的论断直接影响了今天《三国演义》的相关说法，尽管这一说法的出现不仅见于毛批，更是当时整体关公认知转变的体现。这点可参见 David Rolston 在 Traditional Chinese Fiction 第51—53页的论述。他在第145—153页中对《春秋》《左传》是如何影响小说创作的问题也进行了讨论。
41 王兆云：《挥麈新谈》卷下，《假关王》，第13b—14a页。

了关公成为《春秋》专家的整个来龙去脉。[42]根据这位解州县令所述，1678年时，一位读书人"昼梦帝呼，授'易碑'二大字"，并且指导他搜寻这一神秘物件，还要向地方官报告。这时正好有人在关公指定的地方为井清淤，真的发现了一方巨大碑刻。碑上的文字已经有所磨泐，但读书人却断定碑文中不仅包括关公家族的谱牒，甚至还记载了神祇本身的生卒年。而当他将这件奇事报到官府的时候，关公刚刚托梦给县令，命他为自己编撰传记。[43]

时人认同这份"新"文献的真实性有两方面的原因。其一，这一内容是以文字形式记录下来的，而且这一文本中的内容即使不能追溯至关羽在世的年代，也相隔不远。尽管他们忽略了一个事实，那就是关羽惨死于距离家乡千里之外的地方，解州当地的碑刻基本不可能记录下他精确的忌日是哪天。其二，因为是关羽亲自示梦于那位读书人（尽管从井中掘出该物的应该并不是这位读书人）和地方官员，让他们去寻找这一碑刻。卢湛是第一位将该碑文刊印出版的人，他在文集序言中提到，自己曾经在1692年见过这位县令。在得知这一新文献现世之后，卢湛大喜过望，并受此激励编辑了一部新的圣迹传，以弘扬神威。[44]

在这一新文献中，关羽的祖父被描述为一位大儒，不仅精通《春秋》，更精通《易传》。他因为汉室衰微而辞官回乡，在家向自己的儿子，也就是关羽的父亲传授了这两部经典。祖父去世后，父亲克尽孝道，六月二十四日这天喜获麟儿。关羽传统的神诞日是五月十三，尽管这篇文献中所述的六月二十四日未能取而代之，却同样被视为关帝的生辰而广为流传，并且也成为后世一个重要的神诞节庆日。关羽的父亲也将《春秋》

42　王见川在《汉人宗教民间信仰与预言书的探索》中准确说明了这一现象的重要性（台北：博扬文化出版公司，2008年，第70页）。
43　卢湛：《关帝圣迹图志全集》卷一（第74a—78b页）中收有这则碑文的完整内容，第78a页另一段残文。同一内容也可见于徐道：《历代神仙通鉴》第九卷，第八解。该书成书于1645—1700年，见《中国民间信仰资料汇编》卷十二，台北：台湾学生书局，1988年，第8a—b（1611—1612）页；以及大塚秀高：《關羽の物語について》（埼玉大学纪要教养学部，第30期，1994年，第76—82页）。
44　卢湛：《关帝圣迹图志全集》序言，第73a—b页。

和《易传》这两部经典悉心传授给了关羽，更为他讲授古今大事。而且根据这篇文献，在关羽迎娶胡夫人后，两人的儿子关平的出生时间也是五月十三日。就这样，通过重新编排关羽的生平，这部新文献调和了关羽新旧两个生辰之间的关系。[45] 这篇文献中还提到，关羽年轻时受《春秋》大义的感召，立志和地方郡守一道出征拯救衰微的大汉王朝，遗憾的是终归失败。关羽归家之时，一位相士将自己为关羽观气的结果告诉了他，说他全身笼罩乾坤真气，将受千年牺牲供奉。[46] 除了这篇文献之外，我们还能从12世纪的一系列民间故事里找到类似内容，同样说关羽具有经史之才，并笃信他确实精通《春秋》。[47]

上面这些例子为我们展示了"关羽通春秋"是如何不断地融入关羽信仰传统的。这些例子虽然发现时间较晚，却能够为我们说明文字传统对于宗教崇拜的影响。当然，这一影响具体的发生时间和社会效应还要做进一步的研究。"关羽通春秋"的基本情节由来已久，《三国志》注疏中声称关羽对《左传》有兴趣，这是该情节的源头。但这一内容在来源可疑的庙碑以及通俗文学中首次出现却都不早于元代。假如论及"关羽通春秋"这一观念对关羽崇拜活动产生的实际影响，那更不会早于晚明，要到清初才在关羽的圣迹传中正式出现。

圣凡笔谈

作为文士之神，文字自然是关公和信众之间最好的交流方式。因此尽管关公仍然在以梦示或幻象与崇信者对话，有两种书面交流方式却在关公信仰体系中变得日益重要。一种是签诗，祈求者向一些特定神祇求

---

45 卢湛：《关帝圣迹图志全集》卷一，第74a—75a页。
46 卢湛：《关帝圣迹图志全集》卷一，第75a—b页。
47 江云、韩致中：《三国外传》，上海：上海文艺出版社，1986年，第6—7、16、18页。

示时，需要从签筒中的众多签条中掣到一张诗签，上面的诗义就是神祇给出的预言。另一种则是逐渐流行起来的鸾书，神祇会通过附体降神，以诗文的方式和信众交流。

灵签

能够预知未来的地方神祇不在少数，他们的灵通故事也并不罕见。随着关公神名远播，他也顺理成章地成为一位经常预知大事的兆示之神。博学的学者钱曾（1629—1701）在他的读书笔记中谈到一本晚明关公鸾书集，虽然论述角度依然是文献目录学，但其中却提及一件发生于他幼年的神迹。1661 年，钱曾居住的村落正要庆祝关公圣诞。庆典之前，关公向本地人托梦，告诉他们有大凶之事将降临，让村民离开村子若干天再回去举办庆典。钱曾曾叔祖钱谦益（1582—1664）将这件事报告到一位地方官员那里，一家人决定在这段时间搬到城里居住。到了神示所言的那一天，一群强盗果然来到了这个地方。正是靠着关公威灵，钱谦益和钱曾才免除了这一场灾祸。[48] 这次神示的真实性对于钱曾或者他的曾叔祖钱谦益而言都毋庸置疑。钱谦益在世时就曾编纂了一部关公圣迹传，因此发生这样的事情，显然不会使他们感到惊讶。[49]

中国的信仰传统中流行过一系列直接由神祇下示的灵签，观音签和关帝签无疑是最为流行的两种。[50] 灵签是一整把竹子削成的长条，收纳在一个圆筒里。求签者要先向神祇敬香致意，这样求得的灵签才能代表人神之间的神圣对话。求签者之后需要摇动签筒，直到一根灵签从签

---

[48] 钱曾：《读书敏求记》卷二（中），北京：中华书局，1990 年，第 23a（93）页。该则故事相关的其他预言内容可见《平湖县志》卷十九，第 17b 页，以及王同轨：《耳谈类增》卷二十八，第 2b—4b（168—169）页。

[49] 参见钱谦益：《重编义勇武安王集》。

[50] Smith, *Fortune-tellers and Philosophers: Divination in Traditional Chinese Society* Boulder, 235—244. 另见 Strikmann, *Chinese Poetry and Prophecy: The Written Oracle in East Asia*, 107—125, 以及 Lang and Ragvald, *The rise of Refugee God: Hong Kong's Wong Tai Sin*, 107。我很晚才从林国平的《签占与中国社会文化》（北京：人民出版社，2014 年）一书中获得了关于这些签文的更多细节。

束中冒出头，求签者将其抽出。每根灵签上都会标有一个卦象（来自六十四卦）和一个数字。求签人根据数字在签本上找到相应的签文，或者从庙里其他地方找到签文的注释本，也可以直接由某些会解签的人直接解读。每张签文上都题有一首签诗，各自对应一种特定的际遇。但诗句往往十分晦涩，能够从不同方面进行解释。一个受过教育的人能够根据自身境遇，自己从签诗的字里行间找到一些有意味的内容。不过大多数情况下，人们都会寻求专职解签人的帮助，通过和解签人的一系列对话把诗句联系到自己的所求之事上。阿瑟·克莱曼（Arthur Kleinman）曾经将这些对话视为一种心理治疗，它们某种程度上确实可以视为心理自助，尽管对话的双方是人和神。[51]

"关帝灵签"是一组包含一百则签诗的签簿，如今我们可以在各地崇祀关公的庙宇中，甚至互联网上找到它的身影。[52]"关帝灵签"最早的使用记录可见于明代文人陆粲（1494—1551）的作品。陆粲记述了五个利用这组灵签求示成功的例子，它们全部出自一座位于苏州校场旁供奉江西神灵的庙宇。这些例子中有四个与士人有关，主人公所求问的内容各不相同，既包括如何科举夺魁，也有如何选择妓女充作侍妾。[53] 司马虚（Michel Strickmann）认为，关公灵签的文句本身可以一直追溯至南宋晚期。但在晚明的某个时间点，这组签文才与关公联系起来，并以关公灵签的名义一直流传至今。[54]

中国国内无数提供灵签的关帝庙中，北京正阳门边的关帝庙无疑最

---

51 Arthur Kleinman, *Patients and Healers in the Context of Culture: An Exploration of the Borderland between Anthropology, Medicine, and Psychiatry* (Berkeley: University of California Press, 1980), 245–258.

52 Werner Banck, *Das chinesische Temoeloreakel*, Teil I, 台北：联经图书出版有限公司, 1976年, 第33—68页; 更多关帝灵签的传闻见此书 Teil II 第226—231页。另见胡小伟：《关公信仰研究系列》卷四, 第352—360页。

53 陆粲：《庚巳编》卷七, 北京：中华书局, 1987年, 第81—82页。上述事迹也可见于道教文献《护国嘉济江东王灵签》,《道藏》第32册, 第843b—856c页。

54 Michel Strikmann, *Chinese Poetry and Prophecy: The Written Oracle in East Asia*, ed. By Bernard Faure (Stanford: Stanford University Press, 2005), 50, 52–53.

为著名。自16世纪晚期以来，众多成功高中的士人以及更多名落孙山的学子都从这座城门经过，停在关帝庙前祈拜求签，询问前程，这已经成为正阳门关帝庙历史记述的组成部分。我在这里不再具体叙述包括这座庙在内的众多庙宇如何提供掣签服务、关公又如何提供解释，而是把注意力集中于一个具体案例上（见图7.2）。这个案例提供了足够多的细节，我们能从中就灵签对受众的影响提出一系列具有启发性的问题，尤其是去理解这样一种对话方式为何具有社会意义。

晚明一位名为郑仲夔的文人记述了一系列与关公签如何"灵应"相关的细节。这些细节能够告诉我们当时人们利用这些签文解决生活问题的具体过程[55]：

> 余不慧，不谙相地。乙丑岁，欲买山葬孟儒兄。寻得林家源坞塘山地，余斋戒叩关帝祠，祈签以决。得五十九签，诗曰："事端百出虑虽长，莫听人言自主张。一著先机君记取，纷纷闹里更思量。"余茫然不晓所指。因再恳祈直示。得第二签。诗曰："盈虚消息总天时，自此君当百事宜。若问前程归缩地，更须方寸好修为。"[56]

在继续引用之前，我首先需要说明，这里对签文的解释仅是一种尝试。签文对我而言同样是神秘的，而且在郑仲夔的例子里，我们可以看到它们的准确含义需要依据相关具体事件来确定。

> 余私喜有缩地字，是必有地也。归而捐赀买之。比迁穴相地家，或主癸丁，或主壬丙，余未能决。内弟方立之直前曰："宜质之灵前以定。"因焚香拜祝，拈得壬丙，始悟签诗。方寸好修为。方寸者，

---

55 见郑仲夔：《玉麈新谭·耳新》卷四，神应，第1a—2a（481—482）页，另见王应奎：《柳南随笔》卷二，第23—24页。
56 这两首签诗都可以在今天依然流传的关公灵签中找到，参见 Werner Banck, *Das chinesische Temoeloreakel, Teil* I, 第53（第57签）、35（第2签）页。

第五十七籤 庚申中平

事端百出慮離長 一着仙机無記取 紛紛閒裏更思量 莫聽人言自主張

聖意
訟急解 孕生男 事務多端 莫信人言 病早痊 禱神康 婚姻不已 幾石事 信即至 財知常 悲歸條理 自主旋 爛柯視 棋

碧仙註
是非誰不帶將來 先自開防廚地去 莫信人言當自理 倉惶先一着何處淨 三思後行 恍先一着 只要胸中自注裁 何自不濟

解曰
此籤凡事宜退故不可求勝莫信人言當自理婚姻不成財如常訟宜和病是纏綿即至孕可慮禱神防人侵害也

註釋
陳凱攝兵伐懲人言紛紛神與之言一着仙机君速圖之俾無慮匿既而家遣頭岩等勸即平之故有一着仙机君記取之說凡事若失机開任費心力必不濟也為利未遂几事卻常仙或作先

占驗
一人結訟久而未聯占得此籤後竟頓一友人時與怨家奕棋局問勸息正驗著仙机之句

为方十一也。盖内弟行十一。藉其一言以决。云又方寸为心赞用。壬丙者陈心烛也。[57]

想直接从字面说明上述汉字对应的晦涩意义几乎是不可能的。当然，上述内容的核心是这位作者得到他姻弟的建议，又向关公求问了一次。在采纳这位特殊的亲戚所给的建议之后，他把壬丙方位的那块地选为墓地。接下来，郑仲夔又反复使用了几次签诗内容，凭借对它们的理解在接下来的一系列争论中做出决断。

葬时众议犹不一。余则决意用壬丙，所谓莫听人言自主张也。然缩地二字尚不甚解。他日，客有指前山为可用者，陈云是为我用山。盖三山齐出。缩者为尊，此其缩者也。余始恍然缩地之义，而叹且异于签诗之奇验矣。神明有赫不啻耳提，彼纷纷妄度者，胡为哉？[58]

签诗中的每个字都被郑仲夔拆解开来，一一对应到他的社会需求之上，这种做法实在令人惊讶。当然，这些来自神祇的建议说到底不过是一些常识上的泛泛之论。找到一块所有人都认同的风水宝地，这既不可能，也不重要，真正具有决定性的是郑仲夔的决断，以及将这一决定贯彻到底的决心。签诗能够帮助人们对自己的决定进行解释，并为其添上来自"天意"的合法性。对于我们来说，这样解释汉字显然是非常牵强的，但它却是一种由来已久的习俗，一种传承悠远的预言传统。这一传统的关键就是去解释汉字的笔画构成，寻找其中蕴含的意义，这种预言方法被称为"拆字"，最典型的例子就是那些史册所载的改朝换代时出现的政治预言。在这些预言中，某些救世英雄和未来统治者的姓氏往往以这

---

57 见郑仲夔：《耳新》卷四，神应。
58 见郑仲夔：《耳新》卷四，神应。

种形式出现，如木子李、卯刀刘、弓长张，等等。[59] 和单纯的拆字法类似，掣得具有预言神力的灵签，并且以上述方式解读与之对应的签诗，这一过程为解签者提供了更大的解读空间。无论是读书人还是文盲，他们都可以根据自己的需要，选取诗中的只言片语拼凑出几个可能的答案，然后从中选出一个最符合需要的答案作为神示。当然，和直接做出决定相比，求签问示的好处在于：一、能够让事情的结果显得合理，二、在具体选择该怎么做时不至于因为不确定而迟疑。而且正如上面的故事中所见，这同样是一种消除异议、获得共识的绝好方法。

鸾书

所谓萨满在中国文化中往往有两种理解。他们或者指一些可以通过某种方式与超自然世界对话的人，这个超自然世界可以指阴间，也可以指未出生的孩子所在的那个世界；或者指某些因为神祇附身而陷入迷狂的灵媒，这些人一般被视为神祇的代言人。长久以来，因为降神附身时人的神志会失控，降神仪式又不免有令人迷乱的鼓乐喧嚣，这些人往往被儒家教诲浸润下成长起来的士人所不齿。但扶乩为人们提供了一种更直接的交流方式，因为人们相信扶乩不受人的控制，写下这些字符的不是眼前这位乩童，而是附在他身上的神明。[60] 神示通常是一首诗，偶尔也会是对话和文章，内容广泛到甚至涉及药方和经文。和其他祭仪相类似，扶乩往往是一个集体仪式，由一个或两个人拿着书写工具，另一个人解读神示。扶乩自宋代就开始流行，但直到明代，关公才成为降乩的主角之一。

求示者发问的内容往往是一些与切身利益相关的事，但如某些历史

59　Justus Doolittle, *Social Life of the Chinese*, vol. II: 335—336; Arthur H. Smith, *Fortune-tellers and Philosophers*, 201—204. Anna Seidel, 'The Image of the Perfect Ruler', 216—247.
60　志贺市子在《中国的预言：扶鸾信仰与华人社会》（东京：大修馆书店，2003 年）中对乩手的这类主观体验有过讨论。另可见许地山《扶箕迷信底研究》（上海：上海文艺出版社，1988 年）；Jordan and Overmyer, *The Flying Phoenix*, 38—46 以及 Smith, *Fortune-tellers and Philosophers*, 222—233; De Groot, *The Religious System*, vol. 6: 1295—1309。

资料和叙事文学材料所见,其中也包括一些与神明自身相关的问题。田艺蘅于 16 世纪晚期撰写的记录是目前发现最早的一则有关关公降乩的材料,其中详细描述了一位来访者是如何开始一场扶乩的。"一日降坛,其势甚猛。"这尊神祇首先用一首遣词寻常的诗歌介绍自己的身份,以及他在三国时期的赫赫战功。田艺蘅随后询问这位神祇,他是否正是武安王,这是关羽在明代常用的一个称号。当神祇给予肯定的回答之后,田艺蘅问了几个刁钻的问题。他首先问道:"闻公之灵誓不入吴,何以至此?"田艺蘅是杭州人,正好处于当年吴国的中心,而吴国就是当年关羽葬身之地。神祇接下来回答的这首诗歌充满了晦涩难懂的历史典故,但对当时的人而言,却很有说服力,因此作为回答它显得十分精确。[61]但在这个例子里,田艺蘅并没有因此相信降临的这位神祇就是关羽,而是对整个事件表示怀疑。

这一时期,江南以关羽为主神的鸾会不在少数。谈迁(1594—1658)在书中写道,16 世纪 80 年代,在他的家乡湖州,一个名叫潘季驯(第五章中提到的那位工部官员)的人建了一座庙,据说这座寺庙的名字就是关羽在鸾会上降下的。谈迁还记述了这样一件事,在一个与杭州相邻的小镇子里,一位文盲士兵突然写下他上级将领的罪证并告发了他。[62]不像田艺蘅,谈迁并未怀疑这件事的真实性,但从他笔下的描述可见,当时的知识分子并未完全接受这种交流方式。与谈迁同时代的沈长卿也记录了这一习俗,从他文章的字里行间也可以看到当时士子们对这种习俗依然有所质疑:

> 近世召神仙者,以桃木为鸾乩,命童子扶之,随符而降其术。多伪,即有降者乃灵鬼,非神仙也。一人于乩上召得汉将军云长关圣,降

---

[61] 见田艺蘅:《留青日札》卷二十八,第 3a—b(236)页。
[62] 谈迁:《枣林杂俎·和集》,幽冥,第 3b—4b(426)页。也可参见《武城县志》(1638)所载吕洞宾鸾书(卷十一,第 15a 页)。

> 旁有少年戏之曰：武夫亦能诗乎？曰：能，汝命题来。少年偶见桃瓣系于蛛网之上，即以为题。关咏七言绝句一首，末云：蜘蛛为爱春光好，绕住残红不放飞。咏毕曰：汝和韵？少年不能和，鸾乩扑之而毙，明神之不可侮。[63]

很明显，沈长卿对这类事同样有所怀疑，而且对像他那样的高级知识分子而言，这种质疑恐怕很难轻易放下。

当然，这些扶乩之人并非不通文墨之人，趣味也与士人相通，这从扶乩中用于人神对话的韵诗，以及那些经常由乩文组成的长篇宗教文本中可以得见。纪昀（1724—1805）记录的一则逸事就暗示了扶乩就像其他附身之术一样，能够作为公开谴责某人德行的一种方式，毕竟在当时，直接批评某人本该是非常失礼的事情。这件事发生在沧州，当地有一个人家正在举行鸾会，一位河工衙门的官员也参与其中。这次降下的神灵正是关帝。

> 忽大书曰："某来前！汝具文忏悔，话多回护。对神尚尔，对人可知。夫误伤人者，过也，回护则恶矣。天道宥过而殛恶，其听汝巧辩乎！"[64]

听闻神祇直接点了自己的名，这位官员顿时汗如雨下，从此，他的行为举止便如认罪之人一样了。几个月之后，这名官员患病暴毙。但记述这则异闻的人最后也没说清楚神祇所说的罪行到底是什么。解释乩文的人似乎在其中加入了一些自己的想法，"对神尚尔，对人可知"，这样的句子虽然仅仅是在暗示这位官员有败德之行，但这依然会让当地人把

---

63 见沈长卿：《沈氏弋说》卷五，第 54a—b（271）页。
64 见纪昀：《阅微草堂笔记》卷五，第 5b 页。另外，袁枚在《子不语》中记载了更多关公降乩的故事，但是这些故事都与袁枚的年代相隔甚远。（例如《子不语》卷十三，第 283 页；卷二十二，第 494 页）。还有一例似乎发生在清朝（《子不语》卷二，第 40—41 页）。

官员之死归因于神祇施与的惩罚。很遗憾，对于这个扶乩引发的事件，我们没有更多信息以便进一步解读其发生的社会情境。

荷兰人类学家和汉学家高延（J.J.M. de Groot）是第一位在中国展开田野工作的学者。19世纪80年代他曾经在福建进行了六个月的田野工作。[65] 高延生动地描述了当时的扶乩活动，为我们提供了大量细节。而且，高延指出这种仪式的参与者来自不同的社会阶层。

> 为了能成功向神明求得解答，社团成员们聚集在神台前，焚好香，摆好供品以获得神明的好感。正副乩各扶乩笔的一边，在乩盘边念着众所周知的咒语。神灵降到乩笔上，上乩，附乩，关乩。乩笔笔尖在沙盘上起起落落，乩童在附身时的神情与平常无异，他右臂的动作缓慢且断断续续，仿佛乩笔是从副乩手中夺过来的一般。他的所有行动似乎都是为了让我们感受到乩笔因神明的降临变得沉重异常。突然"砰"的一声，笔尖落在乩盘上，就像锤子一样，跳上跳下，一下、两下、三下……副乩负责让乩笔横冲直撞的力度缓和下来。突然之间，乩笔写下了什么，唱生马上唱道："我是某某神。"对于前来占问的人而言，弄清显灵的是哪位神明至关重要。[66]

有些时候，扶乩的结果也可能出乎意料，引得人们赶紧献上祭品，喜出望外。不请自来降临乩坛的神祇可能地位崇高威严，远超扶乩者的预期，他所降下的神谕也就具有更高的价值。虽然关帝在国家祀典中拥有军神的地位，他还是会以降乩的方式出现在信众面前。离世者如果在他的家人面前降临，那也是一件令人喜出望外的

---

65 R. J. Zwi Werblowsky, *The beaten Track of Science: The Life and Work of J.J.M. de Groot*, ed. by Hartmut Walravens (Wiesbaden: Harrassowitz Verlag, 2002). 另见本人对该书所做书评（*T'oung Pao* XCII 2006, 540—560）。

66 见 De Groot, *The Religious System*, vol.6:1297—1298.（Leiden: E. J. Brill, 1892—1910）。"关"一词在中国南方方言中有若干个版本，它们均与关公降神相关。

大好事。[67]

毫无疑问，在高延看来，持着那根写下文字的木叉（高延用漳州话发音将这件东西称为"乩"）的人同样是处于神灵附体状态的。但他的描述却说明，扶乩仪式的每个步骤都会由仪式参与者同步解释，因此神灵下降的对象也就成了这根写字的木叉子。而且，这些人无法选择具体下降的神祇，因此来的有可能是关帝，也有可能是某位已故的家人。接下来，高延进一步详细描述了之后的扶乩过程。

这套占卜术依靠一套文字符号系统运行，但其中只有被唱生唱出来的文字才能给人辨识，我们称之为神谕。在这一点上，这些文字离不开释读者和抄录者所赋予的意义。读书人之所以对这套占卜系统有着如此大的热情并对其深信不疑，正因为神祇能够给出一个不仅正确而且文法合宜的答案。因此，占卜首先是从一份递交给神祇的书简开始的，其中描述了他们所处的困境，以及这一过程需要做到的一切细节。信中还要告诉神明他们将在哪天摆供，哪天延请神明下降赴宴吃酒，并希望他一并告之解决方案。写好之后，他们会挑一个吉时，将信装进已经写好神祇姓名称号的信封之中，和金元宝一起在神龛前烧掉。到了正式求示的那一天，求示者通常会沐浴斋戒，以确保神给出的建议准确翔实。

通过扶乩，求示者还能获得神祇和历史名人的手迹，因为神祇希望通过自己的手迹和求示者交流。所谓乩笔就是一把普通的毛笔，拴在乩木尾端，蘸满了朱红色的墨水，两位扶乩者会把着这支笔画过一刀黄表纸，以接受来自神祇的文字。这支笔在过程中需要蘸好几次墨水，黄表纸也会换上好几刀。如果能在潦草的字迹中辨认出字符，那这次扶乩就是成功的。这些字符将被视为珍贵的符文，在

67　De Groot, *The Religious System*, vol. 6: 1300.

经过润色和修正之后，抄写在卷轴上，最后悬挂在墙上。神的名声越大，这幅符文就越珍贵。

鸾书还为 19 世纪南方最大的一场灾害提供了道德解释。1894 年，广州与香港暴发了规模巨大的黑死病。经过后来的科学鉴定，这次疫情是由鼠疫耶尔辛杆菌导致的，成千上万人在这场疫病中死去。当时的广州善堂为此积极展开医药救助。[68] 这些组织往往有十分坚定的宗教信仰，我们在第八章能够看到相关的一系列例子。其中一家善堂举行过一场鸾会，会上写下的数篇关公乩文以传单的形式广泛传播开来。当地的粤语翻译波乃耶（James Dyer Ball, 1847—1919）根据英国医务官抗击鼠疫的命令翻译了这几篇乩文。

> 一位善会中的乡绅在目睹了这场灾难之后，沐浴斋戒，三月初五夜在乩坛上告神，祈求治疗之法以救世。上天保佑，"Kwan Tai"（关帝）下降临凡，降临乩坛，亲手驱动乩笔写下神谕，其中除了对这场灾难本身的告诫之外，还有更为丰富的内涵。[69]

广东话中，关帝的读法正是"Kwan Tai"。高延也得到了这几份文本，或许是他当地的朋友或同事赠予的。但除了文字本身外，他并未提及与之相关的其他情境信息。但高延注意到，这张传单包含的五篇乩文都写在一种辟邪的桃色纸张上。[70] 在第四篇乩文中，关帝告诉人们，目前的灾难是玉皇大帝对他们罪行的惩罚，但关帝为了人类福祉劝阻了玉帝。他告诉百姓，如果他们想自救，就要发誓行善。按照常规，乩文在立誓

68　参见 Benedict, *Bubonic Plague in Nineteenth Century* (Stanford: Stanford University Press, 1996)；关于 1894－1895 年的慈善活动，可见该书第 131－149 页。
69　Ball, 'A Chinese View of the Plague', 55－58(233－236). 该文附于 James A. Lowson, *Medical Report on the Epidemic of Bubonic Plague in 1894－1895*，第 131－149 页。
70　De Groot, *The Religious System*, vol. 6: 1302, 1306. 高延以汉语原文收入了第四篇乩文（第 1304 页）。这是一篇韵文，他对该文的翻译比 James Dyer Ball 更为精确。

之后紧接着有一连串的告诫。乩文大意说,要牢记,这场灾难降自天庭,我也无能为力。那些轻视我警告的人,哪怕只是一点点轻忽,都会成为瘟疫的牺牲品;那些藐视警告的人,将会被我的随从周仓以剑斩杀。在接下来的内容里,关帝告诉人们应该如何做预防瘟疫的仪式。这些仪式的操演同样十分关键,如果没有做到位,瘟疫还会继续传染给人们。[71]

班凯乐(Carol Benedict)指出,除了严格意义上的宗教信息外,关帝还在第五篇乩文中给出了医药上的建议。神祇在这篇乩文中不仅列出了一份详细的药方,还告诫人们要以生姜和一些杀虫水为水井消毒。[72] 香港医生詹姆士·罗森(James Lowson)的医学报告里附上了波乃耶的翻译。这篇医学报告还认为,这份传单上由关公告知的治疗方式,其实和罗森医生在医院里见到的治疗方法非常相似。我们已经无法求证这种疗法是源自这个传单上的关公神示,还是宗教语境对业已存在的疗法进行合法化的结果。我们所能知道的是人们确实在使用这份来自关公的药方,宗教与医药这两个领域在那个时代已经交错在了一起。在这些乩文中,关公既被塑造为一个宗教上的救世者,又是一个医学上的权威。我将会在第八章中详细讨论关公在19世纪末期逐渐获得"救世主"地位的过程,以及当时被疫病威胁的中国人如何依靠这位神祇,祈求他的庇佑。

小 结

关公,或者说关帝,从来不仅仅被视作士人之神。实际上他总是保留着其他身份,比如降雨者、地方保护神,甚至越来越多地扮演财神的

---

[71] De Groot, *The Religious System*, vol. 6: 1303—1306. 但我未能在《北华捷报》或《申报》中找到该篇乩文的原始出处。

[72] Carol Benedict, *Bubonic Plague in Nineteenth-century China*, 113—115. 这些医学内容可见于第五篇乩文,对该文的翻译仅见于 Ball, 'A Chinese View of the Plague', 57—58(235—236)。

角色。尽管如此，"关公读《春秋》"这个富有文学色彩的形象自晚明诞生以来，还是产生了越来越重要的影响。不同信仰的读书人都在通过灵签和鸾书拼命解读这位神祇降下的各种文字，关公因此成为一位能够与孔夫子平起平坐的神祇，被人们称为关夫子。这一过程极有可能与同一时期识字率的提高相关，当然，究竟有怎样的联系还需要专门的研究。应该说，关公和《春秋》的联系由来已久，但只有到了17世纪，这种联系才开始在宗教崇拜中扮演重要的角色。毕竟不管是16世纪早期问世的《三国演义》，还是这部小说在晚明的其他版本，关公释读《春秋》的能力都还不是这一文学形象的组成部分。直到1680年毛宗岗的点评本面世之后，这个形象才成为与《三国演义》相关的关键要素。因此，这让我们确信，宗教崇拜其实是影响通俗文学的一方，而非相反。

读书人解读关公的神示常常需要耗尽心力。签诗从来不能仅为某一件特定私事提供非常明确的帮助，因为这样会大大限制人们对解困之法的思考。相比于更为古老的托梦或显圣，签诗的首要作用是引发人们的思考，而不是提供最终的答案。因此，这种寻找答案的方式与当今的心理治疗法（socio and psycho therapy）并没有太大的不同。人们对梦境、视觉意象和诗歌的解读，既有个人发挥的空间，也有社会环境的参与。

最后，到了明末清初，关公崇拜在那些四处游历的士人中传播尤其广泛，因为无论走到哪里，他们都能在当地的关帝庙中获得认同感。某种程度上，关公信仰可以被视作一种民族信仰。人们拥有一套共享的象征资源，而且这套资源对每个人的个人生活和集体身份都有着不同的意义。关公的文学化、道德化是为了进一步迎合士人的特殊需求出现的，因此从解读《春秋》的夫子到鸾会上的诗人，再到人类的道德导师，关公的形象已经从最初的"恶鬼"一路发生了巨大的变化。

我们之所以能够把北京正阳门旁的关帝庙视为传播这一全新神祇观的真正中心，是因为这座庙宇与当时的男性知识精英之间有着异常深刻的联系。支持这种新的神祇观一步步扩展的则是不断刊印出版的关公圣迹传，关公士人之神的形象从男性精英群体那里发源，进而广泛地根植于更多识字人群之中。这一过程中最关键的节点有两个：一是1614年关公被授予"帝"的尊号，二是17世纪晚期新的关羽圣迹传被编撰出版。当然，我们无法精确地将这些现象一一对应到社会学的术语中去，但毫无疑问，这个新的关公形象是由士人建构的，甚至还有可能是由地位比较高的士人最终参与完成的。从清初到21世纪，随着人们识字率的大幅度上升，新关公也越来越占据主流。到了今天，学者们发现在人们的脑海里，除了这个士人之神之外，已经很难找出其他更加古老的形象了。

第八章 武卫伦常

每个社区和团体都会有一整套在日常交往中约定俗成、一以贯之的价值规范。在传统社会，宗教活动是这些价值规范的重要源头。这不仅来自超自然世界本身对人世所具有的规约能力，也来自一系列宗教活动本身。无论是仪式规程、驱邪戏剧，还是不断传颂的道德教谕故事，都会对不同社群进行价值观的反复灌输。庙宇和仪式就是人们体悟死后报应的重要场所。比如庙宇壁画或者经籍画卷就能让人们对地下世界感同身受。在很多神庙节庆中，人们还会结成队列，以法器自残忏悔。[1]其实，每个地方的人民都对死后报应的相关故事如数家珍。这些故事整合自一系列地方传闻，共同构成一套为本地人一致认同的行为准则。正因为关公赏善罚恶的终极权威，他也就成了一个强制人民遵守这些道德原则的重要角色。

关公不仅是道德伦常的监督者，他还通过扶乩成为各种道德教化作品的公认作者。在这些作品中，《关圣帝君觉世真经》行文规整，所用语言十分质朴直白，无论上层精英还是被迫背诵的学童，只要识字都能通读。相比之下，《关圣帝君明圣经》在语言上要更加复杂，但是作为

---

[1] 关于该习俗的两处记载见罗福颐《满洲金石录·补遗篇》与《安吉县志》卷七，第29a—31b（17472—17473）页。其他与东岳泰山习俗有关的内容可见 Katz, *Divine Justice*, 107—115；以及 'Trial by Power', 54—83。

鸾书集，它与关帝之间的联系十分紧密，因此对于广大信众而言有着不可抗拒的吸引力。这两部作品一再重版，在帝制晚期的中国非常畅销。

19世纪中期，四川和其他一些地方的鸾会开始为关公的神话体系添砖加瓦，所添加的内容围绕一则最早可见于元代文献的故事展开：玉帝因为不满于凡人的品行而降下末世灾劫，龙王为了拯救当地人民而奋起反抗玉帝。故事的结局是文昌最终劝诫了玉帝，担起了教化人心的职责。而在19世纪的新版本中，关公不仅取代了文昌的角色，最后甚至取代了玉帝本身。

天降神罚

关帝在成神之初已经开始被信众视为道德伦常的果断捍卫者，为此他往往不惜使用暴力，这与他生前武将的身份相对应。现在所见最古老的关公圣迹传里就记载了关公惩罚忻州不孝儿媳的故事。故事提到这家的婆婆因为自己的饮食中混进了屎尿责骂了这位儿媳，而后这个女人离家出走，杳无音信。很久以后，人们才"发现"这个女人逃进了关帝庙，因为他们在庙中神案下发现了一条狗，正是这个儿媳所变。原来，这是神对这个女人的惩罚，因为狗是吃屎的动物。狗被人找到后不久就死掉了。[2] 收录这一故事的圣迹传编撰于14世纪，尽管故事中有鲜明的道德诫谕意味，但却不像后世的类似故事那样包含仪式元素。不过"发现"一词或许表明当地有不少关于这个女人下落的传闻，希望对她的失踪给出一个合理的解释，最终，有罪的媳妇变成了关帝庙中一条可怜的狗，这让人们在道义上获得了某种宽慰。从这个故事可见，关公已经成为地方社会确认父权的一种媒介。

同一时期的材料中还能找到另一则内容更为详细的例子。在这则故

---

2 《湖海新闻夷坚续志》卷一，北京：中华书局，1986年，第20页。

事里,我们既能看到关公的道德监督角色,还能看到这一角色所处的仪式语境。这个故事发生在 12 世纪 30 年代早期,地点是位于西北边陲的固源县。1321 年,当地一个叫张庸的人受命去征收一批赋税,共征到一千多石夏粮后,他递解给当地负责钱粮的文吏阎文彬,后者在验收了所有粮食之后给了张庸一张收据。第二年,张庸向前来查验税课的县令出示了这张收据,却被老爷驳了回来,因为收据上少盖了一个关键印章,并不具有法律效力。张庸要求阎文彬为自己做证,但后者却把相关记录都藏了起来。县令下令羁押张庸。第二天,张庸在一座小庙里向关公祷告。"跪拜未语,锁自释。"县令大怒,命手下立即将张庸的锁链重新戴上,但就在那时,所有人听到一声箭响,锁链应声而落。这一奇事隔天又重复了一次,每个人都惊恐不已。幕僚因此向县令建议,应该对钱粮师爷阎文彬和张庸两人都用上枷锁。

> 明日,文彬共庸拜誓于王,至祠未矢,忽二雀翔下高空,集文彬首,二爪爬发,两翼击面,鸣声啾啾。众骇,一辞:"何不受实?"

阎文彬被这一幕惊得目瞪口呆,昏死过去。他回过魂来后立刻招认了自己的罪行,两只喜鹊这才放过他。阎文彬从家里找出了相关文档,证明真相和张庸所言无二。张庸被无罪释放,并于 1324 年扩建了这座小庙。[3] 除了和其他早期文献一样对神前立誓、解决纠纷的种种仪式细节进行了描述之外,[4] 这份文献最突出之处在于说明了关公崇拜在地方社会中的重要性。在这样一种围绕誓言展开的法律程序中,关公显然不只是一名普通的保护神,更是神前立誓的见证人,而且能够强迫立誓人遵

---

3 见《嘉靖固原州志》卷二,收入《嘉靖、万厉固原州志》,银川:宁夏人民出版社,1985 年,第 89—90 页。

4 Katz, *Divine Justice*. 163—166; ter Haar, *Ritual and Mythology*, 163—166.

守诺言,这在之后的几个世纪成为关公信仰中的一项传统要素。[5]

除了监督守誓,关公还能监督和惩罚任何一种被他注意到的罪行。[6] 1640 年,在徽州某地,有一个年轻人和自己的寡母一起过日子。年轻人很不孝顺,每天早上很晚才起床,让母亲做饭操持家务,自己则睡到饭熟,而且稍有不顺就责骂老母。有一天,他的母亲一手抱着孙子,一边看着炉子上的汤锅,孩子突然从母亲怀里滑了下去,掉进了锅里。母亲意识到自己闯下大祸无力回天,马上就逃开了。这个不孝的年轻人听到孩子的哭声赶过来的时候,一切都太晚了。他马上抓起一把菜刀,朝着母亲追了出去。母亲跑进了附近的一座关帝庙,藏在了神案下面。这个年轻人一路追了进来,但就在进庙那一刻,关公身边的周仓突然跳了下来,手中持着偃月刀砍向了年轻人的脖子。庙祝听到声音赶了过来,只见年轻人躺在地上,满地血泊,而木雕神像的一只脚此时还踏在庙门外。这个直接证明了神祇威严的故事,开始在人群中传播开来,人们不仅决定为神像再塑金身,而且保留了神像一只脚踏在庙门外的姿势。[7] 人们一般都相信神像不只是泥胎木偶那么简单,但这则故事却能够进一步向我们展示这类故事里的公众舆论维度。讲述这则故事的本应是孩子的祖母,但今天我们所见的版本更像是由那些目睹年轻夫妻不孝之行的邻居叙述的。选择讲述这个周仓受命保护祖母的故事,本身就是人们道德好恶的一种表达,尤其是当这个故事以儿子的罪有应得作为结局的时候。

作为人类的道德监护人,关公也经常扮演审判者的角色,但相比人

---

[5] 除了本书第五章围绕祁彪佳 1644 年的例子、1851 年湘潭的例子进行的讨论,以及第六章围绕兴化府知府 1550 年的案例进行的讨论之外,相关神前立誓内容还可见于李清《三垣笔记》(下),第 22 上 (615) 页;赵胜畛《榆巢杂识》(下),第 168 页;李光庭《乡言解颐》卷二,第 16b—17a 页。

[6] 周广业、崔应榴:《关圣帝君事迹征信录》卷十四,第 15a—b (475—476) 页。另可见王同轨:《耳谈》卷六,第 137 页。该则故事还可见于王同轨:《耳谈类增》卷二十八,第 2a 页,但该书未载前两则记载中的附录部分。

[7] 徐芳:《诺皋广志》丁集第十七,第 7a—9a 页。该则故事异文见于周晖:《金陵琐事续》,第 49—50 页;许奉恩:《里乘》卷六,第 30b—32a 页;纪昀:《阅微草堂笔记》卷五,第 4a 页。

类世界中的法官,他表现出的智慧往往是所罗门王式的。袁枚曾在18世纪晚期记录下了这样一则故事。有个准备赴试的书生在李家坐馆谋生。李家的邻居王某某是个恶人,经常打骂自己的老婆。有一天,王某人的老婆从李家偷了一只鸡,因为这样她才有东西吃。李家上门把这件事告诉了她丈夫。王某人一听怒上心头,抄起刀拽住老婆,眼看就要下手杀妻。王某人的老婆连忙喊冤,谎称鸡是这个书生偷的。书生不得辩白,就找了一众人到当地关帝庙里,请关帝老爷辨明真相。书生要求同行的人掷筊,让神意来辨明黑白。如果筊杯落到地上是阴面,那就是妇人偷了鸡,如果是阳面,那有罪的就是书生自己。筊杯一连掷了三次,都是阳筊。王某人放开了老婆,书生则被村人奚落了一顿,被李家赶出家门,流落街头。某天,村里人在扶乩时请到关公下降,我们的书生就去质问关公为何当时没有主持公道。关公回答道,他当时要决定,是先救下眼看命丧当场的王某之妻,还是先为书生脱罪,好让他保住住处。两相权衡,似乎前者更为重要。[8] 这个故事中有一个我们十分熟悉的文化模式:村里人如果有事需要神祇决断,就会赌咒发誓,保证一定会说出真相,不然就会被神灵惩罚。神判正是这样一种来自上天、凡人无法予取予求的正义。[9]

即使对于官员而言,关公也代表了更高层次的道德权力。汤斌(1627—1687)因其在江南毁禁五通神的政绩而在官民士子中享有名声。他立意在地方肃贪时就让下属在关帝前立誓自清,远离地方贪腐风气。但这些誓言并未如汤斌期待中的那般有效,胥吏们很快就故态复萌。[10] 汤斌的失败说明这类神誓中存在一套基本规则,只有当所有参与者全都

---

8 袁枚:《子不语》卷二,第40—41页。
9 其他例子可见袁枚:《子不语》卷九,第203—204页,以及卷十三,第283页;沈起凤:《谐铎》第63—64页;朱翊清:《埋忧集》卷一,第5b—7a页;梁恭辰:《北东园笔录》初编卷四,第3a页;亦见 ter Haar, 'Divine Violence to Uphold Moral Values: The Casebook of an Emperor Guan Temple in Hunan Province in 1851—1852', 314—338。
10 见汤斌:《汤子遗书》卷九,第6a—b页。该崇拜本身的相关描述可见 von Glahn, *The Sinister Way: The Divine and the Demonic in Chinese Religious Culture*。

真正认同同一套价值观,并且准备好接受神判时,誓言才有效。因为关公在南方的流行程度并不如北方,而汤斌从一开始就毁禁了江南最流行的神祇(五通),这些被迫作出的誓言对胥吏的约束力也就自然不能如他所愿了。

人们相信关公是道德监督者,这一点还与以玉帝为首的道教官僚神体系的无形影响有关。清初诗人、官员王士禛(1634—1711)曾记录下了一则逸闻。从这则故事里,我们可以看到关公的道德角色中道教官僚神体系的色彩。故事的主人公姓赵,来自山东,是一位赴京城准备科考的士子。

> 居汾阳馆[11]。馆中厅事有武安王神像,赵居其侧,偶狎一妓。其父赵翁曾官通判,里居,发榜之夕,忽梦入一大城,有伟丈夫自委巷出,揖翁问曰:"君非赵某耶?"曰:"是也。"曰:"吾潘姓,关帝下直日功曹也。尔子本应今科高第入翰林,以近日得罪神明,奏闻上帝,且降罚矣。"

这件事发生24年之后,当时这个士子已经高中进士,还成功入选翰林院,并且把自己的经历告诉了王士禛。[12]从这则逸闻中我们可以发现一些神灵如何监察、惩罚失德行为的相关元素。首先,关公行使职权时派出的是道教神系中每日值守的神使,这一角色显然不同于以往关公的随身神将周仓。而且,这则故事还将关公的权力直接上溯至玉帝。我们将在本章下一节中看到,即使并非每则民间传说与神迹故事都可以体现出这一监察惩戒体系的存在,但它确实在人们体认作为神灵的关公时起到了重要作用。

尽管大多数神祇的形象都止于地方保护神,但包括关公在内,有少

---

11 此处很可能是一处山西汾阳的商人会馆,汾阳为汾酒的出产地。
12 见王士禛:《池北偶谈》卷二十二,第12a—b页。

部分神祇却能够从一种身份出发，不断获得新的道德监察职能，比如成为监誓之神，甚至在以玉帝为首的道教官僚神体系中成为一个监察善恶的官员。正如下文所见，关公之所以成为一系列善书和宝卷的寄名作者，其角色的变化起了关键作用。

善书作者

作为赏善罚恶之神，关公经常对凡人使用一些惩罚措施，其中就包括用一系列疫病来惩罚人们，以捍卫伦常。但无论这些惩罚发生于公共领域还是私人生活，它们都不会和道德原则产生抵牾，因为在传统解读中，这些严厉的惩罚并不是一种过度的暴行，而是神罚的一部分。这些暴力要素与字面上的"暴"并不相关，但却是"上天惩罚"的应有之意。因为关公是"忠"和"义"的象征，因此人们相信他能够在这些惩罚中施展其"武"。只要身处同一文化范式和历史语境中，人们就不会把这种"武"视为暴力。但从17世纪晚期开始，关公的道德捍卫者形象开始与新出现的文士形象相融合，由此产生了一系列影响深远的道德说教文本，也就是我们一般所谓"善书"。

善书

在这一时代，关羽的新形象是一位精通经史的文士之神。这位神祇有能力，而且热衷于以乩书的形式与他的受众（通常为有识之士）交流，乐于看到信众们如饥似渴地阅读自己写下的文字。善书这种宗教文献正是这种新形象的衍生物。我在这里仅举两本题名为关公所著的帝国晚期善书作品，说明那时的知识分子是如何要求关公支持自己的道德关切的。这两部作品一部是《关圣帝君觉世真经》，简称《觉世真经》，另一部则是《关圣帝君明圣经》，简称《明圣经》。降自关羽的类似善书有很多种，我们应该把它们置于19世纪以来宗教写作和出版变得越来越重要的背景下加以考察。通过讨论这些作品，我们能够看到关公在其中的形象：既是个人保护神，也是会在必要时动用暴力去捍卫伦常的严厉神祇。

善书都是一些篇幅不长的散文，其中既有神祇的教谕，也有作者的评论。这些文章既可以结集成册，也能够单独出版流传。一般情况下，善书中的文章是用文言文而非日常使用的白话文写成的。大多数善书都能够最终联系到一个具有"道德代理人"身份的神祇，比如文昌帝君、吕洞宾以及关公，因为它们往往来自这些神祇仙人在扶乩中降下的神谕。和其他宗教文本一样，人们既会去口诵心记里面的文章，也会去抄写、刊印它们。做这些事都是在积功德，虽然回报不见得立竿见影，但却明确可期。尽管善书的出现可以上诉至宋金时期，[13] 但真正风行于世却始于晚明，而且一直延续到20世纪。[14] 善书中有一个非常重要的种类，一般称为"功过格"，它由一系列列明善恶行为的表格组成，每种行为都有对应的分数，分为"功"（美德）和"过"（过失）。一个人可以通过在一段时间内多行善、少作恶来得分，避免失分，然后计算出自己积累的功德量。当然，功过格和关公形象一般没什么关联，因此此处不再展开讨论。

一部独立出版的善书往往从道德准则的简单列举开始，通常每项准则下会以个人事迹为主的果报故事作为例证，并由此展开一些道德评论。这种文字本身是高度程式化的，并没有多少神学或者哲学上的意味。但在中华帝国晚期，善书毫无疑问是出版和再版最为频繁的书籍。信徒

---

13 Brokaw, *The Ledgers of Merit and Demerit: Social Change and Moral Order in Late Imperial China* (Princeton: Princeton University Press, 1991).（中译本参见包筠雅：《功过格：明清社会的道德秩序》，浙江人民出版社，1999年。另见笔者的书评（*T'oung Pao* LXXIX 1993: 160—170）。

14 酒井忠夫：《增補中国善書の研究》，东京：国书刊行会。另见游子安的杰出作品《敷化字内：清代以来关帝善书及其信仰的传播》，《中国文化研究所学报》2010年，总第50期，第219—253页；《明中叶以来的关帝信仰：以善书为探讨中心》，收入王见川、苏庆华、刘文星编《近代的关帝信仰与经典：兼谈其在新、马的发展》，台北：博扬图书出版公司，2010年，第3—46页；《善与人同：明清以来的慈善与教化》（北京：中华书局，2005年）；《善书与中国宗教：游子安自选集》（台北：博扬图书出版公司，2012年）。

们在神前焚香敬礼时，经常诵读这些善书。通过这些方式，那些最初由神祇向世人宣示、通过文字不断生产的道德诫谕便转化为庄严的声音和动作。[15]

再版善书是一种功德，但通过反复记诵其中的内容，也可以内化为一种功德。[16]善书刊刻之后，既会在庙里免费发放、个人私下传播，也会公开摆出来售卖。1863年，一位路上被抢劫的商人就一边背诵《明圣经》，一边计算自己积累下的功德，想以此恢复自己的生意。这部善书是这名商人从襄阳附近的一名"好道"者那里得到的，这个人还给他讲解了其中不少细节。[17]著名的正阳门关帝庙不仅仅以灵签闻名，同时也是一处著名的善书集散地。清代末年的记述中提到，每逢初一、十五，每座庙都会布施很多善书，尤以前门边关帝庙最多。[18]日本民俗学者直江广治1942年旅行至解州时，就亲眼看到过解州关帝庙门前售卖善书的情景。[19]看来关公自己下降宣讲的作品也需要通过这些途径才得以传播。

当然，善书的传播不只可以靠出版，也可以靠一系列半口头（semi-oral）表演来进行。这里之所以使用"半口头"一词是因为，我们讨论的口头表演在内容上始终与书面传统相关，大多都来自对通俗小说、宝卷以及其他俗文学内容的复述。[20] 19世纪的很多材料中都提到了这一点，

---

15 牛东梅在《云南武洞经会信仰背景研究》一文中提到，这一诵经传统在云南流传了两百多年，并且最近得以复兴，参见《交响：西安音乐学院学报》，2011年第2期，第54—61页。
16 游子安对此给出了一个更有普遍性的分析，见《明中叶以来的关帝信仰：以善书为探讨中心》，第9—12页。
17 《关圣帝君明圣经》（1873年），第99页。
18 徐永年：《(增辑)都门纪略》，收入《近代中国史料丛刊》正编，台北：文海出版社，1971年，第546页。
19 直江广治著，林怀卿译：《中国民俗学》，台北：台湾世一书局，第174—191页，尤其是第189页。
20 在中国，大多数口头文学所面对的都是这类与书面文本相关，甚至基于书面文本的口头展演方式。因此，应该把这类口头文化与那些和书面文本完全无关的口头文化区分开来。当然，对后者而言，书面文字偶尔也会被视作一种证据。这一点的讨论可见于Børdahl and Wan, *The Interplay of the Oral and the Written in Chinese Popular Literature* (Copenhagen: NIAS Press, 2010) 和梅维恒编的古典作品集 *Painting and Performance*；亦可见 Idema 的批评文章 'Chasing Shadows' (*T'oung Pao* Vol.76, 299—310)。其他关于宝卷的研究可参见 Idema, 'English-Language Studies of Precious Scrolls', 163—176。

当时的职业演讲者在讲授康熙《圣谕》时会加入大量善书中的小故事作为补充。这种表演形式被称为"宣讲"。[21] 直到20世纪40年代早期，直江广治还能经常看到当地人把善书宣讲作为日常娱乐。根据直江广治所见，这些宣讲中使用最多的善书之一就是作者伪托为关羽的《觉世真经》，很多场合都能看到人们在背诵此书。[22] 而《武圣消劫度人赈济利幽科范》则是一种指导人们如何正确举行善书宣讲仪式的文本。我所见到的这一文献大约刊印于1888年，题名中的"武圣"指的就是关羽。这本科仪书的作者在前言中坦言，他重新编撰这个版本是因为此前的抄本错漏、重复之处实在太多。本来，这本科仪书主要用于白事场合，它的观众也主要是亡人而非生者，但其口头表演程式与基本以活人为观众的宣卷区别不大。[23]

善书同样可以用作蒙学教材，这也是它产生重要影响的途径之一。实际上《觉世真经》的编撰体例非常像《三字经》，十分适合传统的早期教育，即使今天也能发挥这一作用。[24] 川籍教育家刘沅（1767—1855）不仅建立了一套融合了儒家经学与道教传统的宗教哲学体系，还以此编撰了一套小册子用于教导村塾里的幼儿。刘沅十分推崇《觉世真经》中的内容，认为所有村塾中的学童都应该受这些道德果报故事的熏陶。孩子们首先应该口诵心记《觉世真经》中的内容，然后再由先生详细讲解。[25]

印刷出版这些善书的既有宗教组织，也有一般俗人。但正如在晚清著名的善堂翼化堂的善书刊印活动中所见，俗人组织刊印善书的动机

---

21 Victor H. Mair, 'Language and Ideology in the Sacred Edict' (Berkeley: University of California Press, 1988), 354—355; Hsiao, *Rural China:Imperial Control in the Nineteenth Century* (Seattle: University of Washington Press, 1960), 184—205.

22 直江广治著，林怀卿译：《中国民俗学》，台北：台湾世一书局，第188—190页。

23 《武圣消劫度人赈济利幽科范》卷七，第117—151页。

24 游子安：《敷化宇内：清代以来关帝善书及其信仰的传播》，第235—236页；另有两例可见于池小芳：《中国古代小学教育研究》，上海：上海教育出版社，1998年。

25 刘沅：《村学究语》，第18a—20b页。

同样与宗教信仰有关。[26] 除了刊刻诵读之外，善书还会以某些非常规的方式传播。1768 年，一位从浙江海宁来的旅行者路经山东时，在一座客栈的墙上看到了一段《觉世真经》的经文，到了1770 年，他把这段经文连同自己的评论和感悟一起编为一册，刊印出版。[27] 从 18 世纪晚期开始，《觉世真经》的内容也经常出现在石刻上。浙江萧山一处 1795 年的佛教石窟中就出现了《觉世真经》的刻经。[28] 先是 1813 年，然后是 1817 年到 1819 年之间，北京的三座城门附近陆续竖起了刻有《觉世真经》内容的石碑。[29] 1842 年，福建泉州的一座关帝庙中也立起了《觉世真经》刻石。[30]

明代末年，善书主要流行于士人之中，但到了清代，善书的传播却是一个涉及面更广的文化现象。这一时期的善书从一种书面文本逐渐发展为一类口头表演艺术，对善书的图说图解也大为流行，这都让善书的受众大幅增加。本质上，围绕关公善书展开的信仰活动，其动机与其他类型的奉祀神灵活动并没有区别。一个清末的关公信仰者为了让自己从疾病中迅速康复，会同时发愿念诵观音咒和《觉世真经》。除了念诵经文，这位信仰者也会经常通过掣签的方式来占卜凶吉，求问前程。[31]

《觉世真经》

《觉世真经》这部善书很可能诞生于 1668 年夏季的一次鸾会。[32] 1678 年，僧人心越（1639—1696）很可能已经将这部善书带到了日本。他先是在长崎待了一段时间，然后到了水户藩，那里的大名是一位中国精英文化的狂热追捧者，对中国宗教和哲学来者不拒。心越带入日本的

26　游子安：《敷化宇内》，第 241－244 页。
27　游子安：《敷化宇内：清代以来关帝善书及其信仰的传播》：第 239、241－244 页。
28　引自 http://wuming.xuefo.net/nr.14/135655.html（2015.8.24 版）。另见孙维昌：《清代关圣帝君觉世经》，《南方文物》2004 年第 1 期，第 74 页。
29　《关圣帝君觉世经文》（1789）；《关圣帝君觉世真言碑》（1813）；《关圣帝君觉世经碑》（1817－1819）。引自"燕京记忆"数据库：http://www.bjmen.com.cn/（2016 年 9 月 3 日）。
30　游子安：《明中叶以来的关帝信仰：以善书为探讨中心》，第 17 页，脚注 71。
31　梁恭辰：《北东园笔录》卷五，第 7b 页。
32　游子安：《明中叶以来的关帝信仰：以善书为探讨中心》，第 7－9 页。

《觉世真经》于 1730 年再版,不过这一版本的实物非常遗憾地毁于战事。³³ 日本现存最早的《觉世真经》刊本是 1718 年由长崎的一位华人俞直俊(1681—1731)从中文直接翻译为日文的。这一刊本一般被称为《关圣帝君觉世真经》,但现存封面上的题名却包含了一个晚明以后才出现的新称呼——《关夫子经》。不仅如此,封面上还画着关公及两位随从的画像。³⁴ 在中国,第一种集合了画像和案例故事的扩展版《觉世真经》出版于 1731 年。此后三个世纪中,这类出版物层出不穷,其中既有单独成书的版本,也有一些是与其他同类善书合刊出版。³⁵

经常与《觉世真经》一起结集出版的善书有两部,一部是《太上感应篇》,另一部则是《阴骘文》。这三部善书合集出版时一般被题为《圣经》。"圣经"一词此时已经用于称呼基督教的《圣经》,最早见于阳玛诺(Jr. Manuel Dias,1574—1659)在明亡前后(1632—1642)出版的《圣经直解》。³⁶ 上述三部弘善之书则是在 1800—1802 年第一次以"圣经"为题结集出版。³⁷ 人们一般认为《阴骘文》的作者是文昌,同样是一位几乎获得全民信仰的文士之神,寄托着民众心中的教育理想。《阴骘文》和《觉世真经》在这一点上十分相似。因为在这类文本中关羽和文昌一样,都是文人的保护者,只不过前者是一位武神。

《觉世真经》以十分浅白的文言文写就,无论是语言风格还是内容,都与明朝开国皇帝的《圣谕六言》以及清代康熙皇帝的圣谕十分相似。³⁸《真经》的开篇文字如下:

---

33 酒井忠夫:《江户前期日本における中国善书の流通》。
34 宫田安:《唐通事家系论考》,长崎:长崎文献社,1979 年,第 440—450 页。我会在总结中使用这个版本,不过其他晚出版本内容上并无区别。
35 游子安:《敷化宇内:清代以来关帝善书及其信仰的传播》,第 224—225 页;《明中叶以来的关帝信仰:以善书为探讨中心》,第 8—13 页。
36 Standaert, *Handbook of Christianity in China*, Vol.1, 635—1800,(Leiden: Brill, 2001), 623—624.
37 游子安:《敷化宇内:清代以来关帝善书及其信仰的传播》,第 222—223 页。这三部善书即使在统一题名之前也经常合刊出版,并作为整体被人翻印。
38 Mair, *Language and Ideology in the Sacred Edict* In Popular Culture in Late Imperial China, 326—327.

> 敬天地，礼神明；奉祖先，孝双亲；守王法，重师尊；爱兄弟，信友朋，睦宗族，和乡邻，别夫妇，教子孙。

这段三字句之后，后面的《觉世真经》全部由四字句构成。在文中，关公首先告诉他的读者或听众应该去践行哪些善行，能够获得什么福报，这部分占了 24 行。支持宗教机构、做慈善等善行都能收获神祇施恩而来的善果，包括长寿和财富，也包括获得子嗣和消灾免祸。接下来文中有关恶行恶报的内容则要长得多，一共 54 行。这部分是一份社会失范行为的冗长清单，主要罗列了各种家庭邻里冲突的原因，其中一些罪过听起来依然有更为直接的宗教意味。

> 恨天怨地；骂雨呵风；谤圣毁贤；灭像欺神；宰杀牛犬；秽溺字纸。

第一句大约说的是人们因为自己的厄运而迁怒于天地；第二句大概指的是因为遭遇（或神祇不肯终止）恶劣天气，人们便咒骂神祇；接下来的第三至五句大约说的是人们不尊敬神祇，破坏祈拜之所，或以牛肉、狗肉作为供品；[39] 最后一句说的是人们将写了字的纸张用于如厕，玷污了字纸。这一条和当时人们对字纸处理问题的广泛关注相关，而这种关注本身也与善书运动有着密切的关系。[40] 之后是与上述恶行相应的严厉惩罚。因此，我们可以将整篇文字解读为一系列宗教实践主题的组合。但这一时期几乎所有社会团体都是围绕某种神祇信仰建立起来的，因此这份宗教意义上的失范列表和俗世所言的背德行为在内容上并无二致。

---

39 此处可以与黄启曙《关帝全书》卷四十中涉及"打骂耕牛""虐待动物"的例子相比较，第 39b—40a、40a—b、41b、43b、44a、51a—52a 页。材料来源亦可见 ter Haar, 'Divine Violence', 313—338。耕牛禁忌可见 Goossaert, *L'interdit du boeuf en chine: agriculture, ethique et sacrifice* (Paris: College de France, Institut des hautes etudes chinoises, 2005)。

40 相关案例可见 Chau, 'Script Fundamentalism: The Practice of Cherishing Written Characters', 129—167.

不过在这份列表里，与每种行为相对应的赏罚均出于神手，这些道德教谕也就一下子具有了宗教上的合法性。比如，这份冗长的神罚条目中就叙述了这样一些背德行为与神罚之间的因果关系：

> 近报在身，远报子孙；神明鉴察，毫发不紊；善恶两途，祸福攸分；行善福报，行恶祸临。

在罗列和总结完这些内容后，关公很明确地以"我"或"吾"这样的第一人称和我们交谈，警告读者必须严肃对待上面这些诫谕。因此，《觉世真经》不仅仅是一份神圣文本，更是关羽信仰的崇奉者与神祇之间的一种契约。

> 我作斯言，愿人奉行；言虽近浅，大益身心；戏侮吾言，斩首分形。

接下来，关公更是逐一说明了念诵这篇文字的好处。第一人称在《觉世真经》原文中只出现了两次（"我"和"吾"），两次都出现在上面这段文字中。对于文言文而言，一篇得体的文章应该尽量减少人称代词的使用，但《觉世真经》中使用第一人称是有特定含义的。关公在说这段话时没有丝毫含混，说明神罚是不容商榷的。毕竟无论是立誓、证言还是守矩，暴力惩罚都是确保人们严格践行道德原则的关键要素。[41]

正如上一章对关公神迹的讨论所见，《善书》中的这些文字所表达的价值观很难说为关公信仰所独有。其他二次文献很少引用《觉世真经》的最后一段，但这段文字确实以暴力威胁和诅咒的方式将一般意义上的社会价值规范与宗教惩戒融合在了一起，而关公正是这样一位道德监督

---

41 Ter Haar, *Ritual and Mythology of the Chinese Triads*, 154—156, 163—166. Katz, *Divine Justice*, 61—81, 116—178.

者。这一形象既符合我们在本书中一直试图描述的关公信仰,同时也体现了帝制中国宗教文化的整体性格。在这种文化中,暴力(当然,这里我们需要对"暴力"概念本身重新定义)近乎一个基础性的要素,它的存在比我们以为的更加普遍。[42] 当我们讨论关公崇拜及善书的"经典化"或"儒教化"时,必须要考虑到这一维度。事实上,话也可以反过来说,即那些被贴上"经典"或"儒学"标签的价值观也已经被纳入了鬼神崇拜的体系,从而成为中国宗教文化的基础。

我们最后将一则故事作为本部分内容的总结。故事发生在1851年,主人公是一位在江南常州一衙门任职的老吏。某天晚上,这位老吏在往事随想中入睡,睡梦中一个相貌威严的人徐徐向他走来,这人正是老吏四十六年前就已离世的父亲。老父亲狠狠地在老吏的背上拍了一下,告诫他说自叹贫鄙无益,自己此来是要告诉儿子世上有一本题名为"帝君醒世经"的书,希望儿子能够重刻该书。只要完成这件事,老吏就能"广修福田",也就是为下一世积累功德。我们的老吏回复父亲,自己缺少资财难以完成,但父亲却说这次可以先投入少许资金,然后把印好的一部分捐赠出去。说完这些,还没等老吏答话,父亲就消失了。两天后,老吏终于从别人那里借到了这本书,读后立即深深折服。他决定先买一部分刊本,而且还让自己的两个儿子照做。这个故事的作者虽然自怨自艾,但却在一场梦遇中被父亲所鼓舞。自从父亲身故之后,这位老吏曾经多次想与他在梦中相见,但却从未如愿。因此对老吏而言,这次托梦赐教的意外经历自然弥足珍贵,喜不自持。[43]

《明圣经》

《明圣经》的篇幅远比《觉世真经》长,但在文章架构的形式感上却要弱很多。这本善书可能在19世纪初就已经存在,但它最重要的

---

42 Ter Haar 'Violence in Chinese Religious Culture': 249—262.
43 《关圣帝君觉世宝训》,第81a—82a(164)页。

版本却出现在 1840 年以后,而且经过多次重版才终告成型。[44] 实际上,《明圣经》的不断再版贯穿了整个 19 世纪,一直延续到 20 世纪上半叶,而再版的地点最远至越南,足见其受欢迎程度。[45]1930 年刊印于上海的一个版本中,一位出版人写道:

> 籍蜀人也,幼时曾见吾乡莫不家供关帝圣像,而念诵明圣经者,全家几占多数。吾先君素好施与,家母最爱斋素礼佛,以致吾全家男女人等无一人不虔诵《明圣经》者,因此经文浅理深,令人易诵也。[46]

这部善书不见得如作者所说的那么简明易诵,因为只要细读就会发现它有多么杂乱无章。《明圣经》的行文不仅韵脚混乱,而且很多迹象都说明其写作过程缺乏深思熟虑,而是在零星启发下断断续续完成的。但无论如何,很多人确实推崇它背后的神奇效力和通俗易懂,致力于传播这部善书,完全无视这些瑕疵。

对《明圣经》的敬意在 1840 年版的两篇序言中体现得尤其明显。这个版本是由湖北的一群下层知识分子编辑出版的。其中一位编者在前言中提到,他们故去的兄长赵正治是一个极其崇信《觉世真经》和其他善书的人,曾经亲身践行过里面提倡的各种善事。赵正治希望完整地注释《明圣经》,因为这本善书是当时同类作品中唯一没有完善注释版本的作品。1838 年,赵正治找到一位地方学者胡万安,希望由胡来完成

---

44 我在这里使用了两个不同的版本,其中一个首次刊印于 1873 年,名为《关圣帝君明圣经》,曾在上海多次增补重刊,最后一次重刊大约在 1888—1889 年;另一个版本来自越南,重刊于 1888 年,重刊本带有更完善的序文,该版本题为《关圣帝君感应明圣经注解》。该文本另见《关帝文化集成》第一册卷十九,第 269—474 页,该文本刊印于 1914 年,翻印自 1873 年版本。

45 游子安的《敷化宇内:清代以来关帝善书及其信仰的传播》第 223 页与脚注 22 提到该经在越南的传播可以上溯至 1805 年。但不知为何,游子安并未在自己资料详实的《明圣经》版本讨论中使用这一材料。游子安的《明中叶以来的关帝信仰:以善书为探讨中心》中也简单提到了这则材料。《关帝圣君明圣经》(1891)中载有一篇题为 1820 年所作的序言,言明来自神祇本人。有趣的是,这部善书和我之前讨论的 1840 年版经文并不相同,属于另一个独立的传承系统。

46 见游子安:《明中叶以来的关帝信仰:以善书为探讨中心》,第 28—29 页。

此事，但未等注本完成，赵正治就离世了。这位胡先生随后带着自己完成的书稿拜访了赵家在世的几个兄弟。几个人虽然对能否出版心存疑虑，但依然继承了亡兄的遗志，而且又请了其他几位当地学者加入注本的编辑工作。[47]

无论是赵正治、他的兄弟，还是参与编辑的几位地方学者，他们都是同一个市镇的居民。此镇地处川鄂交界，距离定远县（今称武胜县）龙女寺不远。赵氏家族经常参与扶乩活动，某天，他们在家里请下了仙人吕祖。在这次扶乩的尾声，吕祖赐下了一个药方，用以治疗赵家母亲所染的寒症。另一次，赵家在当地一座佛寺中设坛，这次请到的是一位名叫高守仁的不太知名的神仙。这位神仙告诉赵家兄弟，他们的亡兄赵正治当上了湘潭的城隍爷——湘潭可是邻省湖南的一座水陆要津。这位神仙还告诉赵家人，赵正治已经向关帝发愿要继续完成《明圣经》的出版工作，这位神仙甚至代表关帝为此书作序，并且在胡万安已经写定的注释中加入了自己的评语。[48] 最后，在世的赵家兄弟和他们的侄子（也许正是死去的赵正治的儿子）一起为新作的序言署了名。他们将编辑这部书的过程视为纪念亡人的一件重要功德，能让亡兄虽死犹生。这个特殊的版本在此后几十年间成为《明圣经》的标准版本，而赵家人也确实如愿以偿。

由于频繁再版，这些善书不仅掺入了不少与之相关的个人故事，书中所载的捐助人名单也越来越长。两者提供的重要信息让我们进一步了解了关公崇信在个人生活中的重要作用。《明圣经》有一个始编于1869年、出版于1873年的版本，序言作者是一位名叫德寿的满族官员（卒于1903年）。在这篇序言中，德寿讲述了自己一家人从北方搭乘火轮船赶赴苏州上任途中如何受到关公的护佑。在这趟旅程中，德寿自始至终

---

47 《关圣帝君明圣经》（1873）序言，第3页；越南1888年重刊版（存完整序言）《关圣帝君感应明圣经注解》，第5—6、10—11页。1873年版曾经过重新编辑，援引的一部分乩文被编者删去。我在这里使用的是1888年版的内容。

48 有关这次扶乩过程最详细的记载见于《明圣经》1888年版（第7a—9b页）。

都在默诵《明圣经》，祈祷自己的母亲不受旅途劳顿之苦。结果正如其所愿。到达目的地之后，德寿发现水陆码头苏州虽然富庶非常，书店中却没有这本善书，便发愿在苏州重印《明圣经》，不只是为了自己趋吉避凶，也是为当地人禳除疾病和其他灾祸。[49]

另一条材料则与1861年某山西儒商再版的《明圣经》有关。这位商人是长治人，在长治和襄阳之间来往贸易多年。1852年，太平天国运动席卷了整个南方，这位儒商和他的同僚陷入困顿。儒商原本计划回到相对安全的山西老家，此时却发现自己根本无法走出襄阳，因为本钱和货物都囤在当地店铺。由于土匪肆虐，他的朋友也无法与同僚取得任何联系，他们只能各自念诵起《明圣经》。尽管序言中并未说明这些困难是如何解决的，但显然，最终每个人都得偿所愿了。1853年的一天，故事的作者和县令一起于夜间横渡当地河流。船至中流，风暴忽至，岌岌可危。儒商再次默诵起了《明圣经》，诵经未半，船夫已经来喊他们上岸了，因为此时风暴早已消失无踪，他们有惊无险地顺利抵达了目的地。1856年，儒商携带银票再次前往襄阳，这次与两位同僚各自分乘一船。入夜之后，一行人泊船休息，周遭一片漆黑，只听得见狗吠之声。众人深感惶恐，我们的儒商和同行另一名患病的商人开始一起念诵《明圣经》，而且发愿要重印这部善书。一夜过后，只有另外一位没有念诵《明圣经》的商人遭到抢劫，其余人等均得幸免。在黑夜遇劫几个月后，关公又一次庇佑了我们的儒商和他的家人。这次有一群盗匪预谋要来袭击劫掠城市。就在劫掠发生的前几天，儒商听到了相关传言，之后立刻租下一条船，一连几天不眠不休，把全部身家转运到了船上。劫掠当天夜里，儒商一家在盗匪到来之前逃之夭夭，一路上又是几番死里逃生。儒商同样把这次幸运逃脱归功于自己时时念诵的《明圣经》。[50]

---

[49] 《关圣帝君明圣经》（1873）原件零散地谈及了这一背景，但并无专文。《关帝圣君明圣经》（刊印于1891年）中载有一段附录所描述的主人公经历，和德寿十分相似。
[50] 《关圣帝君明圣经》（1873）下卷，第95a—97b页。

我们在《明圣经》的其他版本中也能找到类似的内容。《关帝明圣经全集》出版于1930年，书中编入数篇由一群南方捐助者撰写的文章，其中最早的一篇可追溯至1859年重刻的《明圣经》版本。[51] 这些文章中最令人印象深刻的是一篇由行商多年的广东人撰写的文章。那么，他又是如何知道《明圣经》效验的呢？原来，1868年，这位商人刚刚续弦，一个恶鬼就靠着其他鬼怪的协助附了新夫人的身，几乎夺去了新夫人的性命，全家人担惊受怕，操办各种法事都毫无作用，长则三天，短则一天，这些鬼怪仍会回到新夫人身上。就在此时，广东商人遇见了一个叫作绍彬儒的人，从他那里得到了一本号称能够镇伏妖魔的经书。商人马不停蹄在家里摆开法坛，上供关帝神像，然后开始念诵《明圣经》。诵经声刚起，邪魔就遁走了。但等到这天全家人歇下之后，邪魔还是回来了。如此半月有余，商人依然未能祛除恶鬼，便开始怀疑这本善书的有效性。不过他还是先从自身找原因，认为这一切与自己的愿心有所反复有关，对善书和神祇的礼拜应该更加虔诚。此后的一天晚上，一道红光照入这家人供奉神像的房间，"红光"所到之处，异香自生，法坛上的酒杯都映出殷红的光泽，红艳如火。夫人事后告诉他，当晚出现了一位身穿绿袍的赤面神祇，其身后跟随的一位手持金鞭的猛将擒住了一个女鬼。从那天开始，这位夫人便不再受邪魔附身之苦，而我们的商人则刊印了一千份《明圣经》酬谢关公的襄助。[52]

其实我们很容易想到这些事件背后的情感因素。这位新夫人嫁进了一个早已成型的家庭，不仅家中每个角落都带着旧人的影子，大概还要和前妻的孩子一起生活。无论是担心能否得到足够的关注，还是害怕自己没有个人空间，这些都多多少少给这个女人施加了压力。可以这么说，正是因为崇拜关羽和他的善书，丈夫才会把注意力放在她和她的需求上，

---

51 《关帝明圣经全集》中有一段袭自1859年版的神迹故事，见第1a—5a（203—205）页，其中第4b—5a（204—205）页的内容明确说明了年代出处。

52 见《关帝明圣经全集》第1a—2a（203）页。绍彬儒自己也为此写了一段十分有意思的记述，见第2b—3b（203—204）页。

这给这个女人带来了偌大的精神支持。而在这一事件中，神迹特有的红光和异香则让这次独特的神祇显圣成了这家人难以磨灭的记忆。

1860年，绍彬儒把《明圣经》赠给了自己交际圈子中的另一个人，后者也资助了《明圣经》的再版并留下了一篇序言。这篇序言十分普通，但绍彬儒却向我们交代了整个赠书事件的来龙去脉。绍彬儒告诉我们，自己这位熟人的妻子也曾被恶鬼附身，而且持续了好些年。恶鬼每次现身都会让这个女人痛苦不堪，不仅语无伦次，而且说出来的都是诅咒之语。这家人焚烧纸钱，以鲜果、糕点、灵书和净肉供神，花了大价钱延请道士作法，但这一轮折腾下来，夫人却日益憔悴下去，药石无用。这一天，绍的熟人得知夫人已近弥留后赶紧回家，途中碰见绍彬儒。商人想让绍先生教自己的儿子念诵《明圣经》。应其要求，绍彬儒第二天便开始教诵。这个孩子刚开始念经，女人的病情就开始好转，此后经过几个星期的供奉和诵经，女人最终好转如初。[53] 这个例子也可以从情感的角度加以解释。从上述描述可知，这家人的儿子是随父亲在外行商的，母亲或许只是过度思念孩子，等儿子回家，病也就好转了。绍彬儒在这几个故事里都扮演了关键角色，他是那些宗教与文化故事的传播者，在这些故事中，人们都实实在在获得了关公及《明圣经》的帮助。

背诵经文也好，刊刻善书也好，这些活动的动机与其他崇祀活动是一致的，所引发的也是同一类神迹。在这些故事里，我们能一如既往地看到同一类强烈的感官体验，这也说明它们都属于同一种宗教文化。这带来一个问题，人们一开始为何大费周章地选择诵经刻书这种方式呢？相比于崇祀神明和扮演戏剧，或者类似的"还愿"活动，诵经刻书又有哪些额外的价值？这些致力刻书之人的社会身份与职业背景能够给我们带来一些线索。在善书的扉页和附言中可见，参与刻书活动的不只官员及正准备赴考的士子，事实上，从大商人到小商贩和普通店员，各色人都参与了进来，他们水平有高有低，却都通晓一些文字。而且，这些人

---

53 见《关帝明圣经全集》，第2b—3b（203—204）页。

此时都是背井离乡之人。无论是向神明献祭还是搬演神戏，那些活动都只有在家乡才能引起众人关注。相比之下，捐款刻书、背诵经文却与这些人的羁旅生涯高度契合，而且也符合他们对书面文字的浓厚兴趣。随着人们不断制造出与关帝相关的乩书，不断重印善书，传统上对关公的寺庙崇拜也开始完美超越最初的地域保护神的意涵。由于关帝这一新的角色定位，以它为中心的一种新的救世神学发展了起来，它能够适用于每一个人，而不再局限于地方性社区。

救劫者

关羽以暴力捍卫伦常的形象在19世纪下半叶和20世纪上半叶得到了进一步发展。这一时期，神明逐渐被视为一股对抗人类逐渐堕落之势的力量。也正是在这一时期，关羽不仅请求玉帝下旨让自己拯救世人，更取代玉帝成为至高神明。众多新兴宗教运动十分推崇这个故事，其中就包括同善社和德教，二者都从创教之地出发，最终远播域外。在台湾地区，关羽救劫这一主题被"恩主公"扶乩运动吸收，由此发展出最为流行的地方关公崇祀。当然，相信关羽为了人性之善对抗玉帝的观念并不是这个时代的产物。我在第六章分析了一则传说：不遵玉帝号令，拒绝惩罚叛神村落的神龙被玉帝惩罚，转世为关羽。这则故事的源头能一直追溯至17世纪中期。19世纪晚期的扶乩传统进一步发展了这则传说，为其赋予了近乎弥赛亚式的内涵，而它的主人公也就自然扮演起了救世主的角色。

道德重建运动

整个清代，扶乩运动的社会宗教情境发生了一系列本质性的变化，它所衍生的文本产生的社会影响也因此比早期善书深远得多。扶乩运动是由另外两种社会运动整合而成的,其一是善堂运动,其二是"宣讲"。诗社、学社等兴起于晚明的精英结社活动在清初都遭到了禁止,但官府允许地方精英主持的慈善机构继续存在下去。后者因此成为自下而上自发建立社会道德组织的主要方式,甚至以此得到了清廷的鼓励。"宣讲"则是由政府推动的自上而下的社会道德运动,但它不仅一直存在下来,而且获得了中下层识字人群的支持和参与。参与"宣讲"的群体不仅包括举人和秀才,还有地方上的普通学子、衙门里的文吏、僧人以及各色人等。和善堂相似,"宣讲"同样发展为一类合理合法的社会自发结社或道德自发结社运动。每次"宣讲"都以阅读康熙圣谕(这一文本之后被雍正皇帝扩展为《圣谕十六条》)为中心展开。这一活动为地方认同朝廷提供了官方渠道,同时也是日常集会和讨论议题的组织形式,而且其中的宣讲表演逐渐发展为一个独立分支,成为民间讲述道德故事的一种重要形式。[54]郭沫若(1892—1978)在回忆童年在四川的经历时就提到,这些围绕圣谕展开的表演已经成为地方上一种异常流行的娱乐方式。[55]

如果"宣讲"一直是一种自上而下教化地方的方式,它或许不会产生如此大的影响。下层精英的不断投入与宣讲表演的大众化深刻改变了这种社会活动。[56]之前谈到的绍彬儒就属于在此类表演中十分活跃的人。1868年,佛山的一间善堂聘请绍彬儒为主讲人,此后他开始不断受邀到各个善堂主讲,甚至以"宣讲"为中心编撰了不少主题各异的小说(至少可以算作道德主题的叙事作品)。[57]因此,绍彬儒的行为恰好能够向我们说明善堂、"宣讲"和扶乩信仰是如何在19世纪融为一体的。

---

54 Mair, 'Language and Ideology in the Sacred Edict', 325—359; Clart, 'The Ritual Context of Morality Books: A Case—Study of a Taiwanese Spirit—Writing Cult', 28—41.
55 郭沫若:《沫若自传·少年时代》,上海:新文艺出版社,1955年,第34页。
56 Mair, 'Language and Ideology in the Sacred Edict', 352—355; Hsiao, *Rural China*,184—258;游子安:《从宣讲圣谕到说善书》,《文化遗产》,2008年第2期,第49—58页;张祎琛:《清代圣谕宣讲类善书的刊刻和传播》,《复旦学报》,2011年第3期,第134—140页。
57 耿淑艳:《圣谕宣讲小说:一种被湮没的小说类型》,《学术研究》,2007年第4期,第137—143页。

前述龙女寺里的扶乩活动同样与"宣讲"整合在了一起。[58]我们在上一节提到了设在龙女寺的乩坛1840年写下的《明圣经》注释及其此后带来的重大影响。龙女寺的所在地定远县在民国时期编撰的县志中记载了一个世纪前的那个特殊年份里，这座寺庙中的乩坛仅在一场扶乩中就写下数十篇神圣的乩文。不仅如此，这座寺庙还拥有过一幅号称关羽手书、威力无穷的卷轴。这幅引起狂热崇拜的手书很可能也是以类似的方式得来的。[59]靠着这些文本，龙女寺的乩坛自然成了中国历史上最具影响力的鸾书组织之一。

1846年，人们将出自龙女寺的一部分乩文编辑成册，加上序言刊刻出版，题名为《指路宝筏》。[60]这部书中有不少乩文降自一名叫圆觉的人，他此前也是乩坛的成员，当时已经上天成仙。此人十分重要，因为他告诉我们关羽当时拥有了一个令人吃惊的新身份，而且还对这个身份进行了解释。[61]仙人圆觉的乩文中首先对自己和两位义兄弟的降鸾细节进行了描述。据他所说，他们兄弟中有一个曾是个类似于流氓的人物，另一个是重情守诺之人，还有一个则是衙门书吏。这三个人自然是类比桃园三结义而来的，而三结义中的关羽正是这部鸾书的主人公。通过衙门书吏降下的乩文，龙女寺的乩坛得以将扶乩和"宣讲"结合起来：

---

58 《指路宝筏》第45a（570）页中明确说明了这座庙宇的所在地。另可见Clart, *The Ritual Context of Morality Books*, 21—34。

59 《武胜县新志》（1931），卷首，第15b页。该记载首见于武内房司著，颜芳姿译：《清末四川的宗教运动——扶鸾·宣讲型宗教结社的诞生》，收入王见川、蒋竹山编《明清以来民间宗教的探索：纪念戴玄之教授论文集》，台北：商鼎文化出版社，1996年，第240—265页。

60 王见川在《近代的关帝信仰与经典：兼谈其在新、马的发展》第71—106页，特别是第97页，以及《汉人宗教民间信仰与预言书的探索》（台北：博扬出版社，2008年，第416—417页）中认为《指路宝筏》最早结集出版于1907年。但我此处使用的版本包含一篇1864年的序言。而且，1868年的一份供词中也提到了这一书名，可见于欧阳恩良《民间教门与咸同贵州号军起义》，《贵州师范大学学报》（社科版），2005年第6期，第74—78页。当然，这些内容不能排除是后出的《指路宝筏》所借用的，但我依然认为该书可能早于1907年出版。

61 圆觉的解释可见于《指路宝筏》第55a—58b（605—606）页。武内房司在《清末四川的宗教运动》一文中对这段内容作了详细讨论。另可见Clart, *The Ritual Context of Morality Books*, 45—51。两位学者的讨论对我启发极大。

> 知甚么善缘开,末劫堪虞。庚子年龙女寺,乩鸾劝世。命宣讲培道德,教化愚痴。犹幸得我兄弟,还有根基。讲圣谕劝世人,辛苦不辞。

三兄弟提到的"根基"可能就来自他们世世轮回中积攒的"善缘"。根据乩文行间的小注,三兄弟正是在神明的教导下才不断改变宣道的方式,其中就包括了将自己费尽心血的扶乩活动与更加正统的"宣讲"制度结合起来:

> 圣帝爷传下诏,坛中降笔。弟报字,兄誊录,三弟扶乩。每日间不少息,精神困倦。因此上削前愆,功善名题。到会期与众公,一堂共议。劝化人先正己,乃是方儿。

勤勉如斯,水到渠成。"圣帝爷"怜悯这三个兄弟,命令"群仙并诸佛""临鸾",通过乩坛降笔来"劝世"。

> 一年半降齐了谕文歌词,多蒙得神赐果又赐仙职。[62]

圆觉接下来详细描述了他们三人成仙的历程。他们兄弟三人都接到了上天征召,但负责核查与接引的仙官却希望他们一分为三,各自归位。其中一人决定留在人间渡劫,希望用他的行动来消除天谴。但后来三人还是一起升入天界,并在碧池宫中领了仙职。这段材料清晰地说明这三人(或者说是下一代以三人名义进行扶乩的人)是如何将自己的扶乩活动整合进整个"宣讲"体系,并以此教化世人的,这和下文讨论"宣讲"本身时所见一致。从1840年到1841年,龙女寺乩坛在末世恐惧的驱使下,以三兄弟的名义密集地进行了一系列扶乩降笔活动,最终使三兄弟

---

62 见《指路宝筏》,第814a页。

获得了上天的救赎。我们现在很难搞清楚为什么庚子年对这个乩坛来说如此重要，很可能和关帝传说中这一年的特殊意义有关。根据关公的民间故事传统，这个特殊的年份与关公本人的生年（160年）在干支上是相互吻合的。[63] 或许也因为这样一种巧合，"庚子"这个年份在六十年后被赋予了更为重要的意义，那一年正是义和团运动爆发的1900年。

尽管身在官方正统语境之下，宣扬的也是官方所鼓吹的德行典范，但龙女寺扶乩团体的救世之道还是偏离了朝廷的价值观，所推崇的德行修养也逐渐和佛道的内在修持融为一体。但同时，这些自视为神言转述者的乩文作者始终存在一种强烈的紧迫感。这种紧迫感来自末劫观念，这一观念则与关公，或者武圣人、武帝君或关圣帝君密切相关。如果朝廷愿意花点时间仔细审阅这些文本的话，大概会心生厌恶，难以接受。不过对于这些乩文作者或者转述者而言，他们坚信这些有关末劫的新说法是无可挑剔的正论。尽管乩坛的活动很容易被视为叛逆，但在乩坛参与者自己看来，这些故事和说法能够重塑伦常，而这正是那个令人绝望的时代所急需的。

《指路宝筏》告诉我们，燃灯古佛在属于他的那一劫中拯救了两亿人，而现在释迦牟尼在属于自己的这一劫中也拯救了同样数量的人，但是还是有九亿两千万人仍然被欲望所苦，在红尘中挣扎。这些人并未意识到末劫终将到来，依然贪恋着此世的欢愉。但这个世界充斥着各种奸邪之人，玉霄帝君因此震怒，向凡间降下了三道劫数来清除他们。但同时帝君也不忍人间善众遭受苦难，便命天尊来拯救他们回归天界。

> 幸关某保一本设法开教。庚子年兴宣讲不辞劳苦。吾传他虚灵内一点孚妙。[64] 命武帝掌乩鸾普天临飘。[65]

63　卢湛：《关帝圣迹图志全集》卷一，第75a、77a页。另见第七章对相关问题的讨论。
64　这里的"点"指的是"启示"，是一种开启内在灵性的方法，这一点可见于武内房司在《清末四川的宗教运动》里的讨论（第250—251页）。
65　可见《指路宝筏》第9a—12a（509—510）页，尤其是第12a（510）页的夹注小字。

关帝选择用来传播救世消息的地方，正是龙女寺中由三兄弟主持的乩坛。而且在这些乩文中，关公被描述为历代救世主失败后最后一位挺身救赎世人的神祇。关羽的救世之策是向世人发布道德教谕，这些内容可以上溯至最早见于17世纪上半叶的《觉世真经》中的部分内容，也可以见于最早问世于19世纪早期的《明圣经》。

比这两部善书稍晚面世的《指路宝筏》中有一篇很长的神启文章，其中不断重复向我们强调着"关公救世"的主题。这段神启文字的开头详细描述了关公的身姿，他的青龙偃月刀，还有他的赤兔宝马，然后讲述了关公一生的忠义，尤其是他过五关斩六将的事迹。接下来，这篇文字以诗歌体裁直抒主旨：

> 钦承佛命下天庭，不惜临鸾谕众生。各把杂心齐扫净，还原返本去修真。
>
> 下元末劫起刀兵，水火虫蝗瘟疫临。无极天尊心不忍，悲悲切切度残零。
>
> 一为善良除孽障，二为国家定太平。三与诸生把善积，指明孚路好回程。[66]

这首诗是对一个古老宗教命题的经典回答：从上天而来的人类已经堕落，只有内在修持能够让人回归真正的本源。关公在当时的制度性框架中扮演着救苦救难者的角色，而这一制度性的框架极其适合传播道德教化类的训谕，因为当时朝廷允许人们在"宣讲"活动中聚众听讲。就这样，除了原本就有的人间道德监督者的角色，关公又承担了某种救世者的角色。当然，我们并不能直接以"弥赛亚"来解释这个角色，因为此时这一神祇道德启蒙和监督的色彩依然是隐晦不明的。而且，尽管对

---

66 《指路宝筏》，第38a—b（566）页。

于末劫灭世的忧虑贯穿于这些文本的始终,却未提及这一天具体何时到来。因此,这些文字的关注点始终在如何进行道德重建,而不在于如何应对末世,以及末世到来之后会发生什么。

实际上,我们可以认为这些文本根本不像它们自己所宣称的那样,是那个时代才有的新观念。高万桑(Vincent Goossaert)在最近的研究中对一本18到19世纪编著的乩文集进行了考察。这些乩文是围绕同一个救世主题展开的,那就是如何应对劫的到来。只要进行一场道德改革就能应对和扭转末劫之难,无疑是这些鸾书的读者和使用者欢迎的一种观点。如高万桑所见,这类文本对于救世的解释本身是高度程式化的。在这些文本中,扮演神启源头的可以是文昌帝君,也可以是吕祖,当然也可以是我们的关公,而四川则一次又一次地成为重要的神启之地。[67] 大约诞生于13世纪的《元始天尊说梓潼帝君本愿经》是一部包含大量道教内容的文本,但也可谓这类善书的先驱。按照高万桑的归纳,这部经书认为玉帝曾经对凡人的善恶果报做了一次考校,认为凡人的罪孽已经积累太深,于是决定在末世时将凡间付之一炬,并且让恶鬼携带瘟疫到人间,夺去人们的性命。元始天尊在众神祈求之下,命令文昌肩负尽力挽救黎民的重任,并降下鸾书传达神谕,以革新民众德行。[68] 上述围绕关羽展开的神谕仅仅是这一古老传统的又一次延续,而关公在这一时代的流行,以及相对于玉帝他愈加趋向独立的角色都在推动这一趋势的

---

[67] 这一结论可见于 Goossaert, 'Modern Daoist Eschatology: Spirit—Writing and Elite Soteriology in Late Imperial China'(《道教研究学报:宗教、历史与社会》,2014年第6期)以及 'Spirit Writing, Canonization, and the Rise of Divine Saviors: Wenchang, Lüzu, and Guandi, 1700—1858', *Late Imperial China*, 36.2(2015), 82—125. 在后一篇文章中,Goossaert 还讨论了一系列清代关帝乩文集中的文本。他的研究首先是以谢聪辉的相关工作为基础的(谢的作品出版于2013年,写作本书时我未能找到该书)。关于这一结论,谢聪辉最近的其他两篇论文能够提供一些例证:《〈玉皇本行集经〉出世的背景与因缘研究》(见《道教研究学报:宗教、历史和社会》,2009年第1期,第155—199页);《明清〈玉皇本行集经〉中吕祖降诰研究》(见《道教研究学报:宗教、历史与社会》,2015年第7期,第201—221页)。

[68] Goossaert, 'Modern Daoist Eschatology', 225—226. 根据 Schipper 与 Verellen 主编的 *The Taoist Canon: A Historical Companion to the Daozang*(Chicago: University of Chicago Press, 2004), Kleeman 考证该书的刊刻年代为1207年,而收入《道藏》则要迟至1444年。

发展。

成为玉帝

清末民初的几十年间，关公的救劫者形象发生了重大改变。[69]这并不意外，因为整个中国在这一时期经历了一系列天灾人祸，确实让人看到了似乎只有末世才有的噩梦景象。在这一时期，四川也一如既往地成为新一批宗教预言的重要产生地。19世纪中期，好几位在川中长期任职的官员都曾抱怨过当地人将"宣讲"与极其流行的扶乩活动混为一谈。根据这些官员的记述，当地人谈到传言即将来临的灾劫时毫无顾忌，他们都在想着怎么积累德行，至少确保自己能够在末劫中幸存下来。人人都说，这场劫数将清除掉每个德行有缺的人，而判断标准正是关公在那些神谕中所讲的内容。地方精英也参与到了这场活动中去。其中一个官员就抱怨道，当地甚至有人直接跑到省城想把这些书径直送到他手里。[70]

关公当玉帝的传说就在这一背景下反复被人传诵，情节也随着衍生版本的不断增加而越来越清晰。这一点在《天赐救劫真经》的第二部分体现得尤为明显。这部经书是在多舛的1900年于贵州重版的，此后又多次再版。如书中所述，这部《救劫真经》诞生于1886年。当时四川省重庆府正在举行一场"和瘟"（驱赶瘟神）仪式，关公附到了一名当地人身上，降下了这段经文。[71]这个府下属的定远县正是前文所述龙女寺的所在地。

这场"清瘟大醮"持续了长达六天，但关羽下降附身的对象仅是在

---

69 可见王见川的奠基性作品《台湾"关帝当玉皇"传说的由来》（台北文献直字118号，1996年，第261—281页）与《从"关帝"到"玉皇"探索》（收入《近代的关帝信仰与经典：兼谈其在新、马的发展》，第107—121页）。Clart在"Confucius and the Mediums"一文中做了简短总结（见第11—12页）。

70 武内房司：《清末四川的宗教运动》，第244页。另可见张之洞：《张文襄公全集》卷六，第204则，第8b—9b（3756—3757）页（台北：文海出版社，1963年）。卫惠林在《丰都宗教习俗调查》（四川：乡村建设学院研究试验部，1935年）中提到丰都人普遍接受和相信关帝已经成为新玉皇的故事。

71 《天赐救劫真经》，第471—474页。这一文本有另一个文末内容不同的版本，收录于《关帝明圣经全集》第165—269页，以及《灵验记》第9a—10a页。

场的一名普通观众。关公下降后怒意满满,他告诉观众,玉帝要以最残酷的灾祸惩罚这个世界,因为世上失德之人实在太多了,北斗星君报告人间恶行的文牍已经堆满了玉帝的御案。关公告诉人们,有很多天界的同僚因此乞求他,希望他为世人求情,因为至少有一部分人值得神祇去挽救。他质问人们,自己过去曾授下过一篇《觉世真经》,可他们为何没有依照其中的谕旨行事?因为不管是手抄还是重刊,只要他们能践行其中的教谕,这篇文字自然能够救人于水火,赐人以吉祥。听完这番说教,在场者立刻开始践行他的谕旨。和本章前几节所讨论的《觉世真经》一样,《天赐救劫真经》的结尾也是一段非常明确而具体的警告:那些看到了这份圣谕却未能将其传播出去的人,末劫来临时将无法幸免。[72] 当然,19世纪晚期到20世纪早期本就是瘟疫在中国流行的时代。其中,霍乱自19世纪20年代从印度传入中国以后就在各地广泛传播,鼠疫则自19世纪80年代从云南一路传播至广州,并在90年代传入了香港。[73] 我们第七章提到过一份1894年散发于香港的传单,其中不仅有关公提供的护身符、一份药方,还有对这个世界为何陷入堕落的详细解释。这份解释认为,当时四处肆虐的鼠疫正是世人堕落而招来的惩罚。[74] 1930年再版的《天赐救劫真经》也记录了发生在广东和香港的这场瘟疫:"光绪甲午年(1894年)夏,广东疫症盛行,阖省士民焚香供奉真经,驱邪逐疫,应验如响。有设坛请乩者。"[75] 这部篇幅不大的经书有很多版本,但其中所述奇闻逸事却与其他善书十分相似,捐赠者的目的也很类似,往往是因得了各类恶疾祈求康复。[76]

72　相关例子可见《天赐救劫真经》,第471—472页。
73　Benedict, *Bubonic Plague*; MacPherson, 'Cholera in China (1820—1930):An Aspect of the Internationalization of Infectious Disease', 收入 *Sediments of Time: Environment and Society in Chinese History* (Cambridge: Cambridge University Press 1998), 487—519。
74　Lang 与 Ragvald 在 *The Rise of a Refugee God* 第12—16页中谈到香港著名神祇信仰黄大仙同样兴起于1897年在广东的一次扶鸾活动,在这次活动中,扶乩团体希望为当时蔓延多年的瘟疫寻求解决方案。
75　《灵验记》(第11a页),见《关帝明圣经全集》,第208页。
76　参见《天赐救劫真经》第472—474页中的例子。

民国初年，关羽的故事因为《洞冥记》的出版而有了进一步演变。这本书是围绕一系列发生在滇西北洱源县的神迹编撰而成的，全书完成于1921年初。[77]这部作品集合了一些神游地府的见闻，夹杂了传统文言文和新白话文，后者是通过传教士、政治宣传品和其他途径自19世纪晚期逐渐被介绍到云南的。[78]以往的鸾书对使用文言文一直十分执着，因此除了重整道德这一诉求之外，使用一种新语言也使这些神谕本身充满了与过去诀别的强烈意味。当然，此后白话文代替文言文成为趋势，而《洞冥记》只是一个开始。书中还包含了一个早已成熟的观念，即庚子年是末世灾劫之年，只不过具体的年份已经改到了义和团运动发生的1900年。玉帝在这一年下观人世发生的一切时意识到，即使有像关帝、观音这样最得力的助手竭力救世，人世间依然被一片黑色的瘴气所覆盖。在接下来的章节中，《洞冥记》清晰地反映了它所处的那个时代那些大事件所产生的影响。

> 此书追根溯源，必要从清朝末年叙起。尔等可知清朝末年，人心已坏，种下祸根。孔教不遵，崇尚新学，纲纪渐废，习染欧风，以致五伦不讲，八德全亏，将文明礼教之中华胥沦为禽兽黑暗之世界。[79]

上述内容将中国的道德颓坏追溯至晚清，并且将其和一系列时事组成的整个时代背景联系了起来。这些时事包括20世纪初的新政改革、基督教影响的逐渐增强，以及日益深入中国各地的西方人（传教士或其他）。传统道德观受到威胁的印象和儒家价值观的退场，与人们对"新学"的担忧、对西方风尚的恐惧叠加在一起，而这一切都被用来推导出一个结论：人类迫切需要一场道德重建运动。此时此刻，玉帝已经做了一个

---

77 《洞冥记》卷十，第31b—32a（364—365）页。
78 Kaske, *The Politics of Language in Chinese Education, 1895—1919* (Leiden: Brill 2008).
79 《洞冥记》卷一，第1b—2a（306—307）页。

残酷的决定，即要用一场末世灾劫来惩罚世间邪恶之人。但关公和其他神祇通过一次请愿为人类争取来第二次机会，他们希望用乩坛宣讲开启一场运动，重新将这个世界带上正轨。

《洞冥记》接下来重点讲述了一系列灾祸。庚子年或 1900 年是"拳乱"肆虐的一年，紧随其后的就是八国联军攻入京城。成百上千的官绅、平民和兵卒在这一年死于战祸、天灾和瘟疫。皇帝和皇太后在 1908 年相继归天。1911 年武昌起义后，民国取代了清王朝。1916 年和 1917 年，洪灾肆虐全国，无数条性命或死于饥荒，或葬身鱼腹。1918 年，一场鼠疫席卷了全国共 21 个省，夺去了数百万人的性命。文中还提到了"南北不和"，应该指当时同样让无数人丧生的军阀混战。这些灾祸都被归咎于"人心大恶"。[80] 尽管道德沦丧这个话题已经反复出现了数十年，但《洞冥记》能将其与大量时事联系起来，依然让人印象深刻。

《洞冥记》中提到，关公在 1920 年以关圣帝君的名义和其他神祇一起召集了一次新的法会。关公首先宣告众神，"三会收圆、三会龙华、三次封神"已经到来。这里所说的三个概念指的是同一个事件，只不过前两个称呼来自佛教的语汇传统，而第三个则是指在周伐商的战役中，众多神祇相互斗争并最终被册封的故事，这也是大众文化中一个至关重要的概念。[81] 1920 年的集会上，神祇决定降下《洞冥记》，通过向人们展示地下世界的现实样貌来引导他们自我纠正已经偏离正道的内心。[82]《洞冥记》最终通过一系列扶乩下示逐渐成形，就在这一过程中，老玉帝准备挂冠而去，在位已 7000 年的玉帝已经厌倦了这个位置。参加集会的众神选举关圣帝君成为新一任玉帝，并商定在下一个甲子到来时临朝称制。按照西方纪年法，这一年是 1924 年。[83]

王见川对这一新神祇观接受过程中出现的众多细节进行了详细梳

---

80 《洞冥记》卷一，第 2b—3a（308—309）页。
81 参见 Meulenbeld, *Demonic Warfare*。该著作对这部小说的叙事结构与宗教意义进行了详尽的研究。
82 《洞冥记》卷一，第 3b—4b 页（310—312）页，第 2b—3a（308—309）页。
83 《洞冥记》卷十，第 30b（362）页。

理。他指出，20世纪20年代晚期到30年代出现过大量与之相关的乩文。"二战"后不久，这一观念更是随同善社入台，形成了一个人数众多的扶乩信仰群体。[84] 20世纪30年代晚期和40年代，一场发源于潮州的宗教运动也以这则故事为元叙事。这场宗教运动日后自称为"德教"。1949年后，它传播到了香港和东南亚。伯纳德·弗莫索（Bernard Formoso）认为，德教运动为了塑造自己的至高神，对关公的神威进行了削弱，其方式和他们对玉帝的削弱如出一辙。因此尽管关公在其他神祇传统中依然是扶乩降神的主角，但在德教中这一角色却由其他神祇替代。[85] 关公救劫，成为新一代玉帝，这一观念在20世纪早期越南高台教运动中也扮演了重要角色。高台教的创教者在学习研究各个宗教的过程中接触了大量与关公信仰相关的善书，因而他们选择在每月初一和十五守斋，积极进行扶乩活动。关公的救世者身份因此成为这一宗教运动中的重要元素。该宗教运动在近年有所复兴，尽管它已经几乎彻底成了一种越南化的宗教。[86]

关公从一个末世情境下的道德监督者，发展为新一任玉帝，这一过程显示了关羽信仰在自我解释上的开放性和灵活性。地方人群可以对其加以改造以不断适应新的社会文化环境。同一时期的历史叙事方式要么是保守的，要么是带有改革倾向的，而将自身内容与国内外时事杂糅在一起的上述宗教文本却截然不同，有着全新的叙事方式。以《洞冥记》为例，它在道德观念上无疑是保守的，但却十分具有创新意识地适应了新的白话文体系。《洞冥记》在对乩书的运用过程中，同样试图将扶乩这一特殊的道德批判传统与当时知识精英对儒学的宗教化改革（儒教）相结合。不过这无碍于我们通过这些材料去理解那个困顿年代发生的各

84　见王见川：《台湾"关帝当玉皇"传说的由来》（第261—281页），《从"关帝"到"玉皇"探索》（第107—121页）。

85　Formoso, *De Jiao: A Religious Movement in Contemporary China and Overseas: Purple Qi from the East*(Singapore: NUS Press, 2010), 31—32.

86　Jammes, *Les oracles du Cao Dài: étude d'un movement religieux vietnamien et sea reseaux* (Paris: Les Indes savants 2014)63, 75—76.

种道德与社会冲突。[87]

小　结

　　作为道德价值的守护者，人们相信关公捍卫道德的方式就是对所有败德背誓者直接降下严苛的惩罚，暴力因素也因此从未远离这位神祇。大量例子说明，关公的神罚往往是一些症状异常明确的疾病，或者其他一些能让人对神罚一目了然的暴力方式。无论是非常流行并反复再版的《关圣帝君觉世真经》，还是其他以关公为主角和主要神力来源的善书，它们采用的仪式框架是相同的。在这一仪式框架中，善书的读者，也包括更多以口默心记为主的善书学习者都以立誓的方式确保自己遵守一系列道德规范。所有善书也都会去告诫人们，违背规范者将面临厄运。《觉世真经》就说道："戏侮吾言，斩首分形。"

　　整个清代，反复再版是善书生产的主要方式，关公正是在这一过程中成为扶乩运动生产善书的关键角色。尽管《觉世真经》和《明圣经》中包含的道德观念很难说有多少革命性，但这两个宗教文本却让不同阶层的识字群体能够在不同时间、不同地点各自传播同一套道德规范。在我看来，这体现了一种更加宏观的发展趋向：道德叙事的生成方式已经不再与地方庙宇崇信及其区域网络直接联系在一起，旅行者和移民这些生活于原生环境之外的群体已经成了它的主要载体。通过这样一种"去地域化"，关公信仰得以适应自帝制时代晚期开始不断变化的社会文化环境。

　　在关羽相关的各种神话中，他和玉帝之间的故事是其中最新奇也最迷人的一个。在这个故事里，玉帝对于道德沦丧的人类感到失望，准备

87　Kuo Ya-pei, 'In One Body with the People: Worship of Confucius in the Xinzheng Reforms, 1902—1911', *Modern China* 35.2 (2009), 123—154.

将其完全毁灭。幸运的是，关公成功劝阻住了玉帝，而且承诺会以自己的道德教谕拯救一部分人类。这是一个新故事，但其中的部分情节可以追溯至晚明。在更早的故事版本中，关公的前世是一条神龙，他违背了玉帝的旨意，拒绝惩罚一个地方村落，而是用一场旱灾让这个村落的人幡然悔悟。这一故事继续发展的结果便是，最终将关帝塑造为新的玉帝。包括20世纪台湾的扶乩运动，民国时期的众多新兴宗教运动都受到了这则新故事的影响，相比于早年对抗蛮夷、盗匪和鬼怪的关公，他的新形象所包含的内容更为多元。他化身为一股认同人类良善之心的道德力量，作为男性的一端，与女性化的观世音菩萨相对应，同样关怀人类，也同样深入人心。

第九章　总结与前瞻

关公崇拜还远未走向终结。在过去的几十年中，我们甚至看到了这一崇拜某种程度上的复兴，尽管看起来今天人们更感兴趣的是作为财神的关公以及作为《三国演义》主角之一的关羽。在网络和各种形式的出版物中我们可以发现关羽的肖像，以及与其忠诚与正直的相关故事。他的冒险经历同样是电脑游戏的主题，并且被改编成了同志小说（slash fan fiction），小说中的曹操和关羽成了一对。[1] 事实上，这项研究中提出的彻底历史化的解释或许并不会轻易被关羽的粉丝们所接受，甚至无法被部分中国同行所接受。目前的关公崇拜和人们对关羽的仰慕需要单独进行研究，包括长期且适当的田野作业，并且应该将其放置于地方崇拜及其复兴、变迁和创新的大背景下加以理解。另外，也要考虑到人们对传统中国文学重燃热情的趋势。

建构故事

由于遭遇横死以及残留于世间的"生气"，关羽早期作为一个非常强大的饿鬼，供人崇祀。为了生存，无论是作为饿鬼还是神祇，他都需

---

[1] Tian, 'Slashing the Three Kingdoms: A Case Study of Fan Production on the Chinese Web', 224—277.

要接受血食祭祀。重要的是，我们意识到依道德原则行事的关羽其实是后来发展的结果，并非原初崇拜所固有的。考虑到关羽作为一个历史和文学人物的事迹，知识人——他们为我们提供了绝大部分的史料以及所有的现代研究成果——通常将其假设为一个道德裁判者。结义三兄弟——刘备、关羽和张飞，以及他们的军师诸葛亮——为了一个合法的理由而奋斗的图景太正面了，以至于近乎不可能将他们视为一群与持续了几个世纪的中央王朝相对抗的叛乱分子，但事实上，他们又确实是造反者。从历史的角度客观而言，和竞争者相比，他们不好也不坏，当然他们并不成功，或许正是这一点使得他们在此后被想象成了英雄。[2]

一旦我们认识到历史上的关羽实际上并不具备日后口头传说中塑造的道德形象，我们就能够更清楚地了解到后世民众对其形象塑造所做出的贡献。这种贡献既体现为文人精英记录的文字史料（我们通常为其贴上"史学""文学"或者"传记"的标签），也体现为地方社会制造的内容丰富的口头叙事（它们被贴上了"戏剧""神话传说""民间故事""回忆"等标签）。他被描绘成一个理所当然的道德原则的支持者，这是一种解释性的裁定，而非真实生活中的关羽事迹自然发展的结果。尽管对那些客观看待中国宗教文化的人来说，这一点并不意外，然而，在绝大部分与这一特定神祇崇拜相关的著述中，却明显缺乏这样的认识，对它的崇拜仿佛不需要任何解释。

借助那些讲述并传播神祇灵异故事的群体，关公崇拜被大范围带到各个地方。他最终形象中的基本要素很早就已经出现，比如他的红脸和三绺长髯，他的青龙偃月刀和赤兔马，他的绿袍以及五月十三日的生日等。人们对神祇的期待很宽泛，比如他兴云布雨的能力，他保护个人和社区免受恶魔、夷狄和叛乱者攻击的行动能力，等等。这种共同的宗教和口头文化产生于信徒们的私人接触中，并且最初是通过口述、身体实践以及视觉呈现传播的。这一文化的某些方面同样影响到了文学传统，

---

2 可以和日本相比较，参见 Morris, *The Nobility of Failure: Tragic Heroes in the History of Japan*。

并且影响了对三国史实的追溯性解释。但是对关公的宗教性崇拜并非源于这些文字史料,而且当然要比文学传统更早上几个世纪。[3]

通过分析那些庙宇神坛最初兴建和恢复的时间,我们可以从空间和时间两个维度追溯关公崇拜的传播情形。在一个特定的区域中,某座庙宇或神坛最早的修建时间可以表明当时该地区对关公崇拜的支持已经达到了一定的程度,以至于可以动员信徒出巨资修建一座庙宇。我们有一个关于庙宇修建和重建情况的小小的数据库,在此基础之上统计出的大事年表便是11世纪以来这一崇拜日益受欢迎程度的指示器。

人们通过各种各样的故事了解神祇及其灵力,这些故事受到仪式活动、地方戏曲以及神灵的各类视觉和物化呈现形式的支持。神庙的修建和复建都受到了神祇灵迹的鼓舞,没有这些灵迹,关公崇拜就不可能持续。在所有的历史进程中,口头传统扮演了关键角色。我们今天仰赖的精英所书写的史料在文字上通常是非常规范的,但是相对忽略了口头文化。然而晚明以来,各种类型的历史资料在数量上急剧增长,这让我们可以更清楚地审视口头文化传统。20世纪的许多民间故事都可以至少追溯到17世纪早期,在中华帝国晚期,口头文化仍然非常具有生命力。而且,那些上层精英在为关公书写传记时,为了使神灵形象更加完整,往往也会参考口头的民间故事。最初,这一崇拜的核心本质是残留的生气使神祇有能力与邪魔斗争,而现在,民间故事中加入了他帮助普通百姓的内容,刚开始他被视为一条可以带来雨水的龙的化身,进而又可以拯救陷入困境中的少女。民间传说的地位越来越突出,这表明文字传统对于口头文化的影响极其有限。

保护百姓免受暴力威胁——这些威胁从带来洪水和疾病的恶魔怪物到土匪、叛乱者和野蛮人——主要仰赖于关公的武力(或暴力)。从很早的时候开始,他就被看作一个使用暴力的道德裁判者和执行者。对于

---

[3] 无可否认,对于一小部分读书人而言,他们有很多渠道可以接触到《三国志》和司马光的《资治通鉴》,但是并没有丝毫的证据可以表明这些著作影响到了关公崇拜的塑成。

精英阶层而言，还可以通过占卜和扶乩的形式请神灵预卜未来，而在整个清代，随着文学作品的传播，每一位受过一定教育的人都可以做到这一点。同样重要的是，还有一些即使人们要求，关公也极少会做的事情。比如他不会参与到人们求取子嗣的活动中去，只有一个例外，在这个例子中，女性被忽略了，而希望获得子嗣的男方则认为自己和兄弟与神灵一样正直，所以可以向关公提出请求。同样的，神祇向那些违反道德的人降下疾病，以为惩戒，但是他自己从来不是一位医者。易言之，如果他看到了道德方面的改善与悔恨，便有可能收回疾病，但是除此以外，人们在祈祷神灵治愈疾病时，并不偏爱于关公。最后，尽管很多人都崇拜关公，但并非所有人都如此。最引人注目的是女性的缺位。我很少发现女性崇拜关公的证据，尽管有人猜测她们作为地方社区的成员可能还是会参与其中。由于关公在祈子和治病方面并不是太活跃——出于对家庭成员的关爱，这两点是女性特别关心的，所以信众在性别上的不平衡并不意外。

晚明时期，精英阶层在文学作品中塑造了一个精通《春秋》的神灵形象，成为与孔夫子相侔的一个符号象征——关夫子。这一新形象的接受者有伙计、商人、童生、秀才、举人和进士，等等。尽管如此，他们眼中的关羽形象只是部分源于《三国演义》的叙事传统。事实上，只有在1680年由毛宗岗出版、经过大量编辑并附有评论的版本中，精通《春秋》的关羽形象才出现。事实上，我甚至无法排除这种可能性，那就是毛宗岗和他父亲毛纶对小说进行了系统性的改写，以使其更加倾向于同情蜀国（即同情刘备、关羽和张飞），这或许正是直接受到了关公崇拜的影响。

将社会价值观念合法化

在中华帝国的最后几个世纪中,关公崇拜带来的意识形态方面的变化是非常显著的,人们称其为崇拜的儒家化。我在自己的分析中通常避免使用儒家及相关的概念。无论是作为积极还是消极的标签,儒家这个名词的使用都很不规范,可以指涉非常不同的思想内容。正如基里·帕拉摩尔(Kiri Paramore)在日本研究中指出的,事实上有很多种不同的儒学,对于中国来说同样如此。[4] 这也意味着这个名词所具有的分析性价值是受限的,很明显,本书这一与中国相关的有限个案研究中,不可能触及这一名词内涵的各个方面。人们似乎假设关公代表的很多价值观,比如忠诚和正直等是非常典型的儒家价值观,由于并不清楚他们使用的"儒家"的定义是什么——通常而言,这并不容易说清楚——所以要评判他们的假设是很困难的。我还想说的是,对绝大部分道德的支持并非仅仅来自"儒学"——无论我们如何定义它,也有可能来自其他思想以及类似于地方崇拜和家庭等诸类社会风俗与制度。事实上,关公崇拜是独立于绝大部分主流思想的地方价值得以保存、施行和传播的主要途径。

在任何关于"儒家",或者由它所派生的"儒家化"的分析中存在一个更为严重的问题,它完全是一个很晚才出现于英文传教文献中的现代概念,在过去的两个世纪中被赋予了不同的内涵。这个名词最初指的是一系列宗教性仪式,从来也不是人们认为的具体的儒家价值。[5] 只是到了20世纪,当我们解释儒家这一名词时,才开始聚焦于价值观和哲学思想。因此,我们现在对儒家的概念化与传统中国的社会政治和意识形态几乎没有关系。18、19世纪的宗教活动家们创造并传播了扶乱文书,对他们而言,儒家这个概念更不容易理解。我们可以将其作为一个分析

4　Paramore, *Japanese Confucianism: A Cultural History*.
5　Ter Haar, 'From Field to Test in the Study of Chinese Religion', 85—105.

性的概念加以使用，但是它的部分迷人之处是假设性地认为这是一个真实的中国人的概念，而且一直以来人们都这么认为，但事实上并非如此。

我们可以肯定的是，自晚明以来，在精英阶层的脑海中，关公和孔子享有同等的地位，因为二者都享有人们所说的"夫子"的称谓，在某种程度上也都精通《春秋》。但也仅此而已。关公通过显灵直接帮助百姓和社区，而孔子则并非如此。人们相信关公支持孝道，这也经常被认为是一种典型的儒家道德，但事实上，佛教和道教的传统，特别是葬礼和七月份的鬼节，对于这一价值观的保存和表达无疑是更为重要的。实际上，我们可以更确切地说，关公崇拜是在实践地方社会的价值观，包括忠诚、正直以及孝道等，这些价值观最终需要地方化表达的落实，无论其学理背景如何。将这些价值加以标签化的另一种途径可能就是将其视为对现存社会和性别秩序的顺从。

事实上，有人也可能反过来争论说，这些被宣称属于古典或儒家的价值已经被纳入了持续作为中国宗教文化基础的鬼神学框架中。这样的观点可能有助于更公正地看待神祇持续使用武力（我们称之为暴力）的重要性，因为运用武力意味着重建或者保持整个社会及其道德价值观的稳定。在公开场合，人们越来越强调"忠诚"和"正直"是关公神祇的核心价值，同时也认为这些应该有助于孝道的延续，但是这并不意味着人们拒绝了暴力。

对孔子和关公同等地位的构建服务于这样一种观点，即认为关公和作为先师的孔子享有同样的威望，同时也占据了相同的道德高度。通过赋予关公某种道德性的视角，或者甚至更为精致的道德纲领，个人和更大范围的信徒社区赋予了自己重整道德行为的合法性。我们已经看到这样的做法是如何围绕着神祇发展出了一个全新的神话，在这个神话中，关公成了人类的救世主，甚至玉帝的继承者。将关公与孔子等同，把他的道德价值儒家化是一种意识形态的观点，而不一定有利于分析。

因此，下一步的研究应该是循着柯若朴（Philip Clart）铺设的道路前行，柯氏曾自问是否存在一个类似于"民间儒教"这样的东西。[6] 与试图定义这一名词的做法相反，他反问自己台湾的扶乩群体是如何使用"儒"这个词的，我经常将其翻译为"classicism"，而他将其等同于"Confucianism"。换句话说，他试图将其作为一种自我称谓，而不是一种比较客观的分析性术语。尽管我并不完全赞同他的分析，但我认为这是一条正确的路径。他总结说，他的问题有三个可能的答案。从儒家正统观点而言，他所研究的扶乩崇拜行为没有资格成为儒家，因为其强调萨满实践，关注神祇及其神化，对儒家术语进行非正统的解释，同时还强调不同信仰的融合。但如果站在扶乩群体的立场看，答案会是肯定的，因为他们践行儒家礼仪，实践相应的价值观，根据儒家经典定义他们的"道"，并且自认为是儒家。最后，柯若朴觉得，从学者研究的角度看，答案也是肯定的，只是要加上一个限定性的形容词"民间的"。在他看来，一种综合性的方法是不要将儒家传统与道教、佛教和教派性宗教割裂开来。[7] 第八章中讨论的因扶乩崇拜形成的文本与柯若朴的分析不谋而合。毫无疑问，这些文本的作者把对文本内容和关公崇拜的践行视为"儒"。他们认为关公和孔子具有同等的地位。但是我认为没有必要去证明他们的教义（或者柯若朴研究的群体）具有融合性，因为所有号称为儒家或者新儒家的传统始终都是具有融合性的。把不同宗教和哲学来源的资源整合在一起就是一种宗教创新。给他们加上"民间"的标签会错误地提示人们这种活动或者融合某种程度上属于低层次的智力活动。柯若朴研究的台湾群体和中华帝国晚期的关公信徒们都明白，把他们的崇拜和类似于"儒"或者"孔子"等处于主体地位的文化范畴联系在一起的意义所在。当然，这并不意味着他们的理解和分析具有历史正确性。

6　Clart, 'Confucius and the Mediums: Is There a "Popular Confucianism"?', 1—38.

7　Clart, 'Confucius and the Mddiums: Is There a "Popular Confucianism"?', 36.

解释神灵崇拜的模型

在过去的几十年中，人们已经提出了很多不同的解释传统中国宗教文化的模型和概念。在此，我想借助于前面章节中已经介绍、总结并分析过的材料，来对其中的一些模型进行重新检视。其中的第一个概念是"复刻"（superscrition）。在1988年那篇非常重要的关于关公崇拜的论文中，杜赞奇（Prasenjit Duara）提出了这一概念。我们从这个概念开始讨论似乎是合适的。尽管我通过关公崇拜的实证研究得出的结论与20世纪80年代有很大不同，但他所提出的"复刻"概念还是可以帮助我们描述一种信仰如何在旧的文化要素仍然存在的同时，获得新的文化要素。他说道：

> 我们所拥有的是一种神话观，以及其中或断裂或持续的文化象征。当然，神话的核心并不是一成不变的，而是对外界的变化非常敏感。神话中的一些要素也许会真的消失，但是与其他形式的社会变动不同的是，神话和象征的变化往往不会表现为彻底的断裂；相反的，在历史语境中，这一领域发生的变动经常是潜移默化的。如此，那些文化象征可以在某种层面上向不同的社会群体展示连续性，甚至当其自身已经处于转变过程中时仍然可以做到这一点。我把这种文化象征演进的特殊模式称为象征的复刻。[8]

对类似于关公崇拜这类文化资源的演变过程，我们还有另一个观察视角，那就是康豹（Paul Katz）在关于温元帅崇拜的那本书中所提出的"共生"（cogeneration）这一概念，他利用这一概念指出（某一信仰）的不同文化层是同时形成的，并不存在互相替代的问题。[9]

8　Duara, 'Superscribing Symbols: The Myth of Guandi, Chinese God of War', 779—780.
9　Katz, *Demon Hordes and Burning Boats*, 114.

我同意以上所有的分析，尽管在实际中用具体的概念去描述作为个体的信徒和具体的社区是有困难的。在前面的章节中，为了便于向读者展示我的资料，在大部分行文中，我都假定这一崇拜的不同侧面都被所有的信徒所接受。但事实上，这是根本不可能的。所以，通过"复刻"和"共生"（还有人们可以想到的其他概念）而形成的关公崇拜构成了一种内涵更为丰富的文化资源。个体和地方社区基于当地的固有传统和个人或集体的需求利用，而不是试图去全盘掌控这一文化资源。因此，这些概念可以用来描述文化资源整体上的发展，但是究竟如何理解地方层面发生的有选择性地利用这一资源的现象，它们却甚少助益。

由于我们所拥有的是内涵更为丰富的文化资源，而并不仅仅是某一群体中每个个体的信仰与实践的汇集，所以很难对另一个著名的分析性论点做出评判，那就是 1985 年华琛（James Waston）在一篇论文中所提出的"神灵的标准化"这一概念。[10] 他观察到人们对单一的文化资源（在他的研究中即指妈祖或天后崇拜）有不同的解释，但与此同时，国家又通过对神灵进行标准化和打压崇拜的多样性，成功扩大了这一信仰的传播范围，通过提出"神灵的标准化"这一概念，他试图为两种现象的并存做出解释。他强调被标准化的是象征（符号），或者，我可能会补充的是正统实践（othopraxis），而不一定是信仰，或者我可能会加上内容。[11] 我最早的学术论文之一，通过展现福建地方崇拜不断发展的多样性，挑战了帝国晚期神灵变得越来越标准化的观点。[12] 坦率地说，我并不完全赞同华琛关于象征和信仰的划分，而且其论文的大部分批评看起来持有同样的偏见，他们聚焦的是象征背后的多样性，而不是越来越标准化的

10　Waston, 'Standardizing the Gods: The Promotion of T'ien Hou (Empress of Heaven) along the South China Coast, 960－1960', 292－324.

11　还可参见 Waston 的另一篇有影响的论文：'Rites or Beliefs? The Construction of A Unified Culture in Late Imperial China', 80－103。关于我早年对该论文的看法，请参见 ter Haar, *Ritual and Mythology of the Chinese Triads: Creating an Identity*, 149－150。

12　Ter Haar, 'The Genesis and Spread of Temple Cults in Fukien', 349－396.

实践。[13]事实上，某些特定的神祇崇拜确实会比其他的神灵崇拜传播得更广，其中包括天后崇拜和关公崇拜。与华琛类似，我认为受益于频繁的人际互动以及由此形成的口头文化的力量，一整套连贯的故事与实践伴随着神祇崇拜一起得到传播。然而，与华琛不同的是，我并不认为神灵崇拜的传播与国家力量的卷入有关，事实上，国家力量的介入相当晚，而且影响有限。

关于关公崇拜传播与分布情况的史料促使我们对华琛最初的观点进一步加以限定，因为很明显，尽管关公崇拜在全国范围内都扩展得越来越快，但是与此同时，华北却比华南表现得更加显著。更细致的研究表明，在跨文化的边界地区，关羽崇拜的扩展往往并不理想，我们很容易就能够将之归因于某一特定区域内方言的多样性。这再次表明国家并没有起主要作用，因为很难想象国家的力量会无法打破地理和文化的界限。令人惊讶的是，尽管关公崇拜传遍了华北的大部分地区，但在其他地方他主要在两个特定人群中传播，那就是军人和受过良好教育的精英（国家则是这两个群体的衍生物）。随着清代教育覆盖面的扩展，识字人群增多了，这也是为什么特定的关公崇拜文献能够迅速在各类不同的新兴宗教群体中得以传播。而此类文献同样是关公崇拜在20世纪传入台湾地区并获得中等教育群体信仰的主要媒介。因此，对寺庙偶像的崇拜作为一种文化资源仍然受限于区域文化和职业群体的诸多局限。神祇崇拜在中国无法跨越文化边界的事实表明，帝制时代的中国并非总是表现为一个整体。即使像关公这样在全国范围都受到如此欢迎的神祇某种程度上仍然是区域化的神灵，除了军人和文人精英这两个全国性群体。

道德在关公崇拜中的核心地位也表明了关公崇拜和卡里斯玛式的崇

13　关于对华琛观点的更为详尽的回应，读者可参看 *Modern China* 2007 年由 Donald Sutton 主编的特辑。参见 Sutton, 'Ritual, Cultural Standardization, and Orthopraxy in China: Recon−sidering James L. Watson's Ideas', 3—21; Pomeranz, 'Orthopraxy, Orthodoxy, and the Goddess(es) of Taishan', 22—46; Szonyi, 'Making Claims about Standardization and Orthopraxy', 47—71; Katz, 'Orthopraxy and Heteropraxy beyond the State: Standardizing Ritual in Chinese Society', 72—90; Sutton, 'Death Rites and Chinese Culture: Standardization and Variation in Ming and Qing Times', 125—153。

拜之间的关键性区别。正如万志英在对江南五通神崇拜的详细研究中指出的，后一种崇拜在根本上是反道德的。人们为了个人和家族利益而崇奉这些神祇，但是他们的诉求几乎都与其他人的利益构成了冲突。比如，在一个传统的农业社区中，在五通神的帮助下，有些个人或家族通过牺牲他人的利益增加自身的财富，从本质上而言，这样的行为当然是不道德的。因此不仅是五通神，也包括北方的狐仙，经常被想象为薄情寡义和有悖公德。关公是一个非常不同的神祇，因为作为神灵，绝大部分时候他都与地方集体利益联系在一起，他可以带来雨水，保护社区，仅仅与精英阶层建立起了真正的私人关系。在他的相关神话中，他是一个彻头彻尾的好伙计，随时准备帮助他人，对朋友赤胆忠心。在本书中，我们看到他的神迹是如何呈现出很强烈的道德维度的，从忠诚和正直的角度来看，这合情合理。

这并不是说关公崇拜总会支持国家利益。从那些相关的民间故事层面来看更是如此，这些故事讲述了其前生作为一条龙，如何反抗玉帝的旨意，又是如何与那些作为国家代表的不道德的地方官员相抗争的。国家希望利用对他的崇拜在新征服的区域显示自身的权威，或者利用对他的官方崇拜仪式来显示国家在地方社会中的权威，但这并不意味着地方社会就会盲从于官方的范式。人们觉得关公神祇支持各种道德行为，在本研究中，我们已经对其中的部分内容进行了分析解读。我们的核心观点并不在于关公支持主流道德观，而在于我们认为神祇在地方社区、文人团体、新兴宗教运动、游走于法律边缘的犯罪团伙以及国家等各种不同的层面上支持他们所认定的"道德"。

与其聚焦于关公崇拜如何获得不同阐释的途径，我建议还不如把该崇拜看作一种文化资源，其中包括一些限制性的解释规则，但除此以外，关公对于其受众是完全开放的。关公神祇有一个非常具体的形象，对其进行改动的空间很小。他特别善于兴云布雨，可以抵抗任何威胁，为人们提供庇护，但却几乎从来不会为人们带来子嗣，并且很少被女性崇拜。

尽管他会将严重的疾病作为惩罚手段，但他医者的角色却是隐晦不彰的。对于识字者或者与这一群体有密切接触的人来说，他通过占卜为人们提供关于未来的预言，而且他还会降灵于乩坛。另一方面，尽管他会通过梦境、显像、占卜以及扶乩等方式与人们沟通，但在史料中他却很少被描绘成一个直接拥有通灵能力的神灵。[14] 这一文化资源累积了多重可能性，对于这些可能性我们能够利用杜赞奇、康豹和华琛等学者提供的概念加以解释。作为信徒的个人或群体无法单纯地选择（或表达）他（很少情况下是她）的需求，而首先必须按照已经存在的公认的规则行事。那位将获得子嗣归功于神祇的晚明文人便是按此行事，认为这是他为人正直的回报，而正直正是关公的典型价值观。当神祇获得财神的角色时，人们认为这与他的忠诚品质有关，却忽略了他对汉帝国的背叛，而是强调他对声称继承了汉朝正统的蜀国的忠诚。当神祇变得越来越有文化时，在他的相关叙事中加入了大量（与忠诚相关）的内容，他熟读《左传》《春秋》都被看作历史的证据。即使在这种情况下，清初的关公传记中还是添加了大量关于他和他的祖先忠于汉王朝的细节。在向人们传播并说明关公神祇的行为准则时，与其忠诚和正直相关的神迹故事和民间传说扮演了关键性的角色。

关于传统中国的宗教文化还有一个层面缺乏理论性研究，那就是它在20世纪的命运。[15] 它曾经在北京无处不在，但在如今的北京城中已经消失殆尽。在北方乡村中的某些地方，还可以发现一些幸存的庙宇，但绝大部分也已消失或者年久失修。只有一些庙宇出于发展旅游的目的而获得重建。[16] 庙宇不再是村落和城市组织的核心，尽管其他地方的华人社区中仍然延续着这一功能。

14　不过，在过去几次访问台湾时，我确实亲眼见证过关公附体的情形，然而当时并没有将其很好地记录下来。
15　关于这方面的开创性研究，可以参见 Goossaert and Palmer, *The Religious Question in Modern China*。
16　我的一些短期的田野调查证明了这一点。这些调查的开展要感谢胡小伟（2007）和曹新宇（2016），以及我的学生李娜，他们于2016年协助我在山西进行了调查。

关公崇拜还出现在一些重要的象征性场合，比如，关公在求雨仪式中扮演了相关角色，至少在华北是如此。即使我们假设关公在构建人们的期望与失望心理方面的功能已经被天气预报所取代，但是考察这些仪式和节日的社会功能是否得以延续和如何得以延续是非常有趣的。因此，探究关公崇拜和类似的其他崇拜在传统中国的标志性意义十分重要。但是现在，我们必须转向另一个任务：去研究接下来发生了什么以及传统文化是如何被覆盖、重塑和重新利用的。

参考文献

通过标注原始文献作者的生卒年或者最初的出版日期,我们至少可以尽量提供一些相关文献形成年代的线索。希望有助于读者评估文献的历史价值。

地方志和寺庙志通常有非常复杂的共同编纂群体。我一般根据朱士嘉等所编写的《中国地方志联合目录》(北京:中华书局,1985年)一书加以援引,该书包含了丰富的方志书目和收藏信息。

佛教经典文献汇编则引自汉文佛典电子化(Chinese Buddhist Electronic Text Association,CBETA)网站(http://www.cbeta.org)。我很清楚其中可能会有一些小错误,但对本书而言,这无伤大雅。

如果某本书的作者不明,那么在书目中,我会直接列上该书的书名,不再另外增加"作者不明"的书目类别。原始文献和二次文献按照作者名字的首字母排序,其次按照标题的首字母排序。

主要集成类文献

《北京图书馆古籍珍本丛刊》,北京:书目文献出版社,出版日期不明。
《笔记小说大观》,扬州:江苏广陵古籍刻印社,1983—1984年。
《丛书集成》,上海:商务印书馆,1935年。
《丛书集成续编》,台北:新文丰出版公司,1989年。
《大正新修大藏经》(Tokyo: Daizō shuppankabushikikaisha, 1988年)。

《道藏》，上海：上海书店；北京：文物出版社；天津：天津古籍出版社，1986年。关于道教经典的著作，可参见 Kristofer Schipper and Franciscus Verellen（eds），The Taoist Canon: A Historical Companion to the Daozang（Chicago: University of Chicago Press, 2004）获取更多信息。

《嘉兴大藏经》，台北：新文丰出版公司，1987年。

王见川、林万传编：《明清民间宗教经卷文献》，台北：新文丰出版公司，1999年。

王见川、车锡伦、宋军、李世伟、范纯武编：《明清民间宗教经卷文献续编》，台北：新文丰出版公司，2006年。

《日本藏中国罕见地方志丛刊》，北京：书目文献出版社，1991年。

《石刻史料新编》，台北：新文丰出版公司，1977年。

《四库全书存目丛书》，济南：齐鲁书社，1995—1997年。

《四库未收书辑刊》，北京：北京出版社，2000年。

《宋元方志丛刊》，北京：中华书局，1990年。

《天一阁藏明代方志选刊续编》，上海：上海书店，1990年。

《天一阁藏明代方志选刊》，上海：上海古籍书店，1981—1982年。

《卍新纂大日本续藏经》（Tokyo: Daizō shuppankabushikikaisha, 1975—1989年）。

《稀见中国地方志汇刊》，北京：中国书店，1992年。

《续修四库全书》，上海：上海古籍出版社，1995—1999年。

《影印文渊阁四库全书》，台北：商务印书馆，1986年。

《永乐大典方志辑佚》，北京：中华书局，2004年。

《藏外道书》，成都：巴蜀书社，1992年。

张羽新、张双志：《关帝文化集成》，北京：线装书局，2008年。

《中国佛寺史志汇刊》，台北：明文书局，1980年。

《中国地方志集成》，福建府县志辑，上海：上海书店，2000年。

《中国地方志集成》，乡镇志专辑，上海：上海书店，1992年。

Database of Korean Classics（http://db.itkc.or.kr）（consulted in the summer of 2014）.

书目

中文、日文类

《安吉县志》（1874）。

《八闽通志》（1491）（BJGJ）。

《保定郡志》（1608）（TYGK）。

《宝清县志》（1911—1949）。

《宝宁寺明代水陆画》，太原：山西省博物馆，1988年。

班固：《汉书》，北京：中华书局，1962年。

《北京图书馆藏中国历代石刻拓本汇编》，郑州：中州古籍出版社，1990年。

毕沅：《续资治通鉴》（XXSK）。

《滨州志》（1583）。

孛兰肹等：《元一统志》，北京：中华书局，1966年。

蔡绦：《铁围山丛谈》，北京：中华书局，1983年。

蔡献臣：《清白堂稿》（SKWS）。

蔡相辉：《台湾的关帝信仰及其教化功能》，见卢晓衡编：《关羽、关公和关圣：中国历史文化中的关羽学术研讨会论文集》，北京：社会科学文献出版社，2002年，第163—187页。

《沧州志》（1603）。

《曹县志》（1884）。

柴泽俊：《山西寺观壁画》，北京：文物出版社，1997年。

柴泽俊：《解州关帝庙》，北京：文物出版社，2002年。

昌彼得等编：《宋人传记资料索引》，台北：鼎文书局，1975年。

《长安志》（1296），收入《宋元地方志丛刊》。

《常熟私志》（1628—1644）。

《常州府志》（1618）。

《长洲县志》（1571）（TYGB）。

《潮阳县志》（1572）（TYGK）。

陈庆浩、王秋桂主编：《陕西民间故事》，台北：远流出版事业，1989年。

陈庆浩、王秋桂主编：《山西民间故事》，台北：远流出版事业，1989年。

陈寿：《三国志》，北京：中华书局，1959年。

陈翔华：《三国故事剧考略》，见周兆新主编《三国演义丛考》，北京：北京大学出版社，1995年，第363—435页。

陈垣编纂，陈智超、曾庆瑛校补：《道家金石略》，北京：文物出版社，1988年。

陈元靓：《纂图增新群书类要事林广记》（1330—1333）（XXSK）。

程歗：《拳民意识与民俗信仰》，《中国社会科学》，1991年第3期。

成寻著，王丽萍点校：《校参天台五台山记》，上海：上海古籍出版社，2009年。

《承天府志》（1602）。

池小芳：《中国古代小学教育研究》，上海：上海教育出版社，1998年。

《池州府志》（1612）。

《重修普陀山志》（1607）（ZGFS）。

陈杰：《自堂存稿》（SKQS）。

陈鼓应：《黄帝四经今注今译：马王堆汉墓出土帛书》，台北：商务印书馆，1995年。

褚人获：《坚瓠集》（XXSK）。

《滁阳志》（1614）（XJZG）。

《慈溪县志》（1624）。

《大元圣政国朝典章》（XXSK）。

戴冠：《濯缨亭笔记》（1547；SKCM）。

《大名府志》（1445）（XJZG）。

《道法会元》（DZ 1220），《道藏》卷二十八至三十。

道宣：《续高僧传》（T50n2060）。

《大冶县志》（1540）。

大塚秀高：《關羽の物語について》，埼玉大学纪要教养学部 30（1994）：69-103。

大塚秀高：《関羽と劉淵：関羽像の成立過程》，东洋文化研究所纪要 134（1997）：1-17。

大塚秀高：《斬首龍の物語》，埼玉大学纪要教养学部，1995 第31期。

《德安府志》（1517）。

丁锡根点校：《宋元平话集》，上海：上海古籍出版社，1990年。

《鼎峙春秋》，《古本戏曲丛刊》第9辑，北京：中华书局，1964年。

董含：《三冈识略》（SKWS）。

《东昌府志》（1600）。

《东丰县志》（1931）。

《洞冥记》卷四十二至四十三（GDWH）。

《东岳大帝宝忏》，《道藏》卷十。

杜臻：《澎湖台湾纪略》，台北：台湾银行，1961年。

段成式：《酉阳杂俎续集》，《四部丛刊》，上海：商务印书馆，1929—1936年。

《法海遗珠》(DZ 1166),《道藏》卷二十六。

《法华乡志》(1922)(XZZ)。

范摅:《云溪友议》,《四部丛刊》,上海:商务印书馆,1929—1936 年。

范致明:《岳阳风土记》(SKQS)。

方勺:《泊宅编》,北京:中华书局,1983 年。

冯俊杰:《山西戏曲碑刻辑考》,北京:中华书局,2002 年。

《高陵县志》(1541)。

耿淑艳:《圣谕宣讲小说:一种被湮没的小说类型》,《学术研究》,2007 年第 4 期。

宫田安:《唐通事家系论考》(Nagasaki: Nagasakibunkensha, 1979)。

《关圣帝君觉世宝训》卷四(ZWDS)。

《关圣帝君明圣经》,1873 年,1888—1889 年多次重印并略有增补。

《关圣帝君明圣经》卷十九(1891)(GDWH)。

郭沫若:《沫若自传·少年时代》,上海:新文艺出版社,1955 年。

郭彖:《睽车志》(c.1181)(BJXS)。

郭正忠:《宋代盐业经济史》,北京:人民出版社,1990 年。

《姑苏志》(1474)(SKQS)。

《海昌外志》(1628—1644 收稿)(SKCM)。

《海城县志》(1937)。

韩鄂原撰,守屋美都雄编:《四时纂要》,(Tokyo:Yamamoto shoten, 1961)。

《汉天师世家》(1607)(DZ 1463),《道藏》卷三十九。

顾禄:《清嘉录》(XXSK)。

顾问:《义勇武安王集》(1564)(GDWH, 12: 1–164)。

关四平:《三国演义源流研究》,哈尔滨:黑龙江教育出版社,2001 年第 3 版。

《关云长大破蚩尤》1615 年收稿,收入《孤本元明杂剧》卷八,台北:台湾商务印书馆,1977 年。

《关帝明圣经全集》卷四(ZWDS)。

《关圣帝君感应明圣经注解》(1888) (Vietnamese: Quan thánh đế quân cảm ứng minh thánh quân chú giải) (consulted at http://lib.nomfoundation.org/collection/1/volume/334)。

灌顶:《智者大师别传注》(X 77n1535)。

灌顶:《国清百录》(T 46n1934)。

洪大容：《湛轩燕记》（1765）（repr. in Y ŏnhaengnok sŏnjip, Seoul, 1960）。

洪迈：《夷坚志》，北京：中华书局，1981年。

洪迈：《容斋随笔》，上海：上海古籍出版社，1978年。

洪梅菁：《貂蝉故事之演变研究》，《文学前瞻》，2007年第7期。

洪淑苓：《关公"民间造型"之研究：以关公传说为重心的考察》，台北：国立大学出版委员会，1995年。

《洪武京城图志》（c.1390s）（YLDD）。

弘赞：《六道集》（X88n1645）。

《河南郡志》（1499）。

《河南总志》（1484）。

许篈：《荷谷先生朝天记》（1574），见 http://db.itkc.or.kr。

《汉中府志》（1544）。

郝经：《陵川集》（SKQS）。

何薳：《春渚纪闻》，北京：中华书局，1983年。

《合肥县志》（1573）（XJZG）。

胡聘之：《山右石刻丛编》（SKSL）。

胡小伟：《关公信仰研究系列》卷五，香港：科华图书出版公司，2005年。

胡小伟：《唐代社会转型与唐人小说的忠义观念——兼论唐代的关羽崇拜》，《文学遗产》，2003年第2期。

《怀仁县志》（1601）。

黄启江：《泗州大圣僧伽传奇新论：宋代佛教居士与僧伽崇拜》，《佛学研究中心学报》，2004年第9期。

黄华节：《关公的人格与神格》，台北：台湾商务印书馆，1967年。

黄溥：《闲中今古录摘抄》，见《丛书集成新编》。

黄启曙：《关帝全书》（1858）卷七至十一（GDWH）。

黄休复：《益州名画录》（1006）（SKQS）。

黄一农：《曹寅好友张纯修家世生平考》，《故宫学术季刊》，2012年第3期。

黄芝冈：《中国的水神》（1935），上海：上海文艺出版社，1988年。

黄竹三：《我国戏曲史料的重大发现》，《中华戏曲》，1987年第3期。

黄竹三、王福才：《山西省曲沃县任庄村"扇鼓神谱"调查报告》，台北：施合郑民俗文化基金会，1993年。

黄宗羲编：《明文海》（SKQS）。

《黄岩县志》（1880），台北：成文出版社，1975年。

《湖广图经志书》（1522），见《日本藏中国罕见地方志丛刊》。

《湖广总志》（1576）（SKCM）。

《护国嘉济江东王灵签》（DZ 1305），《道藏》卷三十二。

《护国佑民伏魔宝卷》，早稻田大学保存的副本，见 http://www.wul.waseda.ac.jp/kotenseki/furyobunko/index.html，2015年11月26日。

《湖海新闻夷坚续志》，北京：中华书局，1986年。

《徽州府志》（1502）（TYGK）。

《稷山县志》（1763）。

纪昀：《阅微草堂笔记》（BJXS）。

贾建飞：《清代新疆的内地坛庙：人口流动，政府政策与文化认同》，《中国边疆史地研究》，2012年第2期。

《嘉定县志》（1605）（SKCM）。

《嘉禾志》（1288）（SYFZ）。

《嘉靖万历固原州志》，银川：宁夏人民出版社，1985年。

《加摹乾隆京城全图》，北京：北京燕山出版社，1996年。

蒋超伯：《麓瀍荟录》（SKWS）。

江云、韩致中：《三国外传》，上海：上海文艺出版社，1986年。

《江都县志》（1599）（XJZG）。

《交河县志》（1916）。

戒显：《现果随录》（X88n1642）。

金昌业：《老稼斋燕行日记》，见 http://db.itkc.or.kr。

金景善：《燕辕直指》，见 http://db.itkc.or.kr。

金文京：《三國志演義の世界》（Tokyo: Tōhō shoten,1993）。

金文京：《関羽の息子と孫悟空》，《文学》，1986第6期、第9期。

金维诺：《河北石家庄毗卢寺壁画》，石家庄：河北美术出版社，2001年。

《泾县志》（1552）（TYGB）。

井上泰山、大木康、金文京、氷上正、古屋昭弘编译：《花關索傳の研究》（Tokyo: Kyūko shoin, 1989）。

井上以智为：《關羽祠廟の由來並びに變遷》，《史林》，1941年第26卷。

景星杓：《山斋客谭》（XXSK）。

《景定建康志》（SYFZ）。

酒井忠夫：《江户前期日本における中国善書の流通》，《东方宗教》，1965年第26期。

酒井忠夫：《善書：近世日本文化に及ばせる中国善書の影響並び流通》，见多賀秋五郎编《近世アジア教育史研究》（Tokyo:Bunrishoin, 1966），821-850。

酒井忠夫：《増補中国善書の研究》（1970; rev. ed. Tōkyō: KokushoKankōkai, 1999-2000）。

《开州志》（1534）（TYGK）。

《来安县志》（1622）。

《莱州府志》（1604）。

李彬：《山西民俗大观》，北京：中国绿洲出版社，1993年。

李斗：《扬州画舫录》（XXSK）。

李福清编：《中国木版年画集成·俄罗斯藏品卷》，北京：中华书局，2009年。

李福清：《关公传说与三国演义》，台北：云龙出版社，1999年。

李纲：《梁溪集》（SKQS）。

李光庭：《乡言解颐》（XXSK）。

李海应：《蓟山纪程》，见 http://db.itkc.or.kr。

李洪春、董维贤、长白雁：《关羽戏集》，上海：上海文艺出版社，1962年。

李慧筠：《香港警察的关帝崇拜》，《台湾宗教研究通讯》，2003年第5期。

李凌霞：《关帝的两岸香火缘——浅析福建东山铜陵关帝庙地位的擢升及其动力》，《台湾源流》，2008年第43期。

李平：《民间信仰中关羽的祭祀与中国戏曲》，《中国民间文化》，1992年。

李清：《三垣笔记》（XXSK）。

李心传：《建炎以来系年要录》（SKQS）。

李宜显：《庚子燕行杂识》，见 http://db.itkc.or.kr。

李元龙：《京剧琐话》，香港：香港宏业书局，1960年。

梁恭辰：《北东元笔录》（BJXS）。

梁晓萍：《山西偏关县老牛湾关帝庙、禹王庙及其戏台碑刻考述》，《中华戏曲》，2010年第1期。

梁章钜：《归田琐记》（XXSK）。

廖奔：《宋元戏曲文物与民俗》，北京：中国戏剧出版社，2016年。

廖奔：《中国古代剧场史》，郑州：中国古籍出版社，1997年。

林国平：《签占与中国社会文化》，北京：人民出版社，2014年。

林圣智：《明代道教图像学研究：以〈玄帝瑞应图〉为例》，《美术史研究集刊》，1999年第6期。

《临川志》（1425年以前）（YLDD）。

《临江府志》（1536）（TYGB）。

《临晋县志》（1686）（XJZG）。

《临朐县志》（1884）。

《临汀志》（1425年以前）（YLDD）。

《醴泉县志》（1535）。

《梨树县志》（1929；1934）。

刘昌诗：《芦浦笔记》（BJXS）。

刘大彬：《茅山志》，见《道藏》。

刘斐、张虹倩：《汉寿亭侯考辨》，《兰州教育学院学报》，2011年第1期。

刘若愚：《酌中志》，见《四库禁毁书丛刊》，北京：北京出版社，1997年。

刘侗、于奕正：《帝京景物略》，北京：北京古籍出版社，1980年。

刘小龙：《海峡圣灵》，福州：海风出版社，2003年。

刘埙：《隐居通议》，见《丛书集成》。

刘沅：《村学究语》，见《槐轩全书》，1905年。

《六合县志》（1785）。

《龙关县志》（1933）。

《龙岩县志》（1558）。

《龙游县志》（1612）。

娄近垣：《龙虎山志》（1740）卷十九（ZWDS）。

陆粲：《庚巳编》，北京：中华书局，1987年。

吕威：《近代中国民间的财神信仰》，《中国民间文化》，1994年第4期。

陆游：《入蜀记》，上海：上海远东出版社，1996年。

卢湛：《关圣帝君圣迹图志全集》（1692）卷二、卷三（GDWH）。

鲁贞：《桐山老农集》（SKQS）。

《潞安府志》（1770）。

《滦志》（1548）。

罗大经：《鹤林玉露》（BJXS）。

罗福颐编：《满洲金石志》（SKSL）。

罗贯中著，毛宗岗评点：《全图绣像三国演义》，呼和浩特：内蒙古人民出版社，

1981年。

罗竹凤等:《汉语大词典》,上海:上海辞书出版社,1986年。

《洛阳市志·文物志》,郑州:郑州古籍出版社,1995年。

《洛阳县志》(1745),台北:成文出版社,1976年。

《鲁西民间故事》,济南:山东文艺出版社,1986年。

《潞州志》(1495),北京:中华书局,1995年。

马昌仪:《论民间口头传说中的关公及其信仰》,见李亦园、王秋桂编:《中国神话与传说学术研讨会论文集》,台北:汉学研究中心,1996年,第369—397页。

马元活:《双林寺彩塑佛像》,台北:美术家出版社,1997年。

妹尾達彥:《鹽池の國家祭祀—唐代河東鹽池,池神廟の誕生とその變遷》,《中國史學》,1992年第2期。

么书仪:《晚清关公戏演出与伶人的关公崇拜》,见《戏曲研究》2006年第61期。

孟海生:《保护解州关帝庙的回忆》,《文史月刊》,2007年第5期。

孟元老著,邓之诚注:《东京梦华录注》,北京:中华书局,1982年。

《沔阳州志》(1531),1926年重印。

苗善时:《纯阳帝君神化妙通纪》(DZ 305),《道藏》卷五。

《明英宗实录》,"中央研究院"历史语言研究所,1966年。

《明州阿育王山志》(1757)(ZGFS)。

《南雄路志》(1425年以前)(YLDD)。

《内邱县志》(1832)。

内田智雄:《中國農村の家族と信仰》(Tōkyō: Shimizu Kōbundō Shobō, 1970)。

《宁波府志》(1560)。

《宁陕厅志》(1829)。

牛诚修:《定襄金石考》(SKSL)。

牛东梅:《云南武洞经会信仰背景研究》,《交响:西安音乐学院学报》,2011年第2期。

欧阳恩良:《民间教门与咸同贵州号军起义》,《贵州师范大学学报(社科版)》,2005年第6期。

潘季驯:《总理河漕奏疏》(1598),见《中国文献珍本丛书》,北京:全国图书馆文献缩微复制中心,2007年。

《平湖县志》(1627)。

《平陆县志》(1764)。

《平阳府志》（1615）。

《邳州志》（1537）。

《濮院琐志》（1774）（XZZ）。

《蒲州府志》（1754）。

《破迷》，Nicolas Standaert、Ad Dudink、Nathalie Monnet 编译：《法国国家图书馆明清天主教文献》卷十一，（Taibei: Taipei Ricci Institute, 2009）。

祁彪佳：《祁忠敏公日记》，见《祁彪佳文稿》，北京：书目文献出版社，1991年。

钱大昕：《潜研堂金石文跋尾》（SKSL）。

钱谦益：《重编义勇武安王集》（GDWH）。

钱希言：《狯园》（XXSK）。

钱曾：《读书敏求记》（1701），北京：中华书局，1990年。

青城子：《志异续编》（BJXS）。

《清丰县志》（1558）。

《庆阳府志》（1557）（XJZG）。

《青州府志》（1565）。

曲六乙：《中国各民族傩戏的分类、特征及其"活化石"价值》，见庹修明、顾朴光编：《中国傩文化论文选》，贵阳：贵州民族出版社，1989年，第1—21页。

全汉昇：《唐宋帝国与运河》，上海：商务印书馆，1946年。

《全宋诗》，北京：北京大学出版社，1991年。

《全唐诗》，北京：中华书局，1979年第2版。

《衢州府志》（1622）。

任光伟：《赛戏锣鼓杂戏初探》，《中华戏曲》，1987年第3期。

《仁和县志》（1549），台北：成文出版社，1975年。

阮元：《两浙金石志》（SKSL）。

《如皋县志》（1560）。

如惺：《明高僧传》（T50n2062）。

《三国志通俗演义》（嘉靖本），见《古本小说集成》，上海：上海古籍出版社，1990年。

《三国志传》（1605），见《古本小说丛刊》，北京：中华书局，1991年。

《三原志》（1535）（SKCM）。

《上虞县志》（1671）。

《山西通志》（1629）（XJZG）。

《山西通志》（1731）（SKQS）。

《山西通志》（1892）（XXSK）。

邵雍：《义和团运动中的道教信仰》，《社会科学》，2010 年第 3 期。

《邵武府志》（1543）（TYGK）。

沈榜：《宛署杂记》（1593），北京：北京古籍出版社，1980 年。

沈长卿：《沈氏弋说》（XXSK）。

胡道静校注：《梦溪笔谈校证》，上海：古典文学出版社，1957 年。

沈起凤：《谐铎》，香港：香港艺美图书公司，1960 年。

《深泽县志》（1675）（XJZG）。

《歙志》（1609）。

志贺市子：《中国のこっくりさん：扶鸞信仰と華人社会》（Tōkyō: Taishūkan Shoten, 2003）。

《寿宁县志》（1637）。

《双城县志》（1926）。

《顺德府志》（1488—1505）。

《顺天府志》（1593）。

《四明续志》（1342）（SYFZ）。

宋濂：《元史》，北京：中华书局, 1976 年。

宋濂：《文宪集》（SKQS）。

孙高亮：《于少保萃忠传》，见《古本小说集成》，上海：上海古籍出版社，1990 年。

孙光宪：《北梦琐言》，上海：上海古籍出版社，1981 年。

孙维昌：《清代关圣帝君觉世真经》，《南方文物》，2004 年第 1 期。

孙星衍、邢澍撰：《寰宇访碑录》（SKSL）。

孙绪：《沙溪集》（SKQS）。

《苏州府志》（1379），《宿州志》（1537）（TYGK）。

《太仓州志》（1548）（TYGB）。

《太谷县志》（1765）（XJZG）。

《台湾府志》（1747），见蒋毓英：《台湾府志三种》，北京：中华书局，1985 年。

藤井弘：《明代鹽商の一考察》，《史学杂志》，1943 年第 6 期。

谈迁：《枣林杂俎》（1644）（SKCM）。

谈迁：《国榷》，台北：鼎文书局，1978 年。

田仲一成：《中国祭祀演剧研究》（Tōkyō: Tōkyō DaigakuShuppankai, 1981）。

田仲一成:《中国巫系演剧研究》(Tōkyō: Tōkyō Daigaku Tōyō Bunka Kenkyūjo, 1993)。

汤斌:《汤子遗书》(SKQS)。

陶弘景:《古今刀剑录》,见《增订汉魏丛书》。

陶汝鼐:《荣木堂合集》(康熙版,未注明日期)。

寺田隆信:《山西商人の研究》(Kyōto: Tōyōshi Kenkyūkai, 1972)。

田艺衡:《留青日札》(XXSK)。

《天赐救劫真经》卷十(MQWX)。

《天台山方外志》(1603年;1894年修订)(ZGFS)。

《汀州府志》(1637)。

同恕:《榘菴集》(SKQS)。

童万周:《三国志玉玺传》,郑州:中州古籍出版社,1986年。

《铜山志》(1760)(FJFX)。

《桐乡县志》(1678)。

庹修明:《古朴的戏剧》,见《有趣的面具:贵州省德江土家族地区傩堂戏、傩戏论文选》,贵阳:贵州民族出版社,1987年,第193—210页。

庹修明:《贵州黔东北民族地区的傩戏群》,《民俗曲艺》,1991年第69期。

脱脱:《宋史·艺文志》,北京:中华书局,1977年。

汪艺朋、汪建民:《北京慈寿寺及永安万寿塔》,《首都师范大学学报(自然科学版)》,2012年第6期。

王芳:《明清时期陕北榆林的关帝信仰》,《中国宗教》,2011年第50期。

王福才:《沁水县下格碑村圣王行宫元碑及赛戏考》,《民俗曲艺》,1997年第107—108期。

王福才:《山西民间演剧概述》,《中华戏曲》,2007年第2期。

王夫之:《识小录》,见《船山全书》,长沙:岳麓书社,1992年。

王耕心:《摩诃阿弥陀经衷论》(X22n0401)。

王椷:《秋灯丛话》(XXSK)。

王见川:《台湾"关帝当玉皇"传说的由来》,原始文献见"台北文献直字118",1996年,高致华《探寻民间诸神与信仰文化》中亦有收录,合肥:黄山出版社,2006年,第261—281页。

王见川:《唐宋官与信仰初探——兼谈其与佛教之因缘》,《圆光佛学学报》,1999年第6期。

王见川：《龙虎山张天师的兴起与其在宋代的发展》，《光武通识学报》，2003第 1 期。

王见川：《汉人宗教民间信仰与预言书的探索》，台北：博扬文化，2008 年。

王见川：《清朝中晚期关帝信仰的探索：从"武庙"谈起》，见王见川、苏庆华、刘文星编：《近代的关帝信仰与经典：兼谈其在新、马的发展》台北：博扬文化，2010 年 , 第 71—106 页。

王见川：《从"关帝"到"玉皇"探索》，见王见川、苏庆华、刘文星编：《近代的关帝信仰与经典：兼谈其在新、马的发展》，台北：博扬文化，2010 年 , 第 107—121 页。

王丽娟：《英雄不好色——秉烛达旦、关斩貂蝉的民间解读》，《华南农业大学学报》，2006 第 5 期。

王明清：《挥麈录》北京：中华书局，1961 年。

王世贞：《弇州四部稿》（SKQS）。

王士禛：《池北偶谈》（SKQS）。

王思任：《王季重十种》，杭州：浙江古籍出版社，1987 年。

王同轨：《耳谈》，郑州：中州古籍出版社，1990 年。

王同轨：《耳谈类增》（XXSK）。

王应奎：《柳南随笔》，北京：中华书局 ,1983 年。

王一奇：《三国人物别传》，北京：中国戏剧出版社，1990 年。

王謇：《宋平江城坊考》，南京：江苏古籍出版社，1986 年。

王恽：《秋涧集》（SKQS）。

汪鋆：《十二砚斋金石过眼录》（SKSL）。

王禹锡：《海陵三仙传》，见《丛书集成》。

王兆云：《漱石闲谈》，见《四库全书存目》。

王兆云：《挥麈新谈》（SKCM）。

《万泉县志》（1758）。

卫惠林：《丰都宗教习俗调查》，四川：乡村建设学院研究试验部，1935 年。

《卫辉府志》（1603）（XJZG）。

《尉氏县志》（1548）（TYGB）。

《蔚州志》（1635）。

武亿：《安阳县金石录》（SKSL）。

吴振棫：《养吉斋丛录》（XXSK）。

《乌程县志》（1638），收入《日本藏中国罕见地方志丛刊》。

武内房司著，颜芳姿译：《清末四川的宗教运动——扶鸾·宣讲型宗教结社的诞生》，见王见川、蒋竹山编：《明清以来民间宗教的探索：纪念戴玄之教授论文集》，台北：商鼎文化出版社，1996年，第240—265页。

《武胜县新志》（1931）。

《武圣消劫度人赈济利幽科范》卷七（MQXB）。

武田熙编：《华北宗教年鉴》（北京：Kōa shūkyō kyōkai, 1941）。

无是道人：《金刚经如是解》（X 25n0485）。

《西安府志》（1779）。

《厦门志》（1832—1838），见《台湾文献丛刊》，台北：台湾银行，1961年。

《咸淳临安志》（1268）（SYFZ）。

《襄阳府志》（1584）（XJZG）。

小松谦：《中国古典演剧研究》（Tōkyō: Kyūko Shoin, 2001）。

谢聪辉：《〈玉皇本行集经〉出世的背景与因缘研究》，见《道教研究学报：宗教、历史与社会》，2009年第1期。

谢聪辉：《明清〈玉皇本行集经〉中吕祖降诰研究》，见《道教研究学报：宗教、历史与社会》，2015年第7期。

谢肇淛：《麈余》（XXSK）。

《解州志》（1525）。

《西丰县志》（1938）。

《新编连相搜神广记》，见王秋桂、李丰楙主编：《中国民间信仰资料汇编》，台北：台湾学生书局，1989年。

星斌夫：《明清时代交通史の研究》（Tōkyō:Yamakawa Shuppansha, 1971）。

《兴化县志》（1591）。

《醒迷篇》，见 Nicolas Standaert、AdDudink 编：《耶稣会罗马档案馆明清天主教文献》卷八，（Taipei: Taipei Ricci Institute, 2002）。

《新化县志》（1549）。

徐昌祚：《新刻徐比部燕山丛录》（SKCM）。

徐道：《历代神仙通鉴》（编译于1645—1700年），见《中国民间信仰资料汇编》，台北：台湾学生书局，1989年。

许地山：《扶箕迷信底研究》（1947），上海：上海文艺出版社，1988年。

徐芳：《诺皋广志》，见《丛书集成续编·昭代丛书》。

许奉恩：《里乘》（XXSK）。

徐沁君：《新校元刊杂剧三十种》，北京：中华书局，1980 年。

徐时栋：《烟屿楼笔记》（XXSK）。

徐松辑：《宋会要辑稿》，北京：中华书局，1957 年。

徐渭：《徐文长逸稿》，台北：淡江书局，1956 年。

徐永年：《（增辑）都门纪略》，见《近代中国史料丛刊·正编》，台北：文海出版社，1971 年。

徐岳：《见闻录》（XXSK）。

徐宗幹：《济州金石志》（SKSL）。

《宣和遗事》，见《宋元平话集》，上海：上海古籍出版社，1990 年。

薛朝选：《异识资谐》（1600 年版）。

薛福成：《庸盦笔记》（XXSK）。

《续修广饶县志》（1935）。

《徐州府志》（1874），见《中国方志丛书》，台北：成文出版社，1976 年。

《徐州志》（1577）。

山本斌：《中国の民间俗承》（Tokyo: Taihei,1975）。

山根幸夫、细野浩二编：《日本现存明代地方志目录（增补）》（Tokyo: Tōyō Bunko Mindaishi Kenkyūshitsu, 1971 年。

《盐城县志》（1583）（BJGJ）。

杨孟衡校注：《上党古赛写卷十四种笺注》，台北：施合郑民俗文化基金会，2000 年。

杨筝：《关公神格的地方性阐释》，见《河南科技大学学报（社会科学版）》，2005 年第 2 期。

《阳信县志》（1926）。

《扬州府志》（1601）（BJGJ）。

《延平府志》（1525）（TYGK）。

叶绍远：《崇祯记闻录》，台北：台湾银行，中华书局经手，1968 年。

《义县志》（1931）。

《颍州州志》（1536）。

《鄞县通志》（1935—1951），台北：成文出版社，1974 年。

《仪真县志》（1567）。

仪润证义：《百丈清规证义记》（1813）（X63n1244）。

尤玘：《万柳溪边旧话》，见《百部丛书》。

游子安：《善与人同：明清以来的慈善与教化》，北京：中华书局，2005年。

游子安：《敷化宇内：清代以来关帝善书及其信仰的传播》，《中国文化研究所学报》，2010年第50期。

游子安：《明中叶以来的关帝信仰：以善书为探讨中心》，见王见川、苏庆华、刘文星编：《近代的关帝信仰与经典：兼谈其在新、马的发展》台北：博扬文化，2012年，第3—46页。

游子安：《善书与中国宗教：游子安自选集》，台北：博扬文化，2012年。

游子安：《丛宣讲圣论到说善书》，《文化遗产》，2008年第2期。

元好问：《续夷坚志》，北京：中华书局，1986年。

袁珂：《中国神话传说》，台北：七海，1987年。

袁枚：《子不语》，长沙：岳麓书社，1985年。

袁枚：《续子不语》（BJXS）。

元明善撰：《龙虎山志》，见《道教文献》卷一，台北：丹青图书有限公司，1983年。

原田正巳：《関羽信仰の二三の要素について》，《东方宗教》，1955年第8—9期。

袁晓庆：《高古婉通王雷夏》，首发于《泰州日报》，见 http://www.tzhl.gov.cn/art/2012/12/3/art_409_185526.html，2012年11月5日。

《榆次县志》（1609）。

乐史：《太平寰宇记》（1803年）。

《岳州府志》（1568）（TYGB）。

《玉泉寺志》（1885）（GDWH）。

《虞乡县新志》（1920）。

赞宁：《宋高僧传》（T 50n2061）。

曾景来：《臺灣宗教と迷信陋習》，（Taihoku [Taibei]: Taiwan shūkyō kenkyūkai, 1938）。

曾敏行：《独醒杂志》（1185年以前；SKQS）。

曾枣庄、刘琳主编：《全宋文》，上海：上海辞书出版社；合肥：安徽教育出版社，2006年。

张瀚：《虞初新志》（1683），上海：上海书店，1986年。

张祎琛：《清代圣谕宣讲类善书的刊刻与传播》，《复旦学报》，2011年第3期。

张唐英：《蜀梼杌》（SKQS）。

章学诚、周震荣：《永清县志》（1779），《章氏遗书》，上海：商务印书馆，1936年。

张天雨：《玄品录》（1335）（DZ 781），《道藏》卷十八。

张月琴：《明清边塞城堡的庙宇及其祀神——以镇川堡为例》，《历史研究》，2007年第4期。

张镇：《关帝志》（1756）（GDWH）。

张之洞：《张文襄公全集》，台北：文海出版社，1963年。

《章丘县志》（1492年，1530年修订）（TYGB）。

赵钦汤、焦竑等：《汉前将军关公祠志》（1603）（GDWH）。

赵慎畛：《榆巢杂志》，北京：中华书局，2001年。

赵世瑜：《狂欢与日常：明清以来的庙会与民间社会》，北京：生活·读书·新知三联书店，2002年。

赵宪：《重峰先生东还封事》，http://db.itkc.or.kr。

赵彦卫：《云麓漫抄》，北京：中华书局，1996年。

《诏安县志》（1874）（FJFX）。

昭梿：《啸亭续录》（XXSK）。

《赵州志》（1567）（TYGB）。

郑仲夔：《玉麈新谭》（XXSK）。

《镇江志》（1332）（SYFZ）。

直江廣治：《中国の民俗学》（Tokyo: Iwasaki bijitsu-sha,1967）。

《指路宝筏》卷十一（MQWX）。

志磐：《佛祖统纪》（T49n2035）。

智旭：《见闻录》（X 88n1641）。

中村喬：《中国の年中行事》（Tokyo: Heibonsha,1988）。

《中都志》（1458—1487）（TYGB）。

《中国民间故事集成》，北京：新华书局，1992—1998年。

《中国民间美术全集·祭祀编·神像卷》，济南：山东教育出版社，1993年。

《中牟县志》（1755）。

《忠义觉世真经》（1863年；1901年重印）卷七（MQXB）。

周广业、崔应榴：《关圣帝君事迹征信编》（1824）（GDWH）。

周晖：《金陵琐事》，北京：文学古籍刊行社，1955年。

周克复：《观音经持验记》（X 78n1542）。

周梦颜：《万善先资集》，见周安士：《安士全书》，1881年重印。

周梦颜：《西归直指》（X 62n1173）。

朱国祯：《涌幢小品》（BJXS）。

诸联：《明斋小识》（BJXS）。

朱熹：《朱子语类》（SKQS）。

朱翊清：《埋忧集》（1874 序言；XXSK）。

朱彝尊：《钦定日下旧闻考》（SKQS）。

竹内眞彦：《關羽と呂布、そして赤兎馬—『三國志演義』における傳説の受容》，《东方学》，1999 年第 98 期。

祝允明：《怀星堂集》（SKQS）。

诸葛纬：《三国人物传说》，上海：上海文艺出版社，1986 年。

袾宏：《云栖法汇》（J 33nB277）。

西文类

Adamek, Piotr. *A Good Son Is Sad if He Hears the Name of His Father: The Tabooing of Names in China as a Way of Implementing Social Values* (Leeds: Maney Publishing, 2015).

Andersen, Poul. *The Demon Chained under the Mountain: The History and Mythology of the Chinese River Spirit Wuzhiqi* (Berlin: G & H Verlag, 2001).

Anderson, James. *The Rebel Den of Nùng Trí Cao: Loyalty and Identity along the Sino-Vietnamese Frontier* (Seattle, WA: University of Washington Press; Singapore: NUS Press, 2007).

Arlington, L. C. and William Lewisohn. *In Search Of Old Peking* (Peking: Henri Vetch,1935).

Ball, James Dyer. 'A Chinese View of the Plague', 55–8 (233–6), appended at the end of James A. Lowson's 'Medical Report on the Epidemic of Bubonic Plague in 1894', contained in the 'Papers Laid before the Legislative Council of Hongkong 1895'(http://sunzi.lib.hku.hk/hkgro/view/s1895/1444.pdf, downloaded on 24 August 2016), 1–58 (177–236).

Banck, Werner. *Das chinesische Tempelorakel*, Teil I (Taipei: Longjitushuyouxiangongsi,1976).

Banck, Werner. *Das chinesische Tempelorakel*, Teil II: *Übersetzung und Analysen* (Wiesbaden:Otto Harrasowitz, 1985).

Baptandier, Brigitte. *The Lady of Linshui: A Chinese Female Cult*, tr. Kristin Ingrid Fryklund (Stanford, CA: Stanford University Press, 2008).

Barbieri-Low, Anthony J. and Robin D. S. Yates. *Law, State, and Society in Early Imperial China: A Study with Critical Edition and Translation of the Legal Texts from Zhang-*

jiashan Tomb no. 247 (Leiden: Brill, 2015).

Benedict, Carol. *Bubonic Plague in Nineteenth-century China* (Stanford, CA: Stanford University Press, 1996).

Berger, Patricia. *Empire of Emptiness: Buddhist Art and Political Authority in Qing China* (Honolulu, HI: University of Hawai'i Press, 2003).

Birrell, Anne. *Chinese Mythology: An Introduction* (Baltimore, MD: Johns Hopkins University Press, 1993).

Bodde, Derk. *Annual Customs and Festivals in Peking as Recorded in the Yen-ching sui-shihchi* (Peiping: Henri Vetch, 1936).

Børdahl, Vibeke and Margaret B. Wan (eds). *The Interplay of the Oral and the Written in Chinese Popular Literature* (Copenhagen: NIAS Press, 2010).

Boltz, Judith. 'Not by the Seal of Office Alone: New Weapons in the Battle with the Supernatural'. In *Religion and Society in T'ang and Sung China*, edited by Patricia Buckley Ebrey and Peter N. Gregory (Honolulu, HI: University of Hawai'i Press, 1993), 241–305.

Brokaw, Cynthia J. *The Ledgers of Merit and Demerit: Social Change and Moral Order in Late Imperial China* (Princeton, NJ: Princeton University Press, 1991).

Brook, Timothy. 'Japan in the Late Ming: The View from Shanghai'. In *Sagacious Monks and Bloodthirsty Warriors: Chinese Views of Japan in The Ming-Qing Period*, edited by Joshua A. Fogel (Norwalk, CT: EastBridge Books, 2002), 42–62.

Brown, Deborah A. and Tun-jen Cheng. 'Religious Relations across the Taiwan Strait:Patterns, Alignments, and Political Effects'. *Orbis* 56.1 (2012): 60–81.

Cahill, Suzanne. 'The Heavenly Text Affair: Taoism at the Sung Court'. *Bulletin of Sung and Yuan Studies 16* (1981): 23–44.

Chan, Hok-lam. 'The Transmission of the Legend of an Early Ming Taoist'. Oriens Extremus 20 (1973): 65–102.

Chao, Shin-yi. *Daoist Ritual, State Religion, and Popular Practices: Zhenwu Worship from Song to Ming* (960–1644) (London: Routledge, 2011).

Chau, Adam. *Miraculous Response: Doing Popular Religion in Contemporary China* (Stanford,CA: Stanford University Press, 2006).

Chau, Adam. 'Script Fundamentalism: The Practice of Cherishing Written Characters (Lettered Paper) (惜字纸) in the Age of Literati Decline and Commercial Revolution'. In *Chinese and European Perspectives on the Study of Chinese Popular Religions*, edited by Philip Clart (Taipei: Boyang Publishing, 2012), 129–67.

Chau, Adam Yuet. 'The Sensorial Production of the Social'. Ethnos 73.4 (2008): 485–504.

Chen, Fan Pen Li. Chinese Shadow Theatre: History, Popular Religion and Women Warriors (Montreal and Kingston: McGill-Queen's University Press, 2007).

Chen, Huaiyu. *The Revival of Buddhist Monasticism in Medieval China* (New York: Peter Lang, 2007).

Chen, Jinhua. *Making and Remaking History: A Study of Tiantai Sectarian Historiography* (Tokyo: The International Institute for Buddhist studies of the International College for Advanced Buddhist studies, 1999).

Chow, Kai-wing. *The Rise of Confucian Ritualism in Late Imperial China: Ethics, Classics, and Lineage Discourse* (Stanford, CA: Stanford University Press, 1994).

Clart, Philip.'Confucius and the Mediums: Is There a "Popular Confucianism"?'. *T'oung Pao* 89 (2003): 1–38.

Clart, Philip Arthur. 'The Ritual Context of Morality Books: A Case-Study of a Taiwanese Spirit-Writing Cult'. PhD dissertation, University of British Columbia, 1996.

Cohen, Paul A. *History in Three Keys: The Boxers as Event, Experience, and Myth* (New York: Columbia University Press, 1997).

Craig, Marshall. 'Visions of China, Korea, and Japan in the East Asian War, 1592–1598'. DPhil thesis, University of Oxford, 2015.

Crossley, Patricia Kyle. *A Translucent Mirror: History and Identity in Qing Imperial Ideology* (Berkeley, CA: University of California Press, 1999).

Davis, Edward L. *Society and the Supernatural in Song China* (Honolulu, HI: University of Hawai'i Press, 2001).

de Crespigny, Rafe. *The Records of the Three Kingdoms: A Study in the Historiography of Sankuochih* (Canberra: Centre of Oriental Studies, Australian National University, 1970).

de Crespigny, Rafe. *Imperial Warlord: A Biography of Cao Cao 155–220 ad* (Leiden: Brill,2010).

de Groot, J. J. M. *Les fêtes annuellement célébrées à Émoui (Amoy): étudeconcernant la religion populaire des Chinois*, tr. from Dutch with the help of the author by C. G.Chavannes (Paris: Leroux, 1886).

de Groot, J. J. M. *The Religious System of China*, 6 vols (Leiden: E. J. Brill, 1892–1910).

De Meyer, Jan. *Wu Yun's Way: Life and Works of an Eighth-Century Daoist Master* (Leiden:Brill, 2006).

Dean, Kenneth. *Taoist Ritual and Popular Cults of Southeast China* (Princeton, NJ: Princeton University Press, 1993).

DeBernardi, Jean Elizabeth. *The Way that Lives in the Heart: Chinese Popular Religion andSpirit Mediums in Penang, Malaysia* (Stanford, CA: Stanford University Press, 2006).

Diesinger, Gunter. *Vom General zumGott: Kuan Yü (gest. 220 n. Chr.) und seine 'posthume Karriere'*(Frankfurt am Main: Haag und Herchen, 1984).

Doar, Bruce. 'The Boxers and Chinese Drama: Questions of Interaction'. *Papers on Far Eastern History* 29 (1984): 91–118.

Doolittle, Justus. *Social Life of the Chinese* (New York: Harper and Brothers, 1865).

Dott, Brian R. *Identity Reflections: Pilgrimages to Mount Tai in Late Imperial China* (Cambridge, MA: Harvard University Asia Center, 2004).

Duara, Prasenjit. *Culture, Power, and the State: Rural North China, 1900–1942* (Stanford, CA: Stanford University Press, 1988).

Duara, Prasenjit. 'Superscribing Symbols: The Myth of Guandi, Chinese God of War'.

Journal of Asian Studies 47.4 (1988): 778–95.

Dunstan, Helen. 'The Ho-tung salt administration in Ming times'. PhD thesis, University of Cambridge, 1980.

Eberhard, Wolfram. 'Temple-Building Activities in Medieval and Modern China: An Experimental Study'. *Monumenta Serica 23* (1964): 264–318.

Ebrey, Patricia. 'Taoism and Art at the Court of Song Huizong'. In *Taoism and the Arts of China*, edited and compiled by Stephen Little and others (Chicago, IL: The Art Institute of Chicago in association with the University of Chicago, 2000), 95–111.

Ebrey, Patricia Buckley. *Emperor Huizong* (Cambridge, MA: Harvard University Press, 2014).

Edkins, Joseph. *Chinese Buddhism: A Volume of Sketches* (London: Trübner, 1880).

Eggert, Marion. *Rede vom Traum: Traumauffassungen der Literatenschicht im* späten kaiserlichen *China* (Stuttgart: Franz Steiner Verlag, 1993).

Elliott, Mark. 'Hushuo 胡说 : The Northern Other and the Naming of the Han Chinese'. In *Critical Han Studies: New Perspectives on Chinese Culture and Society*, edited by Thomas Mullaney, James Patrick Leibold, Stéphane Gros, and Eric Armand Vanden-Bussche (Berkeley, CA: University of California Press, 2012), 173–90.

Elvin, Mark. 'Action at a Distance: The Influence of the Yellow River on Hangzhou Bay since a.d. 1000'. In *Sediments of Time: Environment and Society in Chinese History*, edited by Mark Elvin and Lui Ts'ui-jung (Cambridge: Cambridge University Press, 1998), 344–407.

Esherick, Joseph. *The Origins of the Boxer Uprising* (Berkeley, CA: University of California Press, 1987).

Faure, Bernard. *The Rhetoric of Immediacy: A Cultural Critique of Chan/Zen Buddhism* (Princeton, NJ: Princeton University Press, 1994, with corrections).

Formoso, Bernard. *De Jiao: A Religious Movement in Contemporary China and Overseas: Purple Qi from the East* (Singapore: NUS Press, 2010).

Gamble, Sidney D. (with James Y. C. Yen and Franklin Ching-han Lee). *Ting Hsien: A North China Rural Community* (New York: Institute of Pacific Relations, 1954).

Gildow, Douglas Matthew. 'Flesh Bodies, Stiff Corpses, and Gathered Gold: Mummy Worship, Corpse Processing, and Mortuary Ritual in Contemporary Taiwan'. *Journal of Chinese Religions* 33 (2005): 1–37.

Gildow, Douglas Matthew and Marcus Bingenheimer. 'Buddhist Mummification in Taiwan: Two Case Studies'. *Asia Major*, Third Series 15.2 (2002): 87–127.

Gimello, Robert M. 'Chang Shang-ying on Wu-t'ai Shan'. In *Pilgrims and Sacred Sites in China*, edited by Susan Naquin and Yü Chün-fang (Berkeley, CA: University of California Press, 1992), 89–149.

Goossaert, Vincent. *L'interdit du boeuf en Chine: agriculture, éthique et sacrifice* (Paris: Collège de France, Institut des hautes études chinoises, 2005).

Goossaert, Vincent. 'Modern Daoist Eschatology: Spirit-Writing and Elite Soteriology in Late Imperial China'. *Daoism: Religion, History and Society (Daojiao yanjiu xuebao:*

zongjiao, lishi yu shehui 道教研究学报：宗教，历史与社会) 6 (2014): 219–46.
Goossaert, Vincent. 'Spirit Writing, Canonization, and the Rise of Divine Saviors: Wenchang, Lüzu, and Guandi, 1700–1858'. *Late Imperial China* 36.2 (2015): 82–125.
Goossaert, Vincent and David A. Palmer. *The Religious Question in Modern China* (Chicago: University of Chicago Press, 2011).
Grootaers, Willem A. 'Temples and History of Wan-ch'üan (Chahar): The Geographical Method Applied to Folklore'. *Monumenta Serica* 13 (1948): 209–316.
Grootaers, Willem A. 'Rural Temples around Hsüan-hua (South Chahar): Their Icono-graphy and Their History'. *Folklore Studies* 10 (1951): 1–116.
Grootaers Willem A. *The Sanctuaries in a North-China City: A Complete Survey of the Cultic Buildings in the City of Hsüan-hua (Chahar)* (Brussels: Institut Belge des Hautes Études Chinoises, 1995).
Grootaers, Willem A. 'Les temples villageois de la region au sud-est de Tat'ong (Chansinord), leurs inscriptions et leur histoire'. *Folklore Studies* 4 (1945): 161–212.
Handlin Smith, Joanna. *The Art of Doing Good: Charity in Late Ming China* (Berkeley, CA: University of California Press, 2009).
Hansen, Valerie. *Changing Gods in Medieval China, 1127–1276* (Princeton, NJ: Princeton University Press, 1990).
Hatfield, D. J. W. Taiwanese Pilgrimage to China: Ritual, Complicity, Community (NewYork:Palgrave Macmillan, 2010).
Heijdra, Martin. 'Rural Socio-economic Development.' In *The Cambridge History of China*, vol. 8: *The Ming Dynasty, 1368–1644*, Part 2, edited by Denis Twitchett, John K. Fairbank, and Frederick W. Mote (Cambridge: Cambridge University Press, 1998), 417–578.
Heissig, Walther. *The Religions of Mongolia*, tr. Geoffrey Samuel (London: Routledge and Kegan Paul, 1980).
Hobsbawm, Eric and Terence Ranger (eds), *The Invention of Tradition* (Cambridge: Cambridge University Press, 1983).
Holm, David. *Art and Ideology in Revolutionary China* (Oxford: Clarendon Press, 1991).
Hsiao, Kung-chuan. *Rural China: Imperial Control in the Nineteenth Century* (Seattle, WA: University of Washington Press, 1960).
Huang, Shih-shan Susan. *Picturing the True Form: Daoist Visual Culture in Traditional China* (Cambridge, MA: Harvard University Press, 2012).
Hummel, Arthur W. *Eminent Chinese of the Ch'ing Period (1644–1912)* (Washington, DC: Library of Congress, 1943–4).
Idema, W. L. *The Dramatic Oeuvre of Chu Yu-tun (1379–1439)* (Leiden: Brill, 1985).
Idema, Wilt. 'Chasing Shadows'. *T'oung Pao* 76 (1990): 299–310.
Idema, Wilt. 'The Founding of the Han Dynasty in Early Drama: The Autocratic Suppression of Popular Debunking'. In *Thought and Law in Oin and Han China: Studies Dedicated to Anthony Hulsewé on the Occasion of His Eightieth Birthday*, edited by W. L.Idema and E. Zürcher (Leiden: Brill, 1990), 183–207.

Idema, Wilt. 'English-Language Studies of Precious Scrolls: A Bibliographical Survey'. *Chinoperl* 31.1 (2012): 163–76.

Idema, Wilt. 'Shanxi Theater in the Period 1000–1300'. In *Theater, Life, and the Afterlife: Tomb Décor of the Jin Dynasty from Shanxi*, edited by Jinming Shi and Willow Weilan Hai Chang (New York: China Institute Gallery, 2012), 38–45.

Idema, Wilt L. 'The Ideological Manipulation of Traditional Drama in Ming Times: Some Comments on the Work of Tanaka Issei'. In *Norms and the State in China*, edited by Junjie Huang and Erik Zürcher (Leiden: Brill, 1993), 50–70.

Idema, Wilt L. and Stephen H. West (ed. and tr.). *Battles, Betrayals, and Brotherhood: Early Chinese Plays on the Three Kingdoms* (Indianapolis, IN: Hackett, 2012).

Idema, Wilt L. and Stephen H. West (ed. and tr.). *The Generals of the Yang Family: Four Early Plays* (Hackensack, NJ: World Century, 2013).

Jammes, Jérémy. *Les oracles du Cao Đài: étude d'un mouvement religieux vietnamien et ses réseaux* (Paris: Les Indessavantes, 2014).

Janousch, Andreas. 'The Censor's Stele: Religion, Salt-Production and Labour in the Temple of the God of the Salt Lake in Southern Shanxi Province'. *East Asian Science, Technology, and Medicine* 39 (2015): 7–53.

Jenner, W. J. F. 'Tough Guys, Mateship and Honour: Another Chinese Tradition'. *East Asian History* 12 (1996): 12–34.

Johnson, David. 'The City-god Cults of T'ang and Sung China'. *Harvard Journal of Asiatic Studies* 45 (1985): 363–457.

Johnson, David. *Spectacle and Sacrifice: The Ritual Foundations of Village Life in North China* (Cambridge, MA: Harvard University Asia Center, 2009).

Johnston Laing, Ellen. 'Boris Riftin and Chinese Popular Woodblock Prints as Sources on Traditional Chinese Theater'. *Chinoperl Papers* 29 (2010): 183–208.

Jordan, David K. *Gods, Ghosts, and Ancestors: The Folk Religion of a Taiwanese Village* (Berkeley, CA: University of California Press, 1972).

Jordan, David K. and Daniel L. Overmyer. *The Flying Phoenix: Aspects of Chinese Sectarianism in Taiwan* (Princeton, NJ: Princeton University Press, 1986).

Kam, Édith Wong Hee. *Guan Yu-Guan Di: Héros régional, culte impérial et populaire* (Sainte Marie: Azalées Éditions, 2008).

Kang, Xiaofei. *The Cult of the Fox: Power, Gender, and Popular Religion in Late Imperial and Modern China* (New York, NY: Columbia University Press, 2006).

Kaske, Elisabeth. *The Politics of Language in Chinese Education, 1895–1919* (Leiden: Brill, 2008).

Katz, Paul R. *Demon Hordes and Burning Boats: The Cult of Marshal Wen in Late Imperial Chekiang* (Albany, NY: State University of New York Press, 1995).

Katz, Paul R. *Images of the Immortal: The Cult of Lü Dongbin at the Palace of Eternal Joy* (Honolulu, HI: University of Hawai'i Press, 2003).

Katz, Paul R. 'Orthopraxy and Heteropraxy beyond the State: Standardizing Ritual in Chinese Society'. *Modern China* 33 (2007): 72–90.

Katz, Paul R. 'Trial by Power: Some Preliminary Observations on the Judicial Roles of Taoist Martial Deities'. *Journal of Chinese Religions* 36 (2008): 54–83.

Katz, Paul R. 'Banner Worship and Human Sacrifice in Chinese Military History'. In *The Scholar's Mind: Essays in Honor of Frederick W. Mote*, edited by Eugene Perry Link(Hong Kong: Chinese University of Hong Kong Press, 2009), 207–27.

Katz, Paul R. *Divine Justice: Religion and the Development of Chinese Legal Culture* (London: Routledge, 2009).

Keyworth, George. 'The Curious Case of the Dhāraṇīin the Apocryphal *Śūraṃgamasūtra*'. Unpublished paper cited with permission.

King, Gail Oman. *The Story of Hua Guan Suo* (Tempe, AZ: Arizona State University Centerfor Asian Studies, 1989).

Kleeman, Terry. 'Licentious Cults and Bloody Victuals: Sacrifice, Reciprocity and Violencein Traditional China'. *Asia Major, Third Series* 7.1 (1994): 185–211.

Kleeman, Terry F. *A God's Own Tale: The Book of Transformations of Wenchang, the Divine Lord of Zitong* (Albany, NY: State University of New York Press, 1994).

Klein, Kerwin Lee. *From History to Theory* (Berkeley, CA: University of California Press, 2011).

Kleinman, Arthur. *Patients and Healers in the Context of Culture: An Exploration of the Borderland between Anthropology, Medicine, and Psychiatry* (Berkeley, CA: University of California Press, 1980).

Knapp, Ronald G. *China's Living Houses: Folk Beliefs, Symbols, and Household Ornamentation* (Honolulu, HI: University of Hawai'i Press, 1999).

Kohn, Livia and Russell Kirkland. 'Daoism in the Tang (618–907)'. In *Daoism Handbook*, edited by Livia Kohn (Leiden: Brill, 2000), 339–83.

Kouwenhoven, Frank and AntoinetSchimmelpenninck. 'The Guo Guan Ritual Shadow Play of Huanxian'. In *Text, Performance, and Gender in Chinese Literature and Music: Essays in Honor of Wilt Idema*, edited by Maghiel van Crevel, Tian Yuan Tan, and Michel Hockx (Leiden: Brill, 2009), 361–88.

Kuo, Ya-pei. 'In One Body with the People: Worship of Confucius in the Xinzheng Reforms, 1902–1911'. *Modern China* 35.2 (2009): 123–54.

Kuzay, Stefan. *Das Nuo von Guichi: Eine Untersuchung zu religiösen Maskenspielen im südlichen Anhui* (Frankfurt am Main: Lang, 1995).

Kwon, Hyuk-chan. 'From *Sanguo zhi yanyi* to *Samgukchi*: domestication and. appropriation of *Three Kingdoms* in Korea'. PhD dissertation, University of British Columbia, 2010.

Lang, Graeme and Lars Ragvald. *The Rise of a Refugee God: Hong Kong's Wong Tai Sin* (HongKong: Oxford University Press, 1993).

Leonard, Jane Kate. *Controlling from Afar: The Daoguang Emperor's Management of the Grand Canal Crisis, 1824–1826* (Ann Arbor, MI: Center for Chinese Studies, University of Michigan, 1996).

Lewis, Mark Edward. *Sanctioned Violence in Early China* (Albany, NY: State University of New York Press, 1990).

Li, Thomas Shiyu and Susan Naquin. 'The Baoming Temple: Religion and the Throne inMing and Qing China'. *Harvard Journal of Asiatic Studies* 48.1 (1987): 131–88.

Lin, Fu-Shih. 'The image and status of shamans in ancient China'. In *Early Chinese Religion Part One: Shang through Han (1250 bc–220 ad)*, edited by John Lagerwey and Marc Kalinowski (Leiden: Brill, 2009), 397–458.

Little, Stephen, Shawn Eichman, and Patricia Buckley Ebrey (eds). *Taoism and the Arts of China* (Chicago, IL: Art Institute of Chicago, 2000).

Litzinger, Charles A. 'Rural Religion and Village Organization in Northern China: The Catholic Challenge in the Late Nineteenth Century'. In *Christianity in China: From the Eighteenth Century to the Present*, edited by Daniel H. Bays (Stanford, CA: Stanford University Press, 1996), 40–52.

Louie, Kam. *Theorising Chinese Masculinity: Society and Gender in China* (Cambridge: Cambridge University Press, 2002).

Loveday, Helen. 'La bibliothèque tournante en Chine: quelques remarques sur son rôle etson evolution'. *T'oung Pao* 86 (2000): 225–79.

MacPherson, Kerrie L. 'Cholera in China (1820–1930): An Aspect of the Internationalization of Infectious Disease'. In *Sediments of Time: Environment and Society in Chinese History*, edited by Ts'ui-jung Liu and Mark Elvin (Cambridge: Cambridge University Press, 1998), 487–519.

Mair, Victor H. 'Language and Ideology in the Sacred Edict'. In *Popular Culture in Late Imperial China*, edited by David Johnson, Andrew J. Nathan, and Evelyn Rawski (Berkeley, CA: University of California Press, 1985), 325–59.

Mair, Victor H. *Painting and Performance: Chinese Picture Recitation and its Indian Genesis* (Honolulu, HI: University of Hawai'i Press, 1988).

Maspero, Henri. *Les documents chinois de la troisième expédition de Sir Aurel Stein en Asie Centrale* (London: Trustees of the British Museum, 1953).

Matsumoto, Kōichi 松本浩一. 'Daoism and Popular Religion in the Song'. In *Modern Chinese Religion I: Song-Liao-Jin-Yuan (960–1368 ad)*, edited by John Lagerwey and Pierre Marsone (Leiden: Brill, 2015), 285–327.

Mayor, Adrienne. *The First Fossil Hunters: Dinosaurs, Mammoths, and Myth in Greek and Roman Times* (Princeton, NJ: Princeton University Press, 2011).

McLaren, Anne. 'Chantefables and the Textual Evolution of the San-kuo-chih yen-i.' *T'oung Pao* 71.4–5 (1985): 159–227.

McMullen, D. L. 'The Cult of Ch'i T'ai-kung and T'ang Attitudes to the Military.' *T'ang Studies* 7 (1989): 59–104.

Meskill, John. *Gentlemanly Interests and Wealth on the Yangtze Delta* (Ann Arbor, MI: Association for Asian Studies, 1994).

Meulenbeld, Mark R. E. *Demonic Warfare: Daoism, Territorial Networks, and the History of a Ming Novel* (Honolulu, HI: University of Hawai'i Press, 2015).

Moore, Oliver J. 'Violence Un-scrolled: Cultic and Ritual Emphases in Painting Guan Yu'. *Arts asiatiques* 58 (2003): 86–97.

Morris, Ivan I. *The Nobility of Failure: Tragic Heroes in the History of Japan* (London: Secker & Warburg, 1975).

Naquin, Susan. Peking: *Temples and City Life, 1400–1900* (Berkeley, CA: University of California Press, 2000).

Naquin, Susan and Yü Chün-fang eds., *Pilgrims and Sacred Sites in China* (Berkeley, CA: University of California Press, 1992).

Oren, Aharon, David R. Arahal, and Antonio Ventosa. 'Emended Descriptions of Genera of the Family Halobacteriaceae'. *International Journal of Systematic and Evolutionary Microbiology* 59.3 (2009): 637–42.

Ownby, David. *Brotherhoods and Secret Societies in Early and Mid-Qing China: The Formation of a Tradition* (Stanford, CA: Stanford University Press, 1996).

Paramore, Kiri. *Japanese Confucianism: A Cultural History* (Cambridge: Cambridge University Press, 2016).

Pomeranz, Kenneth. 'Power, Gender, and Pluralism in the Cult of the Goddess of Taishan'. In *Culture and State in Chinese History*, edited by R. Bin Wong, Theodore Huters, and Pauline Yu (Stanford, CA: Stanford University Press, 1997), 182–204.

Pomeranz, Kenneth. 'Orthopraxy, Orthodoxy, and the Goddess(es) of Taishan'. *Modern China* 33 (2007): 22–46.

Poon, Shuk-wah. *Negotiating Religion in Modern China: State and Common People in Guangzhou, 1900–1937* (Hong Kong: Chinese University Press, 2011).

Qiu, Kunliang. *Les aspects rituels du théâtre chinois* (Paris: Collège de France, Institut des hautes études chinoises, 1991).

Reardon-Anderson, James. *Reluctant Pioneers: China's Expansion Northward, 1644–1937*(Stanford, CA: Stanford University Press, 2005).

Riftin, Boris. See: Li, Fuqing.

Robinson, David M. *Bandits, Eunuchs, and the Son of Heaven: Rebellion and the Economy of Violence in Mid-Ming China* (Honolulu, HI: Hawai'i Press, 2001).

Robinson, David M. *Empire's Twilight: Northeast Asia Under the Mongols* (Cambridge, MA: Harvard University Press, 2009).

Robson, James. 'The Archive inside: Manuscripts Found within Chinese Religious Statues'. In *Manuscript Cultures: Mapping the Field*, edited by Jörg Quenzer, Dmitry-Bondarev, and Jan-Ulrich Sobisch (Berlin: De Gruyter, 2014), 359–74.

Rolston, David. *Traditional Chinese Fiction and Fiction Commentary: Reading and Writing between the Lines* (Stanford, CA: Stanford University Press, 1997).

Ruizendaal, Robin. *Marionette Theatre in Quanzhou* (Leiden: Brill, 2006).

Schipper, K. M. 'The Cult of Baosheng Dadi and its Spread to Taiwan—A Case of Fenxiang'. In *Development and Decline of Fukien Province in the 17th and 18th Centuries*, edited byE. B. Vermeer (Leiden: Brill, 1990), 397–416.

Schipper, Kristofer. 'Taoist Ritual and Local Cults of the T'ang dynasty'. In *Tantric and Taoist Studies in Honour of R. A. Stein*, vol. 3, edited by Michel Strickmann (Bruxelles: Institut Belge des hautes études chinoises, 1985), 812–34.

Schipper, Kristofer and Franciscus Verellen (eds). *The Taoist Canon: A Historical Companionto the Daozang* (Chicago, IL: University of Chicago Press, 2004).

Schneewind, Sarah. *Community Schools and the State in Ming China* (Stanford, CA: Stanford University Press, 2006).

Scodel, Ruth. *Listening to Homer: Tradition, Narrative, and Audience* (Ann Arbor, MI: University of Michigan Press, 2002).

Seidel, Anna. 'The Image of the Perfect Ruler in Early Taoist Messianism: Lao-tzu and LiHung'. *History of Religions* 9. 2–3 (1969/70): 216–47.

Seidel, Anna. 'Imperial Treasures and Taoist Sacraments: Taoist Roots in the Apocrypha'. In *Tantric and Taoist Studies in Hour of R. A. Stein*, vol. 2, edited by Michel Strickmann (Bruxelles: Institut Belge des hautes études chinoises, 1983), 291–371.

Shahar, Meir. 'Vernacular Fiction and the transmission of the Chinese Pantheon'. In *Unruly Gods: Divinity and Society in China, edited by Meir Shahar and Robert Weller* (Honolulu, HI: Hawai'i Press, 1996)184–21.

Shen, Simon. 'Inventing the Romantic Kingdom: the Resurrection and Legitimization ofthe Shu Han Kingdom before the Romance of the Three Kingdoms'. *East Asian History*25/26 (2003): 25–42.

Shinohara, Koichi. 'Guanding's Biography of Zhiyi, the Fourth Patriarch of the Tiantai Tradition'. In *Speaking of Monks: Religious Biography in India and China*, edited by Phyllis Granoff and Koichi Shinohara (Oakville: Mosaic Press, 1992), 98–218.

Sivin, Nathan. 'On the Word "Taoist" as a Source of Perplexity, with Special Reference to the Relations of Science and Religion in Traditional China'. *History of Religions* 17.3–4(1978): 303–30.

Skar, Lowell. 'Ritual Movements, Deity Cults, and the Transformation of Daoism in Song and Yuan Times'. In *Daoism Handbook*, edited by Livia Kohn (Leiden: Brill, 2000),413–63.

Smith, Arthur H. *Village Life in China: A Study in Sociology* (New York: Revell, 1899).

So, Kwan-wai. *Japanese Piracy in Ming China During the 16th Century* (East Lansing, MI: Michigan State University Press, 1975).

Spence, Jonathan. *Ts'ao Yin and the K'ang-hsi Emperor: Bondservant and Master* (New Haven, CT: Yale University Press, 1966).

Standaert, Nicolas. *Handbook of Christianity in China*. Vol. 1: 635–1800 (Leiden: Brill,2001).

Stein, Rolf. 'Religious Taoism and Popular Religion from the Second to Seventh Centuries'.In *Facets of Taoism: Essays in Chinese Religions*, edited by H. Welch and A. Seidel (New Haven, CT: Yale University Press, 1979), 53–81.

Strickmann, Michel. *Chinese Poetry and Prophecy: The Written Oracle in East Asia*, ed. Bernard Faure (Stanford, CA: Stanford University Press, 2005).

Sutton, Donald S. 'Death Rites and Chinese Culture: Standardization and Variation in-Ming and Qing Times'. *Modern China* 33 (2007): 125–53.

Sutton, Donald S.'Ritual, Cultural Standardization, and Orthopraxy in China: Recon-sidering James L. Watson's Ideas'. *Modern China* 33 (2007): 3–21.

Szonyi, Michael. 'Making Claims about Standardization and Orthopraxy in Late Imperial China: Rituals and Cults in the Fuzhou Region in Light of Watson's Theories'. *Modern China* 33 (2007): 47–71.

Taylor, Romeyn. 'Official Altars, Temples and Shrines Mandated for All Counties in Mingand Qing'. *T'oung Pao* 83 (1997): 93–125.

Ter Haar, Barend J. 'The Genesis and Spread of Temple Cults in Fukien'. In *Development and Decline of Fukien Province in the 17th and 18th Centuries*, edited by E. B. Vermeer (Leiden: Brill, 1990), 349–96.

Ter Haar, Barend J. 'Local Society and the Organization of Cults in Early Modern China: A Preliminary Study'. *Studies in Central and East Asian Religions* 8 (1995): 1–43.

Ter Haar, Barend J. *Ritual and Mythology of the Chinese Triads: Creating an Identity* (Leiden: Brill, 1998).

Ter Haar, Barend J. 'Das politische Wesen des daoistischen Rituals'. In *Dao in China und imWesten*, edited by Josef Thesing and Thomas Awe (Bonn: Bouvier, 1999), 113–39.

Ter Haar, Barend J. 'Rethinking "Violence" in Chinese Culture'. In *Meanings of Violence: A Cross Cultural Perspective*, edited by Göran Aijmer and Jos Abbink (Oxford: Berg, 2000),123–40.

Ter Haar, Barend J. 'The Buddhist Option: Aspects of Religious Life in the Lower Yangzi Region from 1100–1340'. *T'oung Pao* 87 (2001): 92–152.

Ter Haar, Barend J. *Telling Stories: Witchcraft and Scapegoating in Traditional China* (Leiden: Brill, 2006).

Ter Haar, Barend J. 'Violence in Chinese Religious Culture'. In *The Blackwell Companion to Religion and Violence*, edited by A. R. Murphy (Chichester: Wiley-Blackwell, 2011), 249–62.

Ter Haar, Barend J. 'Divine Violence to Uphold Moral Values: The Casebook of an Emperor Guan Temple in Hunan Province in 1851–1852'. In *Law and Empire*, edited by J. Duindam, J. Harries, C. Humfress, and N. Hurvitz (Leiden: Brill, 2013), 314–38.

Ter Haar, Barend J. 'From Field to Text in the Study of Chinese Religion'. In *Religion and Orientalism in Asian Studies*, edited by Kiri Paramore (London: Bloomsbury, 2016), 85–105.

Tian, Xiaofei. 'Slashing the Three Kingdoms: A Case Study of Fan Production on the Chinese Web'. *Modern Chinese Literature and Culture* 27.1 (2015): 224–77.

Tumblety, Joan (ed.). Memory and History: Understanding Memory as Source and Subject (London: Routledge, 2013).

van der Loon, Piet. 'Les origines rituelles du theatre chinois'. *Journal Asiatique* 265 (1977):141–68.

Van Lieu, Joshua. 'A Farce that Wounds Both High and Low: The Guan Yu Cult in Chosŏn Ming Relations'. *Journal of Korean Religions* 5.2 (2014): 39–70.

Verellen, Franciscus. *Du Guangting (850–933): taoïste de cour à la fin de la Chine médiévale* (Paris: Collège de France, Institut des hautes études chinoises, 1989).

Vermeer, E. B. 'P'an Chi-hsün's Solutions for the Yellow River Problems of the Late 16th Century'. *T'oung Pao* 73.1–3 (1987): 33–67.

Volpert, A. 'Das chinesische Schauspielwesen in Südschantung'. *Anthropos* 5.2 (1910): 367–80.

von Glahn, Richard. *The Sinister Way: The Divine and the Demonic in Chinese Religious Culture* (Berkeley, CA: University of California Press, 2004).

Wang, Eugene Y. *Shaping the Lotus Sutra: Buddhist Visual Culture in Medieval China* (Seattle, WA: University of Washington Press, 2005).

Watson, James L. 'Standardizing the Gods: The Promotion of T'ien Hou (Empress of Heaven) along the South China Coast, 960–1960'. In *Popular Culture in Late Imperial China*, edited by David Johnson, Andrew J. Nathan, and Evelyn S. Rawski (Berkeley, CA: University of California Press, 1985), 292–324.

Watson, James L. 'Rites or Beliefs? The Construction of a Unified Culture in Late Imperial China'. In *China's Quest for National Identity*, edited by Lowell Dittmer and Samuel S. Kim (Ithaca, NY: Cornell University Press, 1993), 80–103.

Werblowsky, R. J. Zwi. *The Beaten Track of Science: The Life and Work of J. J. M. de Groot*, ed. Hartmut Walravens (Wiesbaden: Harrassowitz Verlag, 2002).

Worthy, Edmund H. 'Regional Control in the Southern Sung Salt Administration'. In *Crisis and Prosperity in Sung China*, edited by J. W. Haeger (Tucson, AZ: University of Arizona Press, 1975), 101–41.

Wu, Jiang. *Enlightenment in Dispute: The Reinvention of Chan Buddhism in Seventeenth-century China* (New York: Oxford University Press, 2008).

Yu, Anthony (tr.). *The Journey to the West* (rev. edn, Chicago: University of Chicago Press, 2012).

Yu, Chun-fang. *Kuan-yin: The Chinese Transformation of Avalokitesvara* (New York: Columbia University Press, 2000).

Zarrow, Peter. 'Political Ritual in the Early Republic of China'. In *Constructing Nationhood in Modern East Asia*, edited by Chow Kai-wing, Kevin Michael Doak, and Fu Poshek (Ann Arbor, MI: University of Michigan Press, 2001).

译后记

田海教授是欧陆著名的汉学家,早年毕业于欧洲传统汉学重镇莱顿大学,曾在韩书瑞教授和许理和教授的指导下撰写毕业论文。获得博士学位后,一度任教于海德堡大学和莱顿大学,并任著名汉学刊物《通报》(*T'oung Pao*)的主编,2013年受聘牛津大学邵逸夫中文讲座教授,2018年又转任于汉堡大学汉学系。田海教授的研究领域十分广,包括传统中国的宗教文化、萨满文化、当代中国宗教、中国文学,等等。近年来,他的相关著述中已经有数部被译成中文在国内出版,本书应该是其中最新的一种。

田海教授在这部著作中回溯了关公信仰在中国兴起的历史,希望从多个层面还原一个真实的关羽神灵形象。他认为作为神灵的关羽有着多重的面相,形成于各个不同的时代,包括最初的饿鬼、佛寺的护法神、道教的驱邪将军、民间的雨神、财神、科举神乃至全能救世主的形象,每一种形象的形成和发展都有其特定的历史环境,其中既包括佛教、道教等宗教力量的介入,也包含了特定地方群体的参与,当然也有不同时期王权和国家力量的形塑。

但是田海教授认为,从根本上而言,关公崇拜是兴起于"口头文化","它最初的传播本身就是一种口头信息交互的结果",而在其此后的"成神之路"上,民间传说、仪式实践、戏剧搬演等更是扮演了极其重要的角色,所以他把自己的这项工作视为一项"对口头文化在一个文字变得越来越重要的世界中如何保持其巨大影响力的研究"。这也是他贯穿全书的一个中心论点。他尤其指出,作为文学作品的《三国演义》对关公崇拜的形成与发展影响很小,事实上应该是先有崇拜,然后才影响了三国故事在民间的传播,而不是相反。

除此以外,通过对关羽的研究,他还回应了此前国际学术界解释传统中国宗教文化的若干概念和模型,比如杜赞奇提出的"复刻"(superscrition)的概念、康豹提出的"共生"(cogeneration)的概念,以及华琛关于"神灵的标准化"的研究。与其他很多学者不同的是,在某种程度上他仍然将关公信仰视为一种区域化的信仰,尤其对国家力量在推动神灵崇拜传播方面所能起到的作用有所保留。

田海教授在传统中国古代宗教研究领域有着较深厚的积淀,而在本书中他又充分利用了一些新的方法,体现了新的研究视野。比如他认为人们对神灵的感知(包括声音、味道等)作为一种经验在关帝信仰传播的过程中发挥了重要的作用,这种感知的体验作为神灵显应故事的一部分口耳相传,实际上也成了口头文化的一部分。再比如,他在探讨历史上那些与所谓关羽印鉴相关的故事时,又明显有着物质文化史的视角。另外,他还特别注意到了关羽信仰在男女不同性别群体中接受程度及传播路径的差异,则又有了性别史的视野,等等。

因此,我们以为田海教授的这部著作一方面对中国历史上的关羽崇拜作了全面的梳理,提出了全新的观点,完全可以成一家之言,无疑是该领域中一部重磅的学术著作;另一方面,正如有学者已经指出的,他的研究实则也体现了当前国际学术界在明清宗教文化方面的一些最新的研究趋向,[1]值得关注,所以特别译出,以推荐给国内学界同人。

本书的翻译缘起于 2017 年底,当时由于各种机缘,四位译者都在牛津大学或深造,或访学,在田海教授的召集下,每一到两周会有一次

---

[1] 关于这一点,作为田海教授的高足,复旦大学王兴博士有进一步的探讨,参见王兴:《〈关羽:一个失败英雄的宗教后世〉与明清宗教史研究中的新问题》,复旦大学历史系编《明清史评论》第一辑,中华书局 2019 年版。

关于传统中国地方信仰问题的讨论，每次设一主讲，相互切磋，其情其景，其乐也融融。

当时《关羽》一书刚问世不久，于是其中的相关内容偶尔也会出现在讨论中。后来经我提议，并征得田海教授首肯，计划翻译此书，介绍给中文世界的读者。田海教授的博士研究生李娜女士又居中牵线，与新星出版社取得联系，该社也正有意译介田海教授的著述，于是双方一拍即合。

全书正式的翻译工作始于2018年上半年，刚开始本拟于当年年底完成，但由于各种原因，最后延宕至2020年初的疫情期间才完成初稿，其后又经过校订、送审、编辑等各种流程，现在终于能够与读者见面了。在此首先要感谢田海教授的信任，并为中文版慷慨赐序，当然同样要感谢新星出版社的理解与支持，特别是编辑前后编校，再兼督促，出力尤多！另外，本次出版还得到了上海社会科学院创新工程项目的资助，亦一并致谢！

本书的翻译总体上由我主持，各部分分工情况如下，第一、二章由山西大学闫爱萍副教授负责，第三、四章由田海教授的学生、牛津大学博士生尹薇负责，第七、八章由宁波大学屈啸宇博士负责，其余部分均由我负责，我还承担了全书的校订和统稿工作。此外，上海社科院历史所研究生王宁同学也帮忙录入了部分文字。需要说明的是，为求全书文风的相对统一和质量的相对完善，初稿汇集后在前后数次的校订统合过程中，校订者对某些篇章的调整幅度较大。

译事不易，正如田海老师在中文版序言中指出的，学术翻译在某种程度上更是一种冒险，何况还是多人合译，虽然我们已经努力加以校订统一，但肯定还会存在这样或那样的疏漏，祈请读者正之！

王健

2021年12月30日于沪上

Guan Yu: The Religious Afterlife of a Failed Hero was originally published in English in 2017. This translation is published by arrangement with Oxford University Press. New Star Press is solely responsible for this translation from the original work and Oxford University Press shall have no liability for any errors, omissions or inaccuracies or ambiguities in such translation or for any losses caused by reliance thereon.
© Barend J. ter Haar 2017
Simplified Chinese edition copyright: 2022 New Star Press Co., Ltd
All rights reserved.

图书在版编目（CIP）数据

关羽：由凡入神的历史与想象 ／（荷）田海著；王健等译；王健校．——北京：新星出版社，2022.3
ISBN 978−7−5133−4725−9

Ⅰ.①关… Ⅱ.①田… ②王… Ⅲ.①关羽（160—219）−人物研究 Ⅳ.①K825.2

中国版本图书馆 CIP 数据核字（2021）第 258288 号

关羽：由凡入神的历史与想象

［荷］田海　著；王健　尹薇　闫爱萍　屈啸宇　译；王健　校

责任编辑：白华召
责任校对：刘　义
责任印制：李珊珊
装帧设计：冷暖儿

出版发行：新星出版社
出　版　人：马汝军
社　　　址：北京市西城区车公庄大街丙3号楼　100044
网　　　址：www.newstarpress.com
电　　　话：010-88310888
传　　　真：010-65270449
法律顾问：北京市岳成律师事务所

读者服务：010-88310811　　service@newstarpress.com
邮购地址：北京市西城区车公庄大街丙3号楼　100044

印　　刷：北京盛通印刷股份有限公司
开　　本：787mm×1092mm　1/16
印　　张：22.75
字　　数：305千字
版　　次：2022年3月第一版　2022年3月第一次印刷
书　　号：ISBN 978−7−5133−4725−9
定　　价：78.00元

版权专有，侵权必究；如有质量问题，请与印刷厂联系调换。